Alain de Libera

Denken im Mittelalter

Aus dem Französischen von
Andreas Knop

Wilhelm Fink Verlag

Titel der französischen Originalausgabe:
Penser au Moyen Age
© 1991 by Les Editions du Seuil

Veröffentlicht mit Unterstützung des französischen Ministeriums für Kultur –
Centre national du livre und der Maison des sciences de l'homme, Paris

Für die Übersetzung wurde der deutsch-französische Übersetzerpreis
der DVA-Stiftung vergeben

Umschlagabbildung:
Illustration aus *De laudibus sanctae crucis*
des Hrabanus Maurus (813/14), figura XX

Umschlagentwurf :
Thomas Bechinger und Christoph Unger

Bibliografische Information der Deutschen Bibliothek

Die Deutsche Bibliothek verzeichnet diese Publikation in der Deutschen Nationalbiblio-
grafie; detaillierte bibliografische Daten sind im Internet über http://dnb.ddb.de abrufbar.

ISBN 3-7705-3242-2
© 2003 Wilhelm Fink Verlag, München
Herstellung: Ferdinand Schöningh GmbH, Paderborn

INHALT

DANKSAGUNG

Ohne die Freundschaft und das Vertrauen von Thierry Marchaisse, der mich immer wieder zum Schreiben ermuntert hat, wäre dieses Buch nie entstanden.

Viel verdankt es auch Dominique de Libera, die meine Arbeit nicht nur unterstützt, sondern auch korrigiert hat.

Ihnen beiden sei herzlich gedankt.

EINLEITUNG

Penser au Moyen Age.[1] Damit ist zweierlei gesagt: Zum einen, daß man im Mittelalter dachte, daß es auch vor tausend Jahren schon etwas wie Denker und ein Denken gab; zum anderen, daß wir von Zeit zu Zeit gut daran tun, uns daran zu erinnern, kurz: daran zu denken. Weshalb? Zunächst weil es einfach eine hübsche Geste ist; dann aber auch aus einer Notwendigkeit heraus: um wirksamer zwei Arten von Vorurteilen zu bekämpfen, die eng verbunden sind und beide aus derselben Quelle schöpfen – den Anti-Intellektualismus und den Ethnozentrismus; durch ersteren wird das Leben des Geistes entwertet, während letzterer dessen frühe Anfänge und wirklichen Akteure verbirgt, mit dem Ergebnis einer „neuen Barbarei", die nur so strotzt von allem Vergessen und aller Gewalt, zu denen der Westen fähig ist.

Dieses Buch ist also ein Essay. In ihm wird nachgedacht über den Platz des Mittelalters in der Geschichte der Philosophie und zugleich versucht, ein spezielles Phänomen zu analysieren, das sich indes auf die gesamte abendländische Geschichte ausgewirkt hat: das Auftauchen der „Intellektuellen" an der Wende vom 13. zum 14. Jahrhundert. Es ist kein historisches Buch und vielleicht nicht einmal ein philosophiehistorisches; es ist, wenigstens der Zielsetzung nach, ein Buch über die Geschichte des Intellektuellen, über das, was den Intellektuellen als solchen ausmacht: die Erfahrung des Denkens.

Mariateresa Beonio Brocchieri hat unlängst daran erinnert, daß das Wort „intellektuell" *(intellectualis)* im Mittelalter nicht mit Bezug auf den Menschen benutzt wurde. Diese Verwendungsweise ist, wie sie sagt, eine Neuschöpfung, die im wesentlichen auf das 19. Jahrhundert und die Dreyfusaffäre zurückgeht.[2] Für einen Historiker jedoch hat der Ausdruck auch seine mittelalterliche Berechtigung, erstens weil man im Mittelalter einen *Menschentyp* ausfindig machen kann, auf den sich der Begriff anwenden läßt, und zweitens weil man zeigen kann, daß diesem Typ eine bestimmte *Menschengruppe* entspricht: die berufsmäßigen Denker, Magister, *litterati*, Kleriker. Dies ist jedenfalls die Bedeutung des Ausdrucks „Intellektueller", die sich seit dem Buch von Jacques Le Goff über *Die Intellektuellen im Mittelalter* durchgesetzt hat[3]: eine soziologische und historische Bedeutung, die es erlaubt hat, in Gestalt jener Menschen, die „mit dem Wort und dem Verstand arbeiteten", die „weder von einer Bodenrente lebten noch mit den Händen arbeiten mußten", das Auftauchen und den Aufstieg einer gleichsam sozioprofessionellen Kategorie herauszuarbeiten und zu beschreiben, einer „Korporation", die sich in bestimmten Institutionen entwickelte – den Universitäten – oder an deren Rand – wenn man die „Literaten" des 13.-15. Jahrhunderts einbezieht. Denn diese letzteren, die man als „Intellektuelle im weiten Sinn" bezeich-

nen kann, haben in unterschiedlichem Maße ebenfalls dazu beigetragen, eine neue Form von Bildung und Kultur zu begründen, die wesentlich nichtmonastisch ist, sondern eng verknüpft mit der „urbanen Bewegung".[4]

Seit dem Erscheinen des Buchs von Le Goff im Jahre 1957 ist die Zahl von Untersuchungen über die Intellektuellen im Mittelalter beträchtlich gestiegen, doch sie behandeln fast alle nur äußere Bedingungen wie die Arbeitsteilung, die Stadt und die berufsspezifischen Institutionen, kurz, sie nehmen eine dezidiert gesellschaftliche Perspektive ein, mit der Folge, daß ausschließlich nach dem Verhältnis der Intellektuellen zur Macht gefragt wird oder zumindest nur nach ihrer Rolle und Funktion in der Gesellschaft. Indem J. Le Goff von Gramsci die Unterscheidung zwischen *organischen* und *kritischen* Intellektuellen übernahm, hat er einen Interpretationsrahmen privilegiert, der, vor allem in Italien, zu unbestreitbaren Ergebnissen geführt hat.[5] Das Ziel dieses Buches ist jedoch ein anderes.

Geht man davon aus, daß das Phänomen der „Intellektuellen" im Mittelalter existiert und daß seine soziologische Grundlage in weiten Teilen gut geklärt ist[6], muß ein anderes Phänomen unseres Erachtens erst noch beschrieben und analysiert werden: das Auftauchen des intellektuellen Ideals als solchen, seine Ausdrucksweisen und Voraussetzungen, seine Entstehungs- und Anwendungsbedingungen. Genau hier stößt man wieder auf die Philosophie, auf ihre Geschichte und Dynamik.

Indem der Sozialhistoriker die Intellektuellen im großen und ganzen mit den *magistri* der Universitäten identifiziert, überläßt er dem Philosophen ein großes Problem, das man wie folgt zusammenfassen kann: Wenn, wie oft gesagt wurde, die Intellektuellen des Mittelalters ihre Andersheit selbst betont haben, muß man die Motive darlegen und die Gründe aufdecken, die es ihnen erlaubt haben, diese Andersheit zu denken, auszusprechen und zu einer Lebensform zu machen. Der Umstand, „daß sich der Begriff ‚Intellektueller' auf eine Gruppe mittelalterlicher Menschen anwenden läßt, hängt", wie Mariateresa Beonio Brocchieri sagt, „auch mit einem spezifischen, unausgesprochenen Unterton zusammen, der in dem Adjektiv ‚intellektuell' mitschwingt": Dieses Adjektiv nämlich wurde damals „in Verbindung mit *Tugend, Erkenntnis und Lust*" gebraucht. Damit ist eine Forschungsperspektive angedeutet, die man weiterverfolgen sollte: Die Intellektuellen des Mittalters sind sich ihrer Besonderheit bewußt, und dieses Bewußtsein oder Selbstbewußtsein, diese Selbstwertschätzung muß jetzt genauer untersucht werden. Zwei Wege sind hier denkbar: entweder man untersucht die von professionellen Denkern formulierten Ansprüche – an der mittelalterlichen Universität gab es korporatistische Diskurse zuhauf –, oder man versucht, den Intellektualitätsanspruch als solchen aufzuklären, das heißt das Lebensideal, dem keine Institution genügen kann, auch wenn sie ihm gesellschaftlich Unterschlupf bietet.

Indem sich die universitären Intellektuellen zu definieren bemühten, wie eine Philosophenexistenz aussehen sollte, wurden sie sich ihrer selbst zuerst als *Typus* und erst danach als *Gruppe* bewußt. Indem sie das Wissen zum Beruf machten, dabei aber ein Wissen überlieferten, das seinem griechischen Ursprung und seinen arabischen Weiterentwicklungen nach auf Weisheit zielte, mußten sie für sich selbst eine gewisse Anzahl von Widersprüchen lösen, die mit dem institutionellen Raum verbunden waren, in dem diese Überlieferung vonstatten ging. Die mittelalterliche Universität war, in erster Linie jedenfalls, keine Schule der Weisheit, sondern eine Stätte der Elitenausbildung oder, wie Le Goff sagt, „eine Pflanzstätte hoher Beamter", die, bis zu einem gewissen Grad, eine wirkliche soziale Mobilität ermöglichte. Die Beziehung zwischen dem *magister* und seinen Studenten und Bakkalaurei war nicht die eines alten griechischen Weisen zu seinen Jüngern, noch nicht einmal die eines „Lehrers" zu seinen Schülern an den Philosophenschulen der Spätantike, über deren Organisation freilich nicht sehr viel bekannt ist. Überdies war die Universität eine Institution der Christenheit, und der Philosoph, das heißt der Philosophielehrer, hatte dort nur eine dienende, wenn nicht völlig subalterne Funktion. Seine Aufgabe bestand vor allem darin, die jungen Leute auf weiterführende und gewichtigere Studien vorzubereiten – auf die der Theologie etwa –, die am Ende echte gesellschaftliche Vorteile abwarfen, während die Philosophiestudien in sich selbst weder Ziel noch Lohn hatten. Der Philosophieunterricht an der „Artistenfakultät" war bloß eine Propädeutik, die einen überall hinführte – wenn man nur mit ihr aufhörte. So gesehen ist es sicher nicht unwichtig, wenn man feststellt, daß viele nie damit aufhörten und freiwillig in einer Situation – einem „Stand" *(status)* – verharrten, deren Armut und Perspektivlosigkeit sie normalerweise hätten forttreiben müssen. Die Gründe für diese soziale Genügsamkeit sind für uns ebenso wichtig wie dieses Phänomen selbst: man muß beide untersuchen. Aber dennoch ist diese Gleichgültigkeit gegenüber der eigenen Karriere nicht die bedeutsamste Tatsache: Was unserer Ansicht nach noch stärker ins Gewicht fällt, ist der Umstand, daß diese Haltung – mitsamt einem Teil des Diskurses und der Moralvorstellungen, die sie legitimierten – nicht auf die Universität beschränkt blieb. Anders gesagt, die „organischen Intellektuellen" haben ein Lebensmodell aus der Taufe gehoben, das auch außerhalb der Institutionen des Wissens Wirkungen zeitigte. Oder genauer: Dank der Tätigkeit einer gewissen Anzahl von Vermittlern begegnete dieses Ideal den Bestrebungen „nicht-professioneller" Gesellschaftsgruppen, die, auch ohne das Handwerk des Denkens auszüben, in einer persönlichen Erfahrung das Band zwischen Tugend, Erkenntnis und Lust, das die Philosophen geknüpft hatten, enger schnüren wollten.

Die *Entprofessionalisierung der Philosophie* ist für uns also das, was den eigentlichen Moment der Geburt des Intellektuellen markiert: ein Vorgang, der auf jeden Fall die Stadt voraussetzt und keineswegs dem widerspricht, was die Historiker die „urbane Revolution" genannt haben, denn seinen Höhepunkt erreichte er in den Städten des Rheintals; ein Vorgang indes, der unvorstellbar ist ohne die Universität, ohne die Ansteckung durch ihr Ideal und die Ausweitung ihrer Selbstbehauptung, kurz, ohne den Aufschwung eines echten *universitären philosophischen Lebens*.

An der Wende vom 13. zum 14. Jahrhundert gibt es zwei Arten von Intellektuellen: diejenigen, die auf der Grundlage von Texten die philosophische Existenz erfinden, und die, die versuchen, die Metaphern der universitären Lehre ins wirkliche Leben zu überführen. Wichtig ist ferner, daß die großen Zentren der Entprofessionalisierung der Philosophie zwar Städte waren, daß diese Städte aber, in denen man die philosophische Existenz zu begründen versuchte, vor allem Köln, keine Universität hatten, sondern nur Studienkonvente, die von den Bettelorden geleitet wurden: Die Intellektuellen des zweiten Typs sind also nicht Universitätsangehörige, sondern Außenseiter. Zusammengenommen verweisen uns diese beiden Aspekte der „neuen urbanen Kultur" auf einen allgemeineren Mechanismus, der charakterisiert ist durch die Laisierung des Denkens und den Übergang zur Volkssprache – zum Mittelhochdeutschen, zum „Italienischen", zuweilen zum Französischen. Die Vermittler des philosophischen Ideals – Dante in Italien, Meister Eckhart in Deutschland – haben *gemeinverständlich gesprochen,* alle aber wurden inspiriert von der Welt der Universität oder des universitären Diskurses.

Eines der Ziele dieses Buches ist es, die wesentlichen Momente dieses Übergangs nachzuzeichnen, dieser *translatio sapientiae,* die sich über die Unterschiede zwischen Ständen und Berufen hinwegsetzt – und das heißt, daß wir untersuchen müssen, was genau die Intellektuellen denen zu sagen hatten, die von ihnen ausgebildet wurden. Damit rückt zugleich die Erforschung der Genese des philosophischen Ideals in den Vordergrund, als eine unverzichtbare Vorbedingung, sofern das Resultat nichts ist ohne sein Werden.

Wenn sich einige organische Intellektuelle des Mittelalters an das breite Publikum gewandt haben, muß man zu begreifen versuchen, was sie dazu bewegt hat und wie sie, wider alle Erwartungen, auf den Gedanken kamen, eine Lehre zu verkünden, die auch außerhalb der Universität eine Hörerschaft finden konnte. Das Paradox besteht darin, daß der universitäre Intellektuelle gerade durch die starke Betonung seiner Andersheit einen „exportfähigen" Diskurs entwickelt hat. Wie ist der universitäre Diskurs entstanden? Unsere These ist, daß er nicht spontan entstand, sondern aus einer ganz bestimmten Quelle schöpfte: Man übernahm, adaptierte und verinnerlichte jene Konzeption des philosophischen Lebens, die von den Philosophen des islamischen Gebiets *(dar al-islam)* formuliert worden war, den ersten mittelalterlichen Erben der griechischen Philosophie. Der Import des arabischen philosophischen Ideals – mit seinen kosmologischen, astrologischen, psychologischen und ethischen Voraussetzungen – hat die Verbreitung der Philosophie außerhalb der Universitäten ermöglicht. Weil das arabisch-muslimische Modell des „Philosophen" in einer Welt ohne Universitäten formuliert worden war, konnte es sich durch die Vermittlung universitärer Philosophen in einem Teil der christlichen Gesellschaft durchsetzen; aber auch deshalb, weil es eine Weisheit zum Ziel der Studien machte und am Ende des Wissenserwerbs eine im eigentlichen Sinne intellektuelle Erfahrung versprach. Auf diesen zweiphasigen Antrieb der philosophischen Existenz – erst die Ausbildung eines korporatistischen Berufsideals, dann das Durchbrechen dieses umgrenzten

öffentlichkeit

sozialen Raums – reagierte die Autorität selber in zwei Phasen: indem sie zuerst an der Universität den Kernbestand der arabischen Neuerungen verdammte und dann unnachgiebig die Konsequenzen und Auswüchse seiner Säkularisierung verfolgte. Zwischen diesen beiden Eckpunkten ist unser zweites Untersuchungsgebiet angesiedelt: zwischen der Verurteilung des Arabismus in Paris im Jahre 1277 und der Verurteilung Meister Eckharts in Avignon 1329.

Die Zensur des Arabismus läßt sich auf vielerlei Arten untersuchen. Die direkteste erfolgt offenkundig über den Weg der Ethik, denn auf diesem Gebiet – vor allem auf dem der Sexualethik – kam es in der Tat zum Bruch mit der alten Ordnung.

In der Geschichtsschreibung werden die Verurteilungen von 1277 häufig mit einer besonderen Form von intellektueller Libertinage in Verbindung gebracht. Man spricht von einem „populären Averroismus", um in einem Ausdruck, dem es an jeder historischen Grundlage fehlt, das institutionell Verwerfliche (das Eindringen arabisch-muslimischer Ideen in die Universität) zu kombinieren mit dem sozial Schädlichen (dem moralischen Zerfall einer Gesellschaft, deren Eliten vom rechten Weg abgewichen sind). Von neoscholastischen Historikern zu Beginn des 20. Jahrhundert gebildet, ist der Begriff „populärer Averroismus" ein unfreiwilliger Hinweis auf das Phänomen, das es uns zufolge zu beschreiben gilt – auf den Export des universitären Ideals –, aber es wird von ihm schlecht situiert, da er es einem einzigen arabischen Philosophen zuschreibt, Averroes, während es doch um das mittelalterliche arabische Denken im allgemeinen geht (zumindest um das, was die Lateiner davon kennen konnten: Al-Fārābī, Avicenna, Al-Ghazālī), und es wird von ihm auch zu früh situiert, da Forderungen, die erst zu Beginn des 14. Jahrhunderts auf breiter sozialer Basis formuliert werden und noch dazu zum Großteil außerhalb von Paris, auf die Zeit um 1277 datiert werden. Auch die mechanische Art, in der die Einführung einer fremden Philosophie mit der Verlotterung des Denkens und dann der Sitten in Verbindung gebracht wird, ist zumindest bedenkenswert, denn so absurd die neoscholastische Diagnose im Prinzip auch ist, so sehr ihr jeder reale Anhalt in der Epoche fehlt, sie weist uns doch den Weg zu etwas Wesentlichem: zu dem, was man die vorauseilende Wahrheit oder auch die hermeneutische Kraft der Zensur nennen könnte. Stephan Tempier, der Bischof von Paris, dem sich die Verurteilungen von 1277 in der Hauptsache verdanken, hatte nicht Tag für Tag das niederschmetternde Bild vor Augen, das er zu malen bemüht war, doch es scheint uns, daß er es auf seine Weise kommen sah und daß er durch seinen vorzeitigen Angriff nachhaltig dazu beigetragen hat, das hervorzubringen, was es bislang noch gar nicht gab. Diese ungewollte Schöpferkraft der Zensur wird uns als Leitfaden dienen.

Indem er Themen und Thesen verknüpfte, die bislang unverbunden nebeneinanderstanden, hat der anathematisierende Bischof die Wahrheit der Zukunft beschleunigt. Man muß ihn beim Wort nehmen, das System betrachten, das seinen Stempel trägt, statt, wie so oft geschehen, die Willkür oder die Unzweckmäßigkeit seiner Entscheidungen zu kritisieren.

Es muß jedoch klargestellt werden, was mit dieser „Wahrheit der Zensur" gemeint ist. Wenn der Begriff „populärer Averroismus" ein Symptom der Geschichtsschreibung und der Blick des Zensors eine Art photographischer „Entwickler" der Geschichte ist, dann wird uns das Negativ das beste Bild bieten. Man berichtet uns von Libertinage, es handelt sich um ihr Gegenteil; man prangert Sittenlosigkeit an, es handelt sich um Askese. Der verborgene Zielpunkt der bischöfliche Maßnahme von 1277 ist nicht der Exzeß in all seinen Formen, sondern die arabisch-muslimische Askese und, diesseits davon, die authentische aristotelische Moral. Der von den verurteilten Philosophen gefeierte Genuß ist intellektueller Natur: es ist die Lust am Denken.

Unser ganzes Problem führt letzten Endes also auf eine einzige Frage zurück: Was heißt denken, nicht im allgemeinen, sondern an der Wende vom 13. zum 14. Jahrhundert? Welcher Weltanschauung verdankt es sich, daß der intellektuelle Diskurs der Pariser Magister des 13. Jahrhunderts über den Zeitenabstand hinweg Laien des 14. Jahrhunderts ohne Universitätsausbildung tiefgreifend beeinflussen konnte? Eine Frage, die eindeutig zur Geschichte des Denkens gehört.

Um darauf zu antworten, werden wir versuchen, einen Teil des Interpretationsnetzes, das die Geschichte über die Entstehung des Intellektuellen geworfen hat, wieder aufzulösen. Dieses kritische Vorgehen impliziert, daß einige der Ansichten, die Le Goffs Buch über *Die Intellektuellen im Mittelalter* zugrunde liegen, relativiert oder gänzlich revidiert werden müssen. Es geht nicht darum, noch einmal zu tun, was bereits getan – und gut getan – wurde, sondern darum zu sagen, was nicht gesagt worden ist – weil es, vom historisch-soziologischen Standpunkt aus keinen Grund gab, es zu sagen. Der größeren Klarheit wegen soll auf die prinzipiellen Streitpunkte summarisch hingewiesen werden.

Wir beginnen mit dem augenfälligsten, mit dem, was Le Goff „die Widersprüche des scholastischen Geistes" nennt:

> Als rationaler, doch auf das antike Denken begründeter Geist vermochte er [der scholastische Geist] es nicht immer, sich von diesem loszumachen, die Probleme von einem überholten geschichtlichen Hintergrund auf einen zeitgemäßen zu übertragen. Selbst der heilige Thomas war manchmal der Gefangene des Aristoteles. Es ergab sich trotz allem ein gewisser Widerspruch, wenn man das Christentum mit Hilfe von vor dem Christentum entstandenen Lehren zu erklären und an die Probleme der Zeit anzupassen suchte.[7]

Wie manifestieren sich diese *Widersprüche?* Liest man Le Goff, besteht die Antwort in drei Wörtern: Arbeit, Natur, Geschlecht. Folgen wir seinen Argumenten.

– Obwohl die Universitätslehrer des Mittelalters selbst als arbeitende Menschen auftreten, fahren sie gleichwohl fort, die Aristotelische Verachtung knechtischer Arbeit zu predigen. Eine Inkonsequenz, die – bittere – Früchte trägt: Statt die Größe der Arbeit zu feiern, zieht sich der Intellektuelle schamvoll zurück auf eine Moral der „goldenen Mitte", die ursprünglich auf reiche griechische und römische Müßiggänger zugeschnitten war, eine Haltung, die ihren eigenen Interessen offensichtlich nur schaden kann:

Der intellektuelle Beruf hatte als Beruf des geistigen Wagemuts, der leidenschaftlichen Neugier, auch wenn er sich Maß auferlegen können mußte, nichts bei der Übernahme einer Moral der Mittelmäßigkeit von den Alten zu gewinnen, jener Moral, die aus dem μηδὲν ἄγαν der Griechen die *aurea mediocritas* des Horaz gemacht hatte. Und doch vertrat die Scholastik oft eine Moral des goldenen Mittelwegs, ein Zeichen der Verbürgerlichung und der spießigen Verleugnung. Im *Roman de la Rose* heißt es: „Wer keine Ansprüche hat, begnügt sich, wenn er nur von Tag zu Tag genug zum Leben hat, mit seinem Gewinn und denkt nicht, daß ihm etwas fehle ... Der goldene Mittelweg heißt Genügsamkeit: hier findet sich die Fülle der Tugenden." Die Horizonte schließen sich, die gerechtfertigten Bestrebungen sterben ab.[8]

– Die Scholastik „sucht die Bindungen zwischen Gott und Natur", doch für dieses naturalistische Programm eröffnen sich zwei entgegengesetzte Wege: der eine führt zu eine „Suche nach dem Gleichgewicht"; der andere, der in allen Punkten der Natur „folgt", zu sexueller Vagabondage, im Anschluß an die Tradition der Außenseiter des 12. Jahrhunderts – der Goliarden –, jener „armen" Studenten „ohne festen Wohnsitz, ohne irgendwelche Pfründe oder Lehen", die zur Zeit Abaelards einem „schulischen Vagantentum" frönen, dem sich ein „provozierender Immoralismus" hinzugesellt. Le Goff bemüht hier den zweiten Teil des *Roman de la rose,* in dem der Naturalismus – das *naturam sequi* – umschlägt in eine Art „Aufruf zu einer hemmungslosen Sexualität" und die Ehe wegen „der von ihr auferlegten Beschränkungen im selben Maße wie die Sodomie als naturwidrig angeprangert wird". Ein Bruch mit dem Gleichgewicht also, der aber dem Projekt eines „natürlichen" Lebens eingeschrieben ist, das die Scholastik nicht umsetzen kann, ohne abzudanken oder zu implodieren.

– Schließlich, *last but not least,* die zentrale Frage nach dem Sinn der Philosophie. In der geduldigen Suche nach dem „schwierigen Gleichgewicht zwischen Glauben und Vernunft" besteht laut Le Goff „das aristotelische Abenteuer im 13. Jahrhundert". Es gab davon wenigstens zwei gegensätzliche Ausprägungen: den christlichen „Aristotelismus", wie etwa beim heiligen Thomas oder bei Albert dem Großen; den „Averroismus", wie bei Siger von Brabant oder Boethius von Dacien. Hier ist der narrative Ort für die „universitären Krisen" und die wiederholten Verurteilungen des „Aristotelismus" – 1210, 1215, 1228, 1270, 1277 –, der Ort für die „doppelte Wahrheit", diese mittelalterliche Form der Schizophrenie („als Philosoph sage ich dies, doch als Christ das"), für den „Streit der Fakultäten" – links die „Artisten", die Magister und Studenten der „Freien Künste" (vereinfacht gesagt: die „Philosophen"), rechts die „konservativen" Theologen: ein bekanntes, allzubekanntes Bild, das in allen Geschichten der Philosophie herumgeistert, für das Le Goff aber, im Anschluß an R. A. Gauthier, das alles resümierende Zauberwort findet: *Großmut.*

Im averroistischen Kreis der Fakultät der Künste wird das strengste Ideal des Intellektuellen entwickelt. Boethius von Dacien beteuert: „Die Philosophen" – so wurden die Intellektuellen genannt – „sind von Natur aus tugendhaft, keusch und maßvoll, gerecht, stark und freizügig, sanft und großmütig, herrlich, den Gesetzen untertan, von der Anziehungskraft der Lüste losgelöst ...", die gleichen Intellektuel-

len, die zu seiner Zeit „aus Arglist, Neid, Unwissenheit und Dummheit" verfolgt
werden.
Großmütig. Das große Wort ist ausgesprochen. Wie Gauthier in bewundernswerter
Weise gezeigt hat, findet man bei diesen Intellektuellen das höchste Ideal der
Großmut, die bereits bei Abaelard die Tugend der Initiative, *die Leidenschaft der
Hoffnung war.*[9]

Was soll man von diesem Szenario halten? Das Porträt der Intellektuellen auf der
Grundlage innerer Widersprüche der scholastischen Denkweise zu zeichnen, ist
eine Idee, die zunächst einmal verwirrt. Doch sie verdient, daß man sie wörtlich
nimmt und sich mit ihr philosphisch auseinandersetzt.

Eingezwängt zwischen kumpelhaftem Korporatismus und sexueller Besessenheit,
philosophischer Heuchelei und theologischem Starrsinn, hat der mittelalterliche
Intellektuelle – der „Philosoph" – auf den ersten Blick nichts Befremdliches an
sich: es ist der Allerweltsprofessor in seiner lateinischen Form. Die dunklen Verbindungen zwischen Geschlecht und Beruf, die „Mittelmäßigkeit", die „Seelengröße", die Mißgeschicke *Sophies*[10], all das scheint auf tragische Weise typisch zu
sein für die lange Dauer schulischer Traditionen. Und doch ist die Schwere dieser
Übel zugleich die echter philosophischer Probleme, denen man ihren ursprünglichen Gehalt zurückgeben muß, selbst wenn dies gegebenenfalls mit „schmerzli-
chen Revisionen" einhergeht.
    Wir sind mit Etiketten oft zu schnell bei der Hand. Allzuleicht neigen wir dazu,
Helden zu erschaffen. So als müßte die Sprache der Geschichte immer binär sein
und das Leben des Geistes ein Leben der Parteinahme. Die großen „kritischen" Gestalten des Mittelalters wie Siger von Brabant oder Boethius von Dacien müssen
genauer in Augenschein genommen werden und, mitsamt diesen Heldentenören,
die Kategorien der philosophischen Geschichtsschreibung – vor allem der „Aristotelismus" und der „Averroismus" –, die ihnen Profil und Statur verleihen.
    Die Intuition oder Hypothese, die den folgenden Seiten zugrunde liegt, ist die,
daß man das Problem der „Intellektuellen im Mittelalter" nicht behandeln kann,
ohne das Auftauchen des „intellektuellen Problems" an der Wende des 13. zum
14. Jahrhundert zu studieren.
    Wenn man den mittelalterlichen Intellektuellen auf der Basis des soziologi-
schen Typs des Unversitätsprofessors definiert, wenn man den Universätsprofes-
sor auf der Basis eines Dramas begreift, das der Scholastik immanent ist, muß
man sich beiden in der für eine Philosophenexistenz spezifischen Dimension zuwenden, im Rahmen einer *Moral,* die – teils als Ursache, teils als Wirkung – mit
einer bestimmten Weltanschauung einhergeht, mit einer ganz bestimmten
Wahrnehumg dessen, was die Wirklichkeit der Dinge ausmacht.
    Wenn sich der mittelalterliche Intellektuelle auf einen widersprüchlichen Dis-
kurs stützt, der – in Gestalt einer zuinnerst von einer Krise betroffenen Scholastik
– mit dem Schicksal des Aristotelischen Denkens zusammenfällt, muß man zunächst die intellektuelle Geschichte des Aristotelismus nachzeichnen. Das soll
hier geschehen.

Bleibt noch die Perspektive festzulegen, die die Untersuchung leitet. Unsere Überzeugung ist die, daß die Geschichte des abendländischen Aristotelismus zu einem Großteil die einer Übernahme ist – einer *Übernahme von den Arabern*. Dies kann man auch noch schroffer ausdrücken, indem man sagt, daß der europäische Denker des 13. und 14. Jahrhunderts nur ein Importprodukt ist. Die These, die überraschen mag, ist letztlich nicht provokant: Hat man den Intellektuellen einmal durch seine Position im Feld des Aristotelismus definiert, erweist sie sich sogar als eine Selbstverständlichkeit.

Tatsächlich steht der Name „Aristoteles" im abendländischen Mittelalter für ein Lehrgebäude und ein Corpus, in dem die echten Schriften des Stagiriten teils vom „arabischen" Denken eingefaßt, strukturiert und vorinterpretiert werden, teils von einer Flut von Apokryphen begleitet, umgedeutet und erweitert werden, in welche die Philosophen des islamischen Gebiets das Beste ihrer eigenen wissenschaftlichen Kultur gesteckt haben – dabei entweder an Resultate der Spätantike anknüpfend oder aus ihrem eigenen Erbe schöpfend. Das aristotelische Corpus, das die mittelalterlichen Denker mit Eifer aufgearbeitet haben, war nicht das des Aristoteles, sondern ein umfassendes philosophisches Corpus, in welches das im Grunde neuplatonische Denken des Hellenismus eingegangen war – mitunter versteckt und unbemerkt. Aus diesen Syntheseprodukten, Frucht des arabischen Genies, entwickelte sich jener „Peripatos", den die christlichen Theologen abwechselnd verherrlicht und geschmäht haben.

Um dieses Blindekuhspiel, das die Abendländer so lange spielten, ohne es zu merken, dem Wesentlichen nach zu beschreiben, braucht man nur daran zu erinnern, daß der „große" theologische Text des Aristoteles, in dem er seine Auffassung vom Kosmos darlegte – der *Liber de causis (Buch der Ursachen)* – gar nicht von ihm, sondern von einem unbekannten Araber stammte, der ihn, zur Zeit Al-Kindīs, in der Hauptsache bei Proklos entlehnt hatte, dem letzten neuplatonischen Philosophen der Schule von Athen, und, zu geringeren Teilen, bei Plotin. Sonderbares Paradox: In einem wahrscheinlich im 9. Jahrhundert nach unserer Zeitrechnung in Bagdad hergestellten Patchwork meinten die mittelalterlichen Denker das ausgereifteste Denken des Stagiriten vor sich zu haben; in Wahrheit hatten sie es mit „platonischen" Aussagen zu tun, die ein anonymer Iraker auf der Basis der *Elemente der Theologie* des Proklos geschickt zusammengestellt hatte. So ist es also eine durch und durch unechte Montage, die, seit sie nach Europa kam (höchstwahrscheinlich am Ende des 12. Jahrhunderts über Toledo), mehr als zwei Jahrhunderte lang eifrig bekämpft und verteidigt wurde: sie mobilisierte die Energie der Zensoren, auf ihr lastete das Gewicht der „Verurteilungen des Aristotelismus", sie bestimmte die Weltanschauung aller „Philosophen"; durch sie setzte sich im Abendland eine ganze arabische Version des „Aristotelismus" durch, die den Rahmen einer nicht-aristotelischen Kosmologie lieferte, die, im Namen von Aristoteles selber, en bloc akzeptiert oder abgelehnt werden mußte. Ein bauchrednerischer Aristotelismus hat sämtliche Kontroversen über Aristoteles beeinflußt, hat, soweit es die Kosmologie betrifft, „die inneren Widersprüche der Scholastik" instrumentiert: Man sollte also mit seinen Diagnosen vorsichtig sein.

Was die „Intellektuellen" angeht, so läßt sich zumindest eine Folgerung ziehen: Weit davon entfernt, die intellektuelle Szene des Spätmittelalters zu bestimmen, ist der Schock des christlichen „Aristotelismus" und des „Averroismus" bestenfalls ein sekundäres Phänomen, schlimmstenfalls eine Erfindung der Historiker, auf jeden Fall eine Mystifikation, bedenkt man, daß bereits zu Beginn alles verfälscht war – Averroes hat Aristoteles ebensowenig „entstellt" oder „verraten" wie der Autor des *Liber de causis,* sein anonymer irakischer Vorläufer.

Der „lateinische" oder „scholastische Averroismus" ist in erster Linie eine Kategorie der Historiker, keine historische Tatsache. Die „Averroisten" verdanken dem literarischen Genie eines Ernest Renan mehr als den Fakten der Philologie. Tatsächlich war es Renan, der in *Averroes und der Averroismus* eine Geschichte schrieb, die um so mehr von Bestand war, als sie ihrem Ursprung nach die Erfindung eines Romanschriftstellers war. Er hat die Figur eines Siger von Brabant geschaffen, er hat die Phantasie ganzer Generationen von Lesern beflügelt, indem er die Rue du Fouarre beschrieb, ihre Strohballen und kleinen Schulen. Nun mußten diese lauschigen Orte nur noch ideologisch mit dem bevölkert werden, was der unterschwellige Antisemitismus Renans den „Arabismus" nannte, der angeblich die Schulen des Abendlands infiltriert habe. Dies geschah, indem man die „Averroisten" auf den Markt warf, Schüler eines Philosophen, Averroes – Ibn Rušd –, den niemand liest, dessen bloßer Name aber seit dem Mittelalter genügt, um Furcht einzuflößen – eine Furcht, die jetzt nur noch auf ein ganzes Völkchen von *artistae* ausgedehnt werden mußte, die in Gruppen, um nicht zu sagen Banden, auch heute noch die Historiker heimsuchen, die Gotteslästerung auf den Lippen und die „doppelte Wahrheit" in der Hand. Wie Le Goff schreibt:

> Die Einführung der Ideen des arabischen Philosophen Averroes führt zu einer tiefen ideologischen Krise. Kann man mit Averroes die Lehre von der doppelten Wahrheit anerkennen, also einräumen, daß es wissenschaftliche Wahrheiten gibt, die im Gegensatz zur christlichen Wahrheit stehen? 1270 und 1277 fährt der Krummstab des etwas beschränkten Bischofs von Paris, Stephan Tempier, auf die Pariser Intellektuellen nieder. Ein regelrechter Syllabus verbotener Thesen wird verkündet, in Umlauf gebracht, durchgesetzt. Magister Siger von Brabant, des Averroismus verdächtig, wird ins Verlies geworfen.[11]

Wir lehnen diese Sicht der Dinge ab.

Zwischen den Apokryphen der Geschichte und den Phantomen der Geschichtsschreibung ist, wie man sieht, der aristotelische „Intellektuelle" recht schwierig zu fassen, und nicht minder schwierig ist es, ihn zu bewerten, seine Erfolge und Mißerfolge gegeneinander aufzurechnen. Wenn man jedoch die konventionellen Erzählungen und die Monstren der Hagiographien der Furcht vergißt, taucht ein unerwartetes Phänomen auf: Man sieht, wie jene Lebensform, die die universitäre Welt entworfen hatte, einen neuen Nährboden in der Gesellschaft nicht-„organischer" Intellektueller findet, das heißt bei religiösen Außenseitern, die größtenteils keine Kleriker und nur in wenigen Fällen Gelehrte im eigentlichen Sinne sind. Zu Beginn des 14. Jahrhunderts endet also die Übernahme des philosophischen Lebensideals von den Arabern mit einem erneuten Eigentümerwechsel. Das philosophische Leben ist nicht mehr das alleinige Erbe professioneller Philosophielehrer, sondern wird von Amateuren beansprucht – von Beginen, Nonnen, Häretikern und Dichtern –, die dieses Leben unter anderen Namen und an anderen Orten weiterführen, dabei aber unmittelbar anknüpfen an seine entfernteste Quelle.

Siger von Brabant war ein *magister artium*. Wie alle seine Amtsbrüder der Jahre 1250-1260 partizipierte er an einer Bewegung intellektueller Selbstbesinnung, die zu einem neuen Selbstbewußtsein, zu einem neuen Stil, zu einer neuen Moral führte. Am Ende stand eine neue Existenzform: das *philosophische Leben*. Diese Bewegung, die man einen „intellektualistischen Aristokratismus" nennen könnte, verdankte sich der eifrigen Lektüre gräko-arabischer philosophischer Texte, sie reaktivierte aber auch einige Forderungen und Wünsche, die sich schon früher geregt hatten, vor allem zur Zeit Abaelards. Getroffen von der universitären Zensur, attackiert von der höchsten Autorität, suchte sich diese auferstandene antike Philosophie ein neues Terrain außerhalb des institutionellen Rahmens, in dem man sie vereiteln wollte. Das ist die Überraschung: Man glaubte, in Paris eine Irrlehre unterbunden zu haben, und schon findet man sie, virulenter als zuvor, in Italien und Deutschland wieder, wo sie die Laien begeistert und deren Sprache zu sprechen beginnt.

Dieses unerwartete Übergreifen, diese *Entprofessionalisierung* soll hier beschrieben werden, wobei wir nebenbei versuchen wollen, eine Lehre daraus zu ziehen – ein Vorhaben, das eine bestimmte Methode und einen bestimmten Aufbau der Darlegung verlangt. Zunächst müssen in knappen Strichen die Wege nachgezeichnet werden, auf denen die hellenistisch-arabische Philosophie ins Herz der intellektuellen Identität Europas gelangt ist (Kapitel 1-5); danach muß detailliert gezeigt werden, wie sich diese Philosophie auf den folgenden drei Gebieten ausgewirkt hat:

– auf dem der *Sexualmoral,* wo die Spezifität der *philosophischen Asketik* sichtbar wird (Kapitel 6);

– auf dem des *intellektuellen Glücks*, der *felicità mentale,* wo ein neues *Ideal des Adels* sichtbar wird, das eng mit der Stellung des Menschen im Kosmos verbunden ist (Kapitel 7);

– auf dem der *intellektuellen Abgeschiedenheit* – der „Gelassenheit", die alle Berufs- und Standesgrenzen untergräbt –, wo eine „Freiheit des Geistes" zutage tritt, die die Vernunft mit der Offenbarung versöhnen will und deshalb nur sehr unpassend „Mystik" genannt wird (Kapitel 8).

Geschlecht, Natur, Arbeit: Am Leitfaden dieser subversiven Parolen soll den gemeinsamen Auswirkungen nachgespürt werden, die die Wiedergeburt der Philosophie und die Geburt der Intellektuellen hatten, und zwar bis hin zu den beiden Gipfelpunkten einer Erfahrung, in der sich die Universität außerhalb ihrer selbst vollendet, in der *nobiltade* Dantes und in der *Edelkeit* Meister Eckharts. Diese beiden Intellektuellen, die Zeitgenossen waren, haben in ihrem stummen Dialog die Bedingungen eines Neuen Lebens formuliert, einer „irdischen Glückseligkeit", in der sich – für Nicht-Philosophen – das erfüllt, was Al-Fārābī, glaubt man Averroes, einmal die „Zuversicht der Philosophen" *(fiducia philosophantium)* genannt hat.

Im Gegensatz zu Le Goff scheint uns Dante keineswegs „ein nicht einzuordnendes Genie"[12] zu sein, und wir sehen auch keinen Anlaß zu der Frage, ob er „ein Intellektueller war" oder dies wenigstens „teilweise" war, sofern „er sich in eine Zunft einschrieb (allerdings in die der Ärzte und Apotheker)" und „schließlich Politik trieb"[13]. Dante läßt sich einordnen, dieser dichtende Apotheker ist ein Vermittler, ein *Intellektueller durch und durch,* weil er, der Leser Alberts des Großen und der arabischen Philosophen, in einer Volkssprache das erste wirkliche und große Manifest der mittelalterlichen Intellektuellen verfaßt hat: das *Gastmahl (Convivio),* neben dem die früheren Versuche approbierter Magister, die eines Boethius von Dacien oder eines Siger von Brabant, nur rohe Entwürfe oder erste Annäherungen sind; weil er zum ersten Mal die in der philosophischen Kontemplation erreichte Form der Erfahrung – die *felicità mentale* – in ihrem ganzen Umfang durchdacht hat. Das Denken hat eine Geschichte, die nicht die Geschichte der Ideen ist, sondern das Denken selbst als Geschichte: Indem Dante eine Ethik der intellektuellen Bestimmung des Menschen ausarbeitete, hat er ein organisches Bild des Denkens entworfen und durchgesetzt, das die Politik mit einbegreift – ein Vorgang, den man mit R. Imbach treffend als „Politisierung des Aristotelismus" bezeichnen kann. Hier haben wir das Fundament der kritischen Rolle, die er *in politicis* spielte, zum Beispiel als er in der *Monarchie* die Thesen der pontifikalen Theologen zur weltlichen Souveränität des Papstes ablehnte, die sich auf eine gefälschte Urkunde stützten, die berühmte „Konstantinische Schenkung". Unser Gegenstand hier – *das Denken im Mittelalter* – verlangt also geradezu zwingend, Dante ein ganzes Kapitel zu widmen: Der mittelalterliche Typ des Intellektuellen läßt sich nicht ohne das transkulturelle oder, sagen wir genauer, das *arabisch-lateinische* Projekt begreifen, das im *Gastmahl* so glanzvoll in Szene gesetzt wird.

Dasselbe gilt für Meister Eckhart: Dieser deutsche Dominikaner des 14. Jahrhunderts hat die „Schwelle zur Häresie" überschritten, was er aber vor allem und aufs radikalste überschritten hat, sind die Grenzen der Universität und des Lehramts. Wir interessieren uns daher besonders für seine Predigten und deren Zuhörerschaft, das heißt für seine „Rezeption" durch Laien, Nicht-Professionelle und religiöse Außenseiter, wie etwa jene rätselhafte „Schwester Katrei, die Tochter, die Meister Eckhart in Straßburg hatte". Um 1300 waren die philosophische Askese, die *apatheia* und das „innere Gleichgewicht", mit einem Wort: die *Gelassenheit,* eine neue Idee in Europa: Eckhart, der durch seine Universitätsbildung ein organischer Intellektueller und durch seine gesellschaftliche Rolle zugleich ein kritischer Intellektueller war, wurde ihr Wegbereiter bei den deutschen Begarden und Beginen – den „Brüdern und Schwestern vom Freien Geist" –, bei Nonnen, Mönchen und Tertiariern, indem er ihnen, um es mit dem schönen Werbespruch einer Bank zu sagen, „die höchste Gelassenheit" versprach, „die am Markt zu haben ist". Trotz des Attributs „mystisch", das gemeinhin mit dem Denken Eckharts verbunden wird, widmen wir also unser letztes Kapitel aus rein *intel-*

lektuellen Gründen dieser „gelassenen" Krönung des mittelalterlichen Aristotelismus.

Schließlich, da die Geschichte der Philosophie zu nichts dienen würde, wenn die darin wiedergefundene Moral nicht eine andere diktierte, die aktueller oder dringlicher ist, werden wir auf diesem mediävistischen Erkundungsgang einige Seitenpfade einschlagen, die mitunter bis in unsere eigene Welt führen, in der durch lang anhaltende Arroganz, Unbildung und Mißachtung vergessen oder verdeckt wurde, was der Westen den vielfältigen Traditionen verdankt, die ihn eher tragen als daß er sie bei sich aufgenommen hat. Dieser Essay handelt also auch von unserer Gesellschaft, vom Laizismus, vom religiösen und kulturellen Pluralismus, vom Rassismus und vom Fremdenhaß. Dieses Hin und Her zwischen der Vergangenheit und der Gegenwart mag überraschen, stören oder mißfallen. Unsere einzige Entschuldigung ist, daß dieses Verfahren sich uns aufgedrängt hat. Wozu schreiben, wenn alles immer wieder darauf hinausläuft, zwischen dem Infantilismus des Autodidakten und dem Ekel Roquentins zu wählen? Wozu Geschichte treiben, wenn man nur das Leben der Toten wiederkäut? Wozu über das Mittelalter arbeiten, wenn wir das Mittelalter nicht in uns arbeiten lassen? Uns schien es nützlicher, zum gemeinsamen Ziel der alten „Kulturverschmelzungen" zurückzukehren und mit alten Worten für die immer neue Sache der Vernunft zu plädieren.

1 PHILOSOPHIE UND GESCHICHTE

Für die Philosophie ist das Mittelalter zentral und doch in jeder Hinsicht entlegen. Seine Texte sind Monumente, aber diese Monumente sind bloße Überreste, aus denen man sich Ornamente für neue Architekturen auswählt – ein Motiv hier, ein Fragment da: es ist die Herrschaft des modischen Accessoires. Unterdessen lebt das mittelalterliche Denken in schmucklosen, nüchternen Arbeiten fort, an denen sich allein die Spezialisten zu erfreuen vermögen. Man wird sagen, daß die Philosophen für sich selbst verantwortlich sind und doch bitte ihr eigenes Feld bearbeiten sollen. Zweifellos. Aber die Geschichte der Philosophie wird nicht einhellig als eine philosophische Notwendigkeit anerkannt, und viele Philosophen gehören zu den ersten, die jeden Versuch eines Dialogs mit der Vergangenheit als „historistisch" verurteilen. Die Zunft ist also selbst schuld und muß mit sich selbst ins reine kommen. Das Problem ist freilich, daß der Philosophiehistoriker, nachdem die Philosophen ihn abgewiesen haben, auch von den Historikern auf Distanz gehalten wird, da philosophische Fragen nicht in ihr „Gebiet" gehören. Nach dieser doppelten Ausgrenzung bleibt dem Mediävisten, der weder Philosoph noch Historiker, sondern „Gelehrter" ist, nichts anderes übrig, als in der Institution weiterzumachen, in der er seinen Platz hat – in der Universität: hier kann er seine „Forschungsergebnisse" immerhin in einer Art von Firmenzeitschriften veröffentlichen, die der Arbeitgeber Staat großzügig unterstützt, und über die kollektive Verachtung nachdenken, die ihn in ein Ghetto sperrt, aus dem ihn höchstens die Zufälle des Kalenders für ein oder zwei Wochen befreien.

Lassen wir vorerst das philosophische Problem des Status der Geschichte der Philosophie beiseite und betrachten wir nur die soziale Dimension. Es liegt in diesem fast allseitigen Totschweigen etwas intellektuell nur schwer Erträgliches. Der mit Behagen gemachte Schnitt zwischen dem universell Gültigen und der Universität scheint sich von selbst zu verstehen. Jeder weiß, daß eine Dissertation oder Habilitation kein Buch ist, sondern der literarische Vollzug eines *rite de passage,* die Schriftstücke eines Hörsaalprozesses, deren auffälligste Besonderheit darin liegt, daß sie der Angeklagte selbst in den Jahren vor der Urteilsfällung abgefaßt hat. Man weiß auch, daß aus einer solchen Qualifikationsarbeit ein Buch werden kann: Es genügt, daß der Schuldige die Spuren beseitigt, daß er die Knechtschaft als freie Essayistik tarnt oder umgekehrt versucht, die verinnerlichten Verwaltungszwänge in die stilistische Kraft innerer Notwendigkeit umzudeuten.

Man kann sich jedoch fragen, warum das schlechte Ansehen, das die universitäre Forschung in der Gesellschaft genießt, bei der Philosophie so viel ausgeprägter ist als bei noch so marginalen Hilfswissenschaften der Geschichte.

Mit Lust schildert man die sozialen Typen, deren „Bild" das Mittelalter „erfunden oder erneuert" hat – den Städter, die Frau, den Außenseiter –, mit großer Liebe erörtert man das Wesen der Prozesse, die es erlauben, die mittelalterliche Gesellschaft mit Hilfe der „Interdependenzen von Glaubensüberzeugungen, Institutionen und Debatten" als System zu denken. So anregend diese Forschungsarbeiten sind, sie sind doch ebenso grundgelehrt wie Auslegungsstrategien des Philosophiehistorikers, und alles deutet darauf hin, daß sie ebenso wie diese in der Universität entstanden sind; aus dunklen Gründen jedoch ist die Analyse mittelalterlicher Ethikvorstellungen ein universitärer „Gegenstand", die Untersuchung eines Dorfs im Mâconnais vom Altertum bis zum Feudalismus dagegen nicht. Was heißt das anderes, als daß das intellektuelle Mittelalter noch immer auf seinen Foucault wartet – auf jemanden, der auf einen Schlag das Mittelalter in die Geschichte der Philosophie zurückholt, die Geschichte der Philosophie in die Philosophie reintegriert und alles in einer Untersuchung des Denkens zusammenführt, die gleichzeitig reflektierende Geschichte und Reflexion über die Geschichte wäre? Ob dieses „historische Individuum" existiert oder nicht, ist nicht das Problem: es handelt sich hier um ein kollektives Forschungsprogramm, nicht um Messianismus als Beruf. In Wahrheit wird dieses Programm bereits umgesetzt. Der Witz ist nur, daß es noch nicht formuliert worden ist, daß es noch nach seinem Titel und seiner Firmenbezeichnung sucht, noch nicht weiß, wo sein Platz ist in der Nomenklatur der Wissensfelder und diskursiven Praktiken. Während es sich im Spiel der Ausgrenzungen einen Weg bahnt, gewinnt es seine Identität vorerst nur aus der Unzuweisbarkeit eines bestimmten Gebiets. Was zählt, sind allein die Methoden und die Texte. Die historische Arbeit des Denkens ist zu weiten Teilen Trauerarbeit, aber ihre genaue Aufgabe bleibt zu bestimmen, und es ist ungewiß, ob dies gleich zu Anfang und prinzipiell geschehen kann. Man kann den Philosophiehistoriker fragen, wonach er sucht – welche Objektwahl er letztlich getroffen hat; sinnlos dürfte es aber sein, zu erwarten, daß er imstande ist, einen über den Sinn seiner Arbeit im ganzen aufzuklären.

Die Samurai der Place Maubert und der bulgarische Geschmack

Einige volkstümliche Redensarten scheinen erfunden worden zu sein, um Tatsachen zu enthüllen, die sich gegen wohlgesetzte Worte auf Dauer resistent erweisen. Was tut der kultivierte Mensch, sagen wir ein Journalist, heutzutage, wenn er über mittelalterliche Philosophie spricht? Keine Feldforschung, keine quantitative Analyse schildert seine Situation besser als eine dieser griffigen Formeln, die von Zeit zu Zeit auf Straßen oder Schulhöfen auftauchen. Wenn der kultivierte Mensch über mittelalterliche Philosophie spricht, „brettert er blind drauflos". Das Erscheinen von Julia Kristevas Roman *Die Samurai* war der Anlaß für eine dieser durch und durch repräsentativen Rasereien des Halbwissens. Ein Kritiker schrieb:

> Eine zweiundzwanzigjährige Bulgarin mit 5 Dollar in der Tasche steigt die Gang-
> way einer Tupolev hinab. Sie ist hungrig, alles kommt ihr schmutzig vor, sie hat
> Angst. Sie steigt die letzte Stufe hinab und befindet sich plötzlich in einer Art Mit-
> telalter, in einem Wunderland. [1]

Liest man die Beschreibung dieser Ankunft in Paris, fröstelt es einem und man
wird hungrig. Man zittert mit der Heldin des Abenteuers. Der Mediävist zittert
noch mehr, denn ihm ist gleich die Anwesenheit eines unschlagbaren transzendentalen Signifikanten aufgefallen: das *Mittelalter,* das sofort, denn Konvention
verpflichtet, mit dem imaginären Raum verknüpft wird, der es am besten charakterisieren soll, mit dem des *Wunders.* Schrecklicher Anfang eines mirakulösen
Rattenschwanzes: eine Metapher, die einen darauf vorbereitet, daß man unmittelbar hinübergleitet in die Mantel-und-Degen-Gattung, irgendwo zwischen
Victor Hugos Beschreibung des Cour des Miracles und Filmen wie *Le Miracle des
loups* [dt.: *Im Zeichen der Lilie].* Doch man hat umsonst gezittert. Nach dem
Verlassen des Flugzeugs ist man mitten im Quartier Latin – ein Schritt weiter,
und man ist in der Rue Jacob. Wie soll man dieses Paris um 1965 beschreiben?
Nach der Einleitung ergibt sich die Lösung von selbst. Man bleibt im Mittelalter:

> Die junge Emigrantin hat den Eindruck, im intellektuellen Zentrum der Welt ge-
> landet zu sein. Es ist wie im 12. Jahrhundert. Man müßte eine Liste der Entspre-
> chungen aufstellen. Lévi-Strauss, das ist Roscelin von Compiègne und der Nomina-
> lismus. Die Rue d'Ulm ist die Klosterschule von Sankt Viktor. Das *Sic et non*
> Abaelards ist *Die Stimme und das Phänomen* Derridas. Alanus von Lille, der Proklos
> übersetzt, ist Michel Foucault, der Kants *Anthropologie* übersetzt. Dumézil ist der
> heilige Thomas von Aquin der nichtchristlichen Mythen.

Einige Bemerkungen dazu. Das 12. Jahrhundert ist gewiß das von Petrus
Abaelard (gest. 1142) und von Alanus von Lille (gest. 1202/1203), es ist nur teilweise das von Roscelin von Compiègne (gest. nach 1120); es ist nicht das des
Thomas von Aquin (gest. 1274). Der Vergleich der Klosterschule Sankt Viktor
mit der Rue d'Ulm mag durchgehen, wenn man damit andeuten will, daß die
École normale supérieure eine geschlossene Anstalt ist; die Theologen der Vikto-
rinerschule haben jedoch nichts gemein mit den modernen Herolden der Hu-
manwissenschaften, mit denen man sie stillschweigend gleichsetzt, und übrigens
auch nichts mit den Dialektikern des Mittelalters, die, wie Abaelard, frei zugänglich auf dem Mont Sainte-Geneviève oder in der Nähe des Petit-Pont unterrich-
teten. Was die aufgestellte „Liste von Entsprechungen" betrifft, so ist das wenigste, was man darüber sagen kann, daß ihr Organisationsprinzip ebenso flottierend
ist wie der Signifikant gleichen Namens.

Zur Not kann man die Roscelinsche Reduktion der Universalien auf bloße
flatus vocis mit der am phonologischen Modell orientierten Formulierung der
Verwandtschaftssysteme bei Lévi-Strauss vergleichen – alles in allem hat das Pho-
nem etwas mit dem Geräusch der Stimme zu tun, und die Lehre Roscelins wird
ja auch genauer als *Vokalismus* bezeichnet. Umgekehrt darf man sich allerdings
fragen, was – abgesehen von einer unterschwelligen Fortsetzung des Motivs der
Stimme – das Werk Derridas mit dem Abaelards, des respektlosen Schülers von

Roscelin, zu tun hat: Obwohl beide Titel zusammengesetzt sind und in beiden die koordinierende Konjunktion „und" steht, sieht man nämlich nicht, was es erlaubt, *Die Stimme und das Phänomen* – eine Einführung in das Problem des Zeichens in der Phänomenologie Husserls – mit *Sic et non* zu vergleichen, bei dem es sich um eine Sammlung biblischer, patristischer und konziliarischer Zitate *(auctoritates)* handelt, die nach einer Methode des strikten Widerspruchs gegenübergestellt werden *(non solum diversa sed adversa)*, um deutlich zu machen, daß der theologische Diskurs in eine geordnete Diskussion *(disputatio)* verwandelt werden muß ... Es sei denn, daß man Derridas Überlegungen zu *Zeichen, Ausdruck* und *Anzeichen* bei Husserl unter das ferne Patronat der Abaelardschen Theorie des *signum* stellen will, was schon passender wäre, aber doch erfordern würde, daß man sich die Mühe gibt, die logischen Werke des Doctor Palatinus zu erwähnen *(Dialectica, Logica Ingredientibus)* ...

Ob es eine geheime Verwandtschaft zwischen der *Anthropologie* Kants und dem Werk des Proklos gibt, ist eine Frage, die wir mangels Kompetenz offen lassen; daß aber Alanus von Lille bei der lateinischen Übersetzung des großen neuplatonischen Philosophen eine Rolle gespielt hat, ist eine wichtige Entdeckung, der man genauer nachgehen sollte – dachte man doch bislang, daß die *Elemente der Theologie* erstmals 1268 von Wilhelm von Moerbeke übersetzt worden sind.

Bleibt der Fall des Thomas von Aquin. Der Mittelbegriff des Vergleichs läßt sich nur schwer finden. Man weiß, daß der Schreibtisch Dumézils den schwindelerregenden Anblick des vollendeten Chaos bot, über den Schreibtisch des Aquinaten weiß man leider nichts. Vielleicht ist auch nur gemeint, daß eine Triade so gut ist wie die andere und daß Thomas von Aquin für seine langen trinitätstheologischen Erörterungen insgeheim der Titel eines „Dumézil der christlichen Mythen" gebührt, oder auch, daß das imposante Werk des ehemaligen Studiendirektors der École pratique des hautes études eine Art Summe bildet, die, von der Zahl der Foliobände abgesehen, mit der *Summa theologiae* und der *Summa contra gentiles* rivalisieren kann. Dies sind stimulierende Lektürehypothesen, aber auch, wie man leicht sieht, recht äußerliche Verbindungen.

Welche Lehre soll man aus dieser bizarren Feier des Mittelalters ziehen, wo alles nach dem Prinzip der äußerlichsten Ähnlichkeit mit der Gegenwart zusammenzuhängen scheint? Keine, abgesehen von drei Fragen: Wie kann eine verkannte, travestierte und entstellte Wirklichkeit dazu dienen, höchsten intellektuellen Anspruch zu verbürgen? Wie kann man den vorgeblichen Garanten einer farbenfrohen Schilderung mit solcher Nachlässigkeit behandeln? Wie ist es möglich, daß historische Ignoranz in den Dienst der aktuellen Berichterstattung gestellt wird?

Wie, aber auch warum? Wagen wir eine Antwort: Weil die Spezifität des mittelalterlichen philosophischen Gegenstands Straflosigkeit garantiert. Die ausgestreuten Namen – Abaelard, Alanus von Lille, Thomas von Aquin – verweisen nur auf sich selber oder sind, besser gesagt, bloße Zeichen. Sie bezeichnen das Mittelalter durch eine Art gedankenlose Antonomasie. Die mittelalterlichen Philosophen sagten „der Apostel", „der Philosoph" oder „der Kommentator", wenn sie von Paulus, Aristoteles oder Averroes sprachen. Heute sagt man für das Mittelalter einfach „Roscelin". Daß diese Zeichen bedeutungsleer sind, ist egal, sie sollen ja nur ein Loch stopfen. Dennoch ist das Phänomen faszinierend: Man nimmt Autoren her, die kaum einer kennt, die niemand liest oder lesen will, um ihre Autorität auf heutige Denker zu übertragen, die jeder kennt und die einige gelesen haben. Diese Mischung aus Berühmtheit und Unbekanntheit aber kennzeichnet ganz allgemein den Gegenstand, mit dem sich die Untersuchungen mittelalterlicher Philosophie befassen.

Die Philosophie im Exil oder der Triumph der Kompetenzen

Die französische philosophische Mediävistik wird derzeit von wenigstens zwei Krisen geschüttelt. Da ist zuerst die des Nachwuchses, für die es eine rein pädagogisch-institutionelle Erklärung gibt: Die Prüfungspläne für Staatsexamen sehen das Mittelalter nicht vor, was sich nachhaltig auf die universitäre Situation auswirkt – fehlende Lehrstühle, ein nebenherlaufender oder völlig marginaler Unterricht, eine schwache Publikationstätigkeit, da es kaum Studenten und folglich keinen „Markt" gibt. Doch eine gewisse Identitätskrise gibt es auch bei den mediävistischen Philosophen selber, für die es, auch wenn sie zum Teil aus der ersten folgt, doch spezifische Gründe gibt: Ständig genötigt, um „Anerkennung" zu kämpfen, bearbeiten die Mediävisten ein Niemandsland unter den kritischen Blicken von Vertretern prosperierender Wissenszweige – wie der Geschichte *tout court*, der analytischen Philosophie, der Linguistik, der Wissenschaftsgeschichte, der Phänomenologie –, und verzweifelt darum bemüht, sich in Abgrenzung von ihnen zu „definieren", versäumen sie es, frei und organisch ihre eigenen Problematiken zu entwickeln. Oft auf den Status eines „Dienstleisters" reduziert, verwandelt sich die Mediävistik unmerklich in ein großes Archiv: mal ist sie eine Datenbank für eine Geschichte, die weitgehend woanders betrieben wird, mal ein Reservoir von *topoi* für eine Philosophie, die ansonsten gern ohne sie auskommt.

Deklerikalisiert, ohne laisiert zu sein, ist die französische Mediävistik also überall und nirgends, erfüllt eine bloße Zuliefereraufgabe in einer bizarren Atmosphäre von Exotik und Überflüssigkeit. Diese doppelte Krise ist von allgemeiner Bedeutung.

Das Mittelalter der „Ideen" ist strikt abgeschnitten vom Mittelalter der Mentalitäten und des kollektiven Verhaltens. Aus dem Fach Geschichte verbannt, verflüchtigt es sich im trübseligen Bereich der Kuriositäten und Kompetenzen zu einem – man sagt „akademischen" und meint staubigen – Gegenstand allein für „Spezialisten", vergleichbar irgendeiner Tropenkrankheit, dessen einzige gesellschaftlich tolerierbare Realität darin bestehen soll, der ästhetizistischen Träumerei dreisprachiger Forscher Nahrung zu geben, die für andere den gebildeten Reiseleiter auf fremdem Terrain spielen.

Im Zeitalter der verallgemeinerten Geschichte zeigt das Publikum für alles Interesse – von der kirchlichen Buchführung im ländlichen Norden der Provence am Ende des 16. Jahrhunderts bis zur Kurve der katalanischen Löhne im 18. Jahrhundert, von den Statistiken des weltweiten Handels mit Alaun bis zu denen der Kriminalität im Gerichtsbezirk Pont-de-l'arche –, man goutiert eine quantitative Geschichte, in der die Freunde englischer Wendungen von einer statistischen Kurve zur nächsten ihren Blick dafür schulen, das Auftreten eines *take off* zu erkennen oder mit Kennermiene die Zahlen der Entwicklung eines *trends* zu verfolgen. Man widmet sich allen nur denkbaren Gegenständen – von Geburten im Zweijahresrhythmus bis hin zum Klima arktischer Regionen; man ist imstande, den übertriebenen Luxus von Leichenzügen mit den Schnörkeln des Nudelstils zu verbinden oder die Regentropfen zu zählen, indem man Pfarrbücher durchstöbert; man kennt jedes Mitglied, jeden Stamm des globalen Dorfs; man sammelt, zählt und folgert, was das Zeug hält; eine Sache jedoch bleibt draußen: das Denken und die Denker. Wie läßt sich dieses Phänomen erklären?

Warum werden unter allen Produkten der menschlicher Aktivität allein die Philosophie und die Theologie *a priori* vom Feld des Erforschbaren und Bedeutsamen ausgeschlossen? Und, eine Frage, die man als emblematisch ansehen kann: Warum steht das Mittelalter bei diesem Ausgrenzungsunternehmen im Mittelpunkt? Eine Sache der Methode? Untersuchungen über Universitätsstatuten, Kopiertechniken, Buchproduktion oder den Grundbesitz der Kollegien sind nicht nur denkbar, sondern bereits im großen Maßstab angestellt worden. Wieso also sollte der Gegenstand, der all diese Dinge vereint, unauffindbar oder belanglos sein? Dann müßte man auch zugeben, daß ein Leser des 21. Jahrhunderts aus einer Geschichte der französischen Universitäten in der Fünften Republik nichts lernen könnte. Aber hier, sagt man, liegt eben der Unterschied.

Nichts gegen eine Geschichte der universitären Kleidung – tatsächlich besteht Hoffnung, daß man so herausfindet, welchen Einfluß das Tragen von Mützen aus Eichhörnchenfell seinerzeit auf den Zustand des französischen Waldes gehabt hat. Von dort aus weiterzugehen und sich zu fragen, worüber die Intellektuellen nachgedacht haben, ist freilich etwas anderes: das ist Sache von „Ideengeschichtlern" oder, anders gesagt, von Langweilern.

Die aus technischen Gründen erfolgende Arbeitsteilung ist hier, wie so häufig, ein Epiphänomen. Indem Le Goff es als erster gewagt hat, eine historische Arbeit über *Die Intellektuellen im Mittelalter* zu schreiben, hat er eine Perspektive eröffnet, die, wenigstens in Frankreich, paradoxerweise durch ihren eigenen Erfolg wieder versperrt wurde. Zum Symposion geladen, haben die Philosophen lieber das Bett gehütet und strengste Diät gehalten. Und doch war alles in diesem Manifest vorprogrammiert, insbesondere die Erforschung der Beziehungen zwischen den Universitäten und der Gesellschaft auf der Basis der Quellen. Der traditionelle Schnitt zwischen der Ideengeschichte und der Geschichte *tout court* hätte jetzt beseitigt oder wenigstens in seinen Auswirkungen gemildert werden können. Um diese neue Art von Geschichte zu schreiben oder weiterzuentwickeln, hätten die Philosophen allerdings den Historikern entgegengehen müssen, und hier liegt die eigentliche Schwierigkeit.

Der Philosoph hat nichts dagegen, über die Geschichte nachzudenken oder, anders gesagt, die Arbeit des Historikers zu *benutzen,* um eine allgemeine Theorie der Geschichtlichkeit zu entwickeln. Er versteht sich nicht dazu, Geschichte zu *schreiben.* Sicher, es gibt „Philosophiehistoriker", doch ihr Gebiet ist das der Doktrinen, Einflüsse und Filiationen – das von Familiengeschichten also, wo sich die Gedanken ganz allein oder doch wenigstens bei sich zu Hause denken, wenn ihnen nicht das imaginäre Netz einer philosophischen Geschichte übergeworfen wird, die darauf hinausläuft, daß alte Karten bloß neu verteilt oder die Regeln eines Spiels verkomplizieren werden, das man allein gegen methodologische Fiktionen wie „das Sein", „die Macht" oder „das Unbewußte" spielt. Dann aber kommt, was kommen muß: Der Philosoph macht sich aus dem Staub und überläßt es den Historikern der Mentalitäten, über das theoretische Interesse der Geschichte seines Fachs zu befinden. Während er jeden, der dort botanisiert, wo er sich langweilt, als antiquarischen Geist abkanzelt, verzichtet er darauf, sich mit jenen Gegenständen zu beschäftigen, die er doch zu erforschen prädestiniert ist.

Wen wundert es da noch, daß er am Ende bloß für die eigene Gemeinde predigt? Man erwartet nichts von ihm. Der Numismatiker, der pensionierte Eisenbahner, der Klimaforscher, letztlich der Lokalgelehrte sind nützlicher, reizvoller und prickelnder, wenn es um jene Gottesdienste des Details geht, die sowohl die Hausmannskost wie das Leib- und Magengericht der „modernen" Kultur bilden. Die unermüdliche Weitschweifigkeit einer Geschichte des Kleinsten, die aus dem Stoffdelirium einer Anthropologie erwachsen ist, die sich nicht scheut, die Worte „Alphabetismus", „Büroschalter", „Telephon" und „Druckwerke" aneinanderzureihen[2], um zu erläutern, was sie unter Kultur versteht, lassen dem Philosophen keinen anderen Ausweg als den *Igiturs:* „Er verläßt das Zimmer und geht die Treppe hinab (statt rittlings auf dem Geländer hinabzurutschen)."[3]

Nachdem ihm die Geschichte der Menschen entglitten ist, bleiben ihm die „Autoren fürs Examen", dieses Brachland des Denkens, in dem das Mittelalter seine Ruhestätte gefunden hat.

Präzisieren wir. Daß das Mittelalter der Ideen in der zeitgenössischen Geschichtsschreibung fehlt, ist eine Tatsache. Zwischen der Wissenschaftsgeschichte und dem historischen Roman, zwischen der Tuchproduktion und dem Lärm der Tuchmacherinnen, hat der Philosoph nichts zu melden. Warum? Man muß auf schuldig plädieren. Der Blick der Historiker ist nie naiv. Wenn es den Verfechtern der quantitativen Geschichte gelungen ist, die Problematiken zu erneuern, so um eine Welt wiederaufstehen zu lassen, die die Geschichte des 19. Jahrhunderts ins Dunkel hat versinken lassen. Die „neue Mediävistik" hat auf ihrem Weg daher auch die *neoscholastische* Sicht des Mittelalters hinter sich lassen müssen. Leider mußte sie zu diesem Zweck auch die *Scholastik* vergessen – oder anders gesagt, sie mußte das umgehen, was aus der Ferne betrachtet jenes System zu stützen schien, das die Kirche entwickelt hatte, um ihre kontingente Geschichte zu einer notwendigen Tradition erstarren zu lassen und um so ihre geistige Herrschaft zu sichern. Diese Mediävistik hat sich für die Intellektuellen als soziale Körperschaft interessiert, um den toten Sprachen der angeblichen „Erben" des mittelalterlichen Denkens zu entrinnen. Kurz, sie hat sich um das philosophische Mittelalter nicht weiter gekümmert, ganz so wie sich die Philosophen zuvor, auf unterschiedlichen, aber konvergierenden Wegen, das jahrhundertealte Verdikt des Humanismus, der *Devotio moderna* und der Reformation zu eigen gemacht hatten, die alle drei leidenschaftlich den mittelalterlichen Intellektualismus ablehnten.

Wenn es für das, was noch heute das Mittlalter aus einer organischen Geschichte der Denkens verbannt, einen gemeinsamen Nenner gibt, so ist dies in der Tat die „neuzeitliche" Wahrnehmung der Scholastik, anders gesagt die agressive und destruktive Kritik, die in einem Zeitraum weniger Generationen, zwischen 1480 und 1550, unter dem doppelten Patronat der literarischen Eleganz und der Einfachheit des Glaubens, zehn Jahrhunderte intellektueller Anstrengungen definitiv entwertet hat.

Man muß es wiederholen: Bevor das Mittelalter der Anmut des Hexameters und dem Donnerschall des verkündeten Wortes wich, wurde es vom Spott besiegt. Die Invektiven eines Leonardo Bruni gegen die englischen Philosophen des 14. Jahrhunderts, „deren Nachnamen – Ferabrich, Buser, Ocham, Suiset und ähnliche – einen bereits vor Schrecken erzittern lassen, so als entstammten sie den Heerschaaren von Rhadamanthys", verfehlten ihre Wirkung nicht. Als beschränkte „bretonische Barbaren" betrachtet, wurden die fruchtbarsten Geister des Mittelalters entweder vergessen oder mit der peinlichen Auszeichnung geehrt, jeglichen Fortschritt behindert zu haben. Wie Russell noch 1918 schrieb:

> Das Gebiet der formalen Logik wurde, wie jedermann weiß, von Aristoteles entdeckt und bildete, zusammen mit der Theologie, den Hauptforschungsgegenstand des Mittelalters. Aber Aristoteles kam nie über den Syllogismus, einen sehr kleinen Teil des Gebiets, hinaus, und die Scholastiker kamen nie über Aristoteles hinaus.

Rabelais, Juan Luis Vives, Coluccio Salutati und Luther haben, mit jeweils eigenen Interessen, dasselbe gesagt und getan. Das Mittelalter ist steril. Gestorben ist es am Lachen und am Zorn, am Lachen der Humanisten, am Zorn der Reformatoren, bevor es für uns sterbenslangweilig wurde.

Warum es also wieder ans Licht ziehen? Ist es nicht natürlicher, in ihm die längste Parenthese der Menschheitsgeschichte zu sehen? Für die Kathedrale von Sens oder den Krak des Chevaliers kann man sich noch begeistern, aber die Produkte des mittelalterlichen Denkens kann man weder schätzen noch tadeln, noch überhaupt zur Kenntnis nehmen: es sind ermüdende Texte, geschrieben von Leuten, die uns fremder sind als der anonymste Steinmetz oder Hüttenmeister des 13. Jahrhunderts.

Den berufsmäßigen Philosophen ist es nie gelungen, sich über die „neuzeitlichen" Verbote hinwegzusetzen. Die Geschichte haben sie den Historikern überlassen und höchstens begonnen, den althergebrachten Diagnosen ein neues Vorzeichen zu geben.

Das Mittelalter, sagen sie, hat uns nur eine Logik und eine Theologie hinterlassen, es genügt, sie neu zu bewerten und die Resultate und Errungenschaften dieser Gebiete, die Russell nebeneinandergestellt hat, ins rechte Licht zu rücken: aus schwarz wird weiß. Kant, der behauptet hatte, daß es zwischen Aristoteles und ihm nichts gegeben habe, wird jetzt entgegnet, daß es zwischen Ockham und Frege nichts gegeben habe. Luther, der die Monstrosität eines Logik treibenden Theologen gegeißelt hatte, setzt man die wunderbaren Begriffsschöpfungen der Magister des Spätmittelalters entgegen. Die Gesellschaft, ihre Modelle, ihre Manien und ihre Publikationspolitik haben nichts zu fürchten: Die Historiker können weiter ihre Statistikkurven zeichnen, die Romanziseleure an ihren erlesenen Reliquienkästchen werkeln. Eine derartige „Revision" ist schon vom Prinzip her zu „technisch", sie zerstört nichts und stört niemanden; sie ist viel zu weit entfernt von den Routinen des Schreibens und den Freuden der Lektüre, um je das Bild der Vergangenheit zu ändern.

Es steht zu befürchten, daß die Brille Wilhelms von Baskerville dem Publikum einen besseren und größeren Durchblick verschafft als eine Abhandlung über die mittelalterliche Optik. Doch darf man sich deshalb mit einer zunehmenden Trennung von Welt und Ideen abfinden? Eben dies ist eine *andere Geschichte*.

Drei Zeitgenossen

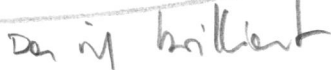

Die Trennung der Philosophie von der Geschichte ist kein unabwendbares Schicksal. Die Gründe für sie liegen zum Teil nirgendwo anders als in der Geschichte der Mediävistik in Frankreich. Die ersten großen historischen Untersuchungen zum philosophischen Denken im Mittelalter wurden hier am Ende des 19. Jahrhunderts durchgeführt, im institutionellen Rahmen der Sektion „Religionswissenschaften" der École pratique des hautes études (EPHE), die am 30. Januar 1886 auf Betreiben von Louis Liard gegründet wurde, der damals für den Hochschulunterricht verantwortlich war.[4]

Die Ausrichtung, welche man den Mittelalterforschungen gab und die deren ursprüngliche Bezeichnung „Geschichte der Dogmen" gut widerspiegelt, hat sich mit den Jahren spürbar verändert, und zwar um so stärker, je mehr die leidenschaftlichen Diskussionen, die die Einrichtung der „Sektion" begleitet hatten, verebbten. Um die heutige Situation der französischen Mediävistik zu begreifen, empfiehlt es sich, drei ihrer früheren Vertreter zu betrachten, die diesen „Lehrstuhl" in unterschiedlichem Maß geprägt haben: Étienne Gilson, Marie-Dominique Chenu, Paul Vignaux.

Als Nachfolger von François Picavet an der EPHE war Étienne Gilson dort von 1921 bis 1933 Studienleiter des Fachs „Geschichte der Doktrinen und Dogmen". Zur „Geschichte der mittelalterlichen Theologien" geworden, nahm das alte Fach Picavets nach dem Weggang Gilson unter der Leitung von Vignaux eine andere Entwicklung. Gilson selber hatte jedoch nicht aufgehört zu lehren. Als Professor am Collège de France widmete er sich weiter der Geschichte der mittelalterlichen Philosophie; der entscheidende Punkt allerdings ist, daß sich seine Lehre am dauerhaftesten, wirksamsten und produktivsten außerhalb Frankreichs entfaltete. Gilson, der für den Mouvement républicain populaire im Senat saß, hatte in *Le Monde* das Atlantische Bündnis bekämpft. Eine Pressekampagne, deren Heftigkeit heute noch überrascht, bewog ihn, Frankreich zu verlassen und nach Kanada zu gehen, an jenes Pontifical Institute of Mediaeval Studies, das er 1929 mit den Basilianermönchen Torontos gegründet hatte. In Toronto, wo er von 1950/51 bis 1973 Vorträge und Vorlesungen hielt und mehrere Jahre lang wohnte, befindet sich heute auch seine Bibliothek.

Dies ist das erste Paradox: Étienne Gilson hatte zwei Karrieren, eine französische und eine kanadische, einen eher diffusen, sagen wir „kulturellen" Einfluß in Frankreich, einen anderen, der tiefer ging und eher pädagogisch war, jenseits des Atlantiks, und er hinterließ auch ein doppeltes Oeuvre, eins auf französisch, das andere auf englisch. Diese doppelte Verwurzelung gab es übrigens nicht nur im Fall Gilson: Alexandre Koyré, der vor dem Krieg von 1914 der Schüler von Picavet gewesen war und wie Gilson seine Arbeit mit einer Monographie über Descartes begonnen hatte – *Essai sur l'idée de Dieu et les preuves de son existence chez Descartes* –, woran er in seiner Habilitationsschrift von 1923 mit einem Thema anschloß, das später auch das von Pater Vignaux werden sollte – *L'Idée de Dieu dans la philosophie de saint Anselme* –, Koyré also hat auch in Nordamerika gelehrt, wie später dann Vignaux in Montreal. Dieser Export der französischen Mediävistik in die angelsächsische Welt ist nicht nur eine Episode: er gehört wesentlich zu ihrer Geschichte. Daß die Lehre der mediävistischen Philosophen nicht in Frankreich ihre universitäre Verbreitung fand, ist genau der Punkt, wo der Schuh drückt.

Auch wenn Gilson das Mittelalter an der Universität nicht wirklich hat durchsetzen können, hat er doch Einfluß auf die internationale Mediävistik ausgeübt. Was hat er beigetragen? Auch hier wieder gibt es zwei Gilsons, den, der 1926 die *Archives d'histoire doctrinale et littéraire du Moyen Age* gründet, eine Zeitschrift, die eine klare Linie hat: die Erforschung der Personen und Lehren soll einhergehen mit einer Edition ihrer bislang nur in Manuskripten vorliegenden Werke; den, der in seinen kanadischen Vorträgen über *Being and Existence* vom Sommer 1946, die aufgenommen werden in *Being and Some Philosophers,* Dinge äußert, die einen seiner Zuhörer zu dem Urteil veranlassen, daß gerade seine Erfahrung als Historiker aus ihm am Ende „einen philosophischen Puristen und Dogmatiker"[5] gemacht habe.

Dieser „Dogmatismus", der ein rein methodologischer sein wollte – als Haltung eines katholischen Philosophen im Unterschied zum angeblichen Relativismus, der dem Philosophiehistoriker eigen sein soll –, stimmte vielleicht nicht mehr mit der Perspektive des Historikers der Doktrinen und Dogmen der zwanziger Jahre überein; dennoch kamen die schärfsten Attacken gegen den „Purismus" Gilsons nicht von „Laien", sondern aus katholischen Kreisen. Ein Brief vom 21. Juni 1965 an Pater Henri de Lubac spielt auf das Klima der fünfziger Jahre an, vor allem auf die Atmosphäre römischer Begegnungen, die unmittelbar nach der Veröffentlichung der Enzyklika *Humani generis* stattfanden. In den Anmerkungen, die der Ausgabe ihres Briefwechsels beigegeben wurden, gibt uns

Henri de Lubac Aufschluß über die Auseinandersetzung Gilsons mit den Patres Boyer und Garrigou-Lagrange. In *L'Être et l'Essence*, der französischen Fassung von *Being and Some Philosophers*, hatte der Philosoph von „Metamorphosen" der Metaphysik gesprochen – ein schlecht verstandene Äußerung, die sofort einen Sturm der Empörung entfachte[6]:

> Vor der offiziellen Eröffnung [des Kongresses in Rom] sagte Pater Garrigou zu Gilson, den er inmitten einer Gruppe antraf, daß er demnächst dessen jüngstes Buch *L'Être et l'Essence* bekämpfen werde, in dem behauptet wird, daß sich die metaphysischen Wahrheiten wandeln können: eine sehr gefährliche Behauptung ... Gilson, der dahinter die Absicht erriet, sein Buch auf den Index zu setzen, antwortete ihm: „Wenn Sie das tun, verlasse ich den Kongreß und kehre noch heute nach Paris zurück."

Pater Garrigou-Lagrange hat die Stoßrichtung von *L'Être et l'Essence* wohl kaum begriffen. Bei etwas aufmerksamerer Lektüre hätte er gewiß die Zeichen erkannt, die auf eine theologische Interpretation der Geschichte der Philosophie vorausdeuteten, eine Interpretation, die es Gilson in einem Aufsatz von 1958 über „Die philosophische Möglichkeit der christlichen Philosophie" zu behaupten erlaubte, daß, vom theologischen Standpunkt aus, „der vom heiligen Thomas mehrmals beschriebene Fortschritt zur metaphysischen Wahrheit seinen Platz in der göttlichen Heilsökonomie hatte: Platon (das Eine); Aristoteles (die Ursache); Avicenna (das Sein)".[7]

„Rückkehr zur Theologie!" – das ist die Parole, der Gilson in den fünfziger Jahren Geltung zu verschaffen versuchte. Dieser Vorsatz konnte der eines Historikers sein, aber eben auch der eines „Scholastikers der Zukunft", den sich die *Introduction à la philosophie chrétienne* von 1960 mit folgenden Worten herbeisehnte: „Die ganze Zukunft der christlichen Philosophie hängt ab von der erwarteten, ersehnten und erhofften Restauration des wahren Begriffs der Theologie, die zur Zeit der großen Lehrer der Scholastik in solcher Blüte stand", bevor mit einer Art schmerzhaftem Aufruf geschlossen wird: „Kehren wir zurück zur Theologie, wie sie war, als sie die Vollkommenheit ihres Wesens verwirklichte, denn die christliche Philosophie verurteilt sich zum Tode, sobald sie sich von ihr trennt."

Wie man sieht, war der Gilson der sechziger Jahre, der der *Introduction à la philosophie chrétienne* und von *Le Philosophe et la Théologie*, ein katholischer Denker, der gewisse Vorkriegskontroversen über die christliche Philosophie (für Heidegger ein „hölzernes Eisen") neu verhandelte, ein Theologe, der nicht nur die Geschichte der Metaphysik in der Zeit der Kirche erforschen wollte, sondern darin die thomistische Entdeckung des „Seins" als eine bislang nicht überwundene „Vertiefung" feierte, von der man im vorhinein wußte, daß ihre mögliche Überwindung, wenn überhaupt, „nur im Schoß der Kirche stattfinden könnte".[8]

Fest entschlossen, sich an „die Weise zu philosophieren" zu halten, „die Papst Leo XIII. in seiner Enzyklika *Aeterni Patris* unter dem Titel christliche Philosophie beschrieben hatte und für die er als Beispiel die Lehre des heiligen Thomas von Aquin nannte", hatte Gilson ganz offenkundig nur wenige gemeinsame Interessen mit den Historikern der *Annales!*

Das war nicht so bei jenem anderen Mediävisten, der sich bei mehreren Gelegenheiten an seiner Seite wiederfinden sollte, ohne doch je seine prinzipiellen Ansichten zu übernehmen: bei Pater Marie-Dominique Chenu.

Chenu wurde 1895 in Soisy-sur-Seine geboren, in der Nähe von Étiolles, genau dort, wo zu Beginn des Zweiten Weltkriegs die dominikanische Klosterschule Le Saulchoir – nach den Vertreibungen von 1903 zunächst im belgischen Kain bei Tournai gegründet – eine zweite Jugend erlebte und dann, unter seinem maßgeblichen Einfluß, ganz neue Wege einschlagen sollte.

Nachdem er Ende November 1913 dem Predigerorden beigetreten war, legte Marie-Dominique Chenu seine Doktorprüfung in Theologie am Angelicum in Rom ab (1920) und lehrte dann in Le Saulchoir, wo er unter anderem ein „Institut für thomistische Studien" einrichtete, die „Bibliothèque thomiste" und das *Bulletin thomiste* ins Leben rief, ehe er 1930 in Ottawa ein Institut für Mittelalterstudien gründete, das eine Art Pendant zu dem zwei Jahre zuvor in Toronto gegründeten Studienzentrum bildete und im übrigen ganz den Wünschen Étienne Gilsons entsprach. Stark beeinflußt von der Tübinger Theologenschule, stand M.-D. Chenu den Jesuiten von Lyon[9] und Paris nahe, war aber zugleich ein Thomist und ein Reformer der theologischen Studien. In letzterer Hinsicht war sein Wirken durch drei Inititiativen charakterisiert, die gleichzeitig die Wissenschaft und das religiöse Leben betrafen. Diese Inititiativen waren: die Rückkehr zu den Texten selbst, jenseits der Schlacken und Sedimente, die sich im Zuge der sogenannten „thomistischen" Tradition abgelagert hatten; die entschlossene Einführung der historischen Methode in das Studium mittelalterlicher Texte; die Einfügung dessen, was man die „intellektuelle Arbeit" nennen kann, in ein wahrhaft „spirituelles und apostolisches Leben". Die Einheitlichkeit dieses Projekts läßt sich negativ an den beiden Verurteilungen ablesen, die direkt und indirekt gegen M.-D. Chenu gerichtet waren: Zunächst, 1942, die Indexierung seines kleinen Buches *Une école de théologie. Le Saulchoir,* zu der eine Entbindung vom Lehramt hinzukam, deren Auswirkungen unübersehbar waren; dann, 1954, die Verurteilung der Arbeiter-Priester, die er in einem Artikel verteidigt hatte, der ein breites Echo fand.[10] Zwischen diesen beiden Daten – 1942 und 1954 – darf man, auch wenn sie sich mehr gegen die jesuitischen Theologen und die Schule von Fourvière zu richten schien, natürlich nicht die Enzyklika *Humani generis* vom 12. August 1950 vergessen, an deren starke Auswirkungen auf des Werk Gilsons oben erinnert worden ist. Nach dem II. Vatikanum begann für M.-D. Chenu (der bei der Vorbereitung der Konstitution *Gaudium et Spes* eine wichtige Rolle spielte) eine glücklichere Zeit, doch wie hat sich bei all diesen Wechselfällen die Arbeit des Mediävisten gestaltet?

Bereits in seiner Dissertation von 1920, *De contemplatione,* die unter der Leitung von Pater Garrigou-Lagrange entstanden war, hatte M.-D. Chenu zu jener Perspektive auf das Werk des Thomas von Aquin gefunden, die auch später für ihn bestimmend blieb: zu einer spirituellen Perspektive, in deren Zentrum der

„auf Gott bezogene und evangelische" Begriff der Kontemplation stand. Selbst sagte er dazu 1988:

> [...] an einer römischen Universität arbeitete ich an einer Dissertation, in der ich bemüht war, die Kontemplation im Rahmen der Theologie des heiligen Thomas von Aquin zu beschreiben. Ohne mir richtig darüber im klaren zu sein, versuchte ich, einen „wissenschaftlichen" Ausdruck für die intensive Erfahrung zu finden, die ich während eines kurzen Aufenthalts im Studienkonvent Le Saulchoir (bei Tournai) gemacht hatte, in einer Dominikanergemeinschaft, die durch die enge Verbindung eines reichen liturgischen Lebens mit Andacht und eifrigen Studien charakterisiert war. [...] Von diesem Moment an hatte ich den Vollsinn des Wortes „Kontemplation" erkannt.[11]

Das Wissenschaftsprogramm, das Chenu als Historiker verfolgte, erwuchs aus dieser Erfahrung, denn auch wenn er, wie seine *Introduction à l'étude de saint Thomas d'Aquin*[12] zeigt, die Bedingungen für einen historischen Zugang zum Werk des Aquinaten geschaffen hat, hat er doch auch und vor allem der theologischen Intention, die dieses Werk beseelte, einen neuen Sinn gegeben. Diese Neuheit hatte ihre Vorstufen, sie ging zurück auf die Jugendjahre und die geistigen Einflüsse und Verwandtschaften jener Zeit: von Gardeil bis Scheeben, von Le Saulchoir bis Tübingen. Eine Fortsetzung sollte sie später in einem grundlegenden Buch finden: *La Théologie comme science au XIIIᵉ siècle*[13], und danach, oder eher zur gleichen Zeit, in einer anderen Erfahrung: der des Lehrenden.

Verweilen wir einen Moment bei der *Introduction:* es ist, wie sich von selbst versteht, ein Buch, es ist aber auch eine Sammlung von Übungen intellektueller und epistemologischer Natur, ein Buch, das nach weiteren Büchern verlangt, Gebiete eröffnet, Wege bahnt und im voraus Licht auf zukünftige Forschungen wirft. Historiker, Philosophen, Theologen, Philologen – ob Forscher oder Anfänger –, erleben darin jedesmal auf neue, wie vor ihren Augen eine Welt entsteht oder umgestaltet wird, eine Welt, ein Zeitalter, eine Art zu leben, zu arbeiten und zu denken: alles daran ist stichhaltig, und man sieht und begreift hier die *mittelalterliche Andersheit,* der es noch vergönnt war, Erfahrungen, Praktiken und Gebiete zu vereinen, die in späteren Jahrhunderten getrennt wurden. Es ist klar, daß dieses unvergleichliche Buch für und durch den Unterricht entstanden ist, den Chenu in Le Saulchoir gab (wie es scheint ab 1932/33) sowie in dem Institut in Ottawa. Denselben Ursprung, nämlich die enge Verbindung von Forschung und Lehre, hatte auch jenes scheinbar ganz andere Werk, das 1957 veröffentlicht wurde: *La Théologie au XIIᵉ siècle.* Nachdem ihm 1942 in Le Saulchoir die Lehrerlaubnis entzogen worden war, setzte M.-D. Chenu seine pädagogische Tätigkeit an der École pratique des hautes études fort. Aus den Vorlesungen, die er dort von 1945 bis 1951 im Fachbereich Religionswissenschaften gehalten hat, ging, jedenfalls zum Teil, das Buch von 1957 hervor. Es ist überflüssig, hier an alles zu erinnern, was die Mediävistik den neunzehn Kapiteln der *Théologie au XIIᵉ siècle* zu verdanken hat. Die Wiederentdeckung des Naturgedankens, die Geschichte der Platonismen, die Neubewertung des Boethius, die Untersuchung der symbolischen Theologie und Mentalität, die Entdeckung der Grammatik, aber auch die

Sozialgeschichte, die intellektuelle Geschichte am Kreuzungspunkt des „evangelischen Lebens" und der Schulen, das Erscheinen der Körperschaft und des intellektuellen Typs der Magister oder „Meister" – zum Teil die Grundlage für J. Le Goffs Konzeption des mittelalterlichen Intellektuellen; schließlich die Entstehung, auf diesem mühsam zugänglich gemachten Terrain, einer theologischen „Wissenschaft" – die für mehrere Generationen von Historikern, Philosophen und Theologen zu einer Art Forschungsprogramm werden sollte, zu einem neuen Gegenstand, der selbst neue und vielfältige Zugangsweisen erforderte, wovon auch die Zeitschriftentitel dieser Epoche künden: von den *Sciences philosophiques et théologiques* bis zu den *Archives d'histoire doctrinale et littéraire du Moyen Age*.

Dieser kurze Überblick läßt bereits erkennen, daß Pater Marie-Dominique Chenu sehr viel mehr war als ein Erneuerer der thomistischen Studien: Sein Thomas von Aquin hatte ihn als ersten zu jenem „anderen Mittelalter" geführt, aus dem die zeitgenössische Forschung einen privilegierten Gegenstand gemacht hat. Als Theologe der Arbeit und als Historiker hat er zu den mittelalterlichen Intellektuellen gefunden, zu diesen Arbeitern des Geistes und des Wortes. Teilweise dieselben Forschungsmotive findet man auch bei Paul Vignaux.

Lange Zeit hat Vignaux in derselben kulturellen, historischen und philosophischen Welt gelebt wie Gilson, dessen Nachfolger an der EPHE er war. Er hat Blondel, Bréhier, Brunschvicg und Le Roy gelesen, gehört oder gekannt. Die Wirklichkeit wird nicht unzulässig vereinfacht, wenn man sagt, daß Paul Vignaux einen Lehrer in der Mediävistik hatte, É. Gilson, und – wie er übrigens selbst gesagt hat – einen Lehrer im Rationalismus, Léon Brunschvicg, von dem ihm „die einzigartige, unvergeßliche Erinnerung einer Begegnung mit *dem* Philosophen [blieb], nicht in der Idee, sondern unter den Lebenden".[14] Das Nebeneinander dieser beiden geistigen Führer ist ein wenig ungewöhnlich. Gilson gab sich realistisch, Brunschvicq war Idealist; der eine hatte eine theologische Sicht der Geschichte, der andere eine rationalistische Sicht des Fortschritts; der eine war mit dem Systemgedanken großgeworden, wie er Hamelin lieb und teuer war, der andere vertrat eine Geschichte des Bewußtseins, zu der sich auch Vignaux bekennen sollte. Man muß sich vor Augen halten, was alles diese beiden Männer trennte. Einen ziemlich guten Eindruck davon bekommt man, wenn man im *Bulletin de la société française de philosophie* den Bericht über eine Sitzung vom 24. März 1928 liest. Brunschvicq antwortet Gilson[15]:

> Ich bin Idealist, weil der Idealismus, soweit es darum geht, das Sein durch den Fortschritt zu definieren, die einzige Lehre ist, die auf keinerlei Schwierigkeit stößt und vorbehaltlos vertreten werden kann. Sie beklagen sich oder klagen vielmehr über mich, weil ich eine Geschichte des Denkens geschrieben habe, ohne zuvor rechtsgültig zu zeigen, daß die Vernunft überhaupt eine Geschichte hat. Ehrlich gesagt, hatte ich den Eindruck, genau dies auf jeder Seite oder gar in jeder Zeile getan zu haben. Alle zielen sie auf den Beweis einer einzigen These: daß der Geist das Bewußtsein seiner ewigen Gegenwart auf ebenso notwendige wie natürliche Weise in der Geschichte erlangt.

Man sieht, wie scharf der Gegensatz zwischen dem damals von Gilson vertretenen „dogmatischen Realismus" und dem rationalistischen Idealismus Brunschvicqs sein mußte. Doch obwohl Mediävist, blieb Vignaux Brunschvicq eng verbunden. Hier mag eine Anekdote erwähnt werden, die das Erscheinen seines Buchs *Pensée au Moyen Age* im Jahre 1938 betrifft und die er selbst mitgeteilt hat:

> Soeben war mein Buch erschienen, in dem ich die Vielfalt eines bewegten Mittelalters dargestellt hatte, vor allem im Blick auf das 13. Jahrhundert, als – soweit ich mich erinnere, war es im letzten Frühling vor dem Krieg – Léon Brunschvicq mich mit einer Handbewegung aufforderte, die Rue Gay-Lussac zu überqueren, um mir freundlich für die Zusendung meines kleines Buchs zu danken, wobei er eigens betonte, daß mein Mittelalter „nicht viel mit dem von Gilson zu tun habe". Mein Lehrer im Rationalismus hatte bemerkt, was ich dem Modell einer kritischen Geschichte verdankte, die er sowohl in seiner Lehre wie in seinen Werken vertrat.[16]

Das Wort „Geschichte" kennzeichnet das Vorgehen von Vignaux zweifellos am besten. Da er von Brunschvicq die „Gewissenhaftigkeit des Historikers" geerbt hatte, suchte er ständig nach dem, was er selbst die „rebellische Vielfalt" nannte[17]; ebenfalls auf Brunschvicg und seinen Geschichtsbegriff, in dem sich die *Etappen der mathematischen Philosophie* mit den *Fortschritten des Bewußtseins in der abendländischen Philosophie* verbanden, geht Vignaux' eigene Konzeption einer „Geschichte der Zustände der Vernunft" zurück – eine bemerkenswerte Formel, die sich den theologischen Begriff des Zustands *(status)* zu eigen macht, dabei aber einerseits die Dynamik einer Geschichte einbegreift, die zugleich „nach der gewöhnlichen Zeit der menschlichen Forschung [denkbar ist] und, für den Christen, gemäß der Zeit der Kirche", sowie andererseits die vielfältigen „Horizonterweiterungen", die der theologische Gebrauch der Vernunft hervorgerufen hat, sei es in der Philosophie oder im Bereich der Wissenschaften, insbesondere in der Physik und Mathematik – P. Vignaux war in Frankreich einer der wenigen Leser der Oxforder *calculatores,* und man weiß, wie sehr er sich als Theologe für Georg Cantor interessierte.

Das Mittelalter Vignaux' war also nicht, soviel steht fest, das von Gilson. Bereits 1938, vier Jahre nachdem er zum Leiter des Fachs „Geschichte der Doktrinen und Dogmen" gewählt worden war, setzt P. Vignaux einer „Betrachtung der *Natur* der Vernunft, die allein auf ihr *Wesen* eines *lumen naturale* zielt, die von den Franziskanern Bonaventura und Duns Scotus geübte Betrachtung der *Zustände* der Vernunft" entgegen, einer „Vielzahl" von Zuständen, die ihrerseits eine „Folge" singulärer „Ereignisse" sind – der Erbsünde und der Erlösung –, die aber zwischen diesen beiden äußersten Punkten den Fortschritt nicht ausschloß und folglich ebensowenig *Etappen,* denn die theologischen Spekulationen waren, gerade in ihrer theologischen Radikalität, immer auch gestaltende Faktoren neuer Rationalitäten.

Das Projekt einer Geschichte der Zustände der Vernunft setzte die Möglichkeit einer Geschichtsschreibung voraus, welche die Vielfalt mittelalterlicher Theologien berücksichtigen und über die diversen – katholischen und protestantischen – Theologien einer positiven Religion, des Christentums, nachdenken

Das ist Dempfs Projekt! (vs Scheler?)

könnte. Die Art, wie Vignaux seine Vorstellungen von einer Geschichte der Philosophie konzipiert und dann praktiziert hat, läßt sich im einzelnen nur schwer beschreiben. Hier mag der Hinweis genügen, daß er einiges den Arbeiten von Raymond Aron und Henry Duméry verdankte. Vignaux wurde stark beeinflußt von den beiden Qualifikationsschriften R. Arons: *La Théorie de l'histoire dans l'Allemagne contemporaine* und *Introduction à la philosophie de l'histoire.* Danach hat er lange über den von H. Duméry entwickelten Begriff der „Philosophie der Religion" nachgedacht. Aus der Begegnung dieser beiden Gedankenkomplexe erwuchs für ihn ein methodologisches Ideal: Die Rationalität der Begriffsstrukturen und der theologischen Argumentationen des Mittelalters sollte analysiert werden, ohne daß man sich deshalb auf den Standpunkt des Theologen stellte. Daraus erwuchs für ihn des weiteren die Möglichkeit, Gilsons Werk historisch zu situieren. Eine unveröffentlichte Vorlesungsreihe, die er vom 19. bis zum 29. September 1961 am Institut für Mittelalterforschungen an der Universität Montreal hielt, faßt gut die Art seines eigenen Vorgehens zusammen.

Überlegungen zur kritischen Philosophie der allgemeinen Geschichte führen ihn dazu, drei „Ebenen" zu unterscheiden: die *empirische Ebene* des historischen Verstehens in der Geschichtswissenschaft, die *Ebene der Theologie der Geschichte* und schließlich, als eine „zu erforschende Möglichkeit", die *philosophische Ebene* einer „Reflexion, die über die bloße kritische Philosophie der Geschichte – die Kritik der historischen Vernunft – hinausgeht, um bis zum historischen Sein des Menschen vorzudringen, ohne indes eine Theologie vorauszusetzen". Diesen drei Ebenen entsprechen drei Arten, die Geschichte der mittelalterlichen Philosophie zu begreifen beziehungsweise aufzuarbeiten: da sind zunächst die Versuche, die mittelalterlichen Werke aus sich heraus zu verstehen, „indem man sich bemüht, den Sinn wiederzugeben, den sie für ihre Autoren selbst hatten"; danach kommt die Theologie der Philosophiegeschichte, die ihren Ausdruck in Gilsons Begriff einer „christlichen Philosophie" findet; und schließlich geht es um „das Problem einer im eigentlichen Sinne philosophischen Reflexion über die Geschichte des mittelalterlichen Denkens, einer Reflexion, die eine auf das Christentum selber bezogene *Philosophie der Religion* impliziert".

Löwith

Dieses Problem ist entscheidend: es geht darin um den Platz des Mittelalters in der Geschichte der Philosophie – ein Titel, den P. Vignaux übrigens einem Vortrag gab, den er 1973 vor der Société française de Philosophie hielt.[18] Die Aufgabe ist klar: Man muß die Frage nach der Einheit einer das Mittelalter umfassenden Geschichte der Philosophie in Angriff nehmen – eine Frage, deren Schwierigkeit auf das Wesen selbst des mittelalterlichen Denkens zurückgeht, denn:

> Geht man aus von dem für die mittelalterlichen Lehren konstitutiven Bezug auf das Christentum, kann die Einheit ihrer Geschichte mit der allgemeinen Geschichte der Philosophie zwar durchaus erlebt werden in dem Verständnis, das ein moderner Denker von diesem oder jenem mittelalterlichen Werk gewinnt, sie kann auf reflektierte Weise aber nur gedacht werden, wenn man eine Theologie voraussetzt, das heißt wenn es die Möglichkeit einer Philosophie der Religion gibt.

Der Ausdruck „Philosophie der Religion" hat für Verwirrung gesorgt. Für den Mediävisten jedoch war diese Parole leicht zu verstehen: Konkret ging es um nichts anderes als darum, eine Geschichte jener Vernunft zu schreiben, die in der Theologie über den Glauben nachdenkt. Diese Idee der Vernunft und der Geschichte ermöglichte es P. Vignaux, die philosophische und historische Sicht auf das Mittelalter radikal zu verändern: er hat insbesondere mit der teleologischen Konzeption einer auf das „Goldene Zeitalter der Scholastik" zentrierten Geschichte gebrochen und zahlreiche Autoren, von Petrus Aureoli bis Gregor von Rimini, von Franz von Mayronis bis Johannes von Ripa, der Vergessenheit entrissen. Vor allem hat er eine Brücke zwischen der Geschichte der Philosophie und der Geschichte der Wissenschaften geschlagen. P. Vignaux, der ein Freund von Koyré und, seit 1935, zugleich ein Leser von Sentenzenkommentaren war, hat einen Typ von Forschungen begründet, deren Ergebnisse die Philosophen mit Dingen vertraut gemacht haben, die auch ihren spezifisch modernen Untersuchungen zugute kommen. Viele der Fragen, die von der jüngeren angelsächsischen Mediävistik an die Texte des Mittelalters gestellt wurden, hätte es nie gegeben, wenn jene rationalen Verfahren, das heißt die „begrifflichen Werkzeuge" oder „analytischen Sprachen", die bei der mittelalterlichen Behandlung von im strengen Sinne theologischen Fragen Anwendung fanden, nicht durch das Studium der Sentenzenkommentare des 14. Jahrhunderts wieder ans Licht gebracht worden wären. Desgleichen hätte es ohne eine Analyse der mit der Theologie der göttlichen *potentia absoluta* verknüpften Problemkomplexe einen nicht unerheblichen Teil der neueren Geschichte der Physik und der Naturphilosophie nicht gegeben.

Man sollte daher festhalten, daß die „analytische" Philosophie, die heute in den angelsächsischen Mittelalterstudien so gut vertreten ist, einen Teil ihrer bevorzugten Untersuchungsgegenstände zweifellos einer Geschichte der Zustände der Vernunft verdankt, deren Begründer stark in der französischen philosophischen Tradition verwurzelt war. Das ist der schwache Trost, den ein französischer Mediävist hat, wenn er an diese Gestalt erinnert, da sich nun einmal auch die Philosophie nicht dem Zwang entziehen kann, Marktanteile zu erobern. Doch der Trost ist schnell dahin, denn obwohl wir mit dreien vom Typ her radikal verschiedenen Historikern, die jeder auf ihre Weise die Rechte des intellektuellen Mittelalters in der Geschichte der Menschen geltend gemacht haben, auf eine insgesamt positive Bilanz kommen, stehen wir mittlerweile kurz vor dem Bankrott. Da die mittelalterliche Philosophie an der Universität nicht vorkommt, aus den Examensprüfungen verbannt und dem Publikum unbekannt ist, befindet sie sich institutionell in dem Zustand, in dem sie sich auch befände, wenn es die Werke dieser drei Zeitgenossen – Gilson, Chenu, Vignaux – nie gegeben hätte. Und doch sind Philosophiehistoriker ihrer Epoche nur selten so nah gekommen wie diese drei – was man auch immer von ihren Vorlieben und der Wahl ihrer Gegenstände halten mag. Was ist die Logik dieses Scheiterns? Unseres Erachtens ist es eine rein institutionelle, zu der allerdings die herrschende Publikationspraxis hinzukommt. Was hier in Frage steht, ist vielleicht das Bild des mediävistischen

Philosophen als solchen, und das Schweigen einer Öffentlichkeit, die von ihm nichts erwartet. In einer Gesellschaft, in der die Philosophie als überflüssig gilt, darf man sich nicht wundern, wenn die Historiker der mittelalterlichen Philosophie nicht einmal im Traum daran denken, sie könnten etwas Nützliches tun. Wie kann man daran etwas ändern? Eine schwierige Frage oder, wie man auch sagen könnte, ein kulturelles Problem.

Das Sichtbare und das Unsichtbare

Der moderne Mensch ist allen Dingen gleich nah und gleich fern. Der cartesianische Traum einer Herrschaft über die Natur erfüllt sich in der Praxis des *zapping,* deren Spielraum grenzenlos geworden ist. Die Welt tritt *ad nutum* vor unsere Augen; auf Tastendruck zieht alles an uns vorüber; in einem Hin und Her, das anregt und aufregt, hüpft man von Jahrhundert zu Jahrhundert, von Kontinent zu Kontinent; kurz, über den Geist der Zeit kann man beliebig schalten und walten. Es steht zu befürchten, daß der Historiker und der Philosoph diesem Leerlauf des Gedächtnisses auf ihre Weise Vorschub leisten. Jeder legt Datenbanken an, speichert und hortet Gesetze und Strukturen, bis die Information sich selbst vernichtet, man häuft an und verschleudert dann. Die banale und triviale Tatsache läßt sich nicht leugnen: Die angeborene Eigenschaft der modernen Kultur, die unsere technikbasierte Melancholie zur stummen Trunkenheit ständigen Wandels verurteilt, ist die durch „Ent-fernung" bewirkte „Gleichförmigkeit des Seienden" (Heidegger). Kann man es bei dieser Feststellung bewenden lassen? Die Frage gehört auf die Tagesordnung – ist selbst ein Teil des Spiels. Doch das ist kein hinreichender Grund, ihr auszuweichen. Seit die materiellen Mittel es prinzipiell erlauben, ununterbrochen auf Reisen zu sein, träumen viele moderne Menschen nur noch vom Orts- und Kulturwechsel – mit dem stets gleichen Ergebnis, daß sie sich mit schönen Worten abspeisen lassen.

Beobachten wir einen Autor von Mittelalterromanen bei der Arbeit. Die Situationen sind auf geradezu unerbittliche Weise klassisch. Alles spielt sich mit unserer Flurnachbarin ab, im Bus, im Büro. Das einzige was anders ist, sind die Redewendungen, die Farbe des Stils, die pedantische Gelehrsamkeit, der raffinierte Gebrauch kultureller Versatzstücke, die aus einem Spaziergang um den Block eine Fernreise machen. Heraus kommt dabei ein Versandhauskatalog, in dem uns tausend Kleinigkeiten für das „tägliche Leben" angeboten werden, die eine historische Distanz markieren, welche der ganze übrige Aufbau des Buches aufzuheben bestrebt ist. Nach dreihundert Seiten hat man gelernt, worauf es einem ankam – eine Reihe von Vokabeln –, und hat eine Zeitlang getan, was die aufs breite Publikum schielende Geschichtsschreibung ihrem Wesen nach immer tut: Man hat aus den Kreuzzügen ein Kreuzworträtsel gemacht.

Denn es geht eben nur um Worte, um eine leere Wortikonographie, die dem trüben Einerlei des Gewohnten einige farbige Lichter aufsetzt. Die Figur, in der diese durch und durch klischeehafte Literaturgattung – wenn auch sicher gegen ihren Willen – gipfelt, dürfte ein mit einem Wörterbuch bewaffneter Prediger Salomo sein, der Urlaubsphotos zum Anlaß seines Sermons macht! Doch genug! Auf dem Marsch durch die Wörter wird die Wüste nicht verlassen. Man kehrt von dieser Reise zurück, wie man sie begann. Die Welt bleibt zugleich nah und nichtssagend. Alles ist sich irgendwie gleich. Nach ein paar Tagen hat man die meisten idiomatischen Ausdrücke, an denen sich die Einbildungskraft entzündet hatte, wieder vergessen. Das Drama einen gewissen Typs von Lesern besteht darin, daß er seine Bräune schnell verliert.

Und doch bleiben die wahren Gegenstände von all dem unberührt. Man muß sie nur finden.

Die Gegenstände der Philosophiegeschichte sind Ausdruck theoretischer Interessen, Entscheidungen und Paradigmen, die die Arbeit der Philosophen in einem bestimmten Moment der Geschichte determinieren: Mehr oder weniger sind sie also stets mit den Gegenständen der lebendigen Philosophie verschmolzen. Der Philosophiehistoriker hat es nicht immer unmittelbar mit dem nächsten Fremden oder, was auf dasselbe hinausläuft, mit dem entferntesten Zeitgenossen zu tun; er nähert sich der Vergangenheit mit einer Begrifflichkeit, die – im eigentlichen Sinne des Wortes – aktualisiert, was in der fast grenzenlosen Weite des Archivs bislang potentiell geblieben ist. Die historische Arbeit ist dem Wesen nach hylemorphisch, eine Form nähert sich einer Materie, und es besteht die Möglichkeit einer energiegeladenen Begegnung, aus der Gegenstände hervorgehen, über deren Aktualität oder Inaktualität oder, besser gesagt, Unzeitgemäßheit in der Folge die Aufnahme entscheidet, die sie in der Gesellschaft finden.

Während die Historiker seit einigen Jahrzehnten ihre Gebiete erweitert und ihre Methoden verfeinert haben, scheint bei den Philosophen nichts entsprechendes passiert zu sein. Deshalb steht dem Nichtfachmann beim Anblick eines philosophiehistorischen Buchs dieselbe Begeisterung ins Gesicht geschrieben wie einem Fußballer der Regionaloberliga, dem man einen dicken Band mit Kasparovs fünfzig besten Spielen geschenkt hat. So erklärt sich der merkwürdige Umstand, daß eine philosophische Produktion, die den ehrenrührigen Stempel „universitäre Bildung" trägt, Tag für Tag duch einen immer tieferen Graben von einer historischen Produktion getrennt wird, deren Publikum ständig zunimmt, obwohl sie die gleiche institutionelle Herkunft hat und oft mit noch trockeneren Quellen und einer mindestens ebenso komplizierten Terminologie arbeitet. Es ist kaum einsichtig, warum ein *Zentralregister für im Schiffsbau verwendete Balken* spannender sein soll als die *Quaestionen zur Metaphysik* des Johannes Buridan, oder warum der Unterschied zwischen *Nominalwert* (Angabe des Betrags in Münzen) und *Sachwert* (Gegenwert in Scheffeln oder Hektolitern Weizen) unmittelbar verständlicher sein soll als der Unterschied zwischen den Thesen der *nominales* und der *reales* zum Signifikat kategorischer Aussagen.

Warum hat der Leser der Historiker so viel Geduld? Und warum bringt er gleichzeitig der Geschichte der philosophischen Ideen so viel Gleichgültigkeit, wenn nicht Feindseligkeit entgegen? Hier kann man die Frage des Stils schwer umgehen. Die Historiker schreiben; die Philosophen schwelgen in ihren Idiolekten. Die Schwierigkeit des philosophischen Stils beruht nicht auf dem Wortschatz, sondern auf dem Geist der verschiedenen Sprachen, die von Philosophen benutzt werden. Der Hegelsche Stil – eine Art gequältes, gewaltsam entstelltes Deutsch – ist zwar unverdaulich, aber davon würde sich das breite Publikum nicht abschrecken lassen, wenn Hegels Sprache zumindest den Eindruck erwekken würde, auf etwas anderes Bezug zu nehmen als nur auf sich selbst. Der Leser der *Annales* setzt voraus, daß man ihn zu den Sachen selbst führen will oder doch wenigstens zu einem Komplex interpretierter und neuinterpretierbarer Phänomene; der unschuldige Leser einer Philosophiegeschichte dagegen gelangt sehr schnell zu der Überzeugung, einem Sprachspiel beizuwohnen, dem es an jedem Weltgehalt fehlt: einer von einem Autisten erzählten Geschichte ohne Belang.

Eine der mißlichen Folgen der stilistischen Verirrung, die den philosophischen Diskurs über die Geschichte in den Augen der Leser von vornherein desavouiert, ist die, daß der Philosophiehistoriker nur sogenannte „Nachschlagewerke" auf den Markt bringt, während der Diskurs des Historikers die gesamte Kultur prägt. Eine damit einhergehende andere ist die, daß der Philosoph eher in Fragen der Philosophie konsultiert wird als in solchen der menschlichen Existenz. Meinungsforscher und Politologen denken über politische, Mediziner über ethische Probleme nach; die Historiker hingegen, Erfinder und Verkünder neuer Rationalitäten, verbinden beides und haben aus der historischen Forschung den auf lange Sicht einzigen Ort gemacht, an dem über das individuelle und kollektive Schicksal verhandelt wird.

Jemandem, der fragt, ob das Mittelalter die Zeit der Kathedralen oder die der Universitäten ist, könnte der Philosoph wohl kaum eine Antwort geben. Er würde erst einmal die Frage in Frage stellen, um dann nach immer feineren Unterscheidungen das, was der Historiker mit seinem sichtbaren Archiv und seinen vielfältigen sonstigen Quellen argumentativ unterfüttert und klar vor Augen führt, als Metapher oder äußerliche Benennung zu kritisieren. Die Arbeit des Historikers hat es gleichzeitig mit Unsichtbarem und Sichtbarem zu tun – zu einem nicht geringen Teil läßt sich sein Forschungsgebiet besichtigen oder doch farbig schildern; die Archäologie des philosophischen Wissens hat keine Grabungsstätten. Der Leser einer Philosophiegeschichte des Mittelalters hat es nie mit der wiedergefundenen Zeit zu tun: Notre-Dame de Paris, die Rue du Fouarre, die Rue Galande und der Petit-Pont gehören nicht zur philosophischen Landschaft. Aus Prinzip ist der philosophische Diskurs sein eigener Zeitgenosse und alles, was ihn umgibt, nur äußerliches Beiwerk. Sogar die Ikonographie selber scheint dieses Verschwinden des Realen von der philosophischen Bildfläche zu stützen.

Betrachten wir einen Moment lang die herrliche Miniatur auf dem Umschlag der französischen Taschenbuchausgabe von Le Goffs *Intellektuellen im Mittelalter*. Das aus einem Manuskript des 13. Jahrhunderts stammende Dokument hat vom Verlag den Titel „Innozenz IV. (Kolleg mit lehrendem Professor)" bekommen, und tatsächlich sieht man darauf einen Magister, der eine Vorlesung hält, das heißt einen Text kommentiert, den drei Studenten ihrerseits vor sich liegen haben. Alles auf dieser Miniatur spricht zu uns – angefangen von den weißen Rändern des autoritativen Textes, wo Platz ist für die mündlich gegebenen Erläuterungen, bis zu der typischen Kleidung der drei Hörer. Nur etwas bleibt völlig unsichtbar, wird aber ironischerweise gerade in seiner Unzugänglichkeit dem Betrachter vor Augen gestellt: der Inhalt der gelesenen Seite. Das verschriftlichte Denken wird zwar durch einige auf mehrere Zeilen verteilte Striche angedeutet, doch ist die Verteilung ungleich, so als wären jeweils verschiedene Seiten des Buchs aufgeschlagen – ein deutliches Zeichen für den Vorrang des gesprochenen Worts oder eine geschickte Darstellung der Undarstellbarkeit des Denkens? Welche Absicht der Künstler auch immer gehabt haben mag, der für uns wesentliche Punkt ist ein anderer: Entscheidend an der stilisierten Darstellung des Textes, für die offenkundig der stoffliche Mangel an verfügbarem Raum verantwortlich war, ist die Tatsache, daß sie als Emblem für die Situation der Philosophie dienen kann, sofern letztere historisch rekonstruiert werden soll. Diese Stilisierung des Textes nämlich versammelt um sich herum die Gegenstände und Protagonisten, sie macht den Raum der Intellektualität sichtbar und präsentiert zugleich dessen phänomenale Struktur, fällt selber aber aus dem Dispositiv der Repräsentation heraus, ist ein blinder Fleck, an dem der Blick des Historikers erstarrt. Als ein Lebendes Bild oder ein Moment der Geschichte in Großaufnahme situiert das hier gezeigte Kolloquium der Intellektuellen die Philosophie in einer Art sozialer Unsichtbarkeit, die nur wenig mit der Undarstellbarkeit des Akts des Denkens zu tun hat.

Dieses klammheimliche Verschwinden ist natürlich nicht vom Historiker beabsichtigt, es illustriert weder seine Perspektive noch seine Methode. Hingegen macht es den Leser mit der Idee vertraut, daß die Gedanken keine Gegenstände sind.

Man steht so am Ende vor einem krassen Paradox. Allem Anschein nach hatten die Philosophen, als einzige in ihrer Art, den Lesern nichts anderes vorzuweisen als die Farbe ihres Mantels. Gewiß, sie haben Lehren, und man kann sie sich näher anschauen, wenn einem danach ist, doch sie haben weder Dichte noch Realität; kurz, mit ihnen können wir nicht einmal eine der mittelalterlichen Arten des In-der-Welt-Seins rekonstruieren – oder anders gesagt: Die Welt des Mittelalters ist ohne sie lesbar.

Die Schlußfolgerung liegt auf der Hand: Die Geschichte der Philosophie ist eine Tautologie. Was die Intellektuellen des Mittelalters gedacht haben, betrifft, unter anderem, den Historiker des Aristotelismus; und die Geschichte des Aristotelismus ist vielleicht für den Aristotelesforscher von Belang, sonst für niemanden. Damit aber ist der Rückzug auf „Auslegungstraditionen" vollendet, der nicht zum Verfassen einer Geschichte führt, sondern sich damit begnügt, ein kompliziertes Netz von Übernahmen und Abweichungen darzustellen, für die das Original – in allen seinen Metamorphosen – wesensmäßig *archē* und *telos* zugleich bleibt, wenn es auch vielleicht, dies die einzige positive Perspektive, die eine oder andere neue Bedeutung gewonnen haben mag.

Was die Marktanteile betrifft, ist die Sache also klar: Der Historiker beschäftigt sich mit den Menschen, der Philosoph mit Problemen oder, schlimmer noch, Themen der Philosophie. Die Pille ist bitter. Wir wollen versuchen, sie etwas zu versüßen.

2 Wozu Mediävisten?

> Nichts ist weniger aktuell als die mittelal-
> terliche Philosophie. Obwohl es eine wis-
> senschaftliche Literatur gibt, die seit einigen
> Jahrzehnten ständig anschwillt, ist sie unse-
> rer Kultur und unserem Denken unbe-
> kannter und fremder als die der ältesten
> Griechen.
>
> Pierre Alféri

Wie jede Hervorbringung des Geistes, die in der „Kultur" nur noch als Denkmal oder Monument präsent ist, löst die mittelalterliche Philosophie Langeweile aus. Zehn Jahrhunderte sind schon viel; zehn über weite Strecken dunkle Jahrhunderte zu viel. Einige jedoch machen sich begeistert ins 12. oder 14. Jahrhundert auf. Sie haben gute Gründe dafür: es sind Mediävisten. Ihr Fall ist leicht zu verstehen und muß nicht eigens dargelegt werden: Ein Spezialist fürs Mittelalter interessiert sich für diese Epoche, das ist sein Recht, denn für seine Manie gibt es einen legalen Raum, einen anerkannten „Beruf". Die erste Frage, die der „Uneingeweihte" sich stellt, ist nicht: Was am Mittelalter verdient es, daß man es neu durchdenkt?, sondern: Wie wird man Mediävist? Derart tritt die intellektuelle Geschichte einer Epoche der Menschheit hinter einer individuellen Passion zurück, von der man höchstens hoffen kann, daß sie, wie andere auch, den Betroffenen lange genug fesselt. Muß man ihn bedauern?

Versetzen wir uns einen Moment lang in seine Rolle.

Das Trouillogan-Syndrom

Was das Publikum am meisten von der mittelalterlichen Philosophie fernhält, ist die weit verbreitete Ansicht, daß sie schlechte Antworten auf falsche Fragen gibt. Die von den mittelalterlichen Philosophen behandelten „Probleme" scheinen uns den unmittelbaren Gegebenheiten des Bewußtseins ebenso fremd zu sein wie dem, was die bloße Neugier an Entdeckungen erwartet, wenn alte Weltanschauungen rekonstruiert oder analysiert werden. Hier eine bunte Mischung davon: Riecht der Schweiß der Kopfhaut strenger als der der übrigen Körperteile? Kann Gott mehr Dinge wissen, als er weiß? Sind Dummköpfe bei Vollmond noch dümmer? War der Körper des auferstandenen Christus von Wundmalen gezeichnet? Sind herabhängende Ohren ein Zeichen von Adel? War die Taube, in deren Gestalt der Heilige Geist erschien, ein echtes Tier? Stimmt es, daß die Augen

nach oben gerichtet sind, wenn man stirbt oder mit einer Frau schläft, aber nach
unten, wenn man friedlich schlummert?

Sterile Probleme, idiotische Antworten.[1] Rabelais hat alles dazu gesagt, als er in
einem exemplarischen Dialog einen geistigen Bankrott schilderte oder, genauer
gesagt, ein kennzeichnendes Krankheitsbild – das Trouillogan-Syndrom:

> Pantagruel sprach zu dem Philosophen Trouillogan: „Nun, lieber Getreuer, ist die
> Lamp aus Hand in Hand zu euch gekommen. An euch ist nun die Reih zu reden.
> Soll Panurg freien oder nicht?" – „Beides", sprach Trouillogan. – „Was sagt ihr da?"
> frug Panurg. – „Was ihr gehört habt", antwortet Trouillogan. – „Was hab ich ge-
> hört?" frug Panurg. – „Was ich gesagt hab", antwortet Trouillogan. – „Ha, ha, ha!"
> rief Panurg, „sind wir itzt so weit? Ich pass' ohn Trumpf. Heraus damit! Muß ich
> heiraten oder nicht?" – „Keins von beiden", antwortet Trouillogan. – „Der Teufel
> hol mich", sprach Panurg, „wo ich nicht rapplich werd, und hol mich noch einmal,
> wo ich euch capier. Wart, daß ich meine Brill hie ein wenig aufs linke Ohr ruck, ich
> hör so besser."[2]

Selbst wenn man den Spaßanteil berücksichtigt, selbst wenn man die Ra-
belaisfiguren Hurtebise, Fasquin, Tropditeux, Gualebaul, Jean le Veau und Bre-
linguandus, die nie existierten, beiseite läßt und sich den „großen Autoren"
zuwendet, die es tatsächlich gab, bleibt doch Alféris Festellung gültig: Die
griechische Philosophie ist uns unvergleichlich näher, vertrauter und genießbarer
als noch so tiefschürfende Texte eines Albert des Großen oder eines Thomas von
Aquin.

Eine niederschmetternde Feststellung: Selbst wenn der geduldige Leser, der für
alle Differenzen einen wachen und offenen Sinn hat, seinen anfänglichen Wider-
willen überwindet, das Unbehagen, welches das Fehlen eines wahrhaft persönlichen Stils in ihm bewirkt, den Überdruß, den die fast hypnotische Starrheit der
Sätze und Formulierungen auslöst, selbst wenn er also das Stadium der Ver-
zweiflung hinter sich läßt, das aus einem fast schon schrecklich zu nennenden
Mangel an Rhetorik resultiert, und endlich beim Inhalt anlangt, kommt er wahrscheinlich nicht umhin zu denken, daß die mittelalterliche Differenz allzu kost-
spielig ist und daß man nichts oder so gut wie nichts gewinnt, wenn man sie
kennt.

Und wie soll er überhaupt jemals beim Inhalt anlangen? Die schiere Masse der
Literatur, der Umfang jedes einzelnen Werks, alles hat sich verschworen, um ihm
den Zugang zu verweigern. Die Tausende von Folioseiten, aus denen das Werk
der großen Scholastiker besteht und woneben Saint-Beuves *Causeries du lundi* wie
ein *Reader's Digest* wirken, verhindern die Freuden des umfassenden Überblicks –
mit einem Autor des Mittelalters wird man im Prinzip nie fertig – und machen
den Gedanken, sich dieses literarische Universum anzueignen, zur Chimäre. Roger Bacon, der uns Modernen vielleicht noch am nächsten ist, weil er von dem,
was er angefangen hatte, nichts vollendet hat und ständig damit beschäftigt war,
Entwürfe und vorläufige Fassungen für seine umfassende Enzyklopädie anzuhäu-
fen, die ihm immer wieder entglitt, dieser Bacon hat es als erster schön gesagt:
Man braucht ein Pferd, um auch nur die kleinste *Summa theologica* zu transpor-

tieren – und zweifellos dachte er auch, ohne es zu sagen, daß man ein Esel sein müßte, um sie sich einzuverleiben.

Wenn schon der bloße Umfang der Produkte des mittelalterlichen Denkens bewirkt, daß es uns schwerfällt, darin Werke zu erblicken, so verschwindet das bißchen Lust, das wir auf ihre Lektüre haben, vollends, wenn wir den Verdacht hegen, daß diese Megalithen nur Kataloge nutzloser Forschungsgegenstände sind. Und tatsächlich, wenn man nur die beiden wichtigsten Gattungen mittelalterlicher Werke ins Auge faßt – die theologischen Summen und die Aristoteleskommentare –, findet man nichts, was einen auf Anhieb begeistern könnte.

Mit ihrem gespenstischen Gerippe aus Quästionen und Artikeln erweckt die Summe den Eindruck eines unendlichen Stückwerks – den einer sonderbaren Synthese eines Wissens, das akkumuliert wird, indem es die Details und Appendices vermehrt, einer Melodie gleich, die zwischen hundert Hauptthemen schwankt und, weil man sie nacheinander oder gar gleichzeitig ausprobiert, schließlich den Dirigenten, die Musiker und das ganze Publikum mit einem erbärmlichen Lärm überschüttet. Mit seiner Überfülle, seiner Weitschweifigkeit, seinen tastenden, schwerfälligen Gedankengängen, die den kommentierten Text mit einer Unmenge von zufällig gefundenen Vergleichen und Nebenproblemen spicken (die keine andere Funktion zu haben scheinen, als ein Gesamttableau zu komplettieren, in dem sich alle berühmten Zitate und ungenannten Autoritäten ein Stelldichein geben), mit seiner Auslegungstechnik, die ihre Perfektion zu erreichen scheint, wenn sie die Kohärenz der ursprünglichen Gedanken zerstört und den Gegenstand, auf den der Text referiert, im Dunst einer selbstgefälligen und angeblich allumfassenden Bildung aufgelöst hat, gleicht der Aristoteleskommentar für uns dem vollendeten und eben deshalb so abstoßenden Ausdruck einer Interpretationsmethode, deren einziges Ziel zu sein scheint, alle Möglichkeiten durchzuspielen, mit denen sich ein Original dazu bringen läßt, seine Kopien nachzuäffen.

Diese völlig negative Sicht der Scholastik war die der ersten Philosophiehistoriker, die der Enzyklopädisten und auch, wir wir gesehen haben, die der Humanisten. Sie hat sich seitdem kaum gewandelt. Eingekeilt oder eher aufgerieben zwischen der Antike und dem Age classique, wird das mittelalterliche Denken oft als riesiges Repertoire, als eine Reserve oder ein Reservat von Fragen betrachtet, die sich nicht mehr stellen. Für die biologischen Schriften des Aristoteles mag es vielleicht noch Leser geben, weil sie für uns den Reiz der ersten Anfänge einer Wissenschaft haben, ihre mittelalterlichen Paraphrasen jedoch haben für die meisten Historiker nur einen dokumentarischen Wert, die Bedeutung einer Tatsache, die man ohne weiteres Interesse zur Kenntnis nimmt; niemand fiele ein, in ihnen eine Morgenröte oder ein Rätsel zu erblicken, ganz offensichtlich handelt es sich nur um unnötige Wiederholungen, um die Codes oder Konventionen eines Gedankengebäudes, das mit Gewalt in eine Welt versetzt wurde, in der es nicht errichtet worden ist und wo es nun unausbleiblich dazu verurteilt ist, langsam zu zerbröckeln oder sich parodieren, indem es sich selbst zum einzigen Forschungsgegenstand macht. Schlagen wir ein Handbuch auf. Dort lesen wir:

Was die Philosophie des Mittelalters vor allem kennzeichnet, ist der Mißbrauch, der mit der Autorität getrieben wird. Man meint, daß die Wahrheit bereits gefunden ist, daß sie in der Heiligen Schrift und den Werken der antiken Philosophen niedergelegt worden ist und nur noch aus ihnen herausgelesen werden muß. [...] Soweit es die Philosophie betrifft, kann man also sagen, daß das Mittelalter nur die Verlängerung der Antike ist. Dieses Urteil ist um so wahrer, als die scholastische Logik nicht im Mittelalter entstanden ist *[sic!]*: ihre Anfänge gehen auf die Stoiker zurück, dann wurde lange in Kommentaren an ihr gefeilt und bei Boethius sowie in den spätesten griechischen und lateinischen Lehrbüchern ist sie bereits vollständig da. Das zweite Kennzeichen der Philosophie des Mittelalters ist der Formalismus, der Mißbrauch, den man mit dem syllogistischen Verfahren treibt. Statt zu versuchen, wahre Grundsätze aufzustellen, zieht man mit der größten Strenge Schlüsse aus Prinzipien, deren Gültigkeit man fraglos hinnimmt [Janet und Séailles, *Histoire de la philosophie,* S. 998].

Bei solchen Prämissen kommt natürlich jede Erste Hilfe zu spät. Das mittelalterliche Denken ist tot, und tot ist es, weil es wiederholt, weil es ein bereits fertiges Wissen darlegt, weil es die Natur dazu zwingt, die einzige Kunst zu imitieren, die es kennt, kurz, weil es vom Leben, das es doch auf den Begriff bringen will, keinen Schimmer hat. Braucht man eine Erklärung für diese Nacht des Geistes? Sie liegt schon bereit.

Daß die mittelalterlichen Philosophen die Antworten in den Büchern und nicht in ihrer eigenen Existenz gesucht haben, liegt daran, daß sie die Fragen, mit denen sie sich abgaben, nicht wirklich ernst nahmen, daß sie von den Notwendigkeiten des Denkens weder getrieben noch gequält wurden, kurz daran, daß sie keine *Intellektuellen* waren.

Wenn sie, um die herum doch der Tod, die Krankheit, das Elend und der Krieg wüteten, die Philosophie, soweit man sieht, wissentlich auf diese blinde Form der Welterklärung reduziert haben, auf den immanenten Kommentar, dann weil sie von dem, was sie umgab, nichts gesehen haben.

Folglich wäre es vergeblich, wollte man in ihren Schriften nach etwas suchen, was es erlaubte, sie den Kathedralen oder den Minnesängern, der Eroberung von Jerusalem oder der Plünderung von Byzanz an die Seite zu stellen. Diesen hohlen Texten fehlt es ebenso an äußerem wie an innerem Reiz, wobei ersteres sich vielleicht aus letzterem erklärt.

Unter diesen Umständen erstaunt es nicht, daß ein hypothetischer Leser eines philosophischen Textes des Mittelalters heute nicht mehr empfindet als eine merkwürdige Mischung aus Verblüffung und Überdruß. Auf einen Gewichtheber mögen die einundzwanzig Foliobände eines renommierten Schulhaupts eventuell Eindruck machen, doch es wäre absurd zu glauben, daß sich deshalb ein normaler Mensch auch nur vorübergehend dafür begeistern könnte: Man kann kein Publikum haben, wenn man sich an niemanden wendet – auch und vor allem nicht an sich selbst.

Die anonyme Philosophie oder das Mittelalter ohne Leitsterne

Jeder Mediävist hat irgendwann eine Version jener Prosopopöie der Gleichgültigkeit gehört, die – *rebus se habentibus ut nunc* – das, was man trotz allem seine Arbeit nennen muß, begleitet, ehrt und sanktioniert. Diejenige, die wir soeben vorgestellt haben, ist dieselbe, die wir selbst gehört haben und zuweilen immer noch hören. Wir beklagen uns nicht darüber: Die Sache hat auch ihren pittoresken Aspekt, und mit vorrückendem Alter erkennt man, daß es gar nicht so schwierig ist, sich einen glücklichen Sisyphus vorzustellen. Im übrigen kann man aber auch feststellen, daß sich in letzter Zeit einiges getan hat.

Der Erfolg der analytischen Philosophie hat es neuen Generationen angelsächsischer Mediävisten ermöglicht, in den mittelalterlichen Texten Dinge zu finden, die von der Neoscholastik verdrängt oder entstellt worden sind: eine Philosophie der Sprache, eine Semiotik, eine Temporallogik, eine deontische Logik, eine epistemische Logik, nicht zu vergessen natürlich jener ganze philosophische Traditionsstrang, den man ockhamistischen oder postockhamistischen Nominalismus nennt.[3] Auf rechtsrheinischer Seite hat man vor nicht allzulanger Zeit in der deutschen Dominikanerschule des 14. Jahrhunderts (Dietrich von Freiberg, Meister Eckhart) eine Art frühen Vorläufer des transzendentalen Idealismus und der Metaphysik des Geistes gefunden wie auch, vermittelt durch Franz Brentano, einen Urahn für eine gewisse Form der Phänomenologie.[4] Dadurch, daß das mittelalterliche Denken in den Rang einer Quelle zweier antagonistischer Strömungen erhoben wurde, die die internationale philosophische Szene auch heute noch beherrschen, bekam es zugleich einen neuen Status, aus einem *Schwarzindien* wurde in wenigen Jahren eine *Verlorene Welt*. Man weiß jetzt, daß dort alles zu finden ist, und zu Beginn jeder Forschungsexpedition stattet man ihm einen Besuch ab: es ist nicht mehr eine taube Ader, die irgendwo in den Tiefen der Erde schlummert, sondern eine Art Öko-Museum, das den Schiffbrüchigen der Geschichte auf wundersame Weise erhalten geblieben ist. Sind uns die Denker des Mittelalters deshalb aber intellektuell vertrauter geworden? Davon kann bislang wohl kaum die Rede sein.

Man kann zu Recht seine Zweifel daran haben, daß es einen zentralen Blickpunkt, einen einzigen konzeptuellen Kern gibt, der den Versuchen und Bestrebungen einer Epoche zugrunde liegt und der es, einmal identifiziert und dann reaktiviert, erlauben würde, einen gemeinsamen Grundstock, eine von allen geteilte Erfahrung zu rekonstruieren, mit deren Hilfe man dann, möge sie uns auch noch so fern sein, in das sicher stets flüchtige und dunkle Herz oder Zentrum einer wiedergefundenen Zeit vordringen könnte; hingegen darf man hoffen, daß das, was für ein Jahrhundert oder eine Epoche nicht möglich ist, wenigstens auf die eine oder andere Weise bei einem Individuum gelingt, bei einem solitären, isolierten Werk, bei der Arbeit eines einzelnen Menschen, die, weil sie uns vor Augen liegt und heute so gut *lesbar* ist wie einst, es uns erlaubt, durch Konjektur oder Einfühlung mit ihr in Kontakt zu treten und darin das zu finden, was wir in uns selbst zu lesen oder zu entziffern meinen.

Dies ist jedenfalls das, was normalerweise gewünscht wird und wozu sich sogleich die Frage nach dem öffentlichen Nutzen hinzugesellt: Welche Aktualität besitzt das mittelalterliche Denken? Wozu dient das Studium der Autoren des Mittelalters? Was soll man lesen?

Wie soll man diese Fragen beantworten? Die Wiederentdeckung des Mittelalters durch die Philosophen und Philosophiehistoriker läuft im wesentlichen darauf hinaus, daß eine Brücke geschlagen wird zwischen gewissen philosophischen Interessen, die am Ende unseres Jahrhunderts vorherrschend sind, und einigen Wissenschaftssprachen oder theoretischen Gegenständen des Spätmittelalters, die freilich nur soweit in den Blick rücken, als sie sich, quasi abstrakt, einer intellektuellen Strategie einfügen lassen, der es an jeder Sicht aufs Ganze fehlt: Alles in allem applaudiert man den Schauspielern eines Stücks, das man nie gesehen hat und das es vielleicht nie gegeben hat – so als würde eine hierarchische Struktur (man meint, daß die Protagonisten in der Mitte stehen), die Art und Farbe der Kostüme, die übliche Rollenverteilung, kurz, allein das Bild der auf der Bühne versammelten Truppe genügen, um uns eine klare Vorstellung von der Handlung, ihren Triebfedern und Zielen zu verschaffen. Nehmen wir an, man hätte sogar den gedruckten Text des Stückes, so wird uns doch am Ende das wirkliche Stück, das heißt die Aufführung, für immer unzugänglich bleiben. Dies ist der Fall beim Historiker des mittelalterlichen Denkens: er mag den Text auswendig kennen und die Karriere jedes einzelnen Akteurs studiert haben, er hat dennoch keine exakte Vorstellung von dem, was die Truppe auf die Bühne gebracht hat. Man wird einwenden, daß hierdurch nicht nur das Mittelalter als historischer Gegenstand definiert ist. Verhält es sich bei den Griechen, den Philosophen des 17. und selbst noch des 19. Jahrhunderts nicht ebenso? Gewiß, aber es gibt einen Unterschied: Mit den griechischen, klassischen und modernen Philosophen verbindet uns ein gleichsam unmittelbares Einvernehmen. Wir meinen, daß wir genug über die Welt wissen, in der sie lebten, über die Art, wie sprachen, speisten und sich kleideten, um ihre Fremdheit von Anfang an neutralisieren zu können.

Wir wissen in etwa, welche gesellschaftliche Position ein griechischer Philosoph zur Zeit des Perikles innehatte, wir wissen auch ungefähr, wie eine Philosophenschule in Athen oder Alexandrien zur Zeit der Pax Romana aussah, und wir haben allen Anlaß zu der Vermutung, daß die Philosophie, da sie als Lebensform, als wahrhaft lebendige Gemeinschaft, als Möglichkeit einer der christlichen Existenz entgegengesetzten menschlichen Existenz von Kaiser Justinian per Dekret ausgeschaltet werden mußte, damals etwas gewesen sein muß – etwas klar Umrissenes, Benennbares, Sichtbares, in einem Wort: etwas *Reales,* dem man nur juridisch beikommen und ein Ende setzen konnte.

A fortiori gilt dies für Descartes, an dem wir den Charme und die Nähe eines Großonkels schätzen, der abenteuerlustig genug war, um gleichzeitig leben und denken zu wollen. Mit ihm, mit seinem Leben zwischen dem Ofen und dem Rapier, wurden die ersten Seiten eines philosophischen Familienromans gefüllt, eines Szenariums, in dem der *Discours de la méthode* und die *Meditationen* auch den erzählerischen Anfang unserer eigenen Existenz zu bilden scheinen: ist nicht das *cogito* – diese Jugendtaufe – unsere erste geistige Erinnerung?

Was die Philosophen des 18. und 19. Jahrhunderts betrifft, so ist klar, daß sie unsere vertrautesten Bekannten sind und uns näherstehen als die meisten unserer Zeitgenossen: Waren es nicht Kants *Kritik der reinen Vernunft,* Fichtes *Wissenschaftslehre,* Hegels *Enzyklopädie,* die die Grenzen unserer jeweiligen Welten gezogen haben? Haben sie nicht jedem von uns irgendwann einmal das Vokabular und die Syntax einer philosophischen Erfahrung geliefert?

Daß das Mittelalter uns so fern ist, erklärt sich zweifellos zunächst daraus, daß wir dort nichts von dem wiederfinden, was uns an der Wiege gesungen wurde. Keine „Philosophen im griechischen Sinn des Wortes", keine Philosophenschule, kein *cogito;* weder ein Code noch ein Wortschatz, noch sonst irgendwelche Hilfsmittel für unsere Wünsche und tastenden Versuche; nichts, was uns führen, stärken oder belehren könnte. Das mittelalterliche Denken kam in unserer Schulzeit nicht vor: es ist uns nicht bloß fremd, sondern einfach unbekannt, nicht dunkel, sondern unnütz – wir haben gelernt, auch ohne es auszukommen. Im übrigen, was können wir darüber erfahren, selbst wenn wir es wollten? Wir müßten eine *gute* Geschichte der mittelalterlichen Philosophie aufschlagen. Es gibt hervorragende und umfangreiche[5], aber auf was stößt man dort? Schlimmstenfalls auf einen unmöglichen Reisebericht, eine Odyssee ohne Odysseus und ohne Ithaka; bestenfalls auf den Plan eines monströsen Schlosses voller unbekannter Gänge, wo tief unter dem Fußboden jedem Schritt das gedämpfte Echo Tausender von Verließen antwortet.

Wie hätte eine gute Geschichte der mittelalterlichen Philosophie überhaupt auszusehen? Wie soll man zehn Jahrhunderte der Geschichte des Denkens seriös schildern? Wer sagt uns, daß diese zehn Jahrhunderte auch wirklich eine Geschichte bilden? Nach welchen Prinzipien sollen wir unsere Periodisierung gestalten?

Stimmt es, daß alles, was im Mittelalter stattfand, automatisch mittelalterlich ist? Stimmt es, daß die Anfänge der mittelalterlichen Philosophie notwendig mit denen des Mittelalters zusammenfallen und ihr Ende ebenso mit dem seinen? Hat die intellektuelle Geschichte nicht eher ihre eigenen Zeiten, ja mehrere Zeiten, die simultan oder kontradiktorisch verlaufen, je nach dem Wesen der Probleme und der sich weiterentwickelnden Art, sie zu formulieren? Gibt es darüber hinaus nicht vielleicht auch eine „instrumentale" Geschichte des Denkens – eine Geschichte der Lektüre, des Schreibens, des Buchs oder der Diskussion –, die die Geschichte der Begriffe und die der Institutionen notwendig verwickelter machen würde? Und schließlich, liegt es nicht auf der Hand, daß das, was wir „Geschichte der mittelalterlichen Philosophie" nennen, eigentlich nur eine Ordnungsrelation zwischen Signaturen ist – letztlich zwischen Namen, großen oder kleinen Namen, also dem, was man heute „Autoren" nennt?

Das Problem ist, daß die Logik der Namen, die für unsere Sicht der Literaturgeschichte ausschlaggebend ist, im Fall des Mittelalters radikal zu kurz greift. Ganze Zweige der philosophischen Schöpfung des Mittelalters sind anonym geblieben, und von dieser Masse namenloser Texte ist nur ein winziger Teil ediert und in gedruckter Form zugänglich. Die unbekannten Länder, die statistisch gesehen drei Viertel des Denkens des Mittelalters ausmachen, sind auf keiner Karte verzeichnet, nicht einmal als weiße Flecken. Wir haben Repertorien von Werken ohne Meistern und Repertorien von Meistern ohne Werke, wir haben *incipit*-Verzeichnisse, aber wir sind weder in der Lage diese Listen aufeinander zu beziehen, noch dazu, in jeder von ihnen die fehlende Spalte zu ergänzen. Bis auf seltene Ausnahmen hat bislang kaum einer eine Geschichte der Philosophie geschrieben, die nicht so gut wie vollständig von edierten Quellen abhängig war. Unser Bild vom Mittelalter basiert also sehr stark auf einer editorischen Arbeit, die nie nach anderen Maßgaben erfolgte als dem Zufall der Geburtstage, Feiern und Zentenarien, dem Lokalpatriotismus und den Vorlieben der Gelehrten. So kommt es, daß mittelmäßige Köpfe einen Platz einnehmen, der ihnen nicht gebührt, und daß sie in aller Munde sind, obwohl man weiß, daß sie ihre literarische Existenz nur der Sorgfalt eines eifrigen Kopisten verdanken. Denn es existiert ein Gesetz, das zwar bedauerlich ist, aber doch eingehalten wird, und das besagt, daß ein lesbares Manuskript per se ein gutes Manuskript ist und ein gutes Manuskript ein vorzügliches Zeugnis eines wichtigen Werks.

So beruhte, um nur ein Beispiel zu nennen, die Geschichte der Logik des 13. Jahrhunderts mehr als fünfzig Jahre lang auf einer Fiktion: Die Zufälle der editorischen Arbeit wollten es, daß man dank Grabmann und Mullally über moderne Ausgaben von zwei Logiklehrbüchern verfügte – das eine stammte von dem Engländer Wilhelm von Sherwood, das andere von dem Portugiesen Petrus Hispanus (dem späteren Papst Johannes XXI.). Über mehrere Generationen schöpfte man aus diesen beiden Quellen und konstruierte aus ihrer komparatistischen Lektüre ein riesiges Szenario, in dem die Werke dieser beiden „Pariser Meister", die sich gewissermaßen gegenseitig erzeugt hatten, das vollständige Panorama der Fortschritte und Streitpunkte, das Tableau aller Alternativen und Entscheidungen eines ganzen Jahrhunderts boten. Was bleibt heute von diesen Filiationsstreitigkeiten, von dem gegenseitigen Vatermord und dieser französisch-englischen Auseinandersetzung, heute, wo wir wissen, daß weder Wilhelm von Sherwood noch Petrus Hispanus in Paris gelehrt haben, daß der angebliche Pariser Meister von Petrus – zwanzig Jahre nachdem der junge portugiesische Logiker seine eigene Abhandlung in Nordspanien geschrieben hatte – in Oxford lehrte, heute, wo wir wissen, daß sie so wenig voneinander gehört haben wie wir von Wilhelm gehört hätten, wenn seine *Einführung in die Logik (Introductiones in Logicam)* nicht in der hervorragend gut lesbaren Fassung des lateinischen Manuskripts 16617 der Bibliothèque nationale kopiert worden wäre, das seinerzeit (und im übrigen sehr schlecht) von Grabmann ediert worden ist?

Man muß diesen Umstand bei unserer Konzeption der Dinge und Abläufe berücksichtigen: Die wahren, wenn nicht die „großen" Autoren des 13. Jahrhunderts heißen, unter anderem, *Nomen dividuum* in der Logik, *Sicut dicit Remigius* in der Grammatik – es sind ungenannte Verfasser, Momentaufnahmen der universitären Arbeit, Aufzeichnungen der täglichen Diskussionen, Dispute und Kontroversen, in denen Meister und Studenten, gewiefte Logiker und Anfänger, untrennbar gemischt, Propositionen, Repliken und Gegenbeispiele vorbrachten, wobei sie sich an die formalen Regeln einer Logik der Diskussion hielten, die eine eigene Analyse verdiente. In dieser Geschichte ohne Namen muß man sich umtun, wenn man dem Klischee entrinnen will, einer Aufarbeitung der Vergangenheit, die letztlich immer nur die Sitzordnung all der berühmten *dîners de têtes* rekonstruiert, die niemals stattgefunden haben. Die wirkliche Geschichte der Logik ist die einer Welt von Diskursen, von „Puzzles" *(sophismata)* und Rollenspielen *(obligationes),* die man gleichzeitig als Schulübungen und literarische Gattungen betrachten kann, die ihre eigene Dauer haben, ihren spezifischen institutionellen Ort und eine autonome psychologische Realität.[6] Die Geschichte der philosophischen Literatur und ihrer Doktrinen bildet ein von der Anoymität geschütztes Ganzes, das bewahrt und wiederhergestellt werden muß.

Man kann den potentiellen Leser also beruhigen: Was ihm das Mittelalter zuerst fremd macht, ist gerade das, was es ihm später, wenn er umfassendere Kenntnisse erworben hat, unverzichtbar macht. Dank seiner nämlich wird uns klar, daß die Gedanken nicht das Produkt der Individuen sind, sondern eher durch sie hindurchgehen und sie sogar ohne Schaden zu nehmen überleben können, als dunkle Umrisse eines künftigen Lebens. Mit ihm entdecken wir, daß wir nicht als Selfmademen aus dem Nichts erschaffen, sondern Nutznießer des Denkbaren und Schuldner subjektloser Diskurse sind. Das ist nicht nichts. Die Geschichte des Denkens als eine anonyme Geschichte begreifen – das ist unseres Erachtens die erste Aufgabe des Mediävisten. Hierbei handelt es sich nicht um ein Akzidens oder eine äußerliche Katastrophe, sondern um das Wesen selbst des Objekts. Diese Texte, die ohne aufwendige Grabstätte auf uns gekommen sind, ohne Titel, ohne Autorennamen, kurz, ohne jedes „Tralala", wurden in eben diesem Zustand kopiert und in dieser demütigen und glanzlosen Form zirkulierten sie. Was man mit ihnen überliefern wollte, waren nicht individuelle Porträts oder Positionen, sondern eine kollektive Bemühung um ein kollektives Gedächtnis.

Der Mediävist hat es in der Hauptsache mit Manuskripten zu tun. Er ist verantwortlich für die Geschichte, die er nachzeichnet, denn nur ihm und niemand sonst fällt es zu, ihre Struktur zu entdecken und ihre Genese zu rekonstruieren. Er mag wissen, wonach er sucht, er weiß nie, was er finden wird. Sein Gebiet ist das Ineditum, also das Unvorhersehbare, und die Ergebnisse, zu denen er gelangt, sind oft um so wichtiger, je weniger originell sie sind. Wieviele Argumentationsstrategien, die einem einmalig und persönlich vorkommen, wenn man sie bei einem Ockham oder Thomas von Aquin liest, enthüllen sich nicht auf längere Sicht als Gemeinplätze! ... Wieviele großartige Lehren sind doch im Grunde nur unausgewiesene Zitate, ja Sturzbäche ineinandergeschachtelter Zitate! ... Wieviele kompliziert gebaute Sätze verdanken sich letztlich nicht der Bemühung, die zwei oder drei anderen Werke, aus denen man schöpft, mit Gewalt zu vereinheitlichen! ... Das ist der Stoff, aus dem das Mittelalter ist: Eine Welt von Aussagen, die bunt durcheinander zirkulieren, sich gegenseitig belauschen und parasitieren, bis aus dem damals durchsichtigen, heute aber kaum nachvollziehbaren Spiel der Deformationen und Umarbeitungen etwas Neues hervorgeht.

Die Aktualität des Mittelalters und die „neue Mediävistik"

Es ist an der Zeit, auf die Frage zu antworten, die dem Publikum angeblich unter den Nägeln brennt. Welche Aktualität hat die mittelalterliche Philosophie? Die, die ihr von der Forschung gegeben wird. An sich ist das Denken des Mittelalters weder aktuell noch unaktuell. Oder, besser gesagt, es gibt zwei Arten von Aktualität: die latente Aktualität, die der philosophischen Entscheidungen, die, weil unbemerkt und nicht als solche erkannt, insgeheim unsere Problematiken beherrschen, und die noch ausstehende Aktualität, die, weil sie noch nicht ausgeschöpft, sondern unterwegs vergessen wurde, dazu beitragen kann, uns aus Sackgassen oder falschen Alternativen herauszuführen. Und es gibt noch eine dritte, die aus den beiden ersten hervorgeht: und zwar dann, wenn uns die Wahrnehmung einer Kontinuität dabei hilft zu unterscheiden zwischen dem, was unser eigener Beitrag ist, und dem, was wir bloß wiederkäuen.

Nehmen wir die Philosophie der Sprache und jene Problematik, die in ihr, seit Russell, eine grundlegende Rolle spielt: die der Denotation oder Referenz. Die Unterscheidung zwischen Bedeutung *(meaning)* und Gegenstandsbezug *(reference)* eines Ausdrucks kam im Mittelalter in Gestalt eines Gegensatzes zwischen der *significatio* und der *suppositio* auf. Diese beiden Begriffe bildeten vier Jahrhunderte lang buchstäblich das Fundament der Logiktheorie, sie eröffneten Perspektiven, von denen, ganz anders als die Hauruck-Diagnose von Janet und Séailles es will, die Philosophen der Spätantike sich nichts hatten träumen lassen. Ganz neue Forschungsgebiete taten sich auf: eine Theorie der pronominalen Koreferenz *(relatio)*, eine Theorie der temporalen Referenz *(restrictio, ampliatio)*, eine Theorie der Referenz auf nichtexistente Einzeldinge und eine Problematik der Prädikation über leere Klassen, eine Theorie der mentalen Sprache, eine semiotische Theorie der Universalien und noch viele andere mehr, die, jenseits der Reflexion über die Sprache, das Wesen der Logik selbst betreffen. Diese Lehre oder, besser gesagt, dieser Komplex von Lehren, der unter dem Namen Theorie der Supposition bekannt ist, weist die drei Arten von Aktualität auf, die wir unterschieden haben. Die latente Aktualität: Die Sarkasmen der Humanisten, die Vorrangstellung der Rhetorik und eine Konzeption der Sprache, die in ihr vor allem die expressiven und ästhetischen Werte betonte, das Vermögen, das Schöne in all seiner Vielfalt auszudrücken, haben dafür gesorgt, daß der Begriff „Supposition" geopfert und mit Gewalt aus der Geschichte der Philosophie vertrieben wurde. Im 17. Jahrhundert ist so gut wie nichts mehr von ihm da – höchstens bei Hobbes oder Leibniz findet sich hier und da eine Spur von ihm. Dieses philosophische Verschwinden der Lehre von der Referenz hat sie jedoch nicht daran gehindert, in einem Diskurs zu überleben, der nichts mit ihr anfangen konnte oder, genauer gesagt, der ihr Wesen und Ziel nicht begriff, obwohl er vorgab, auf sie zu rekurrieren.

Die Neoscholastik räumte der Darlegung der *proprietates terminorum* in ihren Logiklehrbüchern breiten Raum ein. Aber diese bloße Klassifikationsarbeit, die zu sich verzweigenden Schemata erstarrte – nach dem Modell jener Tafeln, mit denen damals die *Summa theologiae* des Thomas von Aquin synoptisch darstellt wurde –, war nicht mehr als eine *nature morte,* ein um seiner selbst willen gezeichnetes Stilleben, das sich hartnäckig fernhielt von den Arbeiten, mit denen zur gleichen Zeit die Logiker der künftigen „analytischen" Schule beschäftigt waren. Die neoscholastische Theorie der Referenz war nicht mehr als eine neoscholastische Theorie der Sprache, ein mit kanonischen Beispielen gefülltes Formelbuch, die im übrigen zum größten Teil der *Logik* von Port-Royal entnommen worden waren: sie war kein analytisches Werkzeug des philosophischen Denkens mehr – was sie doch das ganze Mittelalter hindurch gewesen war –, sondern nur noch ein Lehrbuchkapitel, dem jede praktische Anwendung auf die Sprache und das Zeichen geraubt worden war. Die gesamte Semantik war absorbiert worden von der Psychologie der Verstandestätigkeit und der Theorie der mentalen Repräsentation.

Man muß es betonen: Es waren nicht die „Erben" des Mittelalters – etwa Maritain mit seiner *Petite Logique* –, die das Interesse an der Lehre von der Referenz „wiederbelebt" haben. Das Revival wurde anderswo eingeleitet, in der angelsächsischen philosophischen Tradition (E. A. Moody, Ph. Boehner), weil sie es verstand, jene Dinge in den mittelalterlichen Texten zu lesen, die von der Neoscholastik gleichsam programmatisch, nach Maßgabe ihrer philosophischen und historischen Ziele, übersehen und verdrängt wurden. Dieser vor einem halben Jahrhundert begonnene Prozeß setzt sich vor unseren Augen fort. Integriert in zeitgenössische philosophische Diskussionen, entwickelt sich die mittelalterliche Semantik dergestalt nicht nur fern von ihrer eigenen Zeit weiter, sondern auch weitab von dem kulturellen und religiösen Raum, in dem man ihre neue Blüte eigentlich erwartet hätte, während es in Wahrheit dort für sie weder einen funktionellen Platz noch eine schöpferische Rolle gab. Die analytische Philosophie hat dem Mittelalter die zweite und dritte Form von Aktualität gegeben, die wir beschrieben haben, indem sie sich mit neuen Anstrengungen vergessener Probleme annahm und um ihrer selbst willen „Denkmöglichkeiten" erforschte, die weder die klassische Logik noch die des 19. Jahrhunderts behandeln oder überhaupt ahnen konnten.

Man kann sich natürlich fragen, wie es kam, daß ein so wichtiger Begriff wie der der *suppositio* so sehr trivialisiert werden konnte, das er wissenschaftlich verschwand, wie es kam, daß der Begriff der Repräsentation den der Referenz ersetzt hat und daß die Sprache und der semiotische Zugang zum Realen fast ganz zurücktraten gegenüber dem vorstellenden Denken und der Psychologie des Urteils, kurz, wie es kam, daß eine potentiell fruchtbare Theorie so steril werden konnte, daß sie sich gleichsam selbst aus den Augen verlor.

Fragen kann man sich auch nach der Bedeutung jener Ausgrabung und Wiederkehr, die es ihr erlaubt, heute im wesentlichen wieder all ihre ehemaligen Funktionen zu erfüllen. Heißt das, daß philosophischer Fortschritt notwendig – hier wie auch anderswo – vermittels einer Wiederkehr des Verdrängten erfolgt? Man kann diese, im übrigen recht banale, Hypothese sicher aufstellen: Nie ist alles gesagt worden.

Wenn man nachweisen würde, daß die Art zu philosophieren, welche die analytische Schule kennzeichnet, mehr als eine Affinität zu dem Status aufweist, den die Logik in der universitären Pädagogik des Mittelalters besaß, wenn man alle Parallelen aufzeigen würde, die, um ein Beispiel zu nennen, aus der Erörterung der *sophismata* das mittelalterliche Gegenstück zu den Satzanalysen machen, denen die Angelsachsen ihre besten Kräfte widmen (seit Bertrand Russell die „Kahlheit des gegenwärtigen Königs von Frankreich" aufs Tapet gebracht hat)[7], bliebe gleichwohl eine unbegreifliche Tatsache bestehen, die sich jeder metapsychologischen Behandlung der Geschichte widersetzt.

Es gibt eine positive Bedeutung des Vergessens, seine konservatorische Funktion: was vergessen wird, wird nicht entstellt – wenn es wiederkehrt, dann unberührt; freilich ist nicht alles, was im Lauf der Geschichte ausgelöscht wurde, dem Wesen nach dazu bestimmt, wiederzukehren. Das Vergessen ist keine Garantie. Es gibt kein goldenes Zeitalter des Denkens, keinen Naturzustand, keine polymorphe Kindheit der Wahrheit, die von einer langen Dressur überwältigt, entstellt oder unterdrückt worden wäre. Auch wenn das Vergessen oft bewahrt und die Vernachlässigung zuweilen als das bessere Gedächtnis fungieren kann, muß man doch schließlich erkennen, daß bestimmte Ideen nicht so sehr wiederkehren, sondern sich ereignen: es sind die, die nie ihren richtigen Resonanzboden gefunden haben, weder zu der Zeit, als sie entstanden, noch zu der, wo wir meinen, an ihrer Wiedergeburt mitzuwirken. Diese Ideen haben einfach nie Gehör gefunden, wurden nie verstanden. Sie sind heute noch genauso neu, wie sie es vor fünf Jahrhunderten waren. Sie haben ihre eigene Aktualität und existieren in ihrer eigenen Dauer, der des mentalen Raums, in dem sie Gestalt gewonnen haben und für den es eine Simultaneität mit irgendeinem anderen weder gab noch gibt. Diese Gedanken warten auf eine Teilhabe, auf Menschen, die sie rezipieren. Es wäre also verfehlt, in ihrem Fall von einer – sei es auch überraschenden – „Rückkehr" zu sprechen. Wir sind es vielmehr, die ihrem Ruf folgen müssen, wir müssen uns bewegen und in ihre Zeit eintreten.

Letztlich gibt es also, was auch immer die Forderungen des Marktes sein mögen, eine frei flottierende Aktualität, die unabhängig ist von der Vorstellung, die wir uns von der Geschichte, von ihren „Gestalten" und „Augenblicken" machen. Unsere Geschichte, das heißt unsere Gegenwart, unsere Aktualität, ist, was sie ist, weil bestimmte Denkmöglichkeiten oder Objekte nie wirklich in das Denken Eingang gefunden haben. Um welche handelt es sich? Darauf muß jeder für sich selbst antworten. Zwischen dem Auslegungstaumel und den Freuden der Dekonstruktion, zwischen der Kunst des exzessiven Vergleichs und den subtilen Techniken des *close reading* hören die Leser heute nicht auf, in sich selbst nachzuforschen, ob sie nicht auch mit dem etwas anfangen können, was sich von ihrer Lektüre nicht einfangen lassen will. Der Sinn ist überall, er ensteht und vergeht vor unseren Augen, und doch muß man sagen, daß wir immer noch nicht denken. Wenn wir einer umherirrenden Idee begegnen und diese sich in uns wiedererkennt, wissen wir hingegen genau, daß wir in dem Raum angekommen sind, der schon immer der unsere war und den wir bislang vergeblich gesucht hatten.

Diese Erfahrung, die im Grunde nicht sehr originell ist, definiert gleichwohl besser als jede andere die Situation des Mediävisten in bezug auf das, was als sein „Gebiet" gilt. Wenn er sich als Logiker versteht und als Logiker denkt, wird er dort logische Probleme finden. Wenn er Metaphysiker ist, metaphysische, wenn er Physiker ist, physikalische Probleme. Wenn er sich nicht als etwas Bestimmtes versteht, findet er dort vielleicht etwas, was in keine Disziplin paßt, eine Sicht der Realität, die nicht von den Standards seines Faches geprägt ist: etwas, das die eiserne Regel zerstört, wonach der philosophische Diskurs über die Welt immer ein Diskurs über die Welt der Philosophie ist.

Kleiner Diskurs der Methode

Auf welchem Weg soll man die Philosophie des Mittelalters erforschen? Man sagt es nicht gern, denn zweifellos wird die Antwort enttäuschen, aber da es nun einmal sein muß: auf dem der Philologie. Was meinen wir mit „Philologie"? Im wesentlichen eine Lektüremethode. Das Gebiet der Geschichte der Philosophie läßt sich nicht eingrenzen, es befindet sich in einer Gegend, wo sich mehrere „Territorien" überschneiden, es ist nicht im voraus gegeben, sondern man nähert sich ihm durch die Pluralität der Fragen an, die man dem Zufall von Forschungen und dem Glück von Funden verdankt. Die Geschichte der Philosophie ist eine Desektorisierung, eine „Kunst der Grenzverschiebung", eine Auslegung ohne Vorannahmen, eine Bestandsaufnahme ohne im voraus festgelegte Ordnungsprinzipien. Konkret bedeutet das, daß es der Mediävist, wie man gesagt hat, „mit Manuskripten zu tun hat" und daß er die *corpora* erst einmal beschreiben muß, bevor er sie analysieren kann. Die Tausende von *codices*, die in den Bibliotheken schlummern, warten darauf, gelesen zu werden, es sind gleichsam die Lastenhefte eines Unternehmens, das sich solange nicht definieren kann, wie es sie nicht zur Kenntnis genommen hat. Das eifrige Studium der Manuskripte, mit dem, was es – von der Kodexkunde bis zur Paläographie – an präzisen wissenschaftlichen Praktiken voraussetzt, ist die oberste Regel im Diskurs der historischen Methode: Man muß den Texten die Sprache zurückgeben, das heißt, man muß sie *kopieren*. Die erste Arbeit des Mediävisten ist die eines Kopisten, durch sie stellte er wieder eine Verbindung zu der Zeit des Denkens her. Im Mittelalter schaffte ein guter Kopist im Durchschnitt am Tag kaum mehr als eine Folioseite mit einem Schriftspiegel von 16 x 25 cm; selbst ein guter Historiker kann ihn heute nur schwer übertreffen. Die zweite Arbeit ist die kritische Edition: Alle Versionen des Textes müssen geprüft werden, seine Quellen, seine stillschweigenden Übernahmen und verborgenen Ursprünge müssen identifiziert werden. Diese doppelte Askese ist die Bedingung der Freiheit. Die Arbeit aus zweiter Hand, anders gesagt, die Abhängigkeit von den gedruckt vorliegenden Werken, verurteilt sich selbst zur Wiederholung der Klischees und der Modelle der Geschichtsschreibung, sie ist eine Art, Wissen zu reproduzieren, keine Methode, um zum Unbekannten vorzudringen. Das Unbekannte aber soll den Forscher ergreifen, und nicht etwa soll dieser sich selbst reproduzieren, indem er eine neue „Interpretation" von Tatsachen vorschlägt, die nur existieren, weil seine Vorgänger oder Kollegen sie gefunden, wenn nicht erfunden haben. Das Stichwort für eine philosophische Idee der Lektüre kann also nur lauten: sich nicht von vorgeblichen „Tatsachen" täuschen lassen.

Man wird einwenden, daß dieser Textualismus eine Robinsonade ist und die Philosophie von der Geschichte der Menschen, der er sie doch näherbringen will, gerade trennt. Dieser Einwand ist unbegründet. Soweit es das Mittelalter betrifft, beruht jede historische Praktik auf Texten: Die Frage ist nur, ob mit Bischofskapitularien und Notariatsakten wirklich die ganze Landschaft abgedeckt ist. Gern gibt man zu, daß man nicht über das Denken des Mittelalters sprechen kann, ohne über die mittelalterlichen Intellektuellen zu sprechen, und daß man über die mittelalterlichen Intellektuellen nicht sprechen kann, ohne zum Beispiel das Chartularium der Universität von Paris zu studieren oder die auf den Grundbesitz der Oxforder Kollegien bezüglichen Dokumente; doch diese Überlegung muß man weiterführen. Was stellt man mit dem Chartularium an, wenn man sich nicht den Texten der Magister und Doktoren zuwendet? Wie soll man die agonistische, soziale, professionelle, rituelle und anthropologische Dimension eines mittelalterlichen Disputs begreifen, wenn man nicht auch die *disputationes* gelesen, ediert und analysiert hat, die die Manuskripte uns überliefert haben? Wie soll man sich ein Bild vom intellektuellen Typus des *magister artium* machen, wenn man sich nicht dank der Texte einen ungefähren Eindruck von den psychologischen Zwängen verschafft hat, die auf ihm lasteten. Die Struktur einer *quaestio disputata,* ihr unglaubliches Spiel mit Argumenten und Gegenargumenten, sagen über das geistige Universum des universitären Intellektuellen ebensoviel aus wie die soziologische Analyse seines korporatistischen Verhaltens – ja diese bekommt nur durch erstere einen greifbaren Körper, wenn nicht ihre Rechtfertigung.

Die Arbeiten der angelsächsischen Mediävisten über die *sophismata* betreffen nicht nur die Geschichte der Logik, sie zeigen uns auch, welchem Beruf Studenten und Meister nachgingen, und machen uns mit ihrer täglichen Lebensform vertraut. Es gibt eine Architektur des Geistes und eine soziale Dimension des Denkens, die man dort zu entziffern versuchen muß, wo beide sich begegnen: in den Schulübungen, den pädagogischen Methoden und der Zeiteinteilung.

Natürlich genügt dies nicht. Der Philosoph ist kein paläographiekundiger Archivar, der von einer vollständigen Edition aller mittelalterlichen Quellen träumt. Irgendwann muß er beginnen, an das Corpus, das ihm vorliegt und das er zum Teil selbst erarbeitet hat, Fragen zu stellen. *Transkribieren, edieren, übersetzen:* Diese lange Geduldsprobe setzt auch eine Ungeduld voraus, einen Wunsch, eine leitende, wenn nicht fixe Idee. Wir haben unsere im Titel dieses Buchs angegeben. Vielleicht ist es nicht überflüssig anzumerken, daß sie zwar unserer ganzen Arbeit zugrunde liegt, ihrerseits aber nicht auf das Mittelalter zurückgeht, sondern auf eine einfache Frage, der wir irgendwann bei Heidegger begegnet sind: *Was heißt denken?* Um die Reichweite dieser Frage zu ermessen, für die wir keine Antwort haben und auch keine voraussetzen, haben wir sowohl die mittelalterlichen Logiktheorien wie auch die sogenannte „deutsche" oder „rheinische" Mystik studiert. So sind wir zum Mittelalter gekommen. Es gibt andere Wege, andere Probleme, andere Fragen. Diese Frage ist nur die unsere und aus ihr gehen weitere hervor, die wir hier zu stellen und zu formulieren versuchen: Was ist ein Intellektueller? Welche Funktion hatte das Denken für die mittelalterlichen Intellektuellen und aus welchen Quellen schöpfte es? Was hat sich an der Wende vom 13. zum 14. Jahrhundert geändert? Kann man, für einen begrenzten Zeitraum, die Geschichte dessen schreiben, was die Menschen zum Denken getrieben hat? Wie soll man das tun? Von welchen Dokumenten soll man ausgehen? Und schließlich, angenommen es gibt einen, welchen zentralen Blickpunkt soll man einnehmen?

Nach langem Schwanken glaubten wir eine Antwort gefunden zu haben, nachdem sich ein Problem deutlich herausgeschält hatte: *Was verbindet Dante und Eckhart?* Das aber legte einen Ansatzpunkt nahe, der uns für alles weitere ausschlaggebend zu sein scheint: *die universitären Verurteilungen von 1277.*

Das also ist der Gegenstand dieses Buches. Wie alle Gegenstände der Mediävistik ist er vielschichtig. Gerade deshalb können wir ihn dem Leser als Musterprobe einer historischen und philosophischen Philologie vorstellen, die nicht nur in die Vergangenheit, sondern auch – und notwendig – in die *Gegenwart* führt, kurz, in die *Welten* der Menschen.

Die mittelalterliche Universität und Europa: die Zukunft einer Illusion

Die meisten Gebiete, die von den Mediävisten erforscht werden, hatten im Mittelalter nur propädeutische Funktion. Die Logik war „die allgemeine Methode jeder wissenschaftlichen Erkenntnis", sie wurde nicht selber als Erkenntnis betrachtet. Die Metaphysik in ihrer höchsten Ausprägung war eher eine natürliche Theologie als eine Klärung des vielfältigen Sinns des Seienden. In der Tat, wenn es eine mittelalterliche Philosophie gegeben hat, so nicht in Gestalt einer Philosophie der Sprache oder einer Lehre vom Seienden als Seienden, sondern in Gestalt einer Theologie oder Ethik. Die Dialektikschulen des 12. Jahrhunderts, die Artistenfakultäten an den Universitäten des 13., 14. und 15. Jahrhunderts dürfen nicht mit dem Lykeion oder der Akademie verglichen werden. Und doch gab es eine Philosophie im Mittelalter, auch wenn es keine Philosophen im sozialen, pädagogischen oder institutionellen Sinn des Wortes gab; und es gab eine philosophische Erfahrung des Denkens, die man trotz aller äußerlichen Unterschiede mit dem vergleichen kann, wonach die Philosophen der Spätantike unter dem Namen Philosophie suchten: nach einer einheitlichen Erfahrung des Transzendenten, nach einer Theologie, ja Theurgie. Das Besondere an der Arbeit des Mediävisten besteht darin, daß er denselben Ausbildungsgang wie die mittelalterlichen Denker zurücklegen muß, ehe er bei jener Philosophie ankommt oder anzukommen vermeint. Sich von Fach zu Fach, von Disziplin zu Disziplin bewegend, muß er alle vorbereitenden Etappen eines geistigen Wegs nachvollziehen, der ihn zu einem Gott ohne Kirche führen wird. Eine der Folgen davon ist, daß auch die Abgrenzung und Periodisierung des Mittelalters wesentlich anders ausfällt als gewohnt.

Die traditionelle Unterscheidung zwischen frühem Mittelalter und Hochmittelalter muß man zunächst in einem theologischen Sinn begreifen. Man weiß, daß die mittelalterliche Philosophie ihre Identität änderte, als sämtliche Werke des Aristoteles übersetzt worden waren. Doch diesen Wechsel hat man nicht ganz begriffen, wenn man ihn auf die Zirkulation neuer Texte reduziert, seien diese logischer, metaphysischer, physikalischer, kosmologischer oder biologischer Art. Die Ankunft einer Aristotelischen Enzyklopädie markiert insofern den Beginn eines neuen Mittelalters, als sich ihr das Auftauchen einer neuen Weisheit verdankt – einer peripatetischen, das heißt griechisch-arabischen –, die die Nachfolge der platonischen Weisheit antrat, die von den Kirchenvätern wider ihren Willen populär gemacht worden war. Die Arabisierung des theologischen Denkens der lateinischen Christen des 13. Jahrhunderts – das ist das wesentliche Phänomen. Auf es muß man in unserer Zeit der Ausgrenzung und Verfemung zurückgehen, in der ein gewisser Islam gegen die „westliche" Vernunft kämpft, die für ihn das Emblem aller Imperialismen und Kolonisierungen ist, während die „griechische" Vernunft, deren legitime Erben die „Abendländer" sein wollen und aus der sich ihr Hochmut und ihre Verachtung speist, ohne die Vermittlung der Araber und Juden nie in den Westen gelangt wäre.

Um die Aktualität des mittelalterlichen Denkens zu begreifen, muß man also zunächst die Konsequenzen akzeptieren, die sich aus der Geschichte der abendländischen Kultur mit Notwendigkeit ergeben, sofern diese auf einer posthumen Hellenisierung der römischen Kultur beruht, deren bedeutendste Protagonisten aus dem islamischen Gebiet stammten. Prägend für die europäische Identität waren die jüdischen Übersetzer in Toledo und die arabischen Philosophen Andalusiens und, vorher noch – im 8. und 9. Jahrhundert, als der Westen teilweise im Dunkel der Geschichte lag –, das üppig fließende Licht aus dem Osten und die Herrschaft Bagdads, zu einer Zeit, als christliche und muslimische Araber sich begegneten und zusammenarbeiteten.

Daß der Westen ein Kind des Ostens ist, ist etwas, woran der Mediävist immer wieder alle Teilnehmer jenes unmöglichen Dialogs erinnern muß, in dem die Phantome und Phantasmen der drei großen monotheistischen Religionen aufeinanderstoßen. Der Zeugniswert des Mittelalters liegt dabei nicht in erster Linie auf sozialem oder politischem Gebiet. Wenn jedoch die Juden, die Araber und die Christen gemeinsam die Fundamente eines intellektuellen Europas gelegt haben, so heißt das nicht, daß sie dieses unvorhersehbare Werk im friedlichen Rahmen einer Idylle vollbracht haben. Die religiöse Intoleranz, die Verfolgungen, der Antisemitismus[8], die Zwangsbekehrungen, die heiligen und die gerechten Kriege, all das war unerbittlich weiter im Schwange, während die „Intellektuellen" sich an einer inneren Friedensstiftung versuchten, an der die Welt damals nicht mehr interessiert gewesen zu sein scheint als heute. Wir müssen nicht die mittelalterliche Gesellschaft *restaurieren,* um wieder auf den Weg kultureller Interdependenz zurückzufinden, der unser Schicksal geprägt hat. Die Feudalgesellschaft, die Händler und Bankiers interessierten sich nicht mehr für den intellektuellen Dialog als heutige Großkonzerne, Finanzinstitute und Regierungen. Nur in einem bestimmten institutionellen Rahmen, der auf das Mittelalter zurückgeht, ist es sinnvoll, erneut die Frage der Assimilation in Angriff zu nehmen. Dieser Rahmen hat einen Namen, es ist die Universität.

Wenn es etwas Mittelalterliches gibt, das restauriert werden sollte, dann ist es die Idee der Universität mit ihrer Unabhängigkeit und ihren Ritualen. Ihre Freiheiten müssen wiederhergestellt werden, indem man zu ihrer ursprünglichen Bestimmung zurückfindet, zur offenen Universalität, zu einer mit Argumenten geführten Diskussion, zur Kritik fiktiver Geltungsansprüche und realer Macht.  Man muß der europäischen Kultur einen weiteren Horizont geben, indem man sie in ihr erstes Laboratorium zurückführt, dorthin, wo die Universität, das heißt die Gesamtheit der Meister und Studenten, damit „beschäftigt" war, die Akkulturation voranzutreiben. Europa bleibt ohne Zukunft, wenn es nicht in einer Form gemeinschaftlichen Lebens noch einmal die Krisen durchlebt, die es einst als Projekt begründet haben.

Die Mobilität der Studenten und Forscher, Großprojekte internationaler Zusammenarbeit, Städtepartnerschaften und *joint ventures* nützen nichts, wenn sie nur dazu dienen, polyglotten, aber ungebildeten Massen die Geheimnisse der Börsenspekulation und die Mechanismen des *insider tradings* beizubringen. Die wissenschaftliche Erforschung der Religionen – was man in Frankreich *sciences religieuses* und in Deutschland „Religionswissenschaft" nennt –, kurz, die recht verstandene Laizität, die eines aktiven Respekts vor Glaubensüberzeugungen und kulturellen Differenzen, ist es, mit deren Hilfe die Starre der Welt und des internationalen Austausches aufgebrochen werden muß. Es geht nicht darum, den anderen als ein anderes Selbst anzuerkennen – eine Haltung, die in vielen Fällen nur schwankt zwischen einer Identifikation mit dem Angreifer und einer bloß vordergründigen Übereinstimmung –, sondern darum, in sich selbst den Anteil des anderen wiederzufinden, ihn als solchen anzuerkennen und ihn, wie schwer es einem auch fallen mag, in sich befruchtend wirken zu lassen. Wenn Frankreich 80 Prozent Abiturienten braucht, dann doch wohl kaum, damit der Haufen der *golden boys* und Industrieritter auf administrativem Weg noch größer wird, sondern um ganze Generationen auf die intellektuelle und moralische Aufgabe vorzubereiten, die ihnen zufällt und auf die sie ein Recht haben: auf die Aufgabe, sich erst innerlich und dann auch im sozialen Handeln von den Slogans und Modellen einer Gesellschaft zu befreien, über die das Unglück des Ökonomismus hereingebrochen ist. Die mittelalterliche Universität war eine Institution der Christenheit, sie war aber auch und vor allem eine autonome Institution, an der man, nur um die Prinzipien zu verteidigen, einen dreijährigen Streik durchführte und am Ende eine Regentin wie Bianca von Kastilien und einen König wie Ludwig IX. zum Nachgeben zwang.

Um die Rolle einer wirklichen Integrationskraft zu spielen, muß sich die französische Universität auf die Funktion der universitären Autonomie besinnen. Wenn es ein Europa der Universitäten geben soll, dann muß diejenige Frankreichs der Ort sein, an dem neue Identitäten erfunden werden, was darauf hinausläuft, daß der Nord-Süd-Dialog an ihr nicht nur äußerlich, sondern in den Lehrinhalten geführt werden muß. Es geht nicht darum, das mittelalterliche System der „Nationen" wiederzubeleben und etwa eine „Nation der Beurs" zu schaffen. Es ist nutzlos, von den Zeiten zu träumen, als die Artistenfakultät der Universität Paris tatsächlich untergliedert war in eine „ruhmvolle Nation der Gallier" (alle Lehrer und Studierenden aus den Bistümern Paris, Sens, Tours, Reims, Bourges und aus Südeuropa), eine „ehrenwerte Nation der Normandie" (eben die Normannen), eine „sehr getreue Nation der Picardie" (Meister und Studenten aus den Diözesen Beauvais, Amiens, Noyon, Arras, Térouanne, Cambrai, Laon, Tournai, Lüttich, Utrecht) und eine „sehr beharrliche Nation der Engländer" (alles in allem, und damals schon, „der Rest der Welt"). Die Welt ist zu konfliktreich geworden, als daß solche Gruppenbildungen nicht automatisch in Ghettoisierung umschlagen.

Eine Vielvölkergesellschaft darf den Tribalismus weder begünstigen noch absegnen und erst recht nicht aktiv herbeiführen. Die „Zoulou"-Bewegung – ein französischer Ableger der um 1975 in New York gegründeten Zulu Nation – zeigt deutlich die Grenzen und die Perversionen einer „Kultur", die nur auf den Mechanismen einer imaginären Identifikation beruht.

Das Gesetz des *look* – diese Verbindung von Totemismus und Fetischismus – unterwirft die Individuen den spezifischen Bedürfnissen und Ressourcen eines Markts der Gewalt, wo die Fabrikanten von Sportbekleidung und Sprühdosen für die jungen Immigranten dieselbe Rolle spielen wie die waffenexportierenden Staaten für die Dritte Welt. Einer Bande beitreten – „jemand" zu werden –, bedeutet zunächst zwischen Adidas und Tacchini zu wählen, einen besonderen Gürtel, besondere Turnschuhe zu tragen; es bedeutet, daß man eine eigene Sprache spricht – das *verlan* –; daß man seine eigene Freizeit- und Spaßkultur hat – U-Bahnwagen besprühen zum Beispiel; daß man besondere Orte hat, wo man zusammenkommt und die öffentliche Aufmerksamkeit auf sich lenkt – das Forum des Halles oder die Gare du Nord; daß man eine bestimmte Anzahl von Kulturerzeugnissen konsumiert, die zum Träumen einladen, das Verhalten konditionieren und Gesprächsstoff liefern – „Clips", B-Movies und „Kultfilme". Das Phänomen ist altbekannt: Man nannte es früher Snobismus.

Die „Derniers Salauds", die „Requins vicieux" oder die „Fight Boys" sind vor allem Snobs, die im immer unmenschlicheren Rahmen ihrer Privatkriege um die Anerkennung einer fiktiven Differenz kämpfen. Eine Gesellschaft von B.-Boys oder Bad Boys, die sich unterteilt in „Feujs", „Beurs", „Blacks" und „Tos", ist keine pluriethnische Gesellschaft: sie ist das zur ansteckenden Krankheit gewordene Amerika. Will der, der mit dem *ghetto-blaster* auf der Schulter durch Metrogänge läuft, den verlorenen Klang der Posaunen von Jericho zu neuem Leben erwecken oder will er nur den Sound der Bronx in seine eigene unterirdische Lebenswelt holen? Die Ideologen behaupten, daß Rom nicht mehr in Rom sei. Richtiger wäre es zu sagen, daß New York in Paris ist. Wenn denn irgendeine Form „nationaler Bevorzugung" nötig ist, so wäre sie hier am rechten Platz – als „Bevorzugung der Alten Welt". Tatsächlich sollte man sich nicht mit jenem Phänomen eines ungezügelten Imports abfinden, der den „amerikanischen Traum" nach Seine-Saint-Denis befördert, wo er nur scheitern kann.

Indem sie zur Norm sämtlicher sozialer Abläufe wird, verwandelt die Pathologie der amerikanischen Gesellschaft jedes Leben in ein Remake. Die Besonderheit dieses weltweiten Klonens besteht darin, daß man überall die Kinoversion des „Kampfs der Gemeinschaften" reproduziert, die ihrerseits eine emphatische, codierte und fiktionale Darstellung wirklicher Auseinandersetzungen ist. Die europäische Reprise des „Kriegs der Banden mit ethnischem Charakter" basiert auf einer *rassistischen* Inszenierung der Gewalt und gehorcht einer goldenen Regel des Zwischenhandels: man muß den Preisanstieg vorwegnehmen. Die Bilder aus *Warriors* oder *Do the Right Thing,* die die „Welt von morgen" schildern sollen, werden so zu attraktiven Verhaltensmodellen, die aus ihnen die Wirklichkeit von heute machen. Indem die „Banden von 1990" sich mit den Protagonisten eines Dramas identifizieren, das auf der anderen Seite des Atlantik stattgefunden haben mag oder auch nicht, tun sie das, was alle Konsumenten der Werbung *made in USA* tun: sie verkörpern in der französischen Gesellschaft die Metaphern der amerikanischen Gesellschaft. Der „Nationalismus" der „ethnisch" fundierten Banden ist nicht so sehr ein *„paradoxer* Triumph der Denkmuster Le Pens", sondern die bewußte Fortführung der Szenarien und Archetypen der amerikanischen Kulturszene. Er kann allerdings auch zum Triumph solcher rechten Denkmuster werden, und das – *ganz ohne Paradox* – gerade wegen der soziologischen Analyse, die man dem französisch-amerikanischen Import ohne Export angedeihen läßt.

Tatsächlich versteht es der Front National, Nutzen aus den Analysen der Soziologen über das „Scheitern des amerikanischen *melting pot"* zu ziehen wie auch aus einem „Vergleich mit der Bronx oder Harlem, der sich einem hier aufdrängt" – und so kommt es, daß Heft 2 von *Paris l'espoir* (Dezember 1990) zustimmend eine Diagnose zitiert, die in einem Sonderheft des *Nouvel Observateur* formuliert worden war. Natürlich nur, um sich dann um so mehr aufzuregen über „den Druck der Lobbies, der Internationalen Liga gegen Rassismus und Antisemitismus [...], die "moralische Generation" und die von kosmopolitischen Theorien verseuchte Presse", um über das *ius soli* und das System der Naturalisierung zu schimpfen, ohne zu guter Letzt den Hinweis zu vergessen, daß „die Blacks, die Beurs und die Zoulous zu einer rassisch geprägten Stammesbildung neigen und folglich ihrerseits für das *ius sanguinis* stimmen, für die Nationalität des Blutes". Hier wird einem klar, wie zweideutig die soziologische Analyse eines Phänomens sein kann, da man sich ihrer auch bedienen kann, um die Reihenfolge von Ursachen und Wirkungen umzukehren, um das Spiel des Realen und des Imaginären, in dem alle Gewalt ihre Wurzeln hat, zu verhüllen. Im vorliegenden Fall ist eine *Bande mit ethnischem Charakter* kein „rassisch geprägter Stamm", ja nicht einmal eine *ethnische Bande,* denn erstere ist eine Realität (die Bande als

Gemeinschaft von Individuen), die sich selbst zu einer Pseudo-Ethnie macht (das heißt sich selbst als eine transzendente Einheit denkt), indem sie mit einer gewissen Anzahl von Stereotypen und Verhaltensweisen arbeitet, die ihr von einer „Kultur" oder „Subkultur" geliefert werden, die selber stark imprägniert ist vom Markt des Zeichenkonsums und von der Industrie der Konsumzeichen; letztere dagegen sind Kategorien eines ideologischen oder „politischen" Diskurses, der weit über die Analyse der Identifikationsphänomene hinausgeht und aus einer bloßen Hautfarbe ein Zeichen von Stammeszugehörigkeit macht. Der Unterschied ist einfach: Dort, wo der Soziologe, der von „Blacks" spricht, auch *Blacks* sieht, sieht der rechtsextreme Politiker, der ebenfalls von „Blacks" spricht, *Schwarze.* Was den „Vergleich, der sich aufdrängt" angeht, so ist das mindeste, was man sagen kann, daß er nicht univok ist. Das Problem läßt sich aber auch hier wieder leicht aufklären: Dort, wo der Soziologe feststellt, daß sich einige Bewohner der Grande Banlieue benehmen, als lebten sie in der Bronx, wirft der „Politiker" ihnen vor, Argenteuil in Harlem zu verwandeln. Der Grund ist der, daß es bei diesem Vergleich zwei Mittelbegriffe gibt: für den Soziologen reagiert der Immigrant auf die Arbeitslosigkeit, den Rassismus, das Elendsquartier, kurz, auf das Ghetto, in das man ihn geworfen hat, indem er zum Zoulou wird, das heißt indem er sich mit seinen „amerikanischen Freunden" identifiziert; für den „Politiker" hingegen ist es der Einwanderer, der die hübsche und gastfreundliche Vorstadt in ein Ghetto verwandelt und den „kleinen Weißen" das Gesetz der Zoulous aufzwingt: im ersten Fall ist der Mittelbegriff des Vergleichs real – es ist das Ghetto; im zweiten ist er imaginär – es ist die als Signifikant fungierende Kleidung, der *look* und die Hautfarbe.

Was kann hier die Schule tun? Von den Realitäten ausgehen. Die aus dem Schulsystem Herausgefallenen, die das Gros der „Banden" ausmachen, sind unschlagbar, soweit es die einzelnen Punkte und Elemente ihrer Rituale betrifft, sie kennen jedes Detail ihres obligaten Outfits; als pedantische Übersetzer und Kulturvermittler, als Helden der Wiederholung sind sie ebenso amerikanophil, wie andere hämophil sind. Bei dieser generalisierten Reproduktion des Nichtwissens, wo die „Blacks" den „Diskurs" weißer Skins reproduzieren, die „gegen die Eindringlinge kämpfen", die Skins wiederum den von Stammtischhitlern, die sich an belgischem Bier berauschen, und jeder für sich den eines behämmerten Einhämmerers – beginnt man einen Streit nicht mit einem rätselhaften „dir werd' ich's zeigen! ..." –, weiß am Ende niemand mehr, wer spricht und im Namen wovon. Die „Unwahrhaftigkeit", der allein es sich verdankt, daß die individuellen Rollen und die Spiele der Gesellschaft von Dauer sind, ist zum globalen Diskurs eines globalen Dorfs geworden, das aus Problembezirken und heruntergekommenen Vororten besteht. Aber dennoch ist ein junger Jude sowenig ein „feuj" wie sein Vater ein „strauss" oder ein „youpin" ist; und eine junge Araberin ist sowenig eine „beurette" wie ihre Mutter eine „crouille" oder eine „ratonne" ist. Wenn die Beleidigungen auch nicht allein den Haß weitertragen, so ist doch alles, was den Haß transportiert, beleidigend.

Die Religionswissenschaft und das Erziehungssystem

Hat die Schule noch eine Aufgabe? Man möchte es meinen. Es geht darum, den Unterricht in Philosophie, Religionswissenschaft und Geistesgeschichte zu erweitern, ihn zu verallgemeinern, um mit der Bildung und Kultur den Kampf gegen das Vergessen, die Irrtümer und die Ausgrenzungen aufzunehmen. Das Europa der „Entscheidungsträger" oder *opinion leader* besitzt bereits eine mittelalterliche Dimension: die des Panurg. Das ist sicher nicht die richtige. Wie kann man behaupten, daß man „das islamische Problem in Frankreich in den Griff bekommen" wird, wenn man vom Islam überhaupt nichts weiß? Schon die trockenkernige Sprache deutet hier an, was man tun kann und will. Mit einem Wort: *nichts*. Ein Problem wird analysiert, erörtert und eventuell gelöst; ich wüßte nicht, wie man es „in den Griff bekommen" soll, es sei denn, man begnügt sich wieder einmal mit der Verteilung staatlicher Gelder. Den Experten zufolge ist die französische Gesellschaft geradezu zerrüttet von Furcht und Ignoranz. Mag sein, aber wer ist dafür verantwortlich? Das Frankreich der Wohngeldempfänger oder das der Ministerien, das der Sekundarstufen oder das der ENA? Um groß und stark zu werden, braucht die Demagogie keine Demagogen: sie fabriziert sie sich selbst mit ihren Klischees, ihren angemaßten Gewißheiten und ihrer Ungeniertheit. Gern baut man Touristenanlagen überall in der Dritten Welt, wenn es dort nur schön ist, doch eher würde man sterben, als den Bau einer neuen Kultstätte für Muslime in Frankreich zu genehmigen, wobei man hier genau dasjenige Argument ins Feld führt, um das man sich dort nicht kümmert: das der „architektonischen Integration" – ein Thema, über das man an sich diskutieren könnte, nur eben nicht im vorliegenden Fall.

Die Kinder von Marx und Coca-Cola sind älter geworden – Marx scheint tot zu sein und Amerika bald nur noch Pepsi zu trinken –, aber dennoch sehen sie sich selber weiter durch die rosa Brille und zwingen allem, was ihnen nicht gleicht, das Gesetz der Gleichheit auf. In Ostdeutschland regnet es Jeans, bald werden es Walkmen sein oder, wie man jetzt auch sagt, *baladeurs*. Bald wird ganz Europa auf Reisen gehen, von Ost nach West, von West nach Ost. Man wird bezahlen, um etwas zu sehen, doch man wird nichts finden außer ein paar Ständen mit Produkten der Region – Kathedralen, Museen, Paläste, Kulturzentren –, die sich in den riesigen Marktstädten verlieren. Aus den vermarkteten Landschaften können dann fossile Landschaften werden, und wenigstens die französische religiöse Landschaft wird fast unberührt erhalten bleiben: es wird weniger Moscheen in Frankreich geben als Eiffeltürme auf den Dächern von Häusern in Amman.

Es ist klar, daß man nicht allen Übelständen mit Bildung und Kultur abhelfen kann. Aber muß man deshalb auf die Idee einer *freiheitsliebenden Schule* verzichten? Das ist die Frage, mit der wir uns heute auseinandersetzen müssen. Eine von der Wirtschaft und der Berufsausbildung strikt getrennte Universität ist sicher weder sinnvoll noch berechtigt. Außer ihrer ökonomischen Funktion hat sie aber auch eine soziale Funktion, wodurch sie, wenigstens zum Teil, in den Dienst der Schule gestellt wird. Die Lehrer müssen so ausgebildet werden, daß sie sich mit

den religiösen Tatsachen wissenschaftlich beschäftigen können – historisch, soziologisch, ethnologisch, philosophisch oder, warum nicht, theologisch. Es geht
nicht darum, den Relativismus zur Staatsreligion zu machen oder den Pädagogen
und städtischen Gesangsvereinen den Kult des Höchsten Wesens vorzuschreiben,
sondern darum, das Religiöse, soweit es der Vernunft zugänglich ist, in der Vielfalt seiner Formen und der Strenge seiner Ansprüche zu entdecken. Wenn man
sich gleichzeitig vor Fanatismus und Synkretismus hüten will, vor überschwengli-
cher Begeisterung und geistiger Verwirrung, muß man lernen, über die Bedeutung der Religionen und die Geschichte der Glaubensgemeinschaften nachzudenken.

Gewiß ist es Aufgabe des Mediävisten, sich zu fragen, welchen Platz das Mittelalter in der Geschichte der Philosophie einnimmt, er muß aber auch, mit anderen, dazu beitragen, daß die Religionswissenschaft im Erziehungssystem verankert
wird.[9]

3 Das „christliche Abendland"

Betrachtet man die Vergangenheit mit den Augen eines *Aufklärers,* ist das Mittelalter das schwarze Loch der europäischen Kultur. Die Vernunft ist zwar da, doch sie steht im Dienst des Aberglaubens. Es ist das Zeitalter der exzessiven Beweisführung, einer kindischen, geschwätzigen, verbohrten Vernunft, die alles erörtert, weil sie über nichts Bescheid weiß, die die Wirkungen anhäuft, weil sie nicht zu den Ursachen vorzustoßen vermag, die aus einer Reihe von Zufällen Sinn fabriziert und die alles – Zeit, Menschen, Energien und Institutionen – mobilisiert, um eine Welt zu erforschen, die es nicht gibt. So gezeichnet, unterscheidet sich das Mittelalter kaum von unserer eigenen Kindheit. Es hat das irritierende Flair nächtlicher Schrecken und sinnloser Handlungen – gleich jenen kleinen Geschichten, die Familien zusammenschweißen und auflösen; doch selbst das wenige, an das man sich erinnert, bleibt leer, gestaltlos, rätselhaft: eine ferne Erinnerung, undeutlich, wenn man nach ihr sucht, lästig, wenn man von anderen darauf gestoßen wird. Es gleicht einer langen Latenzphase, deren Ereignisse man nur mit Bestürzung zur Kenntnis nimmt, weil man ihre Geheimnisse vergessen hat. Warum sich also dem Mittelalter zuwenden? Die Geschichte ist keine Psychoanalyse und der Menschheit muß nicht geholfen werden, diese Kindheit zu verarbeiten.

Sie ist dennoch krank, und sie weiß es. Doch woher kommt das Übel?

Die Krankheit zum Tode und die Wiederkehr des Religiösen

Man kann ohne Gedächtnis leben – die kollektive Introspektion kommt eher selten vor; man lebt nicht mehr ohne Bilder. Das *Fernsehen,* die Tele-vision, wird zur einzigen Realität der Gegenwart. Diese Realität ist nicht das Reale; sie nährt die Illusion eines Wissens und ist der Moral kaum förderlich. Man liest, man schaut, man beobachtet, doch gleichzeitig weiß man sehr wohl, daß die Massenkommunikation nur eine Masse von Kommunikationen ist: ein eklektischer Strom, der bald keine andere Aufgabe mehr haben wird, als das Bild kommunizierender Gefäße oder Hohlköpfe zu übertragen, die berufsmäßig „informieren". Man schaut sich all die Katastrophen an, doch der tägliche Anblick des Leidens erschüttert den Menschen nicht wirklich, höchstens bringt er ihn dazu, sein Mitleid so zu organisieren wie seine Freizeit, dem Fernen zu geben, wie er sich selbst dem Fernweh hingibt. So sieht das Gift des Bildes aus: angesichts des „Schauspiels der Welt" fühlt sich der moderne oder westliche Mensch verantwortlich für alles, was er vom universellen Leiden erfährt, und gleichzeitig unfähig, in seinem eigenen Dasein mehr zu erkennen als eine gewisse Summe von Widersprüchen.

Indem die Mediatisierung aus dem *Nächsten* eine sich fortpflanzende Welle macht, deren Zentrum überall und deren Umfang nirgends ist, erfüllt sie eine Funktion, die man eine „hygienische" nennen kann: es geht vor allem darum, ein außer Reichweite liegendes Leid sichtbar zu machen oder, wie man sagt, „mitfühlend" zu sein, das heißt mit den Augen zu berühren. Während dieser Zeit hocken in den ausgestorbenen Geschäftsvierteln ausgezehrte, erniedrigte, vergessene und geschlechtslose Körper zusammengekauert vor den Heizungsschächten von Versicherungsgesellschaften und Kreditanstalten. Frühmorgens dann ziehen die Angestellten mit scheuem Blick an diesen Halbtoten vorbei, den Kopf noch voll mit den Bildern des vorigen Abends. Niemand bleibt stehen, natürlich nicht. Die Armen gehören mit zum städtischen Mobiliar.

Wo also herrscht die Finsternis? Man rühmt sich, den mittelalterlichen Obskurantismus hinter sich gelassen zu haben, und lebt in einer Zeit, in der die Leprakranken nicht mehr mit Klappern herumlaufen müssen, in der sich der Lärm der Autohupen über das Schweigen der Parias legt.

Doch es kommt noch schlimmer: Man schwadroniert von einer „Rückkehr des Religiösen", Volkstribunen schwingen das Banner der Jeanne d'Arc, um die Bürger und das Pack aufzuwiegeln, man beschwört die „ewigen Werte der mittelalterlichen Spiritualität", um Frankreich, Europa und die ganze Christenheit von den Übeln zu erlösen, die auf ihnen lasten. Hier wird die Parole einer „französisch-christlichen" Identität ausgegeben, die einen an die ältere Variante erinnert: „Gott–Familie–Vaterland"; dort ist von einem dreifachen Genozid die Rede, dem die Franzosen seit 1789 zum Opfer gefallen sind: spirituell (die „Menschenrechte" haben die Zehn Gebote ersetzt), intellektuell (die „falschverstandene nationale" Erziehung, die laizistische, verdirbt die Jugend), physisch (die Immigration, die Verhütung, die Abtreibung und die Pornographie gefährden die „biologische Identität des französischen Volkes"); und wieder woanders kommt es zur Bildung von Komitees und Bündnissen, die „jede Form von antifranzösischem und antichristlichem Rassismus" bekämpfen.

Diese Art optischer Eugenik – man übertüncht die Spuren der Krise, indem man der Stadt einen neuen Anstrich verpaßt (weniger schwarz, etwas mehr weiß) – geht zu allem Unglück einher mit semiotischen Manipulationen der Stadtverwaltung – im Schatten der Kathedralen des Geldes spielt man in Paris „Unser Dorf soll schöner werden". Stets herrscht die Logik des Scheins, des jährlichen, vierteljährlichen oder wöchentlichen Traums – je nach dem Rhythmus der provinziellen Feste und Restaurierungsarbeiten: man erschafft ein Stück warmherziger und lebenswerter Stadt „wie früher", jedes Viertel bekommt seinen Schafstall, während man es den professionellen Rausschmeißern und den Ordnungsnostalgikern überläßt, das perfekte Pogrom durchzuführen. Bedarf es hierzu einer „Rückkehr" zum Mittelalter, zum Heiligen Geist, zum Christentum? Ein recht großer Umweg, und doch ist diese Rhetorik nicht aus dem Nichts entstanden.

Die Idee des Kreuzritters gewinnt aufs neue Gestalt. Mit den *hooligans,* dieser modernen Variante der großen Orden, infiltriert paramilitärisches Gehabe die ganze Gesellschaft. Die neue Härte der gesellschaftlichen Verhältnisse bedarf starker Bilder. Das Mittelalter liefert sie.

Die Heroic Fantasy *oder Conan der Barbar*

Das „Mittelalterliche" an der Welt der *heroic fantasy* kann hier als Indikator dienen. Diese Muskelpakete, diese gegürteten Früchte des *body building* in unwahrscheinlichen Rüstungen, bedeckt mit Platten und gespickt mit Metallspitzen, diese Kriegsmaschinen, die mit ihren Waffen oder gewaltigen Stöcken dreinhauend durch die Wälder, Sümpfe und Schluchten streifen, verkörpern die Idee einer zugleich erlösenden und unschuldigen Gewalt, die einer reinen, um nicht zu sagen idiotischen Kraft, die sich für mittelalterlich ausgibt, obwohl sie vor allem postwagnerianisch ist. Das Heldenuniversum der mit Anabolika vollgestopften Parsifals ist die Karikatur einer mit skandinavischer und germanischer Mythologie unterfütterten modernen Welt. Die literarischen Fälschungen haben ein zähes Leben: man hat Ossian nie ganz hinter sich gelassen. Dieses verrückte Mittelalter mit seinem Durcheinander aus fleischfressenden Pflanzen, Eisschlössern, beweglichen Bergen und Feuerbäumen schöpft mehr oder minder bewußt aus den phantastischen Bestiarien und Geographien der Enzyklopädisten des 13. Jahrhunderts. Es ist ungefähr so, als hätte Edgar Burroughs Thomas von Cantimpré und Vinzenz von Beauvais gelesen, um dann die *Historia naturalis* des Plinius und den *Liber monstrorum* zu überarbeiten. Tatsächlich verstanden sich die Menschen des Mittelalters recht gut auf Fabelwesen und ihre Kryptozoologie steht hinter der unserer Comics nicht zurück. Es genügt, das *De naturis rerum* zu öffnen, um vom Schwindel gefaßt zu werden.[1]

Hier gibt es Amazonen, Gymnosophisten und Brahmanen; hier gibt es Menschen, die den Freitod im Feuer suchen, andere, die ihre zu alten Eltern töten und daraus ein Festessen bereiten; hier gibt es Riesen und Zwerge, Frauen, die Greise zur Welt bringen, die mit der Zeit jünger werden, und andere, die – schreckliche Arithmetik – „alles fünf Jahre Kinder gebären, die acht Jahre lang leben"; hier gibt es Pirolopen, die wie ein einsamer Schiffer Fisch essen und Meerwasser trinken; hier gibt es Leute, die nach hinten gekehrte Hände haben und „an jedem Fuß acht Zehen"; und die Antipoden, die die Fersen nach vorn gekehrt haben; hier gibt es die Hundsköpfigen und Leute, die so kleine Münder haben, daß sie sich mit einem Strohhalm ernähren; hier gibt es die Skiapoden, Leute mit einem Fuß, der ihnen in der Wüste als Sonnenschirm dient, die Epiphagen, kopflose Kreaturen, die das Gesicht auf der Brust haben, und ihre Verwandten, die Epistygen, die die Augen auf den Schultern haben; hier gibt es die „Menschen, die von Gerüchen leben", und die, die sechs Hände haben; hier gibt es Flußfrauen mit Hundezähnen, die, wie es heißt, „weiß und sehr schön sind"; solche, die Kröten gebären, und solche „mit einem großen Schlund"; hier gibt es Menschen mit leuchtenden Augen, Menschen mit zwei Gesichtern und solche, die Honig und rohes Fleisch essen; hier gibt es bucklige Zwerge und die Comani,

die sich von Fleisch und Pferdeblut ernähren; hier gibt es schließlich behaarte
Frauen und, vielleicht am faszinierendsten, das in Pupur gekleidete Riesenmäd-
chen.

Hier haben wir die ursprüngliche Weltkarte der *fantasy:* das Bild einer feindli-
chen Erde, auf der sich die Arten in ihrer unwahrscheinlichen Vielfalt geradezu
sintflutartig verbreiten, einer Erde, die im Namen der Ordnung und Lesbarkeit
nach radikaler Vereinfachung verlangt, die den Geist beruhigt, aber durchgesetzt
wird vom Schwert – diesem Skalpel der exzessiven Taxonomien. Durch einen
nordländischen Dschungel irrend, proklamiert der Held der Fantasyromane das
metaphysische Gesetz der Entschlackung. Das Übel besteht im Reichtum der
Formen, in der gefährlichen Fülle von Doppelgängern – denn wie schon Isidor
von Sevilla sagte, sind die meisten Ungeheuer so wie wir: sie sind nur größer oder
kleiner, haben ein paar Glieder mehr oder weniger, sind mehr oder weniger gut
zusammengesetzt. Genau dieses Gewimmel von Fast-Ebenbildern wird der
Schwerthieb des Helden reduzieren.

Die Video- und Computerspiele, *wargames* und andere „Adventures", mit denen sich so viele Jugendliche die Zeit vertreiben, haben als einziges eingestande-
nes Ziel das „Aufräumen": es geht darum, ein Reich von überschüssigen Völker-
schaften zu befreien, eine Überfülle von Entitäten zu reduzieren, um schließlich,
in der wiedergefundenen Stille eines Schloßturms ohne Drachen, die diskreten
Wonnen der Urszene zu genießen – Prinz und Prinzessin können sich endlich
umarmen, endlich in Liebe vergehen. In einem von ungelegenen Gästen befreiten
Gemäuer, voller hübsch aufgeschichteter Monster und Bösewichter, feiern Papa
und Mama errötend ihre wollene Hochzeit. Die betrüblichsten Szenarien stellen
die Achse Tokyo-Berlin wieder her. Siegfried tötet nicht mehr Fafner: wie jedes
etwas ältliche Unternehmen richtet er den Blick vor allem nach Japan. Das Mittelalter der Comics ist die japanische Phantasie und Technologie im Dienste von
WASPs (White Anglo-Saxon Protestants), die für eine saubere Umwelt kämpfen.

Das Modell einer homogenen Natur, die durch das heilsame Wirken eines
Body-Building-Helden vom Kosmopolitismus exotischer Wesenheiten und Arten
gereinigt wird, läßt sich leicht auf das Gebiet des sozialen Lebens übertragen.

Gleichgesetzt mit den dunklen Rändern des Reichs des Lichts, warten die
Banlieues auf den großen Saubermann, der in den Fahrstühlen und Regional-
bahnen wieder für Eintracht und Vertrauen sorgt, der die Graffitis wegwischt
und Schäferidyllen malt und uns, sei es um den Preis einiger gewalttätiger
Aktionen, wieder in das Goldene Zeitalter beschaulicher Familienserien zurückführt.

Genau hier tritt Le Pen auf den Plan, mit dem Phantasma des weißen Ritters
und der halb literarischen, halb politischen Fiktion einer Rückkehr zu den
„Werten" des christlichen Abendlands.

Man muß allerdings klar sehen, daß dieser Fahrensmann Gottes (aus La Tri-
nité-sur-mer!) nicht der einzige ist, der gleichzeitig Banner und Weihrauchgefäß
schwingt. Um ihn herum verwandelt sich das ganze gesellschaftliche Imaginäre in
ein übles Remake von Camelot.

Tapie-Le Pen: der Kampf der Führer

Ein großes Wochenblatt titelte: „Wird Tapie Le Pen niedermachen?" Man hätte eher „stoppen" oder „bremsen" erwartet, man hätte von Lepenismus oder der rechtsextremen Ideologie sprechen können, hat aber diese faschistoide Formulierung vorgezogen, diese militärisch-männliche „Macho"-Sprache, wie sie sonst wohl nur noch von einigen Trainern vor dem Endspiel in der Regionalliga benutzt wird. Der Enthusiasmus, den das erste Fernsehduell der beiden Champions ausgelöst hat, ist beänstigend. Nehmen wir etwa folgenden Bericht:

> Tapie, der Mann der Schweinwerfer, stand eine Zeitlang im Dunkeln. Doch plötzlich, am 8. Dezember, wird alles anders. An diesem Abend ist er für sämtliche Politiker und für die Millionen von Franzosen, die seine fast körperliche Auseinandersetzung mit Le Pen im Fernsehen verfolgt haben, der Sieger; als erster hat er den für unschlagbar geltenden Fascho-Macho zu Boden geworfen. Und das auf dessen eigenem Terrain, mit der Treffsicherheit des Prolo-Machos. Tags darauf in der Nationalversammlung beglückwünschen alle den Abgeordneten aus Marseille, der endlich ein „lieber Kollege" geworden ist. Als ihn Michel Rocard mit „Bravo, welch ein Schlag" begrüßt, fühlt sich Bernard Tapie, als wäre er Weltmeister.[2]

Ein beunruhigendes Vokabular. Es scheint, als müßten auf diesen mittelmäßigen Schlagabtausch unausweichlich weitere folgen. Dieses Übergreifen der Kommerzlogik der „Jahrhundertkämpfe" auf die öffentliche Debatte hat etwas Beängstigendes. Gewiß, die Vorstellung, daß das Palais-Bourbon den Casinos von Las Vegas oder den Hotels von Atlantic City weicht, mag man allenfalls unterhaltsam finden, und es ist sehr wahrscheinlich, daß eine Reihe von Begegnungen zwischen, sagen wir, Mike Tyson, Bernard Tapie, George Foreman und Jean-Marie Le Pen auch die anspruchvollsten Fans begeistern könnte. Die Frage ist nur, ob man Le Pen wirklich „niedermachen" muß und was dieser Wunsch ein halbes Jahrhundert nach der Auflösung der SA bedeuten mag.

Vor allem muß man sich fragen, wie sich die Dinge und die Ansichten so weit haben entwickeln können, daß man diese Art von Gottesurteilen vor laufenden Kameras allmählich für politisch und moralisch wünschenswert hält. Das Klima physischer Herausforderung, der Geruch von Schweiß und Schnaps, die gewittrige Schluß-mit-lustig-Atmosphäre, die das verbale Gestikulieren dieser beiden Schwergewichtler begleiten, haben sie irgend etwas zu tun mit dem Kampf gegen Intoleranz und Fremdenfeindlichkeit? Ist die politische Auseinandersetzung nicht auch anders denkbar denn als Streit zwischen Autofahrern, der aus dem Ruder läuft?

Schaut man genauer hin, hat man es immer noch mit der *heroic fantasy* zu tun. In den 1960er Jahren verfolgten die Franzosen mit Begeisterung den schmerzensreichen Kampf des Weißen Engels gegen den Henker von Béthune – eine gigantische Schlägerei, gegen die sich die komplexen Umklammerungen des Manns mit dem Eisenschädel oder des Würgers von Hannover wie bloße Szenen einer Ehe ausnehmen –, es war das Goldene Zeitalter der Schwindelei, als der Kult des Bluffs eine Menschenmenge vereinte, die sich witzelnd und staunend der ernstesten aller Beschäftigungen hingab: dem Hohn und Spott. Die mediale Begegnung von Le Pen und Tapie führt uns auf den ersten Blick in dasselbe mentale Universum zurück, abgesehen davon, daß es hier um das Schicksal der Einwanderer und damit um den Wert und die Funktion des Demokratiegedankens geht. In diesem zweifelhaften Kampf der hemdsärmeligen Witzelei und der breiten Schultern triumphiert der Populismus, nicht das Volk. In der Auseinandersetzung zwischen diesen beiden Haarsystemen trifft das Frankreich der großen gelockten Dunkelhaarigen auf das der großen Blonden mit Stirntolle. Doch worüber können sie ernsthaft diskutieren außer über die jeweiligen Vorzüge eines Aufenthalts im Club Méditerranée und einer Kur in Vichy? Was haben sie in die Waagschale zu werfen, abgesehen von den tausendundein Weisen, Geld zu machen, seien diese auch zwielichtig oder etwas krumm – was man etwas frank und frei aussprechen nennt –, kurz, was können sie uns lehren, außer daß die Rechte erschreckend und die Linke unheimlich sein kann?

„Wird Tapie Le Pen niedermachen?" Dieser Frage eines aufbrausenden Gefängniswärters werden einige die vorziehen, die einen Teil unserer Jugend in den Schlaf gewiegt hat: „Kann die Dialektik Steine zertrümmern?" Doch letztere wirkt irgendwie unpassend, seit man allgemein der Ansicht ist, der Liberalismus habe die Berliner Mauer niedergerissen. Bleibt also noch die Sprache des Sports: Wird Tapie französischer Meister? Schaltet er Le Pen aus? Droht Le Pen der Abstieg? Oder die Sprache des organisierten Verbrechens, die Tapie und Le Pen nach Neapel verfrachtet. Dabei erwartet man eigentlich wichtige Fragen, die in einer angemessenen Sprache gestellt werden.

Wenn die Geschichte des Mittelalters dem Mediävisten jedoch irgend etwas lehrt, dann dies, daß niemand sich auf die Vergangenheit berufen darf, wenn er einen politischen Diskurs begründen will, der der Vernunft Genüge tut. Die isländisch-japanische Mythologie, die den Medien einen bedeutenden Teil ihrer Semantik und ihres Gedankenhaushaltes liefert, hat einen hohen Verbrauch an „Mittelalterlichem": Die politische *fantasy* holt sich aus den *comics,* was sie an Bildern, Stereotypen und Hauptrollen braucht. Diese wilde Praktik des Anachronismus hat ihre eigene Ästhetik – den Kitsch –, die es etwa mit sich brachte, daß die Helden aus *Prinz Eisenherz* von Louis-quinze-Möbeln umgeben sind; dennoch gibt es in der Rückkehr zum Mittelalter, wie sie von Traditionalisten mit kurzgeschorenem Haar inszeniert wird, sowenig Mittelalterliches wie es Eucharistie in den Acht-Uhr-Nachrichten gibt, auch wenn wir diese „la grande-messe du 20 heures" nennen, denn die manipulierten Zeichen, die die einsamen Massen allabendlich verfolgen, mögen die Realpräsenz des Realen noch so sehr evozieren, sie bleibt doch unzugänglich. Man kann den Kitsch lieben, ohne aus ihm das innere Kompositionsgesetz des öffentlichen Diskurses machen zu wollen. Das erfolgreiche Frankreich sagt uns, daß wir aus dem Mittelalter herausmüssen, das ängstliche dagegen will uns überreden, zu ihm zurückzukehren. Die Wahrheit ist, daß das Mittelalter gleichzeitig überall und nirgends ist, und daß einige wieder in es eintreten, während andere es verlassen.

Wenn Immobilienspekulanten über eine Stadt herfallen, wenn sie ein Viertel völlig umkrempeln, wenn sie nach Belieben Familien zum Umzug zwingen oder ganz vertreiben, ist das keine Wiederkehr der Leibeigenschaft? Wenn man Arbeitskräfte in Schlafstädten zusammenpfercht, wenn man ganze Generationen ins Verlies wirft, bevor man sie wieder herauswirft, weil das Viertel plötzlich für Reichere interessant geworden ist und saniert wird, haben wir es dann nicht mit neuen Ghettos zu tun? Und gleichzeitig betet oder äfft man die Riten und Emotionen der Messe nach und stammelt die Sprache der Liturgie. Einige sind fürs Latein, andere meinen, es gebe nicht Besseres als das alte Kirchenslawisch und hüpfen von einem Gottesdienst zum nächsten, von einer Konfession zur anderen, so wie man Restaurants mit besonderem Ambiente aufsucht. Am Ende braucht man rustikale Kirchen mit freiliegendem Gebälk und Reiseführer, die Sterne für das Können der Küster verteilen.

Übler jedoch ist, daß das begeisterte Lob des „neuen Rittertums" jugendliche Randgruppen zu einem letzten Kreuzzug aufruft.[3] Faschismus und Nazismus waren von Grund auf antichristlich. In den dreißiger Jahren schien der vage Nietzscheanismus der europäischen extremen Rechten Krieg und Glaube endgültig voneinander getrennt zu haben. Das Auftauchen eines islamischen Fundamentalismus, die Banalisierung und die Trivialisierung des Begriffs Dschihad haben sicher dazu beigetragen, daß der Gedanke an einen „christlichen Krieg" wiederaufleben konnte. Die jüngste Usurpation des Christentums durch die extreme Rechte in Frankreich ist darüber hinaus eine Spätfolge der Verurteilung der Action française, ein Wiederauflodern der gallikanischen Tradition; auch und vor allem ist es eine rhetorische Figur, ein Gemeinplatz, mit dem so viele Menschen wie möglich im Namen eines Glaubens mobilisiert werden sollen, der doch schon seit langem nicht mehr das Zugehörigkeitsgefühl zur nationalen Gemeinschaft definiert oder reguliert. Daß ein nebelhaftes Mittelalter hier als verbindendes Element für all das dient, was für zeitgenössische Historiker nichts miteinander zu tun hat, kann da nicht weiter überraschen. Das Fehlen neuer Ideen, überhaupt jedes politischen Denkens hat zu dem geführt, was sich uns heute als eine Wiedergeburt alter Dämonen darstellt. Die muckerhafte Fremdenfeindlichkeit der 1980er Jahre hat sich mehr und mehr bei den Kostümen und Requisiten der Vorkriegszeit bedient. Sie hat den alten Plunder ausgekramt, weil sie nichts anderes zu sagen hatte.

Das Schisma von Monseigneur Lefebvre, sein Steinzeitkatholizismus, hat den Jägern der verlorenen Werte eine Identität gegeben, hat die stumm und vereinzelt ihr Ressentiment pflegenden Menschen zusammengebracht, denen es schon so lange nach Zermoniell und Gemeinschaft dürstet. Es hat wieder die großen Worte möglich gemacht, ein wundersames historisierendes Gefasel, das im Frankreich der „islamisierten" Banlieues ein Gehabe wiederaufleben ließ, wie man es zuletzt im Spanien des Bürgerkriegs beim hohen Klerus beobachten konnte. Denn selbst wenn die neuen Kreuzzügler über eine Einnahme oder Wiedereinnahme des Alkazars von Rodez nicht hinauskommen werden und ihr Führer eher einen Urlaubsabstecher zur Alhambra unternehmen als dort sterben wird, handelt sich hier doch um eine Reconquista, eine Wiedereroberung, die in bewußter Übersteigerung jene Vermischung von Credos wiederholt, die es eine Zeitlang ermöglichte, das Handeln Francos mit dem Isabellas der Katholischen gleichzusetzen. Daß sich die Zombies des Frankreichs der Kollaboration dieser Bewegung anschließen, daß der „Revisionismus" sein revanchistisches Geschichtsbild hier einfließen läßt, ist die notwendige Folge einer hohlen, aber wirkmächtigen Rhetorik: man kann wieder in jenem Trüben fischen, in dem sich Religion, Moral und Literatur am Ende des Spanischen Bürgerkriegs befanden; man kann die Idee einer „Armee Christi" wiederaufwärmen, um einen mit dem absoluten Bösen identifizierten inneren Feind zu bekämpfen, und kann so, unter dem Vorwand, zur letzten Schlacht zwischen Kreuz und Halbmond zu blasen, endlich wieder überall die Minarette durch Fabrikschornsteine ersetzen.

Wenn das große politisch-religiöse Flickwerk, das die Kundgebungen der extremen Rechten beseelt, einen unweigerlich an eine von den Marx Brothers organsierte Demonstration denken läßt, so weil jede Gruppe mit ihren Bannern, Monstranzen und Meßgewändern ihre Ressentiments, Träume und Sehnsüchte der Gruppe auf den Rücken schreibt, die ihr voranschreitet. Die Tatsache, daß man in diesem dorsalen Gewoge auch eine gewisse Anzahl von Kreuzen sieht, muß den Mediävisten beunruhigen und den Christen empören. Doch schon durch ihre bloße Form enthüllt diese Inszenierung ihre Vergeblichkeit: der Gebrauch eines geradezu abgedroschenen Symbols verweist weder zwingend aufs Christentum noch aufs Mittelalter, und man weiß, daß das Kreuz auch die Signatur derer sein kann, die des Schreibens nicht mächtig sind.

Lassen wir also die Tempelritter und die Kaufleute im Tempel sich gegenseitig totschlagen, lassen wir auf den Bildschirmen die alten Chorknaben mit den Tenören der Börse wettsingen, lassen wir Picrochole mit Tartarin kämpfen und die heilige Johanna die Klinge mit dem heiligen Maclou kreuzen: dieses Stück geht uns nichts an. Wir brauchen nicht zwischen Neogotik und neuem Gothaer Programm zu wählen, zwischen der Klage über Wucher und dem Kult des Unternehmertums, zwischen Lehnseid und Gewinnspanne. Die wahren Entscheidungen – in uns und außerhalb von uns – fallen anderswo, Tag für Tag. Wenn es spirituelle sein sollen, bedürfen sie einer Theologie. Hier könnte das Mittelalter eine Rolle spielen, und die Aufgabe des mediävistischen Philosophen könnte es sein, an dieser kritischen Theologie der Geschichte zu arbeiten. Mehr kann man von ihm nicht verlangen, und mehr könnte er auch beim besten Willen nicht bieten.

4 DAS VERGESSENE ERBE

> Die Philosophie bei den Semiten war immer nur eine rein äußerliche Übernahme, eine Nachahmung der griechischen Philosophie, die kaum Früchte trug. Dasselbe gilt von der Philosophie des Mittelalters.
>
> Ernest Renan

Der Ausdruck „christliches Abendland" ist gefährlich. Der Ausdruck „mittelalterliches Abendland" ist allgemein verbreitet, doch kann man ihm einen dritten vorziehen: „lateinisches Mittelalter".

Lateinisch ist das mittelalterliche Abendland in mehr als einer Hinsicht und auch das Epitheton selbst nimmt im Lauf der Zeit verschiedene Bedeutungen an. Das frühe Mittelalter ist insofern „lateinisch", als es Erbe der gallo-römischen Welt ist, aber auch und vor allem insofern, als das Latein seine Kultursprache ist. Die heiligen Texte, das Alte und das Neue Testament, werden auf lateinisch gelesen; der Unterricht, im wesentlichen eine Sache der Klöster, wird auf lateinisch erteilt; die Texte des weltlichen und religiösen Wissens werden ihrerseits auf lateinisch verfaßt – so zum Beispiel die *Etymologien* des Isidor von Sevilla, diese Enzyklopädie der spätantiken Kultur, die im westgotischen Spanien des 7. Jahrhunderts verfaßt wurde. Für einige Historiker ist das frühe Mittelalter ein „dunkles Zeitalter" *(the Dark Ages)* – ein übereiltes und ungerechtes Urteil. Wahr ist allerdings, daß es damals nur wenige Bücher gab und kaum Gelegenheit zu höheren Studien. Die karolingische Bildungsreform ist zwar das Zeichen eines Neuanfangs, vor allem aber ist sie ein Versuch des Kaisers, den Schwächen der lateinischen Bildung abzuhelfen, ein Mittel gegen deren innere Erschöpfung, die das Resultat ihrer Selbstabschottung war. Der Anstoß zur „Renaissance des 9. Jahrhunderts" kommt daher zwangsläufig von außen: aus der „griechischen" Welt, der sich die Blicke jetzt zuwenden. Die Renaissanceepochen im Mittelalter sind stets Zeiten der Übersetzung, Phasen der „Akkulturation". Es ist kein Zufall, daß die großen Übersetzer des 9. Jahrhunderts zugleich die großen Geister ihrer Zeit sind. So der Ire Johannes Scotus, genannt „Eriugena" – das heißt „Sohn Irlands" –, der die griechischen Kirchenväter übersetzt (Dionysios Areopagita, Gregor von Nyssa, Gregor von Nazianz, Maximus Confessor) und der zur gleichen Zeit das erste große theologische System des lateinischen Mittelalters hervorbringt: das Buch *Über die Einteilung der Natur* oder *Periphyseon*. Es ist ein Buch der christlichen Theologie, zugleich aber, da ganz erfüllt vom Denken der griechischen Kirchenväter, geprägt von einer bestimmten neuplatonischen philosophischen Kultur. Verstehen wir uns richtig: es geht nicht darum, zu behaupten, daß es im frühen Mittelalter nur deshalb einen Wiederaufschwung gab, weil man sich dem

Außen öffnete – hier der „griechischen" Welt, das heißt der der Christen des
Ostens –, sondern nur um die Feststellung, daß seine höhere Bildung eine neue
Entwicklungschance ergriff, als sie das in sich aufnahm, was von außen kam.

Was passiert zur selben Zeit im Islam? Mit Synchronopsen kann man nicht
alles erklären, doch zuweilen bewirkt das Gegenüberstellen von Daten heilsame
Schocks.

Irak, Land der Gegensätze

Im Verlauf des frühen Mittelalters gehen die Geschicke des Islams aus der Hand
der Omayyaden in die der 'Abbāssiden über – eine Kalifendynastie, die von Abū
al-'Abbās al-Saffāḥ begründet wurde, einem Nachfahren von 'Abbās, dem Onkel
des Propheten. Eine Zeitlang in Bagdad ansässig – doch herrschen werden sie bis
ins 13. Jahrhundert unserer Zeitrechnung –, treiben die 'Abbāsiden tiefgreifende
Umwälzungen voran, deren Quelle und Struktur man in zwei Worten zusammenfassen kann: *kalām* (Theologie) und *falsafa* (Philosophie). Ohne voreilig über
ihren Status zu urteilen, erst recht ohne zu behaupten, daß es hier Philosophen
als eine gesellschaftliche Gruppe gibt, die ihren griechischen Gegenstücken ent-
spräche, kann man doch feststellen, daß die Philosophie in dieser muslimischen
Welt auf eine Weise existiert, die noch heute für sie maßgeblich ist.

In zwei Worten gesagt, werden in Bagdad Texte übersetzt und ausgelegt.
Übersetzung und Erklärung – zwei Praktiken, die, sofern sie in einem ganz bestimmten religiösen und politischen Umfeld betrieben werden, entweder „Toleranz" oder gar eine echte soziale und politische „Nachfrage" voraussetzen. Diese
Nachfrage existiert.

Die „Reform" Karls des Großen betraf zwei Gebiete: Religion und Verwal-
tung. Fruchtbar in ihren Teilergebnissen, verfolgte sie doch im ganzen ein eher
bescheidenes Ziel: eine gewisse geistliche Elite sollte Lesen und Schreiben lernen;
eine kaiserliche Beamtenschaft sollte herangebildet werden. Die gleichzeitige
Kulturpolitik der 'Abbāssiden unter dem Kalifat von Hārūn al-Rachīd ist eine
ganz andere: großartiger, ambitionierter, „entwickelter". Johannes Scotus mußte
aus Irland kommen, um den Lateinern zu helfen, sich die Überbleibsel des
christlichen Erbes wiederanzueignen. Zwar hatten auch die 'Abbāssidenkalifen
durchaus politische Probleme im eigentlichen Sinne des Wortes, doch sie hatten
nicht mit den gleichen Bildungsschwierigkeiten zu kämpfen wie Karl der Große:
wer eine islamische Schule besucht hatte, konnte den Koran und die Ḥadīthe
perfekt rezitieren und interpretieren. Und doch machte man sich in dieser Welt,
die intellektuell keinesfalls zurückgeblieben war, ab der zweiten Hälfte des 8.
Jahrhunderts nach Christus daran zu übersetzen, wie zweifellos in keiner anderen
Epoche der Weltgeschichte übersetzt worden ist.

Das angetretene Erbe entspricht der Zivilisation, die es empfängt. Im Fall der
'Abbāssiden kann man wirklich vom „großen Menschheitserbe" sprechen.[1] So
schöpft man aus den damals bekannten sechs Literaturen – der hebräischen, syri-

schen, persischen, hinduistischen, lateinischen und griechischen – und beauftragt Gesandte, die in Indien, Persien und in Konstantinopel nach Büchern Ausschau halten sollen. Was übersetzt man? Alles oder fast alles. Unter anderem also die großen philosophischen Texte der Griechen, vor allem die des Aristoteles, und die wissenschaftlichen Texte, etwa aus den Bereichen Alchimie und Medizin. Was macht man mit diesen Texten? Erst werden sie gelesen, dann kommentiert, bis es zu einer Art Rückstoß kommt, und man selbst beginnt, neue Texte zu schreiben, um schöpferisch zum Menschheitserbe beizutragen; kurz, es gibt das, was man heute ein „intellektuelles Leben" nennen würde.

Dieses Leben ist kein bloßer Zierat der Fürstenhöfe, vielmehr gibt es ein größeres „bildungshungriges Publikum". „Die Moscheen sind regelrechte Forschungsstätten", und sehr häufig gibt es „private Zusammenkünfte". Und nicht nur den Inhalten der Kultur gegenüber zeigt man sich offen, auch gegenüber ihren Trägern ist man es. Viele Übersetzer sind keine Muslime: Man findet unter ihnen nestorianische und jakobitische Christen. Es ist eine Tatsache: Zu einer Zeit, da das lateinische Abendland eine Wissens- und Identitätskrise durchlebt, ist das ʿAbbāssidenreich eine Welt, in der Christen wie Ḥunayn (gest. 877), Isḥāq (gest. 910) oder, etwas später, Yaḥyā ibn ʿAdī (gest. 974) auf Bitten muslimischer Kalifen wissenschaftliche Werke der heidnischen Antike übersetzen und interpretieren.

Man wird sich hüten, über eine „Offenheit des Islams" gegenüber Wissenschaft und Philosophie zu spekulieren. Erstens weil es stets naiv ist, vom „Wesen" einer Religion zu reden; zweitens weil man sogleich im Ethnozentrismus versinkt, wenn man das Vorhandensein der Philosophie zum einzigen Kriterium erhebt, mit dem sich eine religiöse Mentalität charakterisieren läßt sowie die Formen des sozialen, juridischen, intellektuellen und spirituellen Lebens, die sie absegnet, hervorruft oder begleitet. Hingegen erscheint es einem Historiker der religiösen Kultur und der Theologien legitim, auf der Tatsache zu insistieren, daß die Lateiner im frühen Mittelalter bemüht sind, ihre Kultur am Leben zu halten, während die muslimische Welt ihre eigene und die der anderen nicht nur bewahrt, sondern weiterentwickelt.

Orient und Okzident

Die Philosophie ist ursprünglich griechisch. So gesehen, ist sie für einen Muslim in Bagdad ebenso „fremd" wie für einen Christen in Aachen. Und doch ist die *falsafa* schon sehr früh ein integrierender Bestandteil wenn nicht des muslimischen Denkens, so doch des Denkens in der muslimischen Welt. Dies sind zwei verschiedene Dinge, deren Koexistenz reichen Konfliktstoff bietet. *Das höchste Paradox der europäischen Kultur des Mittelalter besteht darin, daß das „Drama der Scholastik", mit dem man sie zu definieren versucht, seinen Anfang bei den Arabern nimmt.* Die Theologen des 13. Jahrhunderts, wie Albert der Große oder Thomas von Aquin, wußten dies recht gut, weil sie stillschweigend theologisch-philosophische Argumente der Araber übernahmen, mit denen sie das Werk eines jüdischen Denkers des 12. Jahrhunderts vertraut gemacht hatte, der *Führer der Unschlüssigen* des Moses Maimonides!

Ein neues Paradox, das noch mehr ins Auge sticht, wenn man das Niveau der Erörterungen berücksichtigt. Im frühen Mittelalter hat es ein muslimischer Theologe, der der Philosophie feindlich gesonnen ist, nicht mit einem Phantom oder mit einem Nebenprodukt des Denkens zu tun. Ihm steht das gesamte antike Wissen gegenüber und das, was die Orientalen daraus gemacht haben. Beim christlichen Theologen ist das nicht der Fall.

Während der „Renaissance des 12. Jahrhunderts" dominieren zwei Gestalten, zwei unversöhnliche Gegner die Bühne der Geschichte: hier der Verteidiger des alten mönchischen Ideals, der heilige Bernhard von Clairvaux; dort der Vertreter neuer Tendenzen, der „Logiker" Peter Abaelard. Beide sind Christen, beide sind „Theologen". Was trennt sie voneinander? Bernhard wirft Abaelard vor, daß er bei seiner Auslegung der Heiligen Schrift und bei seinen Erläuterungen von Glaubensfragen von der Dialektik Gebrauch macht, das heißt von der Aristotelischen Logik. Wir kommen später auf diesen Streit zurück, hier genügt es, festzuhalten, daß Bernhard um so stärker wettert, als er etwas kritisiert, was er nicht kennt. Wie jeder gute Vertreter der alteuropäischen Tradition hat er Aristoteles nie gelesen und will von den „Philosophen" nicht mehr wissen, als er beim Lesen der Kirchenväter mitbekommt. Ist Abaelard, der „Vorkämpfer" der Philosophie, besser gewappnet? Zweifellos. Doch was hat er wirklich gelesen? Einen kleinen Teil der Logik des Aristoteles, zwei schmale Schriften, die am Anfang des *Organon* stehen – *De interpretatione* und die *Kategorien* –, wozu noch eine kurze Abhandlung des Porphyrios über die Universalien kommt – die *Isagoge* – und einige Werke seines lateinischen Schülers Boethius.

Abaelard stirbt 1142, von der Kirche verdammt. Zu dieser Zeit hat Al-Fārābī (gest. 950), „der zweite Meister nach Aristoteles", bereits ein immenses Werk hervorgebracht; Ibn Sinā (Avicenna, gest. 1037) hat eine philosophische Enzyklopädie vorgelegt, das *Buch der Genesung (Kitāb al-Shifā')*, und einen *Kanon der Medizin;* der Theologe Al-Ghazālī (gest. 1111) hat, unter anderem, das Denken der Philosophen in zwei grundlegenden Werken erst dargestellt, dann widerlegt: in den *Intentionen der Philosophen (Maqāsid al-Falāsifa)* und in der *Widerlegung der Philosophen (Tahafut al-Falāsifa);* Ibn Rušd (Averroes) ist 1142 sechzehn Jahre alt – er, den das lateinische Mittelalter den „Kommentator" nannte, wird 1198 sterben und ein Werk hinterlassen, das mehrere Jahrhunderte lang den Hauptantrieb für die philosophische Reflexion im Abendland bilden wird.[2]

Und wir erwähnen hier nur die Bekanntesten! Wenn man nach Vollständigkeit strebte, müßte man auch alle pseudo-aristotelischen Werke arabischen Ursprungs aufzählen, die das Wissen ihrer Zeit stark vermehrten (von der Botanik über die Psychologie, die Diätetik und die Moral bis hin zur Physiognomie). Vor allem müßte man über all die Autoren reden, zu denen die Denker im Westen keinen wirklichen Zugang hatten, von Ibn Bājja (Avempace) bis Ibn Ţufayl

(Abubacer), oder die sie ganz einfach ignoriert haben – wie etwa Al- Āmirī oder 'Abd al-Laṭīf.[3]

Doch genug davon. Bewertet man eine Kultur nach der Menge an Werken, die sie hervorgebracht oder sich zu eigen gemacht hat, dann ist das Wenigste, was man sagen kann, daß das mittelalterliche Abendland bis zum 12. Jahrhundert philosophisch unterentwickelt war. Die Erneuerung kam bald darauf, und wir werden sehen, wie dies geschah. Fürs erste aber müssen wir einem Einwand begegnen.

Definieren wir hier nicht das muslimische Denken ausschließlich durch seine Leistungen in den weltlichen Wissenschaften? Feiern wir es nicht allein deshalb, weil es besser als das christlich-lateinische Denken von Anfang an das Wissen der Griechen rezipiert, bearbeitet und begriffen hat? Erliegt man so nicht der Macht eines Vorurteils, das man soeben noch beklagt hat? Soviel ist klar: Das muslimische Denken kann nicht auf das philosophische Denken in der muslimischen Welt reduziert werden. Doch der ethnozentrische Charakter des „Vorurteils zugunsten der Philosophie" darf uns nicht, haben wir es einmal als solches erkannt, dazu verleiten, die Existenz der Philosophie auf islamischem Gebiet auszuklammern. Sagen, daß die Vernunft *griechisch* ist, also exogen, und es dabei bewenden lassen, heißt zu schnell und zu kurz denken. Zwar muß man sich hüten, das intellektuelle Leben der arabisch-muslimischen Welt auf eine bloße Adaptationsarbeit zu reduzieren, als ob der Umstand, daß man es schafft, das antike Denken zu „integrieren", der einzige Maßstab für Erfolg und das notwendige Modell alles Gelingens sei, macht man doch sonst die Araber zu ewigen Lieferanten – mal Aristotelismus, mal Erdöl –, doch deshalb muß noch lange nicht dem Druck zu willentlichem Vergessen nachgeben. Für Rassismus und Fremdenfeindlichkeit gibt es verschiedene Ursachen, und die Philosophie als solche ist dabei meistens unbeteiligt. Das Verkennen der Rolle hingegen, welche die Denker des Islams in der Geschichte der Philosophie gespielt haben, liefert den Verfechtern einer rein westlichen Geschichte der Vernunft ein machtvolles rhetorisches Instrument. Unsere Furcht davor, die „griechische Vernunft" zum einzigen Identitätskriterium von Völkern zu machen, die sich ohne sie definieren wollen, darf uns also nicht dazu verleiten, der arabischen Welt das zu nehmen, was ihr *de jure* wie *de facto* zusteht. Ob die Weitergabe und die Fortentwicklung griechischer Philosophie und Wissenschaft ein Teil der historisch-kulturellen Identität der arabisch-muslimischen Welt sind oder nicht, ist eine Sache – eine Sache, über die man diskutieren kann und über die die unmittelbar Interessierten anders urteilen mögen als die Historiker. Daß die „Araber" eine entscheidende Rolle bei der Ausbildung der intellektuellen Identität Europas gespielt haben, ist eine andere – und über sie kann man nicht „diskutieren", ohne zu leugnen, was offen vor Augen liegt. Bloße intellektuelle Redlichkeit gebietet, daß heute die Anerkennung eines *vergessenen Erbes* zur Grundlage der Beziehung des Westens zur arabischen Welt gemacht wird. Doch wie?

Hier stellt sich, auf einem zugleich begrenzten und schwierigen Terrain, unausweichlich die Frage nach der Schule und der Laizität.

Das Mittelalter in der Schule: für die Laizität

Der „Streit um das islamische Kopftuch", der eine Zeitlang die Gemüter bewegt hat und viel Tinte hat fließen lassen, ist zugleich eine begriffliche Täuschung und eine historische Falle. Viele Anhänger der republikanischen Schule, auch arabische, opfern, ohne es zu wollen, den Dämonen des Ethnozentrismus; umgekehrt erliegen viele nicht-muslimische Verfechter des Kopftuchs den Reizen der Stigmatisierung. Klar ist jedoch, daß die Schule, jenseits von allen Zeichen und Abzeichen und innerhalb der ihr gezogenen Grenzen, nach der Bedeutung von Zugehörigkeitswünschen und Identitätsbekundungen suchen muß.

Nehmen wir eine Bevölkerung, die mittelbar oder unmittelbar aus dem Gebiet des Islams stammt. In Begriffen der mittelalterlichen Metaphysik ist diese Ursprungs- oder Herkunftseinheit eine rein analogische: es gibt, wie jeder weiß, Muslime und Nicht-Muslime, Franzosen und „Fremde" – einige sind Araber, andere nicht, und das auf vielfältige Arten. Man kann nicht auf einen Streich alle Probleme regeln. Diese unterschiedlichen Herkunftsidentitäten in eine sogenannte „mulitkulturelle" Gesellschaft zu integrieren, indem man sie durch den Filter einer „laikalen und republikanischen" Schule schickt, ist jedoch unter zwei Bedingungen möglich: man muß die Modelle und die Traditionen der Laizität vervielfältigen und das Feld der Geschichte pluralisieren.

Nur diese zweite Forderung wurde bislang berücksichtigt: Ab der Mittelstufe wird auf den höheren Schulen jetzt auch die Geschichte einiger islamischer Gesellschaften behandelt. Diese Aufnahme in den Schulkanon hat einen doppelten Vorteil: sie zeigt den europäischstämmigen Franzosen, wir reich und komplex das „Außen" in historischer, sozialer und kultureller Hinsicht ist; und sie macht die arabischstämmigen Franzosen, die „Beurs", wenigstens zum Teil wieder mit ihren vergessenen Traditionen vertraut, schenkt ihnen ein neues Gedächtnis und liefert ihnen das eine oder andere Vorbild. Doch wenn man es dabei bewenden läßt, kommt man über das zweideutige Stadium des Familienromans nie wirklich hinaus.

Sagen, wie man manchmal hört, daß sich die „Beurs" in die französische Gesellschaft integrieren müssen, bedeutet auch, daß sie sich die Ursprünge der europäischen Kultur als ihr Eigentum wiederaneignen müssen, als etwas, das einen wesentlichen Teil ihres eigenen Erbes ausmacht, und bedeutet ferner, da man schon von Pflichten spricht, daß die Schule ihnen die Mittel dazu an die Hand geben muß. Vergebens rühmt man die Vorzüge der „kulturellen Vermischung", wenn man weiterhin Blockpolitik betreibt: für Europa die Wissenschaft, die Philosophie, die Kunst und die Literatur; für die anderen der Hammelbraten und der Bauchtanz. Vergebens rühmt man die Reize des Multikulturellen, wenn die „Kulturen" von Anfang an durch das Walzwerk postkolonialer Klischees geschickt werden. Die historische Amnesie und, tiefer noch, die philosophische Amnesie haben noch nie zur Emanzipation von wem auch immer beigetragen.

Für einen Mediävisten muß die laikale Schule – vor allem die Realschule und mehr noch das Gymnasium – in Zukunft ihre Angebotspalette erweitern: sie

muß die Schüler mit der Geschichte der Theologie und der Philosophie islamischer Länder bekannt machen. Ein junger Maghrebiner hat – wie jeder Jugendliche welchen Bekenntnisses oder Nichtbekenntnisses auch immer – das Recht,
etwas über die lange und konfliktreiche Geschichte des *kalām* und der *falsafa* zu
erfahren, das Recht, etwas von der kulturellen Bedeutung Bagdads und Andalusiens zu hören, das Recht, die Rolle kennenzulernen, die von den Muslimen und
Nichtmuslimen – den Juden, den „arabischen" Christen – in der geistigen Geschichte der Menschheit gespielt wurde, das Recht, ein paar Worte über Ibn Sīnā
oder Ibn Rušd zu hören und ein paar Seiten, auch auf arabisch, des *Ḥayy ibn
Yaqẓān* zu lesen und zu erörtern, also jenes philosophischen Romans von Ibn
Ṭufayl, der eine Art metaphysischer *Robinson Crusoe* ist.[4] Kurz, er hat das Recht
zu erfahren, daß es ein politisches, wissenschaftliches und mystisches Denken der
„Orientalen" gibt.

Es ist bedauerlich, daß ein arabischer Gymnasiast in Frankreich nicht weiß,
daß sich Ibn Bājja, der Autor des *Abschiedsbriefs* und der *Leitung des Einsamen,*
am Ende des 11. Jahrhunderts für eine doppelte Trennung einsetzte – für die
Trennung des Philosophen von der Gesellschaft und die Trennung von Philosophie und Religion –, und daß seine Zeitgenossen ihn allein deshalb, gemäß einer
von altersher beliebten Technik der Übertreibung, als ein „Ärgernis" betrachte-
ten: unter anderem warfen sie ihm vor, „sich allem zu entziehen, was Gottes Gesetz vorschreibt [...], ständig nur Mathematik zu studieren, nur über die Himmelskörper nachzudenken [...] und Gott zu verachten".

Es ist absurd, daß er nie etwas von der *Entscheidenden Abhandlung über das
Zusammenstimmen von Religion und Philosophie* gehört hat, daß er nicht weiß,
und sei es nur aus zweiter Hand, wie ihr Autor Averroes das Ausgangsproblem
seiner Abhandlung löst, das, wie es scheint, noch immer eine gewisse Aktualität
besitzt:

> Unser Ziel in diesem Buch ist es, vom Standpunkt der religiösen Spekulation aus zu
> untersuchen, ob das Studium der Philosophie und der logischen Wissenschaften
> vom Gesetz der Religion verboten, erlaubt, empfohlen oder zwingend vorgeschrie-
> ben wird.

Es ist traurig, daß er nie Gelegenheit gehabt hat, über den Passus nachzudenken,
in dem der Philosoph von Cordoba in Anknüpfung an die Theorie der „drei
Klassen von Menschen" des Ibn Bājja die unphilosophische Interpretation des
Korans zur Quelle aller „Sekten" des Islams macht, die sich gegenseitig nur zu
gern Ungläubigkeit und Häresie vorwerfen.[5]

Und schließlich darf es nicht sein, daß man ihm vorenthält, daß vor langer
Zeit auch die Urahnen der sogenannten „waschechten" Franzosen eine langwieri-
ge und äußerst schwierige Akkulturationsarbeit leisten mußten, indem sie sich die
Errungenschaften seiner eigenen Vorfahren zu eigen machten.

Einige Philosophielehrer haben schon einmal gefordert, daß man den Philosophieunterricht auf die Grund- und Mittelstufe ausdehnen sollte. Dieses Vorhaben, das wieder aktuell zu werden scheint, wäre noch zukunftsträchtiger, wenn
man die „arabischen" und „jüdischen" Philosophien einbeziehen würde. Es bei

den medienwirksamen Gegensätzen von Glaube und Vernunft bewenden zu lassen oder nur über über die Seinsweise technischer Gegenstände nachzudenken, um von dort aus eine Kritik der Alltagswelt zu versuchen, heißt die Bestimmung der Schule verfehlen, die die Perspektiven erweitern soll. Das Bildungssystem sollte die Gigantomachien des Bildschirms vergessen und sich bemühen, Kinder und Jugendliche mit der Pluralität der Religionen und Theologien vertraut zu machen.

Natürlich darf man sich keine Illusionen machen. Die philosophische „Bildung" gehört normalerweise nicht zu Hauptinteressensgebieten eines Heranwachsenden, ob Maghrebiner oder nicht. Die Jugend hat ihre eigene Kultur mit eigenen Kultbüchern und Idolen, einer eigenen Sprache und einem aus Kleidung und Musik gemischten Lebensstil, in dem philosophische Texte weit davon entfernt sind, Objekte der Begierde, der Wut oder der Identifizierung zu bilden. Es ist daher wahrscheinlich, daß ein „Beur" ebensowenig Lust hat, Averroes zu Zwecken der Selbstfindung zu lesen, wie ein „echter" Franzose den Aristoteles. Doch gerade die Ähnlichkeit des Problems rechtfertigt den pädagogischen Versuch und definiert die eigentliche Aufgabe der Schule. Eine laikale Erziehung muß frei sein von den sich widersprechenden Zwängen aller Fundamentalismen – ob religiöser oder irreligiöser –, von Scheinkultur und flüchtiger Unterhaltung, von fremdbestimmten Neigungen und übereilten Entscheidungen. Die Schule muß die Dissidenz fördern, und das gelingt nur, wenn man den Raum des Lesbaren vergrößert und den des Diskutierbaren erweitert. Die Zugehörigkeit zu einer französischen „nationalen Gemeinschaft" nötigt ebensowenig zu einem Kleidungsrassismus wie zu einer Staatsmode. Man regt sich über ein Kopftuch auf, das vielleicht von einer Handvoll Mädchen getragen wird, delektiert sich aber gleichzeitig an einem „Typus fünfzehnjähriger Frauen", die sich im Stil von Rap, Punk oder 50er Jahre herausputzen, bei dem alles auf ein autistisches Prunken mit der Sexualität hinausläuft, auf einen verschwommenen Narzißmus betrogener Betrügerinnen, bei dem man letztlich nicht genau weiß, ob er eine Freiheit bekundet oder eine Angst verbirgt.

Ist es so schwer zu verstehen, daß eine junge Muslimin sich weigert, Hosen zu tragen, die an Knie, Schenkel oder Po zerrissen sind? Ist der Gedanke verboten, daß das universelle Tragen von Jeans aus Individuen lebende Werbeträger von Marken macht, mit denen man vor allem einen Traum kauft, so daß eine ganz neue Form von Wucher entsteht: der eines Kleidungsstücks ohne Gebrauchswert, das vielmehr eine Tausch- und Leitwährung ist, die Uniform austauschbarer Existenzen und erstes sichtbares Zeichen der sozialen Identität?

Die Schule soll nicht einen bestimmten *look* vorschreiben, sie soll alle bei sich aufnehmen, um ihre eigenen Werte vorzustellen, um zu belehren und zu erziehen. Sie muß ein gewisses Reflexionsniveau garantieren, wie es in Unterrichtsplänen festgehalten wird. Die Geschichte, besonders die Geschichte des mittelalterlichen Denkens, kann ihr Beispiele für die Legitimation von Studium und Unterricht in der muslimischen Welt liefern – denn tat dies letztlich nicht schon Averroes als er die Bedeutung der Sure 59,2 des Korans erläuterte: „Zieht Lehren daraus, ihr, die ihr Einsicht habt"? Das ganze Problem liegt darin, einem jungen Araber klarzumachen, daß er nicht automatisch zwischen dem Glauben seiner Väter und der Vernunft seiner Lehrer zu wählen hat.

Geschichte einer Akkulturation

Bernhard von Clairvaux kritisierte den Gebrauch, den Abaelard von der Dialektik machte; dieser Typ von Auseinandersetzung fand auch in der islamischen Welt statt. Die „Kontroverse von Bagdad", in der sich der muslimische Grammatiker Abū Saʿīd as-Sīrāfī (gest. 979) und der nestorianische Logiker Abū Bišr Mattā (gest. 940) gegenüberstanden, ist ein gutes Beispiel einer „Akkulturationskrise". Dieser Dialog, in dem in gewisser Hinsicht Islam und Griechentum aufeinandertreffen, ist auch ein Zusammenstoß von Grammatik und Logik und, darüber hinaus, von zwei Konzeptionen der Beziehung des Menschen zur Sprache. Er ist mithin eine Vorwegnahme der Auseinandersetzung zwischen Bernhard und Abaelard. Und doch hätte man Unrecht, wenn man alles nur unter dem Gesichtspunkt des Konflikts betrachtete. Als es darum ging, eine Debatte zwischen Theologie und Logik zu eröffnen, waren die großen muslimischen Theologen durchaus auf der Höhe der Zeit; größtenteils waren es gute Logiker: so etwa Al-Ghazālī, dessen *Logik* übrigens zu einem Handbuch an den Universitäten im „Goldenen Zeitalter" der lateinischen Scholastik wurde, im 13. Jahrhundert, bevor sie von Raimundus Lullus, einem der entschiedensten Gegner des Islams, überarbeitet wurde.

Die theologische Orthodoxie Ghazālīs steht außer Zweifel. Sein hohes Ansehen als Theologe beruht auch auf seiner Kenntnis der philosophischen Lehren, die er „widerlegen" will. Sein *Tahafut* wäre sinn- und gehaltlos geblieben, wenn er nicht vorher das Denken der Philosophen, vor allem das Avicennas, begriffen hätte, um es in seiner Technizität darzulegen und in der Vielfalt seiner Gebiete zu verfolgen, angefangen mit der Logik bis hin zur philosophischen Theologie (der „göttlichen Wissenschaft der Philosophen"). Die Lateiner kannten nicht das ganze Buch Ghazālīs, sondern nur Auszüge: sein *Tahafut* war nicht übersetzt worden. Der Gegner der Philosophen galt deshalb als bedeutendster Schüler Avicennas. Auch die Antwort des Averroes auf den *Tahafut,* seine *Widerlegung der Widerlegung,* war erst sehr spät übersetzt worden.[6] Das Niveau, das die theologischen und philosophischen Kontroversen in der islamischen Welt errreicht hatten, war den Lateinern also zum Teil unbekannt geblieben.

Diese Unkenntnis zeitigt noch heute ihre Folgen. Eine der verbreitetsten Tendenzen – um nicht zu sagen die herrschende Tendenz – in den Deutungen der Geschichte der Philosophie stellt das mittelalterliche Denken dar als ein Erzeugnis der Begegnung der Philosophie des Aristoteles mit der „jüdisch-christlichen Vorstellungsweise". Diese auf Heidegger zurückgehende Formulierung kann nicht recht befriedigen. Zunächst weil man Aristoteles erst zu Beginn des 13. Jahrhunderts vollständig kennenlernte, ungefähr achthundert Jahre nach Beginn des Mittelalters; sodann weil sie Dinge zusammenbringt, die es nie in chemisch reinem Zustand gab; schließlich weil sie das Phänomen der Übersetzung unterschlägt – eine lange Kette von Übernahmen und Anverwandlungen, die in Bagdad beginnt, in Spanien fortgesetzt wird und in Neapel endet; kurz, weil sie mit dem vagen Ausdruck „jüdisch-christliche Vorstellungsweise" ein komplexes Phänomen neutralisiert, in dem die religiöse Kultur der drei Monotheismen eine Rolle gespielt hat.

Wenn sie über sich selbst reden, bezeichnen sich die mittelalterlichen Denker oft als *Latini,* Lateiner, im Gegensatz zu den *Arabi,* den *gentes* – den „Menschen" oder „Heiden" –, und den *philosophi,* den „Philosophen". Die Identifizierung von *Arabi* mit *philosophi,* die den Ausdruck „arabische Philosophen" gewissermaßen redundant macht, verdient unsere Aufmerksamkeit. Für einen christlichen Theologen des 13. Jahrhunderts sind die Philosophen par excellence nicht die Griechen, sondern die Araber beziehungsweise die Griechen und die Araber. Ist diese Trennung zwischen *Latini* und *philosophi* Ausdruck eines untergründigen „ethnischen" Konflikts? Wohl eher nicht. Die *Irrtümer der Philosophen* des Theologen Aegidius Romanus sind eine christliche Version des *Tahafut alfalāsifa,* wo zwar die Philosophen in der Hauptsache Araber sind, aber die Wahl der „Gegner" ist nicht politisch motiviert: sie ist der unmittelbare Ausdruck des Zustands des philosophischen Corpus im 13. Jahrhundert, eines Corpus, in dem die *Arabi* statistisch gleich gut repräsentiert sind wie die Griechen. Zudem hat die Gleichsetzung der „Philosophen" mit den „Arabern" keine pejorative Zielrichtung. Als Albert der Große sich für die Philosophie entscheidet, wählt er seine Helden und Vorbilder dort, wo es ihm gefällt: Bei jeder Gelegenheit erinnert er an die geringe Wertschätzung, die er seinen Zeitgenossen oder deren lateinischen Vorgängern entgegenbringt. So ruft er etwa in seiner Erörterung des Wesens der Seele aus: „Auf diesem Gebiet wie auf so vielen anderen kann ich mit dem, was die Lateiner vorbringen, nichts anfangen." Albert der Große trägt den Titel *Doctor universalis,* man könnte ihn auch Doktor der arabischen Wissenschaften nennen. Das Ganze wird noch denkwürdiger, wenn man weiß, daß dieser 1280 gestorbene Schwabe 1931 heiliggesprochen wurde, weil er die Grundlagen für eine Annäherung der Kirche an die heutige wissenschaftliche Kultur gelegt haben soll.

Albert ist der bekannteste Nutznießer des großen Menschheitserbes, das die arabisch-muslimische Welt für uns aufbewahrt hat. Will man jedoch endgültig jeglichen Ethnozentrismus abschütteln, muß man genauer die Weise schildern, auf die dieses Erbe Europa erreicht hat.

Das erste große kulturelle Zentrum des abendländischen Mittelalters ist Toledo. Die Geschichte wiederholt sich: Im 12. Jahrhundert war Toledo für die christliche Welt das, was Bagdad für die muslimische Welt gewesen ist. Es ist überflüssig, hier alle Übersetzer und Übersetzungen aufzuzählen. Es genügt, daran zu erinnern, daß Avicenna in Toledo ins Lateinische übersetzt worden ist und das von einer recht kleinen Gruppe: im Kern bestand sie aus Ibn Daūd, einem Arabisch sprechenden Juden, der den Weg vom Arabischen ins Kastilische bahnte, und aus Dominicus Gundissalinus, der vom Kastilischen ins Lateinische übersetzte. Diese Avicennaübersetzung ist von eminenter Bedeutung. Zunächst weil sich hier ein Jude und ein Christ gemeinsam um die kulturelle Aneignung des arabisch überlieferten Textes eines Persers bemühen – ein bemerkenswertes Beispiel multikultureller „Vermischung". Sodann weil der Text Avicennas das erste große philosophische Werk ist, das in den Westen gelangte. Man vergißt allzuoft, das die Lateiner Avicenna kannten, bevor der ganze Aristoteles übersetzt worden war. Ja, im Grunde gab es die sogenannte „scholastische" Philosophie und Theologie des 13. Jahrhunderts nur deshalb, weil man seit dem Ende des 12. Jahrhunderts Avicenna las und nach Kräften auswertete. Nicht Aristoteles, sondern Avicenna hat das Abendland in die Philosophie eingeweiht. Hier reicht es nicht zu sagen, daß man den Schüler vor dem Lehrer kennengelernt hat. Ibn Sīnā war Philosoph und Sufi. Sein Denken verdankt Aristoteles viel, viel verdankt es aber auch anderen Quellen, philosophischen und religiösen. Der Neuplatonismus ist darin allgegenwärtig.

Anders gesagt, wenn man mit Heidegger die abendländische Metaphysik als „Onto-Theologie" charakterisieren will, muß man den entscheidenden Auslöser und das über mehrere Generationen hin prägende Modell bei Avicenna suchen. Die „Ontologie", das heißt die Wissenschaft vom Seienden als Seienden, und die „Theologie", das heißt die „göttliche Wissenschaft", die Wissenschaft von einem transzendenten und unaussprechlichen Gott als Erstursache alles Seienden, als „Erstem Urheber allen Seins": dies sind zwei Themen, die es so bei Aristoteles nicht zur Gänze gibt, ja die teilweise sogar im Widerspruch zu seinen Grundüberzeugungen stehen – bekanntlich ist der „Gott" des Aristoteles der Erste unbewegte Beweger des Universums, keineswegs aber sein „Schöpfer", und man weiß, daß Avicenna die Idee von einem Gott als „Erstem Urheber des Universums" vom „alten Griechen" Al Ṣaiḫ al-Yūnānī (wahrscheinlich Porphyrios) übernommen hat.

Mit Avicenna gewinnt der Einfluß des muslimischen Denkens auf das lateinische Mittelalter also erste klare Konturen: Dieser Autor weiht das Abendland nicht nur in den profanen Gebrauch der Vernunft ein, mit einem Wort in die Wissenschaft, er macht es auch mit einer religiösen Rationalität vertraut, mit einer Rationalität, die zum ersten Mal fest im Dienst einer monotheistischen Religion steht.

Die in Toledo begonnene Akkulturationsbewegung im Abendland wird dank Kaiser Friedrich II. fortgeführt in Neapel und Süditalien. 1220 in Rom gekrönt, herrschte Friedrich von Hohenstaufen mehr über seine italienischen Besitzungen als über Deutschland. Als Bewunderer der arabischen Wissenschaft und der muslimischen Kultur wurde er von Papst Gregor IX. exkommuniziert, weil er den sechsten Kreuzzug hinausgezögert hatte. Bekanntlich hat er dann doch das Kreuz genommen, die Sache aber auf seine Art gelöst, nämlich durch Verhandlungen (Vertrag von Jaffa, 11. Februar 1229).

Friedrich, der die Universität von Neapel gründete, betrieb, wie seinerzeit die Kalifen von Bagdad, eine Politik der Übersetzungen und des Bücherankaufs; er hatte renommierte Übersetzer wie Michael Scotus, der die Arbeit kleiner zweisprachiger Gruppen leitete; er hat selbst eine Abhandlung über die Falkenjagd geschrieben, *Über die Kunst, mit Vögeln zu jagen,* bei der es sich um die erste abendländische Abhandlung über das Verhalten der Tiere handelt, die sich der Beobachtung und dem „Experiment" verdankt. Sein natürlicher Sohn, Manfred Lancia, trat in seine Fußstapfen. Manfred, Verfasser eines wichtigen *Briefs an die Universität von Paris,* der im Kern für eine Aneignung der arabischen Wissenschaft und Kultur plädiert, fand in der Schlacht von Benevent den Tod, als der vom Papst gerufene Karl von Anjou, der Bruder des französischen Königs Ludwig IX., nach dem verächtlichen Ausspruch, der ihn berühmt machen sollte, „den Sultan von Lucera zum Schlaf in die Hölle schickte".

Man übertreibt kaum, wenn man sagt, daß die Staufer Friedrich und Manfred – auf die wir noch zurückkommen werden – die muslimische Welt einen Moment lang als eine Art kulturelles Gedächtnis der Welt schlechthin betrachtet haben. Diese Periode der Neugier und des unmittelbaren Dialogs fand ein gewaltsames Ende. Das Denken des Islams aber beeinflußte den Westen auch weiterhin.

Seit dem zweiten Viertel des 13. Jahrhunderts war die Universität von Paris das abendländische Zentrum für alles, was mit theologischen und philosophischen Studien zu tun hatte. Man muß nur ein wenig in den Texten jener Zeit stöbern, um zu sehen, daß das, was Ernest Renan abschätzig „Arabismus" nannte, allmählich zum Modell, ja zu einer Mode geworden war. Von Albert dem Großen bis Thomas von Aquin oder Siger von Brabant – ob also „gemäßigter", „christlicher" oder „radikaler" Aristotelismus –, man findet keine Summe der Theologie, keinen philosophischen Kommentar, der sich nicht in dem durch die „arabische" Aristotelesinterpretation geprägten geistig-begrifflichen Raum bewegt. Wenn es darum geht, ein systematisches Tableau der Wissenschaften zu erstellen und ihren jeweiligen Gegenstand und ihre Beziehungen untereinander zu definieren, hält man sich an Al-Fārābī und Avicenna; geht es einfach darum, Wissenschaft zu treiben, etwa Optik („Perspektive"), Astrologie, Alchimie oder Physik, sucht man bei den „Arabern" nach Erkenntnissen, Prinzipien, Begriffen oder Methoden – um nur das Beispiel der Optik zu nehmen, so haben alle mittelalterlichen Autoren wie Witelo (um 1250-1275), Roger Bacon (gest. 1292), Dietrich von Freiberg oder Johannes Peckham (1230-1292) aus der *Perspectiva* des Alhazen (Ibn al-Haitham) geschöpft; ohne die arabische Optik hätte es die mittelalterliche Optik nicht gegeben.

Toledo-Neapel-Paris. Beenden wir die Reise, die These liegt auf der Hand: Wir wissen, daß ein wissenschaftlicher Kopf des abendländischen Mittelalters immer jemand ist, der in einer offenen, lebendigen und aktiven Beziehung zu den diversen arabischen Wissenschaften steht. Das veranlaßt uns zu zwei Bemerkungen, einer allgemeinen und einer besonderen.

– Wenn das Problem der Beziehung zwischen Philosophie und Religion erstmals in der arabisch-muslimischen Welt Ausdruck fand, erweist sich das Modell der „Krise" oder des „Dramas der Scholastik", auf das man gern zurückgreift, um die Spezifität des lateinischen Mittelalters zu charakterisieren, in Wirklichkeit als ein Importmodell. Denn zur ersten Auseinandersetzung zwischen Griechentum und Monotheismus oder, wie man sagt, zwischen Vernunft und Glaube kam es

Aber man braucht Quellen!

in der muslimischen Welt. Wenn man also den „mittelalterlichen Intellektuellen" durch den angeblichen Zusammenprall dieser beiden widersprüchlichen Forderungen definiert, muß man immer im Hinterkopf behalten, daß die „philosophische Akkulturation" Europas nicht im bloßen Erwerb intellektueller Techniken bestand: Die „Krise" selbst, ihr begriffliches System und ihre mentale Struktur, wurde zusammen mit den Instrumenten ihrer konkreten Verwirklichung übernommen. Das intellektuelle „Drama" des Abendlands ging nicht aus der Begegnung des christlichen Glaubens mit der griechisch-arabischen Vernunft hervor, sondern aus der Verinnerlichung der Widersprüche des arabischen religiösen Rationalismus, der Lösungen, die die Denker des Islams für das Problem der Beziehungen zwischen der griechischen Philosophie und der muslimischen Religion gefunden hatten. Anders gesagt: Was man von den Arabern übernommen hatte, war die „Scholastik" genannte Kulturform – das Substantiv –, nicht der Formalismus der scholastischen Vernunft – das Epitheton.

Der „Averroismus" ist keine widernatürliche Auswirkung, die der Arabismus im abendländischen Denken gezeitigt hätte, sondern bereits im Islam selbst eine gedankliche Struktur, die einen der Rationalität inhärenten Konflikt ausdrückt. Im Mittelalter vom Abendland importiert, hat dieser Konflikt heute einiges an Härte verloren, da der religiöse Rationalismus im Christentum die Oberhand gewonnen hat. In der laikalen Welt freilich ist es eine strukturell immer noch offene Krise, was sich an der Tatsache ablesen läßt, daß die Schule heute neben der schulischen auch eine *scholastische Frage* zu meistern hat. In der Tat sieht es ganz danach aus, als ob die „Krise der Scholastik" das Terrain der Glaubensinstitutionen verlassen habe, um auf das der Vernunftinstitutionen überzuwechseln, von der Bischofssynode zur Lehrerkonferenz. Es ist diese unverhoffte Wiederauferstehung des „mittelalterlichen intellektuellen Problems", über die es sich heute nachzudenken lohnt: Die „Wiederkehr des Mittelalters" besteht nicht so sehr im Anschwellen eines neuen Fundamentalismus, sondern im Wiederauflodern einer alten Krise, die man für überwunden hielt und die uns durch einen zweiten „Import" von genau dort her erreicht, von wo sie uns beim ersten Mal erreichte. Das Problem ist, daß man nicht mehr wie die religiöse Macht im Mittelalter mit Verurteilungen operieren kann, sondern daß sich die laikale und republikanische Macht unserer Zeit an das halten muß, was recht und billig ist.

– Zweite, ergänzende Bemerkung oder eher zweite Frage. Wenn Vernunft und Rationalität ein integrierender Bestandteil dessen sind, was das Abendland von der muslimischen Welt empfangen hat, wenn auch die fälschlich „westlich" genannte Vernunft, so wie das Licht, aus dem Osten kommt und man dies nicht nur berücksichtigen muß, um einen Dialog mit den anderen zu führen, sondern auch für einen Dialog mit sich selbst, kann man sich zu Recht fragen, ob im Mittelalter ein durch eine gemeinsame Philosophie begünstigter „interkonfessioneller" Dialog stattgefunden hat. Dies ist eine De-facto-Frage, die uns dank einer möglicherweise exemplarischen Antwort vielleicht einen Hinweis darauf gibt, ob man an der Vernunft verzweifeln muß oder nicht, ob man „vernünftig bleiben" soll oder nicht.

Der bärtige Philosoph

Im Mittelalter wußte man recht wenig vom Islam als solchem, auch wenn der Koran auf Veranlassung von Petrus Venerabilis ins Lateinische übersetzt worden war.

Was Petrus dazu bewog, war nicht der Geist der Friedfertigkeit. Wie Le Goff schön gezeigt hat, ging es ihm vor allem darum, „die Muslime nicht auf militärischem, sondern auf geistigem Gebiet zu bekämpfen"[7]. Die wenigen Zeilen, in denen der Reformer von Cluny – der auch ein Gönner Abaelards war – die Geschichte „seiner" Übersetzung selbst darlegt, sind unter diesem Gesichtspunkt sehr vielsagend:

> Ob man der mohammedanischen Irrlehre den schändlichen Namen der Häresie oder den ehrlosen Namen des Heidentums gibt, man muß etwas gegen sie unternehmen, das heißt schreiben. Doch die Lateiner und vor allem die Modernen kennen seit dem Untergang der antiken Kultur – wie die Juden sagen, die einst die sprachgewandten Apostel bewunderten – keine andere Sprache mehr als die ihrer Heimat. Deshalb konnten sie weder die Ungeheuerlichkeit dieser Irrlehre erkennen noch ihr den Weg versperren. Daher hat sich mein Herz entzündet und ein Feuer hat mich in meiner Meditation verzehrt. Es hat mich empört, daß die Lateiner die Ursache eines solchen Verderbens verkannt haben und daß ihre Unwissenheit ihnen die Fähigkeit zum Widerstand genommen hat; denn niemand entgegnete, niemand wußte etwas. Ich habe also Spezialisten des Arabischen aufgesucht, der Sprache, durch die dieses tödliche Gift mehr als die Hälfte des Erdkreises verseuchen konnte. Ich habe sie mit Gebeten und Geld überzeugt, die Geschichte und die Lehre jenes Unglücklichen und sein Koran genanntes Gesetz vom Arabischen ins Lateinische zu übertragen.

Gewiß gab es auch Ausnahmen zu dieser Alternative – Unwissenheit oder Krieg –, keine jedoch verdient im eigentlichen Sinn den Namen eines „Dialogs", wie er von Abaelard in seinem *Dialog eines Philosophen, eines Juden und eines Christen* illustriert worden ist. Wenn man es nicht bei Ignoranz und Verkennung beläßt, schwebt einem bestenfalls eine Art Hegemoniallösung vor, das Projekt einer Vereinigung der Juden, Muslime und Christen unter der Ägide des Christentums.

In diesem Zusammhang besonders interessant ist der Fall des Raimundus Lullus, des „bärtigen Philosophen".

> Eines Tages begegnete nahe bei Paris ein Gläubiger einem Ungläubigen. Nachdem sie sich begrüßt hatten, fragte der Gläubige den Ungläubigen, wohin er gehe. Der Ungläubige antwortete: „Ich gehe nach Paris, denn in meinem Land habe ich gehört, dort gebe es sehr gelehrte Männer. Ich gehe dorthin, um alle Argumente, die sie für den katholischen Glauben vorbringen, durch Beweise zu entkräften und zu widerlegen." Nun fragte der Ungläubige den Gläubigen, wohin er gehe. Der Gläubige antwortete: „Ich bin unterwegs ins Land der Sarazenen, denn mir ist klar geworden, daß es dort einst große Philosophen gab, die selber Sarazenen waren. Ich gehe dorthin, um durch Beweise alle Argumente zu entkräften und zu widerlegen, die sie gegen den heiligen katholischen Glauben vorgebracht haben mögen."[8]

Begonnen an der Biegung eines Wegs, gehört diese Begegnung eines Muslims und eines Christen zu jenen fiktiven Dialogen, deren unbestrittener Meister zur Zeit Philipps des Schönen Raimundus war.

Dieser Kreuzzug der Vernunft, der mit seinen sich kreuzenden Positionen in der Umgebung von Paris stattfindet, hat einen klaren politischen und kulturellen Sinn: Frankreich, die ganze Christenheit sind jetzt Missionsland. Denn einerseits waren die Palästinafeldzüge eine Kette von Mißerfolgen. Andererseits, und das ist jetzt ebenso schwerwiegend, hat die arabische Philosophie seit mehr als einem halben Jahrhundert den Westen „überschwemmt". Die Schlußfolgerung ergibt sich von selbst: Der Sarazene, ehedem ein äußerer Feind, ist zu einem inneren Feind geworden. Er ist in Paris vor Anker gegangen, die Universität ist sein Hafen, die Philosophie sein Schwert. Ein Kampf ist also nötig, und er wird stattfinden.

Doch wer wollte übersehen, daß in dieser kurzen Fabel die Waffen auf beiden Seiten dieselben sind: nämlich der Syllogismus, der Beweis, kurz, die Vernunft, die hier in einen Streit der Interpretationen verwickelt wird, der die Gewalt zu verinnerlichen scheint. Man wird sagen, dies sei eben die höchste Fiktion: die Begegnung findet nur im Text von Lullus statt; anderswo vermag die Vernunft nichts. Doch ganz so einfach ist es nicht.

Als auf Mallorca geborener *arabischer* Christ – daher sein Bart und der den Gepflogenheiten der Ikonographie entsprechende Beiname *Philosophus barbatus* –, als Pilger der Heiligen Schrift und reisender Vielschreiber, führt Raimundus Lullus einen einzigartigen Kampf: er schreibt über die Eintracht der Muslime, Juden und Christen auf lateinisch, arabisch und katalanisch. Doch er ist nicht nur ein Mann der Feder. Diese Eintracht wird sein Programm und Ideal, das er ohne Rücksicht aufs eigene Wohlergehen predigt, setzt er sich doch „Schändlichkeiten, Schlägen und Demütigungen" aus. Er ist es, der in den Maghreb reist und auf dem Marktplatz von Bougie „die Masse der Heiden" auf arabisch „zur Bekehrung auffordert"; er ist es, der verkündet: „Das Gesetz der Christen ist wahr, heilig und Gott wohlgefällig; das Gesetz der Sarazenen dagegen ist falsch und trügerisch. Und ich bin bereit, es zu beweisen"; er ist es, der für seine Kühnheit „in die Latrinen des Gefängnisses für Diebe gesperrt wird". Und nochmals er ist es, der 1294 aus dem Königreich Tunis vertrieben wird, wo er den gleichen Auftritt riskiert hatte.

Jenseits der Leiden und öffentlichen Beleidigungen eröffnet Raimundus also einen wirklichen Dialog und erfindet auf seine Weise den Begriff „Diskussionspartner", der der deutschen Philosophie heute so teuer ist. Die Diskussion freilich ist eine sehr spezielle. Mit Vernunftgründen zu argumentieren heißt für Raimundus, die Waffen des Gegners benutzen. Das Ziel aber ist, ihn zu bekehren. Damit ein Dialog zustande kommt, muß man also akzeptieren, daß auf dem Gebiet einer Logik des Glaubens diskutiert wird; damit es zu Bekehrungen kommt, muß man über eine Logik verfügen, welche die der Muslime übertrifft, über eine Denktechnik, die allein imstande ist, eine höhere Wahrheit zu erfassen. Es gibt zwei konkurrierende Offenbarungen – die christliche, die muslimische –, aber nur eine Vernunft und eine Logik, die „aristotelische" Logik mit ihren östlichen und westlichen Nachfolgegestalten. Das Genie des Raimundus besteht darin, eine neue Logik vorzuschlagen, eine offenbarte Logik, damit, sofern die Vernunft immer eine bleibt, die Muslime allein dadurch gezwungen werden, sich unter ein anderes Gesetz zu begeben.

Den „Kennern des Gesetzes Mahomets", von denen täglich mehr nach Tunis kommen, „um zugunsten ihres Gesetzes zu argumentieren und ihn zu ihrer Sekte zu bekehren", setzt er also „die *Ars*" entgegen, „die auf eine Weise, die er für göttlich hält, einem christlichen Einsiedler offenbart wurde", und behauptet sodann, daß er dank dieser *Ars* augenfällig beweisen kann, daß es eine Trinität von Personen gibt – „jedenfalls wenn man einverstanden ist, ruhigen Mutes ein paar Tage lang mit ihm zu diskutieren". Umgekehrt beginnt der Kadi, der ihn auf Befehl des Königs von Bougie schließlich wieder nach Genua abreisen läßt, von ihm *Vernunftgründe* zu fordern, denn er ist selbst ein berühmter Philosoph": „Wenn du glaubst, daß das Gesetz Christi wahr und das Mahomets falsch ist, beweise es durch notwendige Gründe".

Machen wir uns keine Illusionen: Der Dialog hat seine Grenzen, und das Scheitern ist die Regel. Dennoch gibt Raimundus die Suche nach ihm nicht auf. Wie hat man sich diese Hartnäckigkeit zu erklären? Zwei Deutungen bieten sich an.

Raimundus' Beharrlichkeit erklärt sich weder aus einem unverbrüchlichen Vertrauen in die „Vernünftigkeit" des Gesprächspartners noch aus der zwingenden oder universellen Kraft der natürlichen Vernunft. Sie beruht zuallererst auf seiner Berufung zum Märtyrer, dann auf seiner Überzeugung vom göttlichen Ursprung seiner *Ars.* So gesehen, ist Raimundus im buchstäblichsten Sinne des Wortes ein *Prophet der Vernunft:* Alles beginnt für ihn mit einer Vision des Leibes Christi, „wie er am Kreuze hängt", als er eines Nachts, auf der Bettkante sitzend, „versuchte, in Volkssprache ein Lied für eine Dame zu schreiben, in die er wahnsinnig verliebt war". Das Übrige folgt daraus.

Zweite Deutung: Obwohl göttlichen Ursprungs, ist die *Ars* des Raimundus ihrem Inhalt nach Ausdruck der natürlichen Vernunft, ein Bild des vollkommenen Denkens. Für das Christliche Gesetz zu argumentieren heißt also gleichzeitig die Vernunft vor sich selbst zu retten und sie durch sich selbst wieder ins Lot zu bringen, eine schwierige, aber lösbare Aufgabe.

Unter diesem Gesichtspunkt besteht Lulls Intuition darin, daß er sich der *Einheit und Weite der Krise* bewußt geworden ist, die bewirkt, daß seine ursprüngliche Missionshandlung, die Bekehrung der Sarazenen, sich notwendig verdoppeln und fortsetzen muß in seinem Kampf gegen die Philosophen der Universität von Paris, die *magistri artium,* die ihm zufolge die Thesen des Averroes vertreten. Renan hat nichts erfunden, er hat die Erfindung Lulls übernommen: diesen „Averroismus" nämlich, den man vom doppelten Standpunkt der Philosophie und des Glaubens aus bekämpfen muß – eine Erfindung, welche die Existenz einer „arabischen scholastischen Krise" bestätigt, die man sowohl erleiden kann (in Paris) wie auch ausbeuten (in Tunis oder Bougie).

Tatsächlich bekämpft die von der *Ars* unterstützte Lullsche Vernunft ganz bewußt beide Hälften der intellektuellen Kultur des Islams: an Ort und Stelle den *kalām;* in Paris die *falsafa.* Es ist also eine Art struktureller Notwendigkeit, wenn Lullus seinen Kreuzzug, den er zunächst in fernen Ländern führte, an der Universität fortsetzt. Eine bemerkenswerte Entwicklung, die man im Detail an den Forderungen ablesen kann, mit denen „Raimund der Phantast" *(Raymundus phantasticus)* nacheinander die Christenheit konfrontiert. 1308 sieht sein Programm die Gründung von vier oder fünf Klöstern vor, in denen man „die verschiedenen Sprachen der Ungläubigen" lehren soll, ferner die „Vereinigung aller geistlichen Ritterorden zu einem einzigen" und schließlich die Erhebung eines Zehnten, der ganz allein für die „Wiedereroberung des Heiligen Landes der Christen" verwendet werden soll. Seit seiner Begegnung mit dem inneren Gegner – den „averroistischen" Philosophen der Universität von Paris –, wird der dritte Punkt modifiziert. Bei der Einrichtung von Schulen für orientalische Sprachen und dem Zusammenschluß der Soldaten Christi bleibt es: der Zehnte aber wird ersetzt durch den antiaverroistischen Kampf.

Seine Entdeckung einer philosophischen Strömung, die sich auf Averroes beruft, geht, wie Raimundus in seiner Autobiographie mitteilt, auf seine Pariser Vorlesungen von 1309 zurück:

> Er bemerkte, daß die Schriften des Aristoteleskommentators Averroes viele Köpfe vom rechten Pfad des wahren katholischen Glaubens abgebracht hatten. Ihnen zufolge war die christliche Religion für das Denken unmöglich und wahr nur für den Glauben.

Diese Einstellung der „Averroisten" ermöglichte ein unerhörtes Paradox: es war nicht mehr das *credo quia absurdum* und auch nicht mehr ein *credo ut intelligam,* sondern eine neue Formel, der Raimundus selber perfekten Ausdruck verlieh: *Credo fidem esse veram, et intelligo quod non est vera* („Ich glaube, daß der Glaube wahr ist, und ich erkenne, daß er nicht wahr ist"). Worauf er antwortete, daß der katholische Glaube unmöglich „wahr" sein könne, wenn er sich nicht für und durch das Denken beweisen ließe. Seit seiner Begegnung mit den Pariser Philosophen hatte der Prophet, der den Sarazenen das Evangelium predigte, eine weitere Mission: er mußte die Vernunft gegen die Sektierer der Vernunft einsetzen – gegen die Sarazenen von Paris –, und dies war der Auftakt zu einer Flut von kleineren Schriften, angefangen mit dem Philipp dem Schönen zugedachten *Buch über die Geburt des Jesuskindes,* in dem sechs adlige Damen für die Auslöschung des Averroismus beten, bis zum katalanischen Gedicht *Lo concili.* Hierher gehört auch die *Vita coetanea,* die sich sowohl an die Väter des Konzils von Vienne richtet wie auch an die weltlichen Herrscher der Zeit:

> Kurz darauf erfuhr er, daß der Heilige Vater, Papst Clemens V., ein allgemeines Konzil in Vienne (Dauphiné) einberufen hatte, das an den Oktoberkalenden des Jahres 1311 stattfinden sollte. Er nahm sich vor, dorthin zu gehen, um drei Dinge zu erlangen, die für den wahren Glauben von Bedeutung sind. Das erste betraf die Einrichtung eines Hauses, in dem fromme und intelligente Männer leben sollen, um Fremdsprachen zu lernen; diese sollen danach allen Geschöpfen das Evangelium

predigen. Das zweite war die Vereinigung aller Soldaten Christi in einem einzigen Ritterorden, um die überseeischen Sarazenen solange zu bekämpfen, bis das Heilige Land zurückerobert ist. Das dritte schließlich betraf ein schnelles Vorgehen gegen die Lehre des Averroes, die die Wahrheit in mehreren Punkten entstellt: geistreiche Katholiken, denen mehr an der Ehre Christi als an ihrem eigenen Ruhm liegt, sollten diese Lehren und ihre Vertreter bekämpfen, denn sie stehen offenkundig im Gegensatz zur Wahrheit und zur ungeschaffenen Weisheit, dem ewigen Sohn Gottvaters.

Mußte man sich vor Averroes wirklich so sehr fürchten? Wimmelte es an der Pariser Universität von Freidenkern oder doch wenigstens von Gegnern oder Verderbern des Christentums? Eine Frage, auf die wir noch zurückkommen werden. Fürs erste ist es dringlicher, das Wesen des angeblichen averroistischen *Credos* ins Auge zu fassen.

Der Mythos der doppelten Wahrheit

In seiner Beschreibung des „schwierigen Gleichgewichts zwischen Glaube und Vernunft" unterscheidet J. Le Goff zwischen dem Aristotelismus eines Thomas von Aquin, der Aristoteles und die Heilige Schrift miteinander *vereinbaren* will, und dem Aristotelismus der Averroisten, „die bestimmte Widersprüche zwischen beiden sehen und akzeptieren: sie wollen gleichzeitig Aristoteles und die Heilige Schrift befolgen. Dazu erfinden sie die Doktrin der doppelten Wahrheit: Die eine ist die der Offenbarung [...], die andere ist nur die der bloßen Philosophie und der natürlichen Vernunft".[9] *Duplex veritas,* doppelte Wahrheit oder eher *Doppelzüngigkeit.* Dies ist jedenfalls die Meinung von Stephan Tempier im Prolog zum Syllabus von 1277: Eine Übertretung, die sich nicht als solche einzubekennen wagt, ergänzt durch eine Technik schändlicher Sinnentstellung, das ist die ganze Kunst der „Artisten von Paris, die dadurch, daß sie die Grenzen ihrer eigenen Fakultät überschreiten" und dabei „ihre abscheulichen Irrlehren verbreiten oder vielmehr Eitelkeiten und falschen Hirngespinste", „den Eindruck erwecken wollen, daß sie nicht wirklich behaupten, was sie nahelegen". Eine vergebliche Vorsichtsmaßnahme, denn „indem sie ihre Anworten verhüllen, scheitern sie, während sie die Skylla zu umschiffen versuchen, an Charybdis". Sie kommen nämlich nicht umhin, die Katze aus dem Sack zu lassen: als Philosophen wollen sie die Theorie zu ihrer Praxis liefern, und hier verraten sie sich.

> Sie sagen nämlich, gewisse Dinge seien wahr im Sinne der Philosophie, aber nicht im Sinne des katholischen Glauben, als ob es zwei gegensätzliche Wahrheiten gäbe und als ob der Wahrheit der Heiligen Schrift widersprochen werden könnte durch die Wahrheit in den Texten der gottverworfenen Heiden.

Liest man Tempier, weiß man nicht genau, wer hier eigentlich diese Philosophie des *Als ob* erfindet. *Quasi sint duae veritates contrariae.* Sind es die *artistae,* die die Existenz zweier gegensätzlicher Wahrheiten behaupten? Ist es der Bischof, der diese „These" aus ihren Prämissen ableitet? Die Antwort muß aus den Texten kommen. Geht man die Schwierigkeit so an, verschwindet sie schnell. Wenden wir uns der Person zu, welche die Historiker eine Zeitlang zum Vorkämpfer der doppelten Wahrheit machen wollten: dem Pariser Magister Boethius von Dacien.[10] Sein Traktat *Über die Ewigkeit der Welt* ist in keiner Weise zweideutig: es ist ein Plädoyer für die Gewaltenteilung, mehr aber auch nicht. Was sagt er darin? In der Sache: daß „die Vernunft und der Glaube sich nicht widersprechen, was die Ewigkeit der Welt betrifft, und daß die Gründe, mit denen einige Häretiker gegen den christlichen Glauben behaupten, daß die Welt ewig sei, kraftlos sind". In der Form: daß jedermann bestimmte Rechte und Pflichten auf den Gebieten hat, für die er kompetent ist – der Philosoph muß Gründe und Beweise liefern, und auf diesem Gebiet hat der Gläubige nichts beizutragen; der Gläubige muß glauben, und auf diesem Gebiet kann der Philosoph nur schweigen. Alles hängt offensichtlich vom Begriff „Gebiet" ab. Da Boethius leugnet, daß es einen Widerspruch zwischen der Philosophie und dem Glauben geben kann, wenn sich nur jeder bescheidet, mit seinen eigenen Mitteln zur Wahrheit zu gelangen, behauptet er nicht die Existenz zweier gegensätzlicher Wahrheiten, sondern nur, daß „die Schlußfolgerungen der Philosophen das von Natur aus Mögliche betreffen und auf Gründen basieren, während die Lehre des Glaubens oft auf Wundern beruht, nicht auf Gründen". Wo aber liegt dann das Problem? Da Boethius die Alternative zwischen Philosophie und Glauben zu einer unaufhebbaren macht, ist er gewiß Averroist – Gilson hat es fast nebenbei bemerkt, als er betont hat, daß der dacische Magister nie das Wort *theologia* verwende.[11] Doch er mußte auch nie, wie Sajó meinte, „eine Brücke zwischen ihnen schlagen" oder „ein Mittel finden, um die Verbindung zu bewerkstelligen"[12], einfach weil er es für unmöglich hielt, daß sie sich widersprechen könnten, solange sie nur an ihrem Platz blieben. Doch das ist genau das, was Tempier ablehnt: diese Möglichkeit einer friedlichen Koexistenz von Philosoph und Gläubigem. Deshalb *erfindet er die doppelte Wahrheit*. Es ist die Haltung des Theologen, des Vertreters eines dritten, universitären Standes, der aus seiner Machtfülle heraus dekretiert, daß die Koexistenz in jedem einzelnen erlebt und gewahrt werden muß, ob im Geist des Philosophen oder dem des Gläubigen. Da, wo es Boethius genügte, daß er sich für inkompetent erklärte, verlangt der Bischof von ihm, daß er eine Logik exekutiert, die er gar nicht für richtig hält, und zugibt, daß er als Privatperson in seinem Innern immer gleichzeitig Philosoph und gläubiger Christ ist. Dies und nichts anderes ist die doppelte Wahrheit: zwei Paar Schuhe, die der Theologe den Philosophen gleichzeitig tragen läßt. Nutzlos der Hinweis, daß sich der Glaube und die Philosophie als unterschiedliche Disziplinen, die von verschiedenen Individuen gelebt und gelehrt werden, nicht widersprechen: Der Philosoph darf dem Glauben nicht äußerlich gegenüberstehen, er muß in sich die gegensätzlichen Forderungen des Möglichen und des Unmöglichen beherbergen, des gewöhnlichen Laufs der Dinge und seiner übernatürlichen Aufhebung. Da beide Wege zu einer einzigen Wahrheit führen, können sie nicht parallel in uns verlaufen: sie müssen sich treffen oder sich trennen. Skylla: Es gibt wahre Dinge für den Philosophen, zu denen der Gläubige nicht gelangen kann – dann sind sie im Lichte des Glaubens eben

* Dann wäre diese Trennung eher Art professionalisierung

falsch. Charybdis: Wenn ich nicht Philosoph sein kann, ohne Gläubiger zu sein, kann ich nicht Philosoph sein, ohne in Gegensatz zum Glauben zu geraten. Die Schlußfolgerung ergibt sich von selbst, und Raimundus Lullus zieht sie: *Credo fidem esse veram, et intelligo quod non est vera,* ich glaube, daß der Glauben wahr ist, und ich erkenne, daß er nicht wahr ist.

Eine gewisse Perversität war nötig, um die Lehre von der doppelten Wahrheit zu ersinnen, ein durchtriebener Scharfsinn, wie er der Arglosigkeit des Philosophen fremd ist. Man darf sich also nicht wundern, wenn man in den Texten der *artistae* nichts von dem findet, was der Zensor und sein Gefolge in sie hineingelegt haben. Für Boethius von Dacien stand der Relativität der Gesichtspunkte eine einzige Wahrheit gegenüber, was der Bischof zu bloßem Relativismus verkürzte, zu einer Art zweideutigem, nicht wirklich ernstem Glauben. Mit Averroes hatte das nichts zu tun, aber man konnte ihn gut gebrauchen, um dem zusammengeschusterten Feindbild mehr Kraft zu geben. Und für Aristoteles gilt natürlich dasselbe.

Wie aber kam man dann dazu, von „heterodoxem" oder „radikalem Aristotelismus" zu sprechen, um eine Lehre zu definieren, die es nie gegeben hat? Wie konnte aus der Falle eines Theologen das Lektüreschema der Historiker werden? Die Ursache liegt auf der Hand: Man hat Tempier mehr geglaubt als Boethius. Man hatte also gewiß eine falsche Sicht der Dinge, aber die gravierendste Folge dieser Fehlperspektive blieb bislang verborgen: Indem man nach „Averroisten" suchte, die eine „doppelte Wahrheit" vertreten haben sollen, vergaß man ganz einfach das einzige wahrhaft philosophische System des Mittelalters, das sich gleichzeitig der doppelten Forderung des Glaubens und der Vernunft gestellt hatte. Daß die Forschung in diese Sackgasse geriet, ist höchst erstaunlich, aber auch erklärlich. Die wahre Gefahr, die Tempier bannen wollte, ging nicht von Boethius von Dacien aus: Wie hätte auch jemand, der philosophisch die „Häretiker, die die Ewigkeit der Welt behaupten", widerlegen wollte – und es auch tat – ernsthaft die Interessen der Theologie verletzen sollen? Es war leicht, eine Autonomieforderung zu vereiteln, indem man die Notwendigkeit einer inneren Vereinbarkeit fingierte und den Philosophen zwang, die theoretischen Kosten einer Verpflichtung zu tragen, die gar nicht die seine war. Schwieriger war es, einem Autor entgegenzutreten, der sich selbst von Anfang an auf der Ebene des inneren Konflikts bewegte und das theoretische Mittel gefunden hatte, jeglichen Widerspruch zu vermeiden. Man konnte ihn nur zum Schweigen bringen, indem man nicht von ihm sprach. Und so geschah es. Dieser Störenfried, dieser auf der historischen Bühne Abwesende hat einen Namen: Die Lateiner nannten ihn Rabbi Moses oder Moses von Ägypten und zuweilen Maimonides. Er war, wie Albert der Große selbst sagt, ein jüdischer *Theologe.*

Maimonides, der sich in seinem *Jeminitischen Sendschreiben* als „einen der demütigsten Weisen Spaniens" bezeichnet, stand als andalusischer Jude im direkten Kontakt mit den drei theologischen Traditionen des Monotheismus – der jüdischen, der muslimischen, der christlichen – und war sehr interessiert an der komplexen Geschichte ihrer Beziehungen zur griechischen, syrischen und arabischen

Philosophie. Indem er sich in den für die islamische Welt konstitutiven Gegensatz von *kalām* und *falsafa* versenkte und klar sah, daß es bei den muslimischen Theologen selber eine Vielzahl von Richtungen gab, bemühte sich Maimonides, wahrscheinlich als erster in der Geschichte des mittelalterlichen Denkens, die Triebfedern und Motive ihrer Uneinigkeit zu erkennen. Durch ihn lernten die Lateiner Bruchstücke der muslimischen Theologie kennen.[13] Doch sie verdanken ihm noch mehr: Er, nicht Averroes, hat sie gelehrt, zwischen *Philosophie, Glauben und Theologie* zu unterscheiden; er hat ihnen die großen Linien einer Geschichte aufgezeigt, die sie nicht selbst durchlebt hatten, doch deren exemplarischen Wert sie indirekt erkennen konnten; schließlich hat er eine intellektuelle Strategie entwickelt, die von der „doppelten Wahrheit" überdeckt werden sollte.

Maimonides' Problem ist nicht die Ewigkeit der Welt, sondern die Existenz Gottes. Kann man die Existenz Gottes beweisen? Ausgehend von der Geschichte des *kalām* und der *falsafa* zeigt Maimonides, daß in dieser Frage nie etwas voraussetzungslos bewiesen wurde. Und er zeigt auch mit analytischer Schärfe, was vorausgesetzt wurde: Während bei den Vertretern des *kalām*, den „spekulativen Theologen" oder *mutakallimūn*, der Beweis der Existenz Gottes abhängig ist von einem vorgängigen Beweis der Erschaffung der Welt, was man ihre „Neuheit" oder „Gewordenheit" nennt, stützen sich die Philosophen auf den Beweis der Ewigkeit der Welt. Die erste Methode ist für die Theologie ruinös, denn sie macht eine Aussage (das Gewordensein der Welt) zu ihrem Ausgangspunkt, die nicht als eine philosophische und vernünftige Hypothese angesehen werden kann, da keinerlei Beweis sie *verifiziert;* nur die zweite ist fruchtbar, denn sie geht von einer Aussage (der der Ewigkeit der Welt) aus, die als Hypothese im wissenschaftlichen Sinn des Worts gelten kann, da keinerlei Beweis sie *falsifiziert.* Daher muß der Theologe laut Maimonides von dieser Hypothese ausgehen, an die der Gläubige gerade *nicht glaubt,* um vernünftig und schlußfolgernd, also philosophisch die drei Grundprinzipien jeder Offenbarungstheologie beweisen zu können: das Dasein, die Einheit und die Unkörperlichkeit Gottes. Mit einer doppelten Wahrheit hat dies nichts zu tun. Vielmehr geht es ausschließlich darum, eine *philosophische Theologie* zu begründen, und sie ausgehend von der Unterscheidung zwischen Verifikation und Falsifikation einer Aussage so weit wie möglich auszuarbeiten, gemäß einer Lehre, die als *wahr* anerkennt, was nicht falsifiziert werden kann, und das, was nicht verifiziert werden kann, bewußt beiseite läßt, ohne es deshalb für falsch zu erachten.[14]

Als ich die Schriften dieser Mutakallimûn las, so viel ich ihrer habhaft werden konnte, wie ich ja auch nach Tunlichkeit die Schriften der Philosophen gelesen hatte, fand ich, daß sie, wenn sie auch im einzelnen vielfach voneinander abweichen, im ganzen doch nur die gleiche Methode anwenden [...]: Einig sind sie alle darin, daß die Welt erschaffen ist [...].
Als ich aber diese Methode erwog, mußte ich sie auf das entschiedenste verwerfen, und dies mit Recht, weil alles, was hier als Beweis für das Erschaffensein der Welt erachtet wird, anfechtbar und nur für den beweisend ist, der den Unterschied zwischen einem Beweis, einer dialektischen Diskussion und der Sophistik nicht kennt.
Wer aber diese unterschiedlichen Denkprozesse kennt, für den ist es klar und ein-

leuchtend, daß diese Beweise durchgehend anfechtbar sind und auf unerwiesenen Voraussetzungen beruhen.

Meiner Ansicht nach ist es aber die denkbar höchste Leistung eines Theologen, wenn er die Beweise der Philosophen für die Ewigkeit der Welt entkräftet. Wie ehrenvoll wäre es für den, der es vermöchte! Weiß doch jeder, der ein klares Denken besitzt, der die Wahrheit liebt und sich nicht selbst täuscht, daß man zur Lösung dieser Frage über das Erschaffensein oder die Ewigkeit der Welt durch einen entscheidenden Beweis nicht gelangt, und daß diese Frage eine Grenzlinie des Denkens bedeutet.

Verstehen wir uns recht: Maimonides ist nicht Popper, und doch ist sein Vorgehen irritierender als das eines Boethius von Dacien, denn nur er führt explizit den Gesichtspunkt des persönlichen Glaubens ein – *um ihn zu neutralisieren.*

> Wenn es sich nun hinsichtlich dieser Frage so verhält, wie können wir sie [die Erschaffung der Welt] als Prämisse verwenden, um [den Beweis von] Gottes Dasein darauf zu stützen? Dann wäre ja das Dasein Gottes nur ein bedingtes. Ist die Welt erschaffen, so gäbe es einen Gott, wenn aber nicht, so gäbe es keinen Gott. In jedem Fall müssen wir, wenn dies uns dergestalt zweifelhaft ist, um sagen zu können, daß wir Gott beweismäßig erkennen, entweder sagen, wir hätten das Erschaffensein der Welt bewiesen, und die Menschen gewaltsam zwingen, dies von uns anzunehmen – doch dies stünde weit von der Wahrheit ab –, oder wir müssen, was mir das richtige Verfahren zu sein scheint, bei welchem jeder Zweifel ausgeschlossen ist, das Dasein Gottes, seine Einheit und Unkörperlichkeit nach den Methoden der Philosophen beweisen, die sich auf die Ewigkeit der Welt gründen. Zwar bin ich weit davon entfernt, an die Ewigkeit der Welt zu glauben oder dies von den Philosophen als wahr anzunehmen; ich will jedoch dieses Verfahren deshalb anwenden, weil auf diesem Wege für diese drei Fragen, nämlich das Dasein, die Einheit und die Unkörperlichkeit Gottes, der vollgültige Beweis erbracht würde und die volle Wahrheit zutage käme ohne Rücksicht auf die Entscheidung der Frage, ob die Welt erschaffen sei oder nicht.

Maimonides hat nie eine Philosophie des *Als ob* gelehrt: seine Maxime ist strenger – es ist die des *Egal!* Dieses Vorgehen wurde auf unterschiedliche Weise interpretiert. Dem jüdischen Averroisten Moses von Narbonne zufolge hielt Maimonides die These von der Ewigkeit der Welt insgeheim für wahr und hat sie nur deshalb nicht *exoterisch* gelehrt, weil er nicht die Grundlagen der Volksreligion untergraben wollte. In der Tat eine averroistische Einstellung. Wir meinen, daß sich Stephan Tempier die entsprechende Frage gar nicht gestellt hat. Man wir nie erfahren, ob er mit seiner Erfindung der doppelten Wahrheit letztlich auf Maimonides zielte oder nicht, doch soviel ist sicher, daß er aus dessen „Egal!" ein „Als ob" gemacht und es auf die *artistae* bezogen hat; und kaum leugnen läßt sich, daß er so aus einer echten Bedrohung eine absurde Gefahr gemacht hat, daß er das hypothetisch-deduktive Vorgehen des jüdischen Theologen entstellt hat zur theoretischen Monstrosität zweier *gegensätzlicher Wahrheiten,* die für keinen Aristoteliker akzeptabel ist. Tempier und Maimonides lebten nicht im gleichen geistigen Universum: Der Bischof konnte nicht zugeben, daß sich etwas Wahres (die Existenz Gottes) aus etwas Falschem (der Ewigkeit der Welt) beweisen ließe; der Rabbiner hielt es für undenkbar, daß man etwas Wahres (welches auch immer) aus nicht verifizierbaren Prämissen (wie dem Erschaffensein der Welt) herleiten könnte, sondern dachte, daß man es nur aus nicht falsifizierbaren Prämissen tun könnte. Was Boethius betrifft, so ist klar, daß er seinem Zensor näherstand als Moses von Ägypten (Maimonides), da er der Ansicht war, daß sich die Philosophie weder für das Erschaffensein noch für die Ewigkeit der Welt aussprechen sollte, weil sie beides nicht beweisen könnte. Paradoxerweise war es dieser Syntheseversuch, der verurteilt wurde.[15] Ein Paradox indes, über das man sich nicht wundern braucht: Die Position der *artistae* war schwächer als die des Maimonides, sie ließ sich leichter verzerren; die „Philosophen" spielten zudem eine Rolle in der Institution, und man mußte sie unter Kontrolle halten. Beim Autor des *Führers der Unschlüssigen* war es dafür zu spät. Es genügte, nicht mehr von ihm zu reden.

Der unmögliche Averroismus oder das Theater der Zweideutigkeit

Da sich Lullus auf eine Lehre bezieht, die gewissermaßen nur in seinem Geist existiert, hat sein Zeugnis, wie die Auflistung Tempiers, nur den Wert eines Symptoms. Gleichwohl verdient es – und gerade in dieser Rücksicht – Beachtung, denn es verweist auf eine verborgene Zweideutigkeit, die auch heute noch wirksam ist.

Als er seine Missionsreisen unternahm, ging Raimundus davon aus, daß die Sarazenen von Bougie durch die Vernunft dazu bewegt werden könnten, den christlichen Glauben anzunehmen – in dieser Hinsicht war er Averroist: sein Vorgehen setzte das stillschweigende Einverständnis mit der These von Ibn Rušd voraus, wonach die Offenbarung der Vernunft keinerlei Wahrheit zu lehren hätte, die diese nicht aus sich heraus entdecken könnte.

Doch in anderer Hinsicht war er zugleich antiaverroistisch, da er annahm, daß die Vernunft die Massen bekehren könnte, während Averroes im Gegenteil die Philosophen ausdrücklich aufgefordert hatte, ihre Korandeutungen nicht publik zu machen, und die Religionsführer, gegebenenfalls geeignete Mittel zu ergreifen, um es ihnen zu verbieten:

> Wenn man eine dieser Deutungen [...], die den allgemeinen Ansichten so fernstehen, jemandem darlegt, der nicht über die nötigen Voraussetzungen verfügt, verführt man ihn dadurch zur Ungläubigkeit [...] Wer den äußeren Sinn im Geiste eines Menschen vernichtet, der nur den äußeren Sinn zu begreifen vermag [...], verführt ihn zur Ungläubigkeit.
>
> Die muslimischen Führer haben die Pflicht, diese Bücher über religiöse Wissenschaft allen zu verbieten, die nicht Männer der Wissenschaft sind, wie sie auch alle Bücher mit Beweisen denen verbieten müssen, die nicht imstande sind, sie zu begreifen.

Als Raimundus seinen intellektuellen Kreuzzug gegen die Pariser „Averroisten" unternahm, stand er Averroes also näher als die angeblichen Anhänger einer Lehre – der der „doppelten Wahrheit" –, die der Philosoph von Cordoba nie vertreten hatte, da er sich angesichts der Einheit des Wahren prosaischer damit be-

schied, von der Elite zu fordern, daß sie begriff, ohne zu glauben, und von der
Masse, daß sie glaubte, ohne zu begreifen, so daß der Philosoph nicht in die unangenehme Lage geriet, etwas gläubig für *wahr* zu halten, was er als *falsch* erkannt
hatte.

Man mag sich fragen, warum Raimundus gegen den „Averroismus" zu Felde
zog: er hatte, wie es aussieht, kaum einen Grund dazu. Hatte sein Eingreifen
vielleicht andere Motive als die, die man traditionellerweise anführt? Sollte man
vielleicht den Ausdruck „averroistisch" vergessen und sich direkt der Sache selbst
zuwenden? Gewiß. Wagen wir also eine Hypothese und nehmen wir an, daß das,
was Lullus als so bedrohlich empfand, nicht die Doppelzüngigkeit imaginärer
Philosophen war, sondern das Wesen des universitären Phänomens und letztlich
die Gefahr, die es für die christliche Welt darstellte: ganz wie Averroes sah er die
Gefahr, die von einer immer tieferen Spaltung zwischen der Elite und dem Volk
ausging. Sicherlich eine überraschende Hypothese, die aber begründeter erscheint, wenn man sich sowohl die Struktur wie auch die Ideale der Universität
in den Jahren um 1300 anschaut.

Das universitäre Ideal werden wir noch detailliert behandeln. Hier zunächst
ein Wort zur universitären Struktur und den Phänomenen, die unmittelbar mit
ihr zusammenhängen.

Da sie zu denen gehörten, „die imstande sind, zu begreifen", blieb den Lehrern
und Studenten der Freien Künste der radikale Fideismus erspart, den Ibn Rušd
der Masse vorbehielt; da ihnen die Theologie institutionell untersagt war – die
Universitätsstatuten *verboten* es ausdrücklich, über das eigene Spezialgebiet hinauszugehen –, mußten sie weder begreifen, ohne zu glauben, noch glauben, ohne
zu begreifen; als Philosophen, die in den Grenzen ihrer Disziplin argumentierten,
begegneten sie gleichwohl dem, was gleichzeitig der Gegenstand des Volksglau-
bens und der des Theologenwissens war: Gott. Diese unmögliche Situation war
eben die der Universität, einer widersprüchlichen Institution, die, da sie den
fünfzehn Jahren Theologiestudium zehn Jahre Philosophiestudium vorangehen
ließ, zwangsläufig *zugleich ein Ort der Verbreitung und der Zensur von Wissen* war
und deren theologischer Endzweck – nämlich zu begreifen *und* zu glauben –,
dem von Amts wegen fünfundzwanzig Jahre Studium vorgeschaltet waren, ständig Gefahr lief, in diesem Wechselbad der Ansprüche völlig verlorenzugehen.

Da die Lehrer der Freien Künste von einer Gesetzgebung, die ihnen *im Beruf*
verbat, „mehr zu wissen, als sich gebührt", zum *privaten* Fideismus verurteilt
wurden, es ihnen gleichzeitig aber freistand, *infra suam specialitatem* Lehren zu
untersuchen, die infolge ihrer natürlichen Theologie potentiell mit den Gegebenheiten des christlichen Glaubens und den Prinzipien seiner Offenbarungstheologie unvereinbar waren, hatten sie kaum eine andere Wahl als den Agnostizismus
oder den Fideismus. Unter diesem Gesichtspunkt sagt uns das am 1. April *(sic!)*
1272 von der Artistenfakultät der Universität Paris verkündete Statut mehr über
die „Aufrichtigkeit" der Philosophen als alle Spekulationen der Historiker. Diese
können es sich sparen, in den Köpfen nach der „doppelten Wahrheit" zu suchen,
denn sie ist hier, verwirklicht in den berufsständischen Imperativen: Die Magister

und die Bakkalaurei der Freien Künste haben nicht das Recht, über eine rein theologische Frage zu disputieren, doch es gibt Fragen, die sowohl die Philosophie wie den Glauben betreffen. Was also tun in diesem Fall? Die Antwort ist unzweideutig: Wenn es zwischen beiden einen Gegensatz gibt, hat der Philosoph nicht das Recht, zugunsten der Philosophie zu entscheiden, er hat nur das Recht, die philosophische Position zu widerlegen, wenn er überhaupt darüber reden will, oder zu schweigen, wenn er klüger ist und darauf verzichtet, die Frage überhaupt zu behandeln.[16]

Man wird einwenden, daß dieses Statut nur die „Artisten" betraf. Doch dieser Einwand überzeugt nicht, denn zu Beginn des 14. Jahrhunderts wird die innige Verbindung von Rationalismus und Fideismus gerade *bei den Theologen* gängige Münze. Der Rationalismus erprobte sich in der Kritik der argumentativen Strukturen früherer Theologien; der Fideismus trat hervor, sobald man an die wirklich entscheidenden Inhalte rührte. Der Nominalismus war geboren. Im Grunde unterschied ihn nichts vom „Averroismus" des Boethius von Dacien – der, wir wir sahen, zugleich glauben und philosophisch die Häretiker widerlegen wollte –, es sei denn die Perfektionierung der argumentativen Techniken, eine gewisse Gleichgültigkeit gegenüber den Thesen der Philosophen und der Umstand, daß sich der Ball jetzt im Lager der Theologen befand – neuer Theologen vom Typ des *theologus logicus,* den Martin Luther zu Beginn des 16. Jahrhunderts als „Ungeheuer" bezeichnen wird.

Die an der Fakultät der Künste genossene Bildung erlaubte es den Logiker-Theologen, die theologischen Systeme der Vergangenheit zu „zerstören" oder zu „widerlegen", indem sie sich auf deren formale Mängel stürzten; für den Rest genügte der Glaube. Der Ockhamismus sollte an der Theologenfakultät vollenden, was Boethius – gegen andere Gegner – an der Artistenfakultät begonnen hatte. Doch in diesen Jahren um 1310 waren die von Raimundus Lullus kritisierten „Averroisten" schon weit entfernt von ihren Vorgängern um 1260 und hatten andererseits kaum etwas gemein mit der späteren Gestalt des *theologus logicus.* So wie Lullus sie beschreibt, waren sie alles andere als Fideisten, denn statt die Vernunft durch eine Selbstkritik der theologischen Ideen mit dem Glauben zu versöhnen und diesem dadurch breiten Raum zu geben, wollten sie vielmehr, das jedenfalls schreibt Lullus, nur glauben, was sich durch die Vernunft begreifen ließ. Alles in allem also waren es Agnostiker. Der gleiche rationalistische Beweggrund führte so zu zwei entgegengesetzten Haltungen: zum Fideismus und zum Agnostizismus, der mit der *Ars* überwunden werden sollte.

Ob die in Lulls Autobiographie erwähnten „Averroisten" tatsächlich existiert haben oder nicht, ob sie ein *credo fidem esse veram, et intelligo quod non est vera* gelehrt haben oder nicht, ist eine Sache, eine andere ist es, zu sehen, daß die Verlagerung potentiell konflikueller Beziehungen zwischen der Philosophie und der Religion in ein und dieselbe rationalistische und christliche Institution einen „institutionellen Averroismus" hervorgebracht hat, über den sich Averroes als erster gewundert hätte und der sich hauptsächlich außerhalb des Kreises seiner angeblichen Schüler entwickelt hat.

[handschriftliche Notiz am Seitenrand oben: Umgekehrt ist in der Spekulation eine politische Metaphysik enthalten]

Man muß es wiederholen: Die „Krise der Scholastik" war im scholastischen Projekt selber angelegt, nämlich in der kollektiven, schulischen Organisation eines Unterrichts, in dem sich zwei Lehrziele gegenüberstanden: die Beherrschung des Rationalen und das Verständnis des Glaubens. Dieses pädagogische Projekt war seiner Voraussetzung nach averroistisch – es ging davon aus, daß es zwischen Vernunft und Offenbarung keinen Widerspruch gibt –, doch paradoxerweise setzte es auch die ideale muslimische Gesellschaft voraus, wie Averroes sie sich vorgestellt hatte, eine Gesellschaft, in der der Philosoph und der Gläubige harmonisch koexistieren könnten, wenn man sie nur aus dem Würgegriff der Theologen befreite, von deren „Streitlust" und „Unverständnis", die zur gegenseitigen Zerfleischung führten. Das intellektuelle Projekt des Averroes bestand darin, die Religion aus den Fängen theologischer Sekten zu befreien, damit die ursprüngliche Religion und die Philosophie „Seite an Seite [aufblühen konnten], nicht nur in Frieden, sondern in vollkommener Übereinstimmung". In diesem Modell war der Traumpartner des Philosophen „der Mann aus dem Volk", nicht der Theologe.

Versetzt in eine theologische Institution, war die Koexistenz von Glaube und Vernunft nicht mehr möglich, insbesondere nicht so, wie Averroes es sich wünschte. Indem die mittelalterliche Universität den Philosophen und den Theologen einander gegenüberstellte, schlimmer noch, indem sie aus der Philosophie eine Propädeutik der Theologie machte, schien sie stets kurz davorzustehen, das, was man den „Alptraum des Averroes" nennen könnte, handgreiflich zu verwirklichen. Statt den offenbarten Text so zu akzeptieren, wie er ist, was der Philosoph tut, weil er weiß, wovon er spricht, und der einfache Gläubige, weil er ihn buchstäblich nimmt, war man so kühn, es einer Klasse von Theologen zu ermöglichen, an ein und demselben Ort für die Überlieferung einer Philosophie zu sorgen, die von ihr unterdrückt wurde, und für die Entstellung einer Heiligen Schrift, für die ihr das Verständnis fehlte.

Man weiß, daß der Alptraum nicht wirklich wahr wurde – die scholastischen Theologen waren ebensogute Philosophen wie ihre „Gegner": Die Philosophie überlebte im Schatten des Fideismus, und die Theologie überstand unversehrt die diversen „averroistischen" Krisen. Verstanden als Drama der *Kohabitation,* stellt das „scholastische Drama" gleichwohl nur einen Teil der komplexen Geschichte dar, in der Raimundus Lullus die Rolle des absoluten Spielverderbers zufallen sollte.

Es ist wenig wahrscheinlich, daß *Raymundus phantasticus* je mit Anhängern der doppelten Wahrheit disputiert hat. Was er von der averroistischen intellektuellen Gefahr wußte, dürfte nie über das Stadium summarischer *Irrtümer der Philosophen* hinausgegangen sein. Und doch gab es um 1300 durchaus Averroisten in Paris. Aber wofür setzten sie sich ein? Genau für das, wogegen sich Lulls heilige Mission richtete: für die Idee einer Philosophie als Beruf, für die Anerkennung des Intellektuellen, für das Glück einer ständisch organisierten Elite.

Um Raimundus Lullus zu begreifen, muß man sich zunächst klarmachen, daß dieser bärtige Philosoph ein Laie ist. Sodann muß man unterscheiden zwischen dem philosophischen Ideal und seiner gesellschaftlichen Basis. Die „Artisten" um 1260 hatten eine neue Idee vom Leben aufgebracht: die des philosophischen Lebens, laut Boethius von Dacien das „höchste Gut". Die Averroisten um 1300 aber haben es explizit als eine in Statuten verankerte Tätigkeit für sich beansprucht, als einen *Beruf*. Dies war damals das wahre *Credo* ihres führenden Kopfs Johannes von Jandun: Der berufsmäßige Philosoph ist ein Erwählter, er ist das Ziel der Gesellschaft *(civitas)*. Die Eliten und die Masse kommunizieren nicht, sie haben sich nichts zu sagen. Diese Gestalt des Meisters *(magister)* ist ein Gesicht des mittelalterlichen Intellektuellen, sein erstes Gesicht, sein institutionelles Gesicht. Und dieses Gesicht weckt den Zorn von Raimundus Lullus, ist es doch das Gesicht eines Klerikers ohne missionarische Bestrebungen, der zu lachen anfängt, wenn man ihm vorschlägt, Schulen zu gründen, um orientalische Sprachen zu lernen, oder die diversen Soldaten Christi in einem einzigen Ritterorden zu vereinen. Der Begegnung zwischen dem Gläubigen und dem Ungläubigen in der Nähe von Paris entspricht daher dieser andere Dialog zwischen dem *clericus* und dem *laicus* auf dem Weg zum Konzil von Vienne:

> Es geschah, daß sich zwei Männer, die sich zum Generalkonzil begaben, unterwegs begegneten. Der eine war ein Kleriker, der andere ein Laie. Der Kleriker bat den Laien, ihm seinen Namen zu nennen. Der Laie antwortete ihm: Raimundus Lullus. Der Kleriker sagte: Raimundus, ich habe oft sagen hören, du seist ein großer Phantast. Komm, sage mir doch, was du auf diesem Generalkonzil vorhast? [...] Als der Kleriker die Antwort gehört hatte, fing er zu lachen an. Ah, Raimundus, ich dachte, du seist ein Phantast, aber jetzt, wo ich dich habe reden hören, sehe ich ganz klar, daß du nicht bloß ein Phantast bist, sondern völlig verrückt. Raimundus antwortete: [...] Vielleicht bist du ja verrückt, du, der du lachst, statt mir aufmerksam zuzuhören. Und doch solltest eigentlich du, der Kleriker, und nicht ich, der Laie, in solchen Dingen am aufmerksamsten und ergebensten sein.

Diese neue Fabel, in der Lullus den Averroismus durch eine Art literarische *mise en abîme* stigmatisiert, zeigt deutlich, was er von jetzt an bekämpfen will: nicht den starken und freien Geist, den Libertin, sondern den egoistischen Tugendbold, den Professor, der wie Johannes von Jandun in seinem *Tractatus de laudibus Parisius* ein Loblied auf Paris anstimmt, während der arme Laie ganz allein das Kreuz zu anderen Meeresufern tragen muß.[17]

Wenn es darum geht, den Intellektuellen aus seinem Elfenbeinturm zu vertreiben, so leuchtet es ein, daß es am zweckmäßigsten ist, seine Lehre zu diskreditieren, ihn an seiner empfindlichen Stelle zu treffen, im Seminarraum. Dies ist die Funktion des Begriffs „Averroismus", der die Anklagen des Jahres 1277 in sich bündelt. Man muß die Philosophie für intellektuell gefährlich erklären, wenn man die gesellschaftliche Gefahr des Berufsintellektuellen bannen will. Genau das tut Lullus mit seiner Zusammenstellung intellektueller Verirrungen in *De erroribus Averrois et Aristotelis*.

Die geistige Situation zu Beginn des 14. Jahrhundets ist also klar, wenn man als Leitfaden die Diagnose des „bärtigen Philosophen" akzeptiert. Es gibt eine universitäre Krise, einen Streit der Fakultäten zwischen Philosophen und Theolo-

Professionalisierung

gen, der in Paris eine alte orientalische Geschichte wiederaufleben läßt. Ein philosophisches Ideal zeichnet sich ab, das sich ganz den Arabern verdankt – das der „intellektuellen Glückseligkeit" –, verbunden mit einer berufsständischen Ethik, die dieses Glück in einen Beruf verwandelt und unmittelbar auf Averroes zurückgeht, auf die averroistische Konzeption der Elite. Als Gegner der Berufsdenker zählt Lullus im fairen Wettstreit ihre berufsmäßigen „Irrtümer" auf, und deshalb auch verleiht er dem Gespenst des Averroismus neues Leben. Doch mit seiner Kritik am Kleriker im Elfenbeinturm ist Raimundus selbst Teil einer größeren Strömung, die er nicht bemerkt, einer Strömung, die sich den Exklusivitätsansprüchen entgegenstemmt, von denen er meint, sie beherrschten die ganze Szene. Genau in dem Moment, wo er den Professionalismus bekämpft, übersieht Lullus völlig, daß das philosophische Ideal im Begriff steht, sich zu entprofessionalisieren.

Hier liegt der blinde Fleck des Lullschen Szenarios. Während er ganz damit beschäftigt ist, die „Averroisten der Universität" zu vernichten, ahnt Raimundus nicht, daß es Philosophen gibt, die über die Köpfe der Theologen hinweg ihr universitäres Wissen in den Dienst des Volkes gestellt haben oder stellen werden, nicht um es durch neue Lehren zu verderben, sondern um ihrer Erfahrung des Glaubens eine intellektuelle Formulierung und Rechtfertigung zu geben.

Wahr ist allerdings, daß dies nicht auf dem Programm stand und daß ein Boethius von Dacien sicher ebensowenig von dieser Entwicklung gehalten hätte wie Averroes selbst. Und doch ist es so: Zur gleichen Zeit, da ein Johannes von Jandun schreibt, daß „nicht in Paris zu sein heißt, nur ein halber Mensch zu sein", beginnt mit Dante und Eckhart ein Universalisierungsprozeß der Philosophie. Dante schreibt sein *Gastmahl,* und Meister Eckhart, ein Dominikaner und Theologe, predigt nicht mehr in der Universität, wo es nur Kleriker gibt, sondern außerhalb ihrer Mauern, bei den Beginen im Rheintal.

Die Krise der Scholastik ist ein Baum, hinter dem sich ein ganzer Wald versteckt. Die Averroisten um 1260 wollten die Trennung von Philosophie und Theologie beibehalten, die um 1300 waren Berufsdenker der Freien Künste, die Nominalisten waren „Artisten"-Theologen, das heißt Techniker mit einem schlichten Glauben. Keiner von ihnen wollte wirklich zum Volk sprechen. Irgend etwas jedoch war zu Beginn des 14. Jahrhunderts geschehen, was unserer Ansicht nach Stephan Tempier dunkel geahnt hat: ein Übergreifen der Universität auf die Gesellschaft. Diese Wendung, die nur der Zensor vorausgesehen hatte, ist schwer zu erklären. Natürlich spielten dabei individuelle Idiosynkrasien eine Rolle, die heute wegen des weiten Abstands kaum noch auszumachen sind. Bleibt jedoch eine Strukturtatsache, die sich so beschreiben läßt: Durch seinen inneren Widerspruch hat das universitäre Projekt, auch wenn dies nicht beabsichtigt war, die Entstehung eines neuen Ideals begünstigt, das zwar bekämpft und verurteilt wurde, aber eben deshalb umso dauerhafter war; und dieses Ideal hat sowohl innerhalb wie außerhalb der Universität eine neue Gestalt hervorgebracht: den *Intellektuellen,* dessen Ruhmlied Dante und Eckhart mit als erste in der nicht-universitären Welt gesungen haben. Dies ist das wahre Paradox, das man untersuchen, intel-

lektuell analysieren und historisch beschreiben muß, um zu begreifen, was unserer Ansicht nach die große Veränderung im 13. und 14. Jahrhundert ausmacht: der Auszug der Philosophie aus dem umhegten Bereich der Universität.

Für einen Philosophiehistoriker ist das zentrale Phänomen der sogenannten „scholastischen Krise" nicht der Widerspruch zwischen Vernunft und Glaube, sondern die „Geburt der Intellektuellen", das Erscheinen einer neuen Kategorie von Individuen, deren Wünsche und Bestrebungen der indirekte Ausdruck der *universitären Spannung* sind. Mit anderen Worten: Wenn die, die wir „mittelalterliche Intellektuelle" nennen, im Zusammenhang mit dem Averroismus stehen, so nicht, weil sie diese oder jene bestimmte Lehre des Ibn Rušd vertreten hätten, sondern weil sie als Philosophen zu leben versucht haben, was die Universität als pädagogische Institution ihnen in ihrem Schoß zu leben gleichzeitig vorschrieb und verbot; weil sie jenseits von dem, was Averroes sich wünschte, nicht nur neben dem Volk herlebten, sondern sich mehr und mehr an es gewandt haben.

Die Schlußfolgerung ergibt sich dann von selbst: Betrachtet man das Wesentliche – die Entprofessionalisierung der Philosophie – und nicht das Beiherspielende – die angeblichen theoretischen Verirrungen der professionellen Denker –, muß man statt von *Averroismus* eher von *Arabismus* reden – vorausgesetzt natürlich, daß man den Ausdruck positiv versteht und die versteckten antisemitischen Anklänge neutralisiert, mit denen ihn, wie das Motto zu diesem Kapitel hinreichend belegt, Renan ursprünglich versehen hat.

Um es deutlich zu sagen: Der Intellektuelle an der Wende vom 13. zum 14. Jahrhundert definiert sich mit Bezug auf ein neues Lebensmodell, das des *kontemplativen Philosophen,* wie es Fārābī, Avicenna und Ghazālī vertreten haben, nicht mit Bezug auf einen Agnostizismus oder Relativismus, den man boshafterweise Ibn Rušd zugeschrieben hat. Dieses Modell der philosophischen Kontemplation aber war eine Gefahr für das christliche Leben, denn es repräsentierte nicht eine doppelte, sondern eine *andere Wahrheit* – einen anderen Bezug zur Wahrheit, an dem auch die Laien beteiligt sein konnten.

Als Raimundus Lullus die „Anhänger des Averroes" kritisierte und die „intelligenten Katholiken" aufforderte, deren Lehren zu „bekämpfen", hat er vielleicht mehr an einen arabischen Rationalismus gedacht, der die Gesellschaft im ganzen bedrohte, als an die besondere Ausformulierung, die ihm Ibn Rušd gegeben hatte, die ihrerseits höchstens unter den Magistern für Unruhe sorgen konnte. Soviel jedenfalls ist sicher, daß er mit seinem Feldzug gegen die Ideen der Kleriker eine Standesideologie bekämpfte, die paradoxerweise schon begonnen hatte, außerhalb ihres institutionellen Geheges Wirkungen zu zeitigen. Lullus kam mit seinem Krieg zu spät. Nur noch einige Monate, und er hätte einen neuen Typ von Laien kennengelernt, den er dem Pariser *clericus* gewiß nicht vorgezogen hätte: den entklerikalisierten Philosophen.

Auch wenn er letztlich knapp am wirklichen Ereignis vorbeizielte, hat Lulls doppelter Kreuzzug – gegen die Muslime, gegen die von den „Ungläubigen" beeinflußten Philosophen – doch eine Art sekundäres Verdienst, das man nicht übersehen sollte: er zeigt uns, daß der Islam immer als eine Gefahr empfunden wurde und daß wir unter diesem Gesichtspunkt das Mittelalter wahrhaftig noch nicht verlassen haben.

Um 1270 schien es so, als brächte uns der Islam eine schädliche Vernunft, ein Gift, das allen Glauben zersetzt; einige Jahrhunderte später fasziniert oder erschreckt er genau aus dem umgekehrten Grund. Diese Vorzeichenänderung der Bedrohung ist jedoch die Wirkung eines anderen Wandels: Heute ist es eine laikale Gesellschaft, die dem Schock des sogenannten „Fundamentalismus" ausgesetzt ist, nicht eine christliche, die es als solche nicht mehr gibt. In eins damit kann die Funktion der Vernunft nicht mehr dieselbe sein: Es geht nicht mehr darum, wie Lullus es wünschte, durch die *Ars* einen absolutistischen Bekehrungseifer zu unterstützen, sondern darum, möglichst konkret die Bedingungen einer neuen Toleranz zu konzipieren. Daraus ersieht man, wie wichtig eine bessere Kenntnis des Islams für die „Gemeinschaft der Franzosen" ist, und zwar nicht nur des Islams als Religion, sondern auch als Geschichte und als Lebensraum. Der Staat hat sich nicht für den Ökumenismus einzusetzen, er muß die Rechte der Minderheiten schützen und dafür sorgen, daß deren kulturelles Gedächtnis bewahrt bleibt. Der Gedanke ist beruhigend, daß im mittelalterlichen Dialog zwischen den Konfessionen, auch wenn er gescheitert ist, bei der Aufforderung zur Konversion eine rationale Dimension ins Spiel kam und Ausdruck fand. Die religiöse Eintracht – der Glaubens- oder Religionsfriede – ist ein Traum der Kirche. Die laikale Gesellschaft, die aus Prinzip von jedem religiösen Bekehrungseifer frei ist, sollte sich vielleicht um einen anderen Frieden bemühen: den der Vernunft.

Der Vernunftfriede

Weshalb lehrt man die Geschichte des arabisch-muslimischen philosophischen Denkens? Weshalb versucht man, wieder an das „vergessene Erbe" anzuknüpfen? Die Antwort ist einfach und fällt mit dem zusammen, was wir den *Arabismus* nennen: weil man hier eine zugleich religiöse, humanistische und rationale Dimension vorfindet; weil diese Dimension insofern Teil unseres Erbes ist, als die Lateiner sie als solche erkannt haben, um sie entweder zu bekämpfen oder fortzuführen.  Worin besteht diese Dimension? In wenigstens zwei Ideen: in der einer kollektiven, pluralen, ja pluralistischen Suche nach der Wahrheit; in der einer intellektuellen und ethischen Bestimmung des Menschen.

Was den mittelalterlichen Denkern von den *falāsifa* bekannt war, konnte sie, wenn sie nur wollten, zur Idee der Eintracht und Übereinstimmung führen. Zunächst in rein philosophischer Hinsicht: Die muslimischen „Philosophen" – Fārābī, Ibn Sinā, Ghazāli – lasen und kommentierten einen stark neuplatonisch zurechtgestutzten Aristoteles, und von daher bildete eine mögliche „Harmonie" zwischen Platon und Aristoteles den Horizont ihrer Interpretationsarbeit; sodann in philosophisch-religiöser Hinsicht: Einigen von ihnen erschien auch die Idee einer „Harmonisierung" der Lehre der griechischen Philosophen mit der der Propheten nicht absurd.

Wenn im Mittelalter weder die große Politik noch die Theologie, noch der Glaube selbst zu einer wirklichen Idee des Friedens gefunden haben, obwohl sie vorgaben, danach zu suchen, ist es um so wichtiger festzuhalten, daß die Philosophen, die nicht danach suchten, sie gefunden haben, nicht freilich zugunsten einer Religion anstelle einer anderen, sondern für den Menschen schlechthin. Hier ist der Platz des Intellektuellen und der Institution, die ihn mit ihren Konflikten erst ermöglicht und dann ins Freie entlassen hat: die Universität. Obwohl Albert der Große, dieser Prototyp des entstehenden mittelalterlichen Intellektuellen, sie nicht direkt gekannt hat, ist er im Grunde der erste westliche Denker, der eine innere Verwandtschaft zu den Ideen zeigt, die Al-Kindī im ersten Kapitel seiner *Ersten Philosophie* formuliert hat: von Aristoteles inspiriert, aber sehr viel weiter ausgreifend, legen sie die These einer Zunahme des Wissens dar, eines Fortschritts und stufenweisen Aufbaus des Denkens und der Weisheit, an denen eine Vielzahl von Menschen beteiligt sein müssen. Kurz, sie fordern, wie Jean Jolivet sagt, „daß man die Wahrheit sucht, wo immer sie auch sei, auch bei Philosophen aus anderen Völkern, die andere Sprachen sprechen, auf daß man sie der Zeit anpasse und arabisch sprechen läßt".[18] Das ist in etwa das Programm Alberts, wenn er seine Absicht bekundet, „Aristoteles den Lateinern näherzubringen", ohne dabei „Platon zu vergessen", da man kein wirklicher Weiser sein kann, ohne „beide gut zu kennen", und dies dann auch tatsächlich tut, wobei er in einem für seine Zeit unglaublichen Umfang aus griechischen und arabischen Quellen schöpft.

Dieser Wissensdurst, dieser geradezu athletische Enzyklopädismus, der weder vor Grenzen noch vor Sprachen, weder vor fremden „Völkern" noch vor fremden „Lehren" haltmacht, ist die erste Wirkung, die der Arabismus auf die mittelalterliche Intellektualität ausübte.

Die zweite hängt sowohl der Intention wie der Quelle nach eng damit zusammen: es ist das Erscheinen einer ethisch-intellektuellen Idee von der Bestimmung des Menschen. Die mittelalterlichen Philosophen verdanken Fārābī und Avicenna die Idee, daß die Denktätigkeit einhergeht mit einem Zuwachs der Seele im Sein, eine neuartige These, die, da sie an der *intellektuellen Arbeit* neben der Dimension der *Betrachtung* auch die der *Mühe* wahrnahm, eine Neubestimmung des Ideals der Weisheit verlangte, eine neue Vorstellung von der Aristokratie, die – auch wenn Le Goff es nicht gern hört – den alten Fluch hinter sich läßt, der auf der *dienenden* Arbeit lastete.

Das Emanationsbild vom Universum, das die arabischen Theologen in Anknüpfung an die „Aristotelische Theologie" des *Liber de causis* entworfen hatten, war für christliche Theologen in vielerlei Hinsicht unannehmbar, doch zeichnete es sich dadurch aus, daß es den Akt des Denkens als einen Zustand des intelligiblen Universums definierte, als einen Grad der Einheit und Vereinheitlichung der Seele, der stark ansteigen konnte, wenn es zur „Kontinuation" oder „Verbindung" der menschlichen Seele mit der getrennten Intelligenz kam, die in der peripatetischen Kosmologie über die Bewegungen der sublunaren Welt gebot. Der Fortschritt oder Zuwachs des Wissens hatte folglich eine komplexe Bedeutung, sowohl eine persönliche wie überpersönliche. Der Mensch wurde nicht als denkendes Subjekt betrachtet, sondern als Ort des Denkens, als Stellvertreter des Intelligiblen. Er war nicht dessen Urheber, sondern sein bewirkter Bewirker.

Als die lateinischen Denker bei Avicenna lasen, daß das Denken ein tagtäglicher Fortschritt sein könnte, eine allmähliche Angleichung, anders gesagt eine Arbeit und letztlich eine Heiligung des Alltags, lernten sie, die Ausübung des Denkens als eine Askese zu betrachten und das Aristotelische Ideal der kontemplativen Weisheit in eine Spiritualität der intellektuellen Arbeit zu verwandeln. Als sie bei den Arabern im allgemeinen etwas von der Existenz einer „philosophischen Hoffnung" hörten, von der *fiducia philosophantium* Fārābīs, erhoben sie sich zur Idee, daß es auf Erden Platz für ein *glückseliges Leben* geben könnte, für ein Leben des Denkens, das die *visio beatifica* vorwegnimmt, die den Auserwählten im Himmelreich versprochen ist.

Diese beiden Motive – der kollektive Zuwachs des Wissens, die intellektuelle Askese der Individuen – waren leitend für ganze Generationen von Magistern der Freien Künste, die sich mehr oder minder alle als Schüler jenes Mannes verstanden, der diese Motive in den Westen importiert hatte: Albert der Große. Diese Vertreter des Arabismus bildeten das große Bataillon jener, die von der modernen Geschichtsschreibung unzutreffend „Averroisten" genannt wurden, und sie bildeten auch die neue Klasse der Intellektuellen. Nachdem diese beiden Themen erst je für sich entwickelt wurden, verschmolzen sie schließlich zu einem einzigen theologisch-politischen Standpunkt. Dies war unseres Erachtens das Verdienst von Dante Alighieri, der nicht nur ein nostalgischer Anhänger Friedrichs II. war, sondern auch, vermittelt durch Albert den Großen, der Vertreter eines christlichen Menschen-Welt-Bildes, das zutiefst von den philosopischen und religiösen Idealen Fārābīs und Avicennas beeinflußt war. Das große politische Werk Dantes, seine *Monarchia*, verfolgt nicht im fast militärischen Sinn des Raimundus Lullus ein Projekt religiöser Eintracht; im Gegenteil, es beschreibt ein bereits begonnenes Projekt, an dem überall dort gearbeitet wird, wo es Menschen gibt, die denken.

Für Dante, der in diesem Punkt weit über Johannes von Jandun hinausgeht, ist das dem Denken gemäße Leben das Ziel jeder menschlichen Gesellschaft. Da die „Vollkommenheit in einer Existenzform besteht, die imstande ist, das Intelligible durch den Intellekt zu erfassen", diese Tätigkeit aber „weder ein einzelner Mensch noch eine häusliche Gemeinschaft, noch ein Dorf, noch eine Stadt, noch ein einzelnes Reich" vollziehen kann, muß sie, da sie „die ganze Menschheit" angeht, von Menschen vollzogen werden, „die gemäß dem Denken leben" – mit einem Wort: von *Intellektuellen,* den Dienern des Denkens.

Dies ist der „Geist der mittelalterlichen Philosophie", dies ist die „Geburt der Intellektuellen". Dieser Geist und diese „Geburt" künden offensichtlich am stärksten von dem Einfluß, den die Denker des Islams auf das abendländische Mittelalter ausgeübt haben. Von diesem *vergessenen Erbe* wollen wir hier ausgehen – haben wir doch nicht nur die positive Rolle der „Araber" aus dem Gedächtnis verloren, sondern auch die Epoche, die Kultur und die Umgebung, in der sie diese Rolle spielten. Dieses *vergessene Erbe* bildet den Rahmen und Hintergrund zu allem, was folgt. Von ihm aus begeben wir uns zu Siger, vor allem aber zu Dante und Eckhart. Von ihm aus versuchen wir in seiner ganzen Vielstimmigkeit jenes Phänomen zu erklären, das sich stets der Erklärung widersetzt, ohne das man aber das philosophische Unternehmen des Spätmittelalters nicht verstehen kann: das Phänomen des Intellektuellen.

5 Philosophen und Intellektuelle

Das Erscheinen des Intellektuellen im 13. Jahrhundert ist ein entscheidender Moment in der Geschichte des Abendlands. Das Phänomen wurde von den Historikern zwar soziologisch beschrieben, philosophisch aber bislang noch nicht analysiert. Das Mittelalter, sagt man, hat einen neuen Menschtyp erfunden: den „Universitätsprofessor". Doch die mittelalterliche Universität existiert nicht mehr, die Gegenstände der Theorie sind andere geworden. Inwiefern könnte diese Erfindung auch für uns noch von Bedeutung sein? Inwiefern bleibt sie lesbar und begreifbar? Die Geschichtsschreibung bietet eine Antwort an, die man genau unter die Lupe nehmen muß. Fassen wir ihren Standpunkt zusammen.

Not und Elend der Universität

Mit der mittelalterlichen Universität soll eine Art Arbeitsteilung begonnen haben, die sich in ihrer heutigen Gestalt bequem in Worte fassen läßt: Die Funktion des modernen Intellektuellen ist eine *kritische,* und das unterscheidet ihn vom Universitätsprofessor. Der Intellektuelle ist ein Akteur des sozialen Wandels; der Professor ein unbeteiligter Zuschauer. Der mittelalterliche Intellektuelle, obwohl Universitätsprofessor, soll diese Teilung vorweggenommen haben, das heißt die Bedingungen seines Auftauchens waren zugleich die seiner Negation.

Der Universitäts-Intellektuelle war ein „Mann der Stadt" und ein „Arbeiter auf der städtischen Baustelle", doch er „hing an den klerikalen Privilegien und der lateinischen Sprache", „er glaubte an den Fortschritt und die Vernunft", war jedoch unfähig, „sich von der Hierarchie der Fächer" zu lösen, er war ein Mann der Bildung, aber einer solchen, die die Defizite der klassischen Bildung mit denen der kirchlichen verband. Vor allem aber ruhte sein ganzes Tun auf „einer schmalen gesellschaftlichen Basis", die sich fast auf „die Dimensionen einer Kaste" reduzierte, was den Zwang zur Gruppensolidarität und den Hang zur Liebedienerei mit sich brachte und dazu beigetragen haben soll, künftige Fehltritte des Denkens zu ermöglichen: den Fehltritt unergiebiger Traktate und fruchtlosen Wissens, den der verspielten Autonomie und des Verrats der Intellektuellen.[1]

So gesehen wäre die Geschichte der mittelalterlichen Universität die einer angeborenen Ambiguität, einer Mißehe, deren Spätfolge – die Scheidung – sich heute nicht mehr leugnen ließe. Der philosophische Sinn dieses Abenteuers wäre ebenso klar wie unheilvoll: da ohne gesellschaftliches Projekt, hätten die Philosophen des Mittelalters die Philosophie gesellschaftlich isoliert; indem sie ihr den behaglich-unbehaglichen Ort einer zweideutigen Institution zugewiesen haben, hätten sie sie ein für allemal zum Irrtum oder zum Wiederkäuen verurteilt.

Muß man diese Diagnose, in der sich J. Le Goff und J. Verger einig sind, akzeptieren?

Nun, man muß sie nicht in Bausch und Bogen ablehnen, wohl aber nuancieren.

Die Philosophie wird heute so gelehrt wie im Mittelalter: es gibt die *auctores* und die *textus;* kurz, wie einst in Athen, in Alexandria und in Bagdad wird gelesen und kommentiert. Zu sagen, das Mittelalter sei die Zeit der Textauslegung gewesen, ist eine Halbwahrheit; man muß die andere Hälfte hinzufügen: Der Unterricht der Philosophie ist immer mittelalterlich – mit einem Wort, textualistisch.

Die Funktion des textuellen Referenten in der Lehre ist jedoch nicht die einzige Manifestation der langen Dauer des Mittelalters. Seiner universitären Dimension nach ist das philosophische Leben vor allem ein bestimmter Gebrauch der Zeit. Ein Philosophenleben ist ein *curriculum:* Man braucht dazu nichts anderes als das, was man im Mittelalter dazu brauchte – eine Liste der zu lesenden Bücher und einen Zeitplan für ihre Lektüre.

Wo liegen die Unterschiede? Man könnte tausend finden, doch es genügt, einen festzuhalten. Das Problem des Magisters bestand darin, aus der Artistenfakultät in die der Theologen zu kommen; das des heutigen Professors besteht darin, aus der Universität herauszukommen, um Intellektueller zu werden. Der gesellschaftliche Ehrgeiz des modernen Intellektuellen spiegelt ein neues Bedürfnis wider, dasjenige nach einem gesellschaftlichen *ambitus* des Wissens, nach „Breitenwirkung“, das den Historikern zufolge den mittelalterlichen Universitätsprofessoren unbekannt war, die lieber ihr Wissen über ein eng abgestecktes Feld „vertieften“, ohne je daran zu denken, seine Grenzen neu zu ziehen, die im wesentlichen seit der Spätantike und dem frühen Mittelalter festlagen. Wir wollen hier nicht über die Realität eines Phänomens diskutieren, für das man überall Beispiele findet: Die „Flucht begabter Köpfe“ ist gewiß die Reaktion auf die kühle Behandlung, die man erfahren hat.

Dennoch ist das Mittelalter nicht einfach bloß eine langwierige Vorbereitung auf den intellektuellen Exodus. Die Idee einer *quasi ursprünglichen Selbstnegation* des mittelalterlichen Intellektuellen, wie sie Verger vertritt („fast seit Anbeginn lagen bereits die Bedingungen für seine eigene Negation vor“), geht zurück auf eine von Gramsci beeinflußte Intuition Le Goffs. Die Anwendung von Gramscis Schema – wonach der universitäre Intellektuelle ein „organischer Intellektueller“ ist, ein „hoher Beamter“ *im Dienst* von Kirche und Staat – führt paradoxerweise zu einem Resultat, dessen Stichhaltigkeit wir meinen hier anzweifeln zu müssen: erstens wird damit behauptet, das Mittelalter sei der Ursprungsboden für das Phänomen, das Julien Benda 1927 beklagt hat – die Selbstauslöschung des „Intellektuellen“, des *clerc,* infolge des Willens zur Macht, des Wunsches nach Geld, der Servilität gegenüber den Mächten der Welt, des Endes der Interesselosigkeit; zweitens wird aus dem Mittelalter die sonderbare Epoche gemacht, in der der Intellektuelle im Moment seines Auftauchens auf der universitären Bühne auch schon von ihr abtritt – letztlich die Epoche, in der die Universität, die ihn hervorgebracht hat, und der Intellektuelle, der in ihr hervorgebracht wurde, sich für alle Zeiten voneinander trennen, indem der Universitätsprofessor zum *organischen*, der Intellektuelle zum *kritischen* Denker wird. Diese Diagnose ist in Teilen nicht nur für das Mittelalter falsch, sondern auch für „unsere" Zeit: Man kann den Intellektuellen nicht einfach als einen Universitätsprofessor definieren, der sich zum Besseren gewandt hat, das heißt sich überhaupt gewandt hat, auch wenn das soziologische Privileg, das gleichsam automatisch dem kritischen Intellektuellen zuerkannt wird, dies zu implizieren scheint. Was den Verrat – die „Selbstnegation" – betrifft, versteht es sich von selbst, daß auch hier jeder Vergleich zwischen dem mittelalterlichen und dem zeitgenössischen Universitätsprofessor nur mit Vorsicht gezogen werden darf: Der heutige Professor ist ein kleiner Beamter, von dem seine ministerielle „Aufsichtsbehörde" verlangt, daß er sich jedesmal gesellschaftlich legitimiert (man nennt es, „den gesellschaftlichen Erfordernissen gerecht werden"), wenn sein Fachgebiet eine unmittelbare „wirtschaftliche Rentabilität" auszuschließen scheint. In der Sprache des Ministeriums heißt das unter anderem, daß es für eine Institution – sagen wir für „eine größere Hochschuleinrichtung", die keine berufsvorbereitenden Studiengänge anbietet – „in gewissen Fällen von Nachteil sein kann, eine lange Geschichte und eine reiche Tradition zu haben", und daß sie daher „ihren aktuellen Wert unter Beweis stellen muß", indem sie sich eine neue „gesellschaftliche Sichtbarkeit" gibt. Wenn der sogenannte „organische Intellektuelle" die meiste Zeit über sein eigenes Fach gesellschaftlich legitimieren muß, da er es ökonomisch nicht legitimieren kann, hat man ihm offenbar fast ganz die Möglichkeit genommen, zwischen „organisch" und „kritisch" zu wählen, und es bleibt ihm nichts anderes übrig, als die Reste davon zu bewahren, indem er zugleich für das Überleben des Fachs und die schlechte Laune des Privatmanns optiert. In der Tat, und um nur ein Beispiel zu nennen, wenn sich an der Bürokratie, die für Gramscis Schema so wichtig ist, nichts ändert, sind die Philosophieprofessoren die längste Zeit „organische Intellektuelle" gewesen, die schnurstracks der Macht entgegenmarschieren, und verwandeln sich statt dessen in kritische Beamte, die sich bemühen, das Beste aus der Lage zu machen. Nun gut, wird man sagen, was ist Ihre These? Genau die, die wir in unserer Einleitung als Hypothese formuliert haben und die wir hier im ganzen Buch zu untermauern versuchen: entgegen dem, was Le Goff behauptet, ist der Gegensatz zwischen organischem und kritischem Intellektuellen zu allgemein, um operationell zu sein; man darf nicht den intellektuellen Kritiker und den kritischen Intellektuellen verwechseln, den „hohen Beamten" und den Universitätsprofessor, den Machtmenschen und den Diener ohne Herrn. Kurz, der Intellektuelle negiert sich nicht einfach dadurch, daß er Universitätsprofessor ist, und es reicht nicht, „sich von der Universität zu distanzieren", um ein Intellektueller zu sein.

Überdies fehlt dem Lektüremodell, das der soziologisch argumentierende Historiker aufstellt, vom Standpunkt der Geschichte der mittelalterlichen Philosophie her gesehen ein ganz wesentliches Stück: Da man die Allmacht des „Karriere"-Gedankens voraussetzt, vergißt man die gewollten Brüche in der Laufbahn,

die es im Mittelalter aber genauso gab wie das Streben nach kirchlichen Pfründen
und Benefizien. Zwar ist es wahr, daß viele mittelalterliche Denker energisch den
„Übergang zur Theologie" verfolgt haben und daß der hohe gesellschaftliche
Rang der Theologen dazu beitrug, die Hierarchie der Disziplinen festzuschreiben,
zahlreiche dieser Denker haben aber auch auf den Übergang verzichtet und zogen
die Freien Künste der Theologie vor.

Diese oft kaum bekannten Magister erstrebten ein Benefizium, das die Kirche
nicht zu vergeben hatte: das der Lust. Sie haben einen *status* erfunden, der zugleich ein fester Beruf und eine Unterbrechung des *cursus* war, den Stand des
Philosophen, und haben für ihn eine Parole gefunden, die sowohl auf das er-
wünschte Ziel einer Professorenkarriere hindeutete wie auf das erstrebte Ende einer intellektuellen Askese: *Ibi statur*, „bleiben wir dabei". Einmal zur Philosophie
gelangt, soll man sich an sie halten und nicht über den Geschmack *(sapor)* der
Weisheit *(sapientia)* hinausgehen. Wie Aubry von Reims schreibt:

> Wenn man weiß, daß man am Ziel ist, bleibt nichts anderes zu tun, als es zu kosten
> und die Lust darin zu schmecken. Eben dies nennt man die Weisheit, diesen einmal
> gefundenen Geschmack, der um seiner selbst willen geliebt werden darf: er ist die
> Philosophie, und bei ihr sollte man es bewenden lassen.[2]

Die Strafe für diesen freiwilligen Verzicht erfolgte, als Stephan Tempier die These
verurteilte, der zufolge „es keinen vortrefflicheren *status* gibt, als sich frei und in
Muße der Philosophie zu widmen" *(quod non est excellentior status, quam vacare
philosophiae)*. Die Pariser Verurteilungen von 1277 sind das große intellektuelle
Ereignis des 13. Jahrhundert: Wir werden im nächsten Kapitel ausführlicher darauf zurückkommen. Im Moment wollen wir das Augenmerk nur auf einen bestimmten Punkt in dieser philosophischen „Negation" der übernatürlichen Dimension des Menschengeschicks richten, auf die Ambivalenz des Ausdrucks *status*, mit dem sie artikuliert und verwirklicht wird. Dieser Ausdruck ist nämlich
das Zeichen für einen Widerspruch, der unseres Erachtens den Universitätsprofessor, den Philosophen und den Intellektuellen verbindet – der Beweis dafür ist,
daß man sich scheut, ihn zu übersetzen, reicht doch das extrem weite Spektrum
seiner Bedeutungen von „Lebensform" über „Zustand" bis zu „Beruf".

Durch ihren Entschluß, sich frei der Philosophie zu widmen *(vacare philosophiae)*, kämpft die Fachschaft der „Artisten" mitten in der Rue du Fouarre für die
griechische Muße. Philosophieren kann man auch auf Strohballen – dies wird
übrigens später zur Verteidigungsstrategie: Unsere These war gar nicht gegen die
Theologie gerichtet, sondern gegen Reichtum und Macht. Daß der Beruf des
Philosophen jeden anderen überragt, bedeutet nicht, daß er „den des Theologen
überragt", sondern nur, daß er „über dem des Königs steht" – *status philosophi
perfectior est statu prinicipis* –, wie Jakob von Douai nach der Verkündung des
Syllabus schreibt.[3]

Zwischen dem Fürsten und dem Bischof behauptet der Philosoph seinen Platz.
Fragt man, wo dieses No man's land liegt, so ist die Antwort institutionell: es ist
die Artistenfakultät, das heißt die Gemeinschaft derer, die Philosophie lehren und

studieren. Wie bei anderen die Suche nach Ruhm und Ehre deutet diese Antwort auf eine bestimmte Lebensweise hin. Andererseits ist sie so naiv, als wenn man heute die Heimat des Philosophen in der enstsprechenden Abschlußklasse am Gymnasium sähe. Doch gerade dieser Parallelismus ist wichtig. Bevor die laikale Moral mit der Berufsethik des Staatsdieners zusammenfiel, zeichnete sie sich bei jenen Klerikern des 13. Jahrhunderts ab, die sich gänzlich der natürlichen Theologie widmeten. Das Streben nach philosophischer Betrachtung hat eine gemeinsame Sprache und eine Art von Solidarität hervorgebracht, deren Wirkungen auch heute noch spürbar sein könnten, wenn die Universitätsprofessoren hinter den Studienordnungen und der Bitterkeit der Lebensbedingungen zurückfänden zur Kühnheit eines *ibi statur!*

Die Theologie rehabilitieren

Die Geringschätzung der mittelalterlichen Philosophie – sagen wir die Kritik der Intellektuellen – hat eine lange historiographische Vergangenheit. Die zeitgenössische Geschichtsschreibung zieht hier mit dem Humanismus an einem Strang: Während sie sich allen anderen Aspekten der sozialen, ökonomischen und mentalen Wirklichkeit des Mittelalters offen und vorurteilsfrei genähert hat, hat sie auf diesem Gebiet die Sicht der Renaissance übernommen. Die Unfähigkeit des Universitätsprofessors, „sich den Herausforderungen seiner Zeit zu stellen", ist ein literarischer Gemeinplatz, der sich seit der Episode mit dem Diebstahl der Glocken von Notre-Dame in *Gargantua* kaum weiterentwickelt hat. Dies ist nicht der einzige *topos,* man findet leicht andere:

– der erste besteht darin, daß ein bestimmtes Modell – der Streit der Fakultäten – unterschiedslos auf alle intellektuellen Strategien und Ressourcen einer Epoche angewandt wird;

– der zweite besteht in der Neutralisierung der agonistischen Dimension der universitären Lehre, ob in der Philosophie oder der Theologie;

– der dritte in der unkritischen Übernahme der Unterscheidung zwischen Vernunft und Glaube und in deren institutioneller Verteilung, wobei von der Pluralität der Formen des Rationalen sowie von der gegenseitigen Durchdringung der Gebiete einfach abgesehen wird;

– der vierte besteht darin, daß der angeblichen „theologischen Reaktion" automatisch nur negative Bedeutungen zugewiesen werden, so als stünde die Theologie dem Fortschritt der Wissenschaften und der Entwicklung der Rationalität wesensmäßig im Weg;

– der fünfte darin, daß alle intellektuellen Verhaltensweisen über einen Kamm geschoren werden und jene Gruppen marginalisiert werden, die nicht den Vorstellungen entsprechen, die wir uns von den „großen Denkströmungen" des Mittelalters machen;

– der sechste in einer bestimmten Aufteilung der Zeit, in einer ternären Periodisierung, die das unwissenschaftliche Bild einer unumkehrbaren „Folge von

Zeitaltern" auf das Mittelalter projiziert, wonach auf vielversprechende Ansätze
(12. Jahrhundert) unweigerlich die Verwirklichung (13. Jahrhundert) und der
Verfall (14. Jahrhundert) folgt;

– der siebte im hartnäckigen Gebrauch historiographischer Kategorien, deren
theoretischer Gehalt täglich rätselhafter bzw. anfechtbarer wird: Thomismus,
Averroismus, Nominalismus, Augustinismus, Volontarismus, Mystik, Aristotelismus, Neuplatonismus.

Das Studium der Geschichte der mittelalterlichen Philosophie hat sich allmählich
von der Bevormundung durch diese narrativen Schemata befreit. Geblieben ist
allerdings das schlimmste von allen: der schroffe Gegensatz zwischen der Vernunft der Philosophen und dem Glauben der Theologen, ein überspitztes Szenario, das auf eine weit vor dem Mittelalter liegende Situation zurückweist, auf die
letzten Jahrhunderte der Spätantike, als eine damals noch lebendige griechische
Philosophie tatsächlich mit der im Vormarsch begriffenen Theologie der Kirchenväter zusammenprallte. Es versteht sich von selbst, daß die „Philosophie" im
13. Jahrhundert tot ist: Schon vor mehr als siebenhundert Jahren hat Kaiser Justinian die letzte Philosophenschule in Athen geschlossen. Eine Tatsache, die man
im Auge behalten sollte, die aber nicht genügt, um das Mittelalter zu charakterisieren; sie könnte, verstärkt um ein paar zusätzliche Jahrhunderte, ebensogut das
20. Jahrhundert definieren.

Will man die Interpretationsmuster von Grund auf revidieren, braucht man
einen anderen Blick und muß die Zeit an der Wende vom 12. zum 13. Jahrhundert als das betrachten, was wir eine „Akkulturationsperiode" genannt haben. Es
wurde darauf hingewiesen, daß die mittelalterlichen Denker vor der Zeit um
1200 die Philosophie des Aristoteles nicht in vollem Umfang kannten und die
des Platon so gut wie gar nicht. Wie für uns war die Auseinandersetzung zwischen Griechentum und Christentum für sie nur eine Erinnerung, deren Peripe-
tien sie nur aus der Ferne verfolgen konnten, gefiltert, inszeniert und entstellt
durch das Zeugnis der Sieger – der Kirchenväter, der *Sancti*. Diese Philosophie-
ferne endete auf einen Schlag, als sich die Masse der Aristotelesübersetzungen mit
Wucht über das Abendland ergoß. Dennoch gab es weiterhin eine historische
und kulturelle Distanz. Die Philosophie, die zurückkehrte, kam von außen, erreichte die Länder der Christenheit über das Gebiet des Islams. Sie war ein bunt
gemischtes Importprodukt, auf das, wie wir sahen, der ganze Mittelmeerraum
seinen Fleiß verwandt hatte: Juden, Muslime (arabische und andere) und Ost-
christen, und zwar sowohl byzantinische wie schismatische (Nestorianer, Jakobi-
ten). Auf diese Flut reagierten die Lateiner auf verschiedene Weisen, die von der
puren Ablehnung zur vollständigen Aneignung reichten. Dadurch ist die Philosophie in ihren Augen aber nicht wieder „griechisch" geworden.

Die mittelalterliche Auseinandersetzung zwischen Philosophie und Glaube
spielte sich in einer Art Mischkultur ab, die arm war an echten Zeugnissen und
der eine direkte historische Tradition ebenso fehlte wie ein konstruiertes Gedächtnis. Daher haben die Lateiner unseres Erachtens *die Erfahrung der Araber*

noch einmal machen müssen – und bis zu einem gewissen Punkt ist der Gegensatz zwischen *philosophia* und *theologia* in der Tat die Forsetzung des Streits zwischen Anhängern der *falsafa* und Vertretern des *kalām*. Dennoch ging die Verpflanzung auch mit einigen Änderungen einher.

Die islamische Theologie war nicht homogen: Die Kritik an den Muʿtaziliten im ašʿarītischen *kalām* – die den Lateinern durch die Schriften des Maimonides in Umrissen bekannt war – hatte im Westen kein unmittelbares Gegenstück. Desgleichen gab es für die arabisch-muslimischen Philosophen – mit Ausnahme von Averroes, der sich entschieden als Aristoteliker begriff – zwar einen Punkt, in dem sie sich einig waren, nämlich die „versöhnliche" Lektüre von Platon und Aristoteles, aber ihre jeweiligen Philosophien wiesen doch so viele Differenzen auf, daß das, was wir den „Arabismus" genannt haben, erst im Zuge eine mühevollen Aneignung konstruiert und geduldig aus scheinbar widersprüchlichen Aussagen herauspräpariert werden mußte.

Als die mittelalterlichen Denker gleichzeitig mit den Schriften des Aristoteles und denen der islamischen Philosophen konfrontiert wurden, besaßen sie nicht die Mittel, um auf Anhieb klar zu trennen, was bunt gemischt auf sie eindrang. Sie sahen, wie sich mit einem Mal die Geschichte beschleunigte, doch sie waren außerstande, einen Zusammenhang zu erkennen oder ein Bildungsgesetz zu entdecken. Um die „Rezeption" in geordnete Bahnen zu lenken, griffen die einen daher auf patristische Modelle zurück und suchten, insbesondere bei Augustinus, nach Anhaltspunkten, um eine Tabelle von Entsprechungen zu erstellen, ohne die eine Auseinandersetzung gar nicht möglich war; andere stürzten sich in die arabische Doxographie und versuchten, vor allem mit Hilfe von Averroes, die Philosophie in eine Naturgeschichte des Denkens zu verwandeln.

Unter diesen, sich zum Teil widerstreitenden Bedingungen war das Auftauchen eines philosophischen Ideals und die Begeisterung für die *vita philosophi* an der Wende zum 13. Jahrhundert folglich ein überraschendes Phänomen, das allein die Universität mit ihrer vereinheitlichenden Struktur und ihren gegensätzlichen Zielen möglich gemacht hat: plötzlich mußte man die Geschichte den Kindern nicht mehr nur weitererzählen, sondern Partei ergreifen.

Nur weil einige mittelalterliche Denker sich in den Gestalten gewisser Philosophen wiedererkannten, konnten sie aus der Philosophie einen Beruf machen. Daß die Philosophie in der lateinischen Welt heimisch wurde, verdankt sich zum Teil also einer kollektiven Identifikation mit einer verschwundenen Gemeinschaft – und vergessen wir nie, daß die Magister der Freien Künste in Paris mindestens soviel Phantasie brauchten wie wir, um sich vorzustellen, wie eine Philosophenexistenz ausgesehen haben könnte.

Dieses Bild der Philosophie deckt jedoch nicht alle Funktionen ab, die sie im Mittelalter hatte. Gewiß, einige „Artisten" haben das typisch professorale Verhalten dessen erfunden, der den Philosophen gibt, indem er mit lauter Stimme die Philosophie träumt, doch nicht so, sondern als eine Form begrifflichen Denkens, als diskursive Formation des Denkens, hat sie gegen alle Erwartung *sämtliche* Gebiete des universitären Betriebs erobert.

* Sie müße diese Re-Konstruieren

Das aber ist das Paradox: Wenn man unter „Philosophie" die Praxis der Argumentation versteht, haben die mittelalterlichen Theologen am Ende ebensoviel, ja mehr philosophiert als die Philosophen vom „Fach". Es ist heute eine evidente Wahrheit: *Die analytische Philosophie entstand im Mittelalter, und zwar bei den Theologen.* Tatsächlich wurde diese sprachlogische Behandlung von Fragen, diese kritisch-formale Art des Denkens, nicht in „Fach"-Texten begründet: Man findet sie nicht, jedenfalls nicht ursprünglich, in der universitären Aristoteleslektüre, sondern in den für die mittelalterliche Theologie so wesentlichen Kommentaren zu den *Sentenzen* des Petrus Lombardus.

Hier zeigt sich, daß die Geschichtsmodelle, die sich auf eine strikte institutionelle Unterteilung gründen, völlig unangemessen sind. Wenn das Schema vom intellektuellen Fortschritt einen Sinn hat, muß man diesen Fortschritt dort suchen, wo er stattfindet: vor allem in der rationalen Behandlung jener *paradoxen* Probleme und Gegenstände, mit der die Offenbarung die Vernunft konfrontiert.

Indem die mittelalterlichen Theologen über rätselhafte Dinge wie die Bewegung von Engeln nachdachten oder über den „genauen Augenblick der Transsubstantiation" brachten sie die Philosophie voran, entwickelten Non-Standard-Logiken, die bei der Aufklärung natürlicher Prozesse, wie sie die Philosophie des Aristoteles voraussetzte, nicht nötig waren. Der große Philosophengestus, etwa die Emphase eines Aubry von Reims, der seine Hochzeit mit der Weisheit feiert, ist nicht die ganze Philosophie. Die englischen Theologen des 14. Jahrhunderts, die *calculatores,* identifizierten sich nicht mit den Philosophen der Antike und prahlten nicht mit der Vorliebe für einen aus weiter Ferne kommenden fremden Geschmack. Indem sie die Begriffe der intensiven Größe und der Proportion in das Gebiet der Physik einführten, indem sie die Qualitäten mathematisch behandelten und die Praxis des imaginären Vernunftschlusses systematisierten – diesen mittelalterlichen Vorläufer des „Gedankenexperiments" – haben sie dennoch, ohne es zu wollen, nachhaltig beigetragen zur Entwicklung der Philosophie im heutigen Sinne des Wortes.

Als Intellektuelle lebten die Pariser „Averroisten" des 13. Jahrhunderts und die Oxforder „Kalkulatoren" des 14. Jahrhunderts nicht in derselben geistigen Welt; als „Wissenschaftler" widmeten sie sich nicht denselben Problemen; doch das Wesentliche war ihnen gemeinsam: das universitäre Ritual mit seinen Diskussionen und Wortgefechten. Die Herrschaft der *disputatio* ist das einigende Element aller philosophischen Haltungen des Mittelalters. Die bis ins kleinste Detail durch die Universitätssatzungen (die Statuten) festgelegte *quaestio disputata* hat die doppelte Blüte einer Philosophie der Identifikation und einer Philosophie des Spiels ermöglicht – in Paris die ethische Identifikation mit den Weisen der Antike, in Oxford die analytischen Sprach- und Denkspiele.[4]

Die Feinde der Scholastik wußten dies recht gut und richteten ihre Attacken in erster Linie gegen die Disputation.

Man disputiert vor dem Essen, beim Essen und nach dem Essen; man disputiert öffentlich, privat, an jedem Ort, zu jeder Zeit [...]. Man läßt den Gegner gar nicht erst ausreden. Will er einen längeren Gedanken entwickeln, ruft man ihm zu: „Zur Sache! Zur Sache! Antworte kategorisch." Um die Wahrheit kümmert man sich nicht; man versucht, das einmal Vorgebrachte zu verteidigen. Ist man in große Bedrängnis geraten? Nun, man entgeht dem Einwand durch Hartnäckigkeit; man leugnet dreist, und wider allen Augenschein räumt man blindlings die Hindernisse beiseite. Auf die gewichtigsten Einwände, die zu den absurdesten Folgerungen führen, antwortet man bloß: „Ich gebe es zu, denn es folgt aus meiner These."
Solange man sich nur konsequent verteidigt, gilt man als fähiger Denker. Die Disputation verdirbt ebensosehr den Charakter wie den Geist. Man schreit bis zur Heiserkeit, wirft sich Grobheiten, Flüche und Drohungen an den Kopf. Selbst vor Fußtritten schreckt man nicht zurück.

Das Unverständnis für die scholastische Denkweise tritt aus diesem Passus von Juan Luis Vives, geschrieben 1531, kraß hervor. Da er die Merkmale des gemeinsamen Spiels in die Psyche der Akteure verlegt und der Hartnäckigkeit und Blindheit der Individuen zuschreibt, was von den Regeln abhängt, die einen bestimmten Disputationstyp spezifizieren – die „verpflichtende" Disputation *(obligatio)*, in der semantische oder pragmatische Paradoxe *(insolubilia)* behandelt werden –, da er die Bedeutung und das Ziel der Theorie der Inferenzen – der „Folgerungen" *(consequentiae)* – nicht begreift und in der klar geregelten Erörterung der *sophismata* nur „Pseudo-Dialektik" am Werk sieht, verurteilt Vives das innovativste Element des mittelalterlichen Denkens. So wie er es sieht, ist der Intellektuelle des Mittelalters nur ein Vorfahr von Diafoirus, des pedantisch-aristotelischen Arztes in Molières *Eingebildetem Kranken*. Ein durch Tradition und Schulgepflogenheiten gefesselter Mensch, der sich in endlosen Debatten über unwichtige Themen ergeht, ständig auf der Suche nach Argumenten, um die abstrusesten und abstraktesten Probleme zu behandeln. Um 1500 war die Scholastik zweifellos stark degeneriert – das Mittelalter war nicht mehr, was es einmal war –, doch die humanistische Anklage trifft durchaus einen echt mittelalterlichen Punkt: Das „universitäre" Denken ist ein agonistisches, das Gesetz der Diskussion gilt für jedermann.
Das zentrale Problem des mittelalterlichen Denkens ist nicht ein Konflikt zwischen Vernunft und Glaube, wo jeder, durch bloße Entscheidung für ein Fach oder passive Erfüllung der angeblichen Aufgabe, automatisch seinen Platz fände – die Philosophen auf seiten der Vernunft, die Theologen auf seiten des Glaubens: als Universitätsprofessoren arbeiten und denken die einen wie die anderen auf dieselbe Art und Weise. Unterrichts- und Arbeitsmethoden waren in beiden Fakultäten identisch, die wirkliche Trennlinie verläuft zwischen unterschiedlichen Rationalitäten. Es ist eine andere Teilung, ein anderer Schnitt.
Ob man sich an ihr der Philosophie oder der Theologie widmet, die mittelalterliche Universität ist der Ort der Vernunft. In der Universität trafen jüdische, griechische und arabische Rationalität auf die lateinische Vernunft. Man braucht sich nicht zu wundern, daß die Welt davon nicht völlig umgekrempelt wurde. Gut möglich, wie J. Verger behauptet, daß der Intellektuelle des Mittelalters

„kein hinreichend deutliches Bewußtsein seiner besonderen Lage hatte, um in der Gesellschaft seiner Zeit die Rolle des Kritikers zu spielen, die uns heute die Rolle par excellence des Intellektuellen zu sein scheint".[5] Sicher ist hingegen, daß ihm seine Aufgabe bewußt genug war, um zu tun, was getan werden mußte: die Vernunft hochzuhalten gegenüber bloßer Gewalt und Hirngespinsten, die Bewegung dadurch zu beweisen, daß man ging. Man wird einwenden, daß dieser Gang ein Auf-der Stelle-Treten war, bei dem die Vernunft ihr Quartier fast nie verließ. Das ist falsch. Wenn sich hier ein Bild aufdrängen sollte, so eher das des Schneckentempos. Gern möchte man die Spule schneller laufen lassen, um auf einen Schlag das ganze Phänomen in den Blick zu bekommen. Unmöglich, zwei Jahrhunderte in die Momentaufnahme einer kollektiven Biographie zu bannen. Die erste Pflicht des Historikers ist die zur bilderlosen Langsamkeit. Der „Gang des Jahrhunderts" läßt sich nicht immer *sehen*. Man kann natürlich trotzdem ins Kino gehen und sich einige Ursprungszenarien anschauen. Auch das Mittelalter hat seine „Regisseure" gefunden.

Die Bestrafung des Philosophen oder der Diskurs des Anderen

Da sie während ihrer Ausbildung Aristoteles begegneten wie auch der arabischen Philosophie und einigen anderen griechischen Philosophen (vor allem Alexander von Aphrodisias, Porphyrios, Proklos und Simplicius), haben sich alle Denker des Mittelalters, ob „Artisten" oder „Theologen", irgendwann in ihrer Universitätslaufbahn „mit Philosophie beschäftigt". Da sie bei ihren Interpretationen, ihren Exegesen, ihren Problemen und Diskussionen mit ihr arbeiteten, haben alle, wenn sie auch noch so passionierte Feinde der *philosophi* waren, philosophische Aussagen, Begriffe und Antworten hervorgebracht. In diesem Sinne waren alle Intellektuelle und Philosophen.

Wir erwarten freilich mehr von einem Philosophen als eine bloße Kenntnis der Philosophie: es handelt sich mehr um eine Praxis als um einen Umgang, auch wenn beide Ausdrücke manchmal synonym gebraucht werden. Vom Philosophen fordern wir ein Bedürfnis nach Philosophie, ein Ideal, eine Ethik, eine Lebensweise. Der Philosoph arbeitet und denkt, er ist ein „Intellektueller", aber wir unterstellen ihm eine „vorherrschende Leidenschaft", einen einzigartigen Willen, ein einzigartiges Schicksal und Verlangen. Vor allem erwarten wir, daß die Philosophie – die philosophische Existenz – für ihn gleichzeitig eine Frage, eine Versuchung, ja eine innere Notwendigkeit ist, kurz, wir wollen, daß der Philosoph als Philosoph auftritt und sich etwas von der Philosophie erhofft.

Die mittelalterlichen Denker haben dieser Erwartung auf unterschiedliche Weise entsprochen. Einige durch flammende Reden, die jedoch mit Rhetorik gespickt waren. Andere durch Absichtserklärungen, die so schmeichelhaft waren, daß man sich davon am Ende selbst geschmeichelt fühlte. Wieder andere haben getan, was sie tun mußten, und haben weiter nichts darüber gesagt, da sie es scheinbar vorzogen, von anderen Dingen zu reden – dies sind die „Dichter", wie

Dante, oder die „Mystiker", wie Eckhart. Und schließlich sind da noch die, die in den Augen des Gegners die wachsende Gefahr verkörperten – und so posthum in einem retrospektiven Prozeß zu Belastungszeugen wurden. Diese „Helden" der Philosophie sind im eigentlichen Sinne des Wortes *legendäre Helden:* sie haben wider Willen dazu beigetragen, das Wahre zu finden. Die literarische Fiktion und die ideologische Zensur haben jeweils ihre eigene Rolle bei der „Geburt der Intellektuellen" gespielt. Die Rolle der Zensur werden wir noch detailliert schildern. Dennoch sollte man nicht die romanhafte Schilderung vergessen, diese negative Hagiographie, in der die mittelalterlichen Menschen selbst ihre Ängste und Phantasmen niedergelegt haben. Es genügen zwei Beispiele, die durch ein gutes halbes Jahrhundert voneinander getrennt sind, die aber beide sehr schön den Typus eines ebenso faszinierenden wie listig entworfenen Bildes illustrieren, ohne das man das wahre, aber glanzlosere Bild nicht begreifen kann: es geht um Simon von Tournai und Siger von Brabant.

Niemand im Mittelalter hat die „Meisterschaft" des Magisters besser illustriert als Simon von Tournai. Es geht hier jedoch nicht um eine Art prometheischer Begeisterung, sondern um eine Fabel über den Hochmut vor dem Fall, wobei nicht so sehr ein übermäßiges Wissen bestraft wird als vielmehr die Undankbarkeit eines Nutznießers, der es mißbraucht.

Für den Theologen ist die Weisheit ein Geschenk Gottes. Sie wird nicht durch Arbeit erworben, jedenfalls nicht durch sie allein. Theologisch gesehen liegt der Wert der intellektuellen Anstrengung einzig im Bereich des Verdienstes. Die Arbeit des Intellektuellen ist nur ein Symptom, sie ist das sichtbare Zeichen dafür, daß verborgen die Gnade in ihm wirkt. Von daher läßt sich diese Anstrengung nicht verweltlichen, eine laikale Askese ist unmöglich.

Dieses reaktionäre Thema hat eine doppelte Funktion. Eine soziologische: alle sozialen Forderungen von seiten der Magister werden von vornherein abgewehrt; und eine psychologische: die Arbeit des Denkens verbleibt so im Raum des Heiligen, in einer dualen Beziehung, in der sich das Denken als eine Erleuchtung der Seele durch Gott vollzieht.

Von der Geschichte Simons gibt es verschiedene Versionen. Petrus von Limoges, Thomas von Cantimpré und Matthäus Paris haben sie je auf ihre Art erzählt.[6]

In der Fassung des Petrus von Limoges führt Simon das Wissen, das er besitzt, auf sein Talglicht und seine Arbeit zurück – *das Wissen, nicht die Weisheit.* Die „Erleuchtung" ist hier eine rein materielle – bloße *Beleuchtung.* Es ist die kindliche Form der Gotteslästerung: das Wortspiel.

> Zu Paris gab es einen Magister, der in höherem Ansehen stand als alle anderen. Eines Tages sagte jemand zu ihm: „Meister, Ihr müßt Gott viel Dank dafür wissen, daß Er Euch diese Weisheit verliehen hat." – „Ich muß vor allem meiner Lampe und meiner Arbeit danken, durch die ich mein Wissen erlangt habe."

Hervorzuheben ist die Wahl der Worte: Weil Simon in seiner Antwort den „konkreten" Ursprung eines erworbenen Wissens benennt, statt, wie der andere es erwartet, den göttlichen Ursprung einer verliehenen Weisheit zu preisen, verstrickt er sich noch mehr in seiner Verfehlung. Die Strafe läßt nicht auf sich warten: Ein paar Tage später ist sein Wissen dahin. Die dafür vorgebrachte Begründung ist unmißverständlich: Gott hat das, was man erworben zu haben meinte, wieder fortgenommen, weil es eben nicht erworben, sondern verliehen worden war. Mitten auf dem Katheder getroffen, fällt der „böse" Simon ganz tief nach unten, zurück in den Urzustand des Menschen, in den eines „ungebildeten Hirten". Dieses „erhellende" Exemplum zum Gebrauch der Prediger gehört zu einem Grundstock von Gemeinplätzen, wo am entgegengesetzen Ende der künftige Erzbischof von Canterbury, der „gute" Edmund Rich, eine Kerze auf ein Manuskript fallen läßt, die dort vollständig abbrennt, ohne dem Pergament im geringsten zu schaden! Die Erbitterung der Chronisten gegen die Gestalt des Simon von Tournai geht über diese narrativen Codes aber weit hinaus.

Hören wir Matthäus Paris und Thomas von Cantimpré.

Im ersten Bericht beginnt alles eines Tages im Jahre 1201. Simon, der in Paris weilt, hat Vorlesungen über das Mysterium der Heiligen Dreifaltigkeit angekündigt. Er ist ein virtuoser Dialektiker, der mit der größten Subtilität expliziert und disputiert, einer jener wahren Meister, die „mit den schwierigsten Fragen fertig werden, an die sich zuvor niemand herangewagt hat". Seine Vorlesungen sind daher gut besucht, und man lauscht ihm mit Hingebung. An dem fraglichen Tag läuft Simon die Zeit davon, und er kommt mit der Erörterung seines Gegenstands nicht zum Schluß. Er zählt die Pro- und Contra-Argumente auf, entwickelt zehn Thesen, die er gleich darauf widerlegt, kurz, es wird dunkel, und er kündigt an, daß er die Kontroverse am folgenden Tag entscheiden wird. Die Nacht geht vorüber. Am nächsten Morgen begeben sich alle Theologen von Paris in einem großen Zug zur Vorlesung. Als es soweit ist, erhebt sich der Meister feierlich und „entscheidet" *(determinat)* mit lauter Stimme und ohne zu zögern über die Fragen, die er tags zuvor aufgeworfen hatte und die alle für unlösbar hielten. Sein Vorgehen ist von höchster Klarheit und Eleganz, zugleich aber ist seine Lehre so vollkommen christlich, daß es die Hörer verblüfft. Doch nun beginnt das Verderben. Kaum ist die Vorlesung beendet, umringen ihn seine Schüler und bitten ihn inständig, ihnen seine eben vorgetragenen Lösungen zu diktieren, denn, so sagen sie, „es wäre ein unersetzlicher Verlust, wenn dieses tiefgründige Wissen verginge, ohne daß den künftigen Geschlechtern eine Erinnerung daran bliebe". Berauscht von diesen Lobreden, verliert Simon jedes Maß: er blickt zum Himmel empor, beginnt zu lachen und richtet das Wort an Christus.

> Jesus, ruft er, kleiner Jesus, heute habe ich deinem Gesetz einen großen Dienst erwiesen durch die Frage, die ich aufgeklärt habe. Doch wenn ich dir den Krieg erklären wollte, wenn ich mich gegen dich wenden wollte, so fände ich noch viel stärkere Gründe und Argumente gegen deine Religion und könnte sie ohne weiteres vernichten!

Die Wirkung, die eine solche Blasphemie haben mußte, läßt sich leicht ausmalen. Die Strafe ließ nicht auf sich warten. Wie ein unmittelbarer Zeuge, Nikolaus von

Fernham, mitteilt, versank Simon in völlige Blödheit. Er konnte nichts mehr erläutern, konnte nicht mehr schlußfolgern. Nach nur wenigen Stunden ist er eine Witzfigur, über die sich alle lustig machen, die zuvor seine Großartigkeit und Eitelkeit erlebt hatten. Die Chronik fügt hinzu, daß sein Sohn zwei Jahre lang versuchte, ihm wieder das Lesen beizubringen, daß der alte Meister danach aber trotz aller Anstrengungen kaum in der Lage war, das *Vaterunser* zu entziffern, zu behalten und aufzusagen.

In der zweiten Version dieser Geschehnisse wird Simon als der gelehrteste Mensch seiner Zeit vorgestellt. So bewundernswert seine Lehre ist, ist er doch von einer „unerträglichen Arroganz" und „unglaublichen Lüsternheit". Ein neues Detail, das der Szene mehr Würze gibt und die Meisterschaft im Wissen emblematisch mit dem sexuellen Exzeß verbindet. Dies ist übrigens nicht der einzige Unterschied zum anderen Bericht. Am fraglichen Morgen erörtert Simon nicht die Heilige Dreifaltigkeit, sondern die „tiefe Einfalt" oder, genauer, die „erhabene Niedrigkeit der Lehre Christi" – also das Thema der *Vereinigung von Größe und Demut,* auf das wir noch zurückkommen werden, von dem aber jetzt schon gesagt werden muß, daß es der Stein des Anstoßes par excellence ist, an dem sich zwei Ethiken scheiden: die philosophische und die christliche.

Auch die Fortsetzung des Berichts fällt ganz anders aus. Nachdem er eine Lösung vorgebracht hat, die er wie immer energisch mit Gründen untermauert, wird Simons Geist nicht vom Stolz oder der Selbstgefälligkeit übermannt, sondern ein wahrer Furor gegen jede Form von Religion bemächtigt sich seiner. Ihm geht es nicht darum, die christliche Religion mit der Kraft seiner Dialektik umzustürzen, vielmehr prangert er die drei Religionen des Buches als puren Betrug an. Kurz, er verkündet *ex cathedra* die „Blasphemie der drei Betrüger":

> Es gab drei Betrüger, drei Rattenfänger, die die Welt mit ihren Lehren und Sekten verführt und mißbraucht haben. Der erste, Moses, hat das jüdische Volk betrogen; der zweite, Jesus, die, welche man nach ihm die Christen nennt; der dritte, Mahomet, die ganze übrige Menschheit.

Ein neuer Frevel, auf den eine andere Bestrafung folgt. Kaum hat er seinen Satz beendet, bricht der Meister aus Tournai zusammen, die Glieder verrenkt wie eine heruntergefallene Puppe, mit heraushängender Zunge und rollenden Augen. Er brüllt wie ein Ochse, schleppt sich kriechend vorwärts, will etwas sagen, aber kann es nicht. Denn er ist zerschmettert: er hat sein Gedächtnis verloren und bleibt, mit Baudelaire zu reden, zurück wie „ein Haus, des Schlüssel man verloren".[7] Er ist nichts mehr. Er kann nicht einmal mehr den Namen von Boethius aussprechen, dessen ganzes *De Trinitate* er noch wenige Augenblicke zuvor auswendig wußte. Die Züchtigung dauert nicht so lange wie in der Version, die sich auf das Zeugnis des Nikolaus von Fernham gründet. Nur drei Tage lang lebt Simon im Stadium des völligen Verfalls. In dieser Zeit kümmert sich kein Sohn um ihn. Doch das Geschlechtliche ist dennoch da: Mit Stummheit geschlagen, gibt es noch ein Wort, das Simon ausprechen kann – einen Namen, einen einzigen Namen, den er wiederholt, den er „wie ein brünstiger Stier" unablässig „brüllt", den seiner Konkubine „Adélaïde! Adélaïde! ..." Das Brüllen dauert drei Tage, doch nach diesen drei Tagen ist Simon tot.

Simon von Tournai, ein Zeitgenosse des Alanus von Lille, hatte in den Jahren 1170-1180 auf der Montagne Sainte-Geneviève gelehrt. Abgesehen von seiner Meisterschaft in der Diskussion sprach eigentlich nichts dafür, daß er in der Geschichte ewig die reichlich emphatische Szene der Bestrafung des Unfrommen spielen sollte. Als Magister an den Pariser Schulen des 12. Jahrhunderts gehörte er noch nicht in die Welt einer Universität, die erst etwa vierzig Jahre später gegründet werden sollte. Warum dann diese Fiktion?

Vielleicht ist seine Unglücksgeschichte eine jener populären Erklärungen, die recht oft zur Fabelbildung geführt haben: Man brauchte einfach eine Erklärung oder besser ein Motiv für das Unerklärliche, für einen verwirrenden Zwischenfall, einen Gedächtnisausfall, eine Art Rinderwahnsinn oder zeitweises Delirium, das um so mehr frappierte, als es einen Schönredner betraf. Welchen „Wirklichkeitsgehalt" es auch geben mag, die Umrisse der von der Fabel gezeichneten Physiognomie sind vielsagend genug: Der Mensch hat sich das Denken nicht anzumaßen, er ist sein Verwahrer, nicht sein Urheber. Oder anders gesagt, die Natur ist für die Natur nicht ausreichend; das Wissen, selbst das natürliche, ist eine „Gabe".

Wie nicht anders zu erwarten, hat Simon von Tournai Doppelgänger. Die Legenden, die im 14. und 15. Jahrhundert mit gehörigem Abstand über das Leben Alberts des Großen berichten, bieten eine Softversion der Bedingungen und Fallstricke der Selbstüberhebung. Als Theoretiker der intellektuellen Askese hatte Albert die arabische Lehre vom „Fortschritt im Verständnis" im Westen eingebürgert, wonach das Individuum durch Arbeit sein eigenes Wesen, das eines denkenden Lebewesens, erwerben soll – und das man eben *intellectus adeptus* oder „erworbenen Intellekt" *(al-'aql al mustafad)* nannte. Die Volksweisheit bemächtigte sich dieses gewaltigen Herolds, um aus ihm überraschenderweise ein Exemplum der Geistesschwäche zu machen. Erwähnt sei hier nur der *Sagenkranz der Stadt Köln,* herausgegeben 1922 von Pauly.

Als junger Novize verzweifelt Albert daran, je der Arbeit gewachsen zu sein, die auf ihn wartet. Er will aufgeben und denkt daran, das Kloster zu verlassen. Nur die Erscheinung der Jungfrau Maria gibt ihm die Selbstgewißheit und Kraft, es zu versuchen und zu Ende zu führen. Doch die Arbeit, die er unermüdlich sein Leben lang leistet und die ihn zum Gipfel des Wissens führt, ändert nicht den Menschen. Als sein Ende naht, versammelt er seine Schüler um sich, um ihnen etwas zu gestehen, was ganz nach einem intellektuellen Betrug aussieht: Man hielt ihn für weise, er weiß, daß er dumm ist – eine Erkenntnis, die zugleich das Bekenntnis eines Glaubens an die Schwachheit der Natur einbegreift: Alles verdankt sich der Gnade. Auf das Geständnis folgt nicht die Strafe, sondern die Erlösung. Wie Simon versinkt auch Meister Albert wieder in Unwissenheit. Doch dieser Fall oder besser *Rückfall* ist gerade der Lohn für seine Demut. Die Bürde des Wissens und der Lehre, die ihn von den Menschen trennte und in das Joch der „Gabe" spannte, ist endlich von seinen Schultern genommen. Bei Albert wie bei Simon liegt die Philosophie nicht in der Macht des Philosophen. Wer dies jedoch weiß und sagt, gewinnt endlich den Seelenfrieden; wer es nicht weiß oder nicht wissen will, versinkt in tiefstem Unvermögen.

Diese beiden Botschaften oder Warnungen haben einen unterschiedlichen Ursprung und eine komplementäre Funktion. Die eine verherrlicht das Vergängliche, das Ephemere, und führt die Idee eines natürlichen Rechts auf die Dummheit ein; die andere ächtet mit einer aufwendigen Inszenierung den Anspruch, dauerhaft man selbst sein zu wollen. Beide jedoch bestätigen die Rolle, welche die Philosophie in der mittelalterlichen Gedankenwelt spielte. Die Kirchenleute und die Chronisten, die vom Unglück Simons berichten, die Leute aus dem Volk, die Alberts doppeltes Schicksal – rasender Wissensdurst, dann Hirntod – beruhigt, sind das unbewußte Echo der neuen Rolle der Philosophie. Indem sie den individuellen Lebensweg des Philosophen entweder in morbidem Stumpfsinn oder in glücklichem Schwachsinn enden lassen, wollen sie zeigen, daß die Philosophie zu nichts führt, beweisen damit aber nur, daß eine individuelle philosophische Existenz möglich ist, denn in dem einen Fall muß sie bestraft, im anderen vergessen werden. Wie auch immer, zum Lachen bietet der Philosoph keinen Anlaß: er fasziniert und imponiert. Sein Sturz wird um so härter sein, dafür aber weniger lächerlich als der des Thales.

Kommen wir zu Siger. Als Vorkämpfer der Philosophie im Mittelalter ist Siger von Brabant verschiedene Tode gestorben. Für die *Histoire littéraire de la France* ist er „ein unfrommer Mensch, ein Gotteslästerer, der durch eine Vision der Hölle bekehrt wird", um am Ende Mönch zu werden. Doch schon um 1320 existiert auch die Legende, daß der „Ungläubige" aus Paris fliehen mußte, da dort sein Leben in Gefahr war, um dann aber doch in Italien den Tod zu finden, an der päpstlichen Kurie in Orvieto, „wo er von seinem wahnsinnig gewordenen Sekretär erdolcht wird".[8] „Rache der Bettelorden", sagt Renan dazu, der das literarische Schicksal Sigers mit denjenigen Simons von Tournai und Gerhards von Abbeville vergleicht, welch letzterer „als gelähmter Aussätziger" starb, und hinzufügt: „Vielleicht gab es ja irgendeinen Vorfall, der diesen Schauermärchen zugrunde lag, mit denen man die Phantasie an den Schulen in Schrecken setzte".[9] *Man,* das heißt der Predigerorden, die *gens sancti Dominici.*

Die Frage nach der Philosophie im Mittelalter taucht hier in ihrem Lieblingselement auf: dem Fiktiven. Die Geschichte der mittelalterlichen Philosophie geht aus der wiederholten Variation und Vermischung mehrerer romanhafter Historiographien hervor. Die thematischen Rollen wurden bereits von den mittelalterlichen Schreibern festgelegt; die modernen Historiker haben den Dialog farbiger gestaltet. Ungewollt bewegt sich die Mediävistik oft in ausgefahrenen Geleisen und betreibt Geschichte als Fortsetzung der Tradition mit anderen Mitteln. Die Philosophie spielt dann den dunklen Fleck in der Hagiographie; als verfemter Teil oder Böses im Reinzustand ist sie der notwendige Stoff für die „Triumphe der Heiligkeit".

Welches Vergehen aber hatte Siger sich eigentlich zuschulden kommen lassen? Betrachtet man genauer, was um 1270 in Paris geschah, ist die Antwort klar und deutlich: gar keins.

Wie Pater Gauthier gezeigt hat, ging die universitäre Krise, aus der die Geschichtsschreibung des „lateinischen Averroismus" das große Ereignis im Leben des Brabanter Magisters meinte machen zu können, letztlich gar nicht auf Siger zurück, sondern auf Aubry von Reims. Die Tatsachen sind ebenso simpel wie reizvoll: Weihnachten 1271 wird der Magister artium Aubry von Reims von seinen Kollegen aus der französischen, picardischen und englischen Nation fast einstimmig (mit nur einer Gegenstimme in jeder Nation) zum Rektor der Universität gewählt, aber von der normannischen Nation stimmt nur ein Viertel für ihn – die übrigen Magister halten ihn für unfähig, diese Aufgabe zu erfüllen. Von einem Tribunal in seinem Amt bestätigt, bekleidet es Aubry dem Brauch ensprechend drei Monate lang, doch seine Gegner geben nicht nach. Als sein Mandat ausläuft, wählt man einen Nachfolger. Da die störrischen Normannen nicht eingeladen worden waren, wählten sie ihren eigenen Rektor mitsamt Vertretern und Amtsdienern. In der Artistenfakultät gab es nunmehr zwei Fraktionen: die erste und weitaus größere – die *pars Alberici* („Fraktion Aubrys") trug den Namen ihres ersten Rektors, der die Gelegenheitsursache des Streits war, die zweite nannte sich *pars Sigeri* („Fraktion Sigers"). Da Siger *von Brabant* zur picardischen Nation gehörte, gibt es für seine Wahl an die Spitze der Fraktion der Normannen nur eine stichhaltige Erklärung: sie war institutionell bedingt. Weil das Universitätsstatut vom 27. August 1266 es unter Strafe des Ausschlusses verbot, daß sich eine Nation von den anderen trennte, mußte die Normannenfraktion bei ihrer Abspaltung „jeglichen Anschein einer Trennung der Nationen" vemeiden. Sie „gedachten dies zu tun, indem sie einen Picarden als ihren ersten Rektor wählten. So wurde aus der Fraktion der Normannen die Fraktion Sigers". Dies war der einzige Beitrag Sigers zur Pariser Krise, die – um die Sache unter einem Deckmantel der Legalität verschwinden zu lassen – durch den Schiedsspruch des Kardinallegats Simon von Brion im Mai 1275 zuungunsten der „Schismatiker" beigelegt wurde. Der Witz an der Geschichte ist, daß die in eine „Partei Sigers" verwandelte *pars Sigeri* mit der „averroistischen" Partei gleichgesetzt und Siger selbst zum Anführer einer Bewegung gemacht wurde, die in Wahrheit eher von der gegnerischen *Partei* oder besser *Fraktion* repräsentiert wurde! Denn wie R.-A. Gauthier schön schreibt:

> Wenn die Magister, die sich abgespalten haben, die *Averroisten* gewesen wären, hätte es in der französischen Nation unter 60 Magistern nur einen einzigen Averroisten gegeben [der, der gegen die Wahl Aubrys gestimmt hatte], desgleichen unter 20 Magistern nur einen Averroisten in der picardischen Nation – Siger von Brabant –, und ebenfalls nur einen unter 20 in der englischen Nation – dies dürfte dann Boethius von Dacien gewesen sein –, doch in der normannischen Nation wären alle Magister bis auf 5 oder 6 Ausnahmen Averroisten gewesen, und diese 5 oder 6 Orthodoxen wären durch einen weiteren Zufall die 5 oder 6 Magister der Erzdiözese Rouen gewesen, während alle Magister der Suffraganbistümer, 14 oder 15 an der Zahl, Averroisten gewesen wären!

Dieser Averroismus, „der ein wenig zu geographisch ist, um wahr zu sein", treibt dennoch seit mehr als einem Jahrhundert sein Unwesen in den Handbüchern und Geschichten der Philosophie – eben weil sein geographischer Charakter nicht bemerkt wurde (wie hätte dies auch geschehen sollen, wenn sogar der *institutionelle* Aspekt der Krise übersehen wurde?). Aus diesem Beispiel ersieht man, wie wichtig die Geschichte der Universitäten für die intellektuelle und philosophische Geschichte ist: Da man den rechtlichen Sinn des Ausdrucks *pars Sigeri* nicht verstand, hat man eine *intellektuelle Partei Sigers* erfunden, untrennbar verbunden mit angeblich extremistischen Lehrmeinungen; Siger ist so zum Agitator geworden – wodurch die Historiker nachträglich die Legende gerechtfertigt haben, die ihm im Mittelalter ohne rechten Grund die Rolle des Gottlosen zuwies. Zugleich hat man Aubry von Reims vergessen, seine philosophische Passion und sein *ibi statur*. Dadurch aber hat der kritische Intellektuelle – Siger, der ermordete Prophet – den organischen Intellektuellen – Aubry, den bekämpften Rektor – in den Schatten gestellt; nur daß 1271 der kritische Geist gar nicht der war, den man später dafür hält.

Hieraus folgt, daß die Bestrafung des Gottlosen nichts anderes ist als eine unerläßliche Fiktion, um die theologische Macht festzuschreiben: Die Philosophie taucht nur auf, um von Thomas von Aquin und Albert dem Großen – diesen Helden eines wieder mit dem Wissen versöhnten Glaubens – gebannt und besiegt zu werden.

Um 1300 nimmt die Hypothese eines Aufstands der Vernunft immer festere Formen an. Um diese Zeit beginnt Raimundus Lullus, wie wir gesehen haben, den „Averroismus" zu verfolgen, ein Phänomen, das den historisch-kritischen Bemühungen eines Ernest Renan gleichwohl mehr verdankt als den wirklichen philosophischen Bestrebungen des armen Toten aus Orvieto. Doch darauf kommt es nicht an. Ist diese theoretische Fiktion für den Philosophen nicht eben deshalb interessant, weil sie aus einem Gewebe von Geschichten besteht?

Indem Renan aus der Selbstbehauptung der Philosophie eine Katastrophe macht, deren Organisationszentrum der Hof der Hohenstaufen ist, eine heterodoxe Bewegung, die unterschwellig geprägt ist vom „Arabismus", dessen Förderer und Prophet Friedrich II. gewesen sein soll, führt er den Orientalismus in die moderne Philosophie ein. In eins damit aber stößt er vor in die Ursprungsdimension der Philosophie, wie sie sich die Lateiner des 13. Jahrhunderts vorgestellt haben: sie ist eine exogene Krankheit, deren Herd im Orient liegt.

Das philosophische Drama im Hochmittelalter räumt Griechenland keinen privilegierten Platz ein. Der weiße Tempel mit seinen aufragenden Säulen unter dem Blau des griechischen Himmels ist kein Emblem der Philosophie: Der Konflikt zwischen Glaube und Vernunft wird auch für die, die ihn erfinden oder sich auf ihn berufen, nicht durch den Zusammenprall von Griechen und christianisierten Römern repräsentiert.

Hier muß man sich vielmehr eine geistige Welt vorstellen, in der Byzanz eine Stadt des Orients ist und in der die „Griechen" Christen sind – die Schrift *Contra errores Graecorum* von Thomas von Aquin ist kein antiphilosophischer Traktat, sondern eine Widerlegung des orthodoxen Christentums. Die Erfindung der Philosophie beruht nicht auf der Begegnung der griechischen Philosophie mit dem Christentum, sondern, wie schon gesagt, auf der Auseinandersetzung des christlichen Glaubens der Lateiner mit den Gefahren eines Denkens, das direkt aus der muslimischen Welt stammte. Mit anderen Worten, die Philosophie kommt aus dem Land der Ungläubigen und ist sogar, um weiter die Metapher des Treuebruchs, der *infidelitas* zu gebrauchen, *doppelt ungläubig (infidelis)*, weil ihre Anhänger ihrerseits ihrem eigenen Gesetz untreu geworden sind.

Dies ist der Sinn des Rückgangs auf Averroes, dessen Name für sämtliche Szenarien und vorgeblichen Gefahren herhalten muß. Wie all die, die sich auf die Philosophie berufen, sind Friedrich II. und Siger von Brabant „Averroisten" oder, anders gesagt, „Ungläubige". Ursprung der Philosophie ist nicht die Aristotelische Suche nach der Ordnung der Natur, sondern eine Ablehnung des Gesetzes, das heißt jene Gründer- und Freveltat, die man gern Ibn Rušd zuschreibt.

In seiner Abhandlung *Über die Irrtümer der Philosophen* zeichnet Aegidius Romanus ein Porträt des Averroes, das für alle Gegner der Philosophie zum Steckbrief des Philosophen wird. Aristoteles, der das Gesetz nicht kannte, hat aus Unwissenheit oder, besser gesagt, in Unwissenheit gesündigt; Averroes hat bewußt jede Art von Offenbarung bekämpft:

> Averroes hat alle Irrtümer des Aristoteles wiederholt, ist aber viel weniger zu entschuldigen, da er direkter unseren Glauben angreift. Unabhängig von den Aristotelischen Irrtümern kann man ihm vorwerfen, sämtliche Religionen kritisiert zu haben, wie man im II. und XI. Buch seiner *Metaphysik* sieht, wo er das Gesetz der Christen und das der Sarazenen tadelt, weil sie beide die *Creatio ex nihilo* zulassen. Des weiteren tadelt er die Religionen zu Beginn des III. Buchs seiner *Physik;* und, was am schlimmsten ist, er nennt uns und alle, die einer Religion anhängen, vernunftlose „Schönredner" und „Schwätzer". Im VIII. Buch seiner *Physik* schließlich tadelt er die Religionen noch einmal und nennt die Meinungen der Theologen „Phantasien", als ob sie einer Laune und nicht der Vernunft entsprungen seien.[10]

Die philosophische Parole wird also von Averroes ausgegeben und nur von ihm: *Nulla Lex est vera, licet possit esse utilis,* „keine Religion ist wahr, mag sie auch nützlich sein".

Auf dieser Basis taucht eine abschließende Fiktion auf, die *a posteriori* die allzu psychologische Episode der Bestrafung Simons von Tournai motiviert und darüber hinaus das warnende Negativbeispiel einer radikalen Rebellion vorführt: die „Blasphemie der drei Betrüger". Nachdem man sie nacheinander Averroes, Friedrich II. und Petrus de Vinea zugeschrieben hatte, machte die mittelalterliche Phantasie aus dieser Lästerung, die nie jemand über die Lippen gebracht hatte, ein Buch. Ein unauffindbares, phantasmatisches Buch, das nie jemand sah und das man einige Jahrhunderte später wohl oder übel erst schreiben mußte, um es endlich lesen zu können. Es wurde eine mediokre Schmähschrift, deren anfänglicher Titel, *L'Esprit de Spinoza ou Ce que croit la plus saine partie du monde,* die Unschuld des Mittelalters und des Averroes deutlich macht und über deren bemühte Freigeisterei Voltaire schrieb:

Elender Schreiberling, der du dich anmaßt, die Porträts der drei Betrüger zu zeichnen, wie kommt es, daß du ohne Geist zum vierten werden konntest? Verwechselst Du Mahomet mit dem Schöpfer und die Werke des Menschen mit Gott, der ihn erschuf? Züchtige den Knecht, doch achte den Herrn, denn was gehen Gott die Dummheiten des Priesters an?[11]

Bei Pierre Bayle findet sich eine extreme Version der Averroes zugeschriebenen „Blasphemie": Das Christentum wird hier als eine „unmögliche Religion" bezeichnet, das Judentum als eine „Religion für Kinder" und der Islam als eine „Religion für Schweine". Doch Gregor IX. hatte bereits den Weg gewiesen, als er Friedrich II. eine ähnliche Schmährede gegen die drei „Betrüger" (Moses, Jesus, Mohammed) in den Mund legte:

Dieser König der Pestilenz hat offen erklärt, daß die Welt von drei Betrügern *[baratores]* getäuscht worden sei; zwei von ihnen seien in Ehren gestorben, Jesus aber am Kreuz. Weiter hat er mit klaren Worten zu behaupten oder vielmehr zu lügen gewagt, daß alle töricht seien, die da glaubten, aus einer Jungfrau habe ein allmächtiger Gott, der die Natur und alles andere erschuf, geboren werden können. Er vertritt die Irrlehre, daß kein Mensch ohne den Verkehr zwischen Mann und Frau geboren werden könne. Und er sagt, daß man nur das wirklich glauben dürfe, was durch die Naturgesetze und die natürliche Vernunft bewiesen sei.

Weiter unten werden wir sehen, was Siger über das philosophische Leben dachte. Doch da die beiden literarischen Schicksale des Meisters von Tournai und des Meister von Brabant uns einmal mehr zu Friedrich führen, sollten wir, um den ikonographischen Teil abzuschließen, ein Wort über die Staufer sagen.

Friedrich und Manfred oder die Philosophenkönige

Platon hatte die Idee eines Philosophenkönigs aufgebracht; die Araber, die den *Staat* kannten, aber auch die *Politik* des Aristoteles, die eines Philosophenimāms[12]; die Lateiner, denen beide Ideen lange Zeit unbekannt geblieben waren, bekamen ihre Philosophenkönige: Friedrich II. von Hohenstaufen und Manfred, seinen Sohn. Der erste wurde Kaiser, der zweite König von Sizilien. Die Kirche mochte sie kaum; beide starben in Acht und Bann.

Friedrich hat man viel zugeschrieben, Manfred zu wenig. Der Vater wollte wissen, der Erbe wollte überliefern. Alle beide, ob mit oder ohne „Gotteslästerung", beförderten den „Arabismus", beide trugen bei zur „Geburt der Intellektuellen".

War Friedrich ein „Philosoph"?

Indem die Chronisten uns von ausgefallenen Experimenten berichten, die meistenteils ebenso grausam wie entsetzlich sind, haben sie, allen voran Salimbene von Parma (gest. 1290), den Wahlspruch stark entstellt, der Friedrichs Abhandlung über die Falkenjagd leitet: „Sichtbar machen das, was ist, wie es ist".

Eines Tages läßt der Kaiser einen Mann in ein Faß sperren, dessen Dauben luftdicht mit Teer verkittet worden sind, um herauszufinden, ob „man etwas aus dem Faß entweichen sähe", nachdem dieser seinen letzten Atemzug getan habe (andernfalls könnte man schließen, daß er keine Seele gehabt habe oder, falls er doch eine gehabt haben sollte, diese mit ihm gestorben sei); ein anderes Mal läßt er zwei Unglücklichen den Bauch aufschneiden, die er gut hat essen lassen, bevor er den einen auf die Jagd und den anderen schlafen schickte, nur um zu sehen, ob Ruhe der Verdauung förderlicher ist als Bewegung; wieder ein anderes Mal läßt er ein Dutzend Neugeborener ihren Müttern wegnehmen, um sie Wärterinnen zu übergeben, denen es verboten ist, vor ihnen auch nur das kleinste Wort zu reden, denn er will wissen, welche Sprache diese Kinder von sich aus zuerst sprechen werden: hebräisch, griechisch, arabisch, lateinisch oder, warum nicht, die Sprache ihrer jeweiligen Eltern? Ein eigentümliches linguistisches Experiment, das aber, wie zu erwarten, zu nichts führte, insbesondere da keiner der Probanden überlebt hat.

Diese Wissensgier, die auch vor abwegigen, ja mörderischen Versuchen nicht zurückgescheut haben soll, wurde in Aufzeichnungen festgehalten, die die tiefe Verbundenheit von Legende und Chronik noch gut erkennen lassen und dies vor allem dort, wo es um die Wissenschaft geht. Nikolaus Curbio, der Kaplan Innozenz' IV., zog aus dieser Gier einen überraschenden Schluß, als er Friedrich II. der Homosexualität bezichtigte, während im Volk zugleich Gerüchte umgingen, der *imberour* halte sich einen Harem aus den schönsten Mädchen der – damals muslimischen – Stadt Lucera.

Dieselbe Mischung aus Faszinierendem und Hybris findet man in den Pseudo-Biographien Alberts des Großen, der künstliche Menschen herstellt und sich als Magier, Nekromant und Alchimist betätigt. Den Exzessen der Sagen – so der ursprüngliche Titel der Biographien Alberts – entsprechen die Übertreibungen der Historiker: ein Kantorowicz denkt auf derselben Linie wie Salimbene, wenn er aus dem *Falkenbuch* Friedrichs „einen Wendepunkt im abendländischen Denken" macht. Besonders klar zum Ausdruck kommt diese Verirrung, wenn die empirische Methode (*experimentum* im Sinne des Aristoteles) mit der experimentellen verwechselt wird. Weder Albert noch Friedrich haben die experimentelle Methode erfunden. Wenn der Kaiser von Aristoteles abweicht, dann im Namen des aristotelischen Begriffs der Erfahrung:

> Beim Schreiben sind wir zwar weitgehend dem Aristoteles gefolgt, in manchen Dingen scheint er jedoch, wie wir aus Erfahrung lernten, besonders bezüglich der Natur bestimmter Vögel, von der Wahrheit abzuweichen. Deshalb folgten wir dem Fürsten der Philosophen nicht in allem, denn selten oder niemals hat er die Jagd mit Vögeln ausgeübt. Wir aber haben sie immer geliebt und betrieben. Bei vielem aber, was er in seinem *Buch über die Tiere* mitteilt, sagt er, so hätten es andere berichtet. Das aber, was andere ihm sagten, hat er selbst nie gesehen und seine Gewährsmänner wahrscheinlich auch nicht. Jedoch die Gewißheit des Glaubens erlangt man nicht durch Hörensagen".

Mit der Ablehnung der *fides ex auditu* zugunsten der persönlichen Erfahrung, die allein uns etwas begreifen läßt, hat man die aristotelische Konzeption der Wissenschaft nicht verlassen: Außer seiner religiösen Bedeutung hat der Ausdruck *fides* auch einen philosophischen Sinn, der sich direkt von Aristoteles herleitet und das unmittelbare Erfassen des Gegebenen meint. Friedrich plädiert also nicht gegen den Aristotelismus, sondern rechtfertigt die Freiheit, die er sich gegenüber einer Autorität nimmt, deren Erfahrung nur eine aus zweiter Hand ist. Als Mann der Erfahrung oder Experte in einer bestimmten Kunst – der Falkenjagd – ist Friedrich also kein Experimentator. Und sobald er die Grenzen seiner Kunst verläßt, wird er wieder zu einem Fragenden.

Die wahre Größe Friedrichs liegt darin, daß er durch konkretes Handeln eine neue Kategorie geschaffen hat: die *philosophische Frage*.[13] Andere Monarchen haben Werke oder Übersetzungen in Auftrag gegeben, und zwar vom Standpunkt eines spezialisierten Lesers aus, der sich in einer bestimmten Kunst weiterbilden wollte: im Regieren der Menschen – man weiß, wie wichtig die *translatores* waren, die die Herrschaft Philipps des Schönen oder Karls V. geprägt haben. Friedrich hingegen gab sich nicht damit zufrieden, die Philosophen der Vergangenheit übersetzen zu lassen und zu lesen: er wandte sich an die Philosophen seiner Zeit und stellte ihnen Fragen, die ihn selbst umtrieben. Im Unterschied zu dem, was später die großen Könige Frankreichs so sehr beschäftigen sollte, waren seine Fragen keine politischen, sondern metaphysische. Die fünf Probleme, die er dem jungen muslimischen Philosophen Ibn Sabʿīn vorlegen ließ, haben unter diesem Gesichtspunkt die Bedeutung eines Manifestes:

– Der weise Aristoteles behauptet in allen seinen Schriften, daß die Welt von Ewigkeit her existiert hat. Kein Zweifel, daß er dieser Ansicht war. Indessen, welches sind, falls er es bewiesen hat, seine Beweggründe? Und wenn er es nicht bewiesen hat, worauf beruht seine diesbezügliche Überzeugung?
– Was ist das Ziel der theologischen Wissenschaft und was sind die notwendigen Voraussetzungen zu dieser Wissenschaft, wenn sie überhaupt Voraussetzungen hat?
– Welches sind die Kategorien des Seins und was ist ihre genaue Zahl? Sind es zehn, wie Aristoteles behauptet, oder fünf, wie Platon sagt?
– Welches ist der Beweis für die Unsterblichkeit der Seele? Und ist sie überhaupt unsterblich? Und wo befindet sich der weise Aristoteles im Gegensatz zu Alexander von Aphrodisias?
– Was bedeuten die Worte des Propheten Mohammed: Das Herz des Gläubigen ruht zwischen den Fingern des Barmherzigen?

Ewigkeit der Welt, Möglichkeit der Theologie, kategoriale Struktur des Seins, Möglichkeit einer persönlichen Unsterblichkeit, Existenz einer individuellen Seele, Verhältnis von Vernunft und Offenbarung, dies sind die Fragen, die ein deutscher Kaiser aus Italien einem jungen muslimischen Philosophen stellt. Eher unwichtig sind die recht vorsichtigen Antworten des Befragten.[14] Was festgehalten zu werden verdient, ist neben dem Wesen des Fragebogens das Sein des Fragenden: dessen Kaisertum beglaubigt den persönlichen Charakter der Fragen.

Wenn man daran zweifelt, daß es im Mittelalter Philosophen gab, so vor allem deshalb, weil man bezweifelt, daß es ein Bedürfnis nach Philosophie gegeben hat. Indem die humanistisch inspirierte Geschichtsschreibung die damalige intellektuelle Arbeit auf Textkommentare reduzierte und die Freiheit des Denkens auf die sterilen Spielchen karikierter Disputationen, hat sie die mittelalterliche Philosophie in zwei gleichermaßen eitle Beschäftigungen zerlegt: in den Ernst der *lectura* und den fehlenden Ernst der *disputatio*. Der Gedanke ist einfach: Wie hätte man philosophieren können, sollen oder auch nur wollen in einer Welt autoritativer Texte, die den Stoff einer professionellen Beschäftigung ausmachten, von dem man nur loskam, indem man über etwas anderes sprach? Friedrich beweist mit seinen philosophischen Fragen, daß diese nicht unvereinbar sind mit scholastischen Quästionen. Es sind wirkliche Fragen, die eine Antwort verlangen.

Die Aufrichtigkeit des Kaisers wird noch einmal deutlich in dem Brief, den er an seinen Lieblingsübersetzer Michael Scotus richtet, der für ihn übrigens auf seine Bitte hin verschiedene Werke „für Anfänger und andere ungeübte Geister" über Astronomie, Physiognomie und Zoologie verfaßt hatte, womit er einer allgemeineren Bitte des Kaisers nachkam: „das Feld der Gegenstände erweitern, um seinen Untertanen ein höheres Leben zu erschließen". So wie Friedrich es sah, setzte diese Erweiterung voraus, daß man kontroverse Gegenstände diskutierte. Die mit dem Aristotelischen Corpus verbundenen Fragen decken nicht das ganze Feld des möglichen Wissens ab – wenn man den Spielen entgehen will, über die einst ein Vives oder Rabelais spotten werden, muß man einen Schritt weiter gehen: hin zur Natur im ganzen. Die Natur ist das wahre Buch der Fragen.

Desgleichen reicht das übliche Verfahren der Diskussion – am Hof abgehaltene Disputationen – nicht aus: Man muß den einzelnen Wissenschaftler befragen. Nur unter dieser doppelten Bedingung kann eine Frage wahrhaft erörtert werden. Ausgehend von einem echten Wunsch, einer *libido sciendi*, muß man sich an ein Individuum wenden – eine kaiserlich-königliche Frage muß „gesellschaftlich" und „persönlich" zugleich gestellt werden, was sich in der außergewöhnlichen Verschränkung von *wir* und *mein* widerspiegelt, mit der der Brief beginnt:

> *Mein* teuerster Meister, *wir* haben oft gehört, wie Gelehrte auf verschiedene Weise Fragen und Lösungen erörtert haben, die sich auf Himmelskörper wie die Sonne, den Mond und die Fixsterne bezogen, desgleichen auf die Elemente, die Weltseele, die heidnischen und christlichen Völker sowie auf das übrige Erschaffene auf und unter der Erde wie die Pflanzen und die Metalle. Doch nie haben wir etwas über die Geheimnisse vernommen, die sowohl die Freuden des Geistes wie die Weisheit ausmachen: also zum Beispiel über Dinge, die mit dem Paradies, dem Fegefeuer oder der Hölle zu tun haben, oder auch mit der Grundlage der Erde und den Wunderbarkeiten, die sie in sich birgt. Daher bitten wir dich, du mögest uns aus Liebe zur Wissenschaft und aus Respekt vor unserer Krone die Grundlage der Erde erklären, nämlich wie hoch ihr fester Bestand über der Raumtiefe steht und wie diese Raumtiefe unter der Erde und ob da etwas anderes ist, was die Erde trägt, als Luft und Wasser, ob sie etwa auf sich selbst beruht oder auf Himmeln, die unter ihr sind; wie viele Himmel es gibt und wer ihre Lenker sind.[15]

Man weiß nicht, ob Michael Scotus mit seinen Antworten diesen Wissensdurst stillen konnte. Wichtig ist, daß sich im Kaiser vorausweisend ein Bedürfnis nach Philosophie bekundete, das dann in der Universität von Paris eine institutionelle Heimat fand. Tatsächlich hat die Pariser Universität in den sechziger Jahren des 13. Jahrhunderts den Traum des Staufers kollektiv verkörpert. Sein Sohn, der sich offiziell an sie gewendet hat, hat sich darin nicht getäuscht, als er ihr dankbar in einem Brief bestätigte, daß das im Süden Italiens dunkel erwartete Phänomen nun endlich Wirklichkeit geworden ist: die Renaissance der Philosophie im intellektuellen Zentrum der Christenheit.

Der Brief, den Manfred an die Magister der Pariser Artistenfakultät schrieb, ist ein wahres philosophisches Glaubensbekenntnis. Man hat viel über dieses Dokument spekuliert, das zuerst in einer bearbeiteten und fehlerhaften Fassung bekanntgeworden ist, als es 1566 als Brief Friedrich II. veröffentlicht wurde oder, genauer gesagt, als ein für den Kaiser von seinem Sekretär Petrus de Vinea aufgesetzter Brief. Die beiden Texte sind grundverschieden: Manfreds Brief ist in einem elaborierten Stil mit viel Redeschmuck geschrieben, der „Friedrichs" farblos und gleichsam systematisch verflacht – alles darin weist auf die Redaktion eines Ignoranten hin. Den Brief Friedrichs kann man vergessen, er ist einfach eine literarische Fälschung.[16] Sicher, diese mittelmäßige Bearbeitung hat die Nachwelt im Gedächtnis bewahrt – von ihr gibt es mehr als hundert Manuskripte, vom Originaltext dagegen nur ein einziges. Doch die Sanktion der Geschichtsscheibung ändert nichts an der Sache. Der Brief Manfreds ist ein wesentliches Dokument für die Geschichte der Idee der Philosophie; der unechte Brief Friedrichs ist nur ein weiteres der zahlreichen gefälschten Schriftstücke, die die Legende des „letzten Kaisers der Römer" begleitet haben.

Warum schreibt Manfred, der König von Sizilien, an die Magister von Paris? Um ihnen die Zusendung einer gewissen Anzahl von Übersetzungen aus dem Griechischen und Arabischen anzukündigen, die er ihnen zum Geschenk machen will, damit sie „deren Licht verbreiten". Eine politische Geste also, die ersten Anfänge der *Aufklärung.*

Manfred ist im buchstäblichsten Sinn des Wortes ein Herrscher der Aufklärung, denn für ihn ist die Philosophie „wie das Licht": Man muß sie „freudig ihr Licht ausbreiten lassen, damit ihre Klarheit immer weitere Kreise zieht". Die Verbreitung des Wissens ist die Hauptbedingung seines Wachstums. Indem er eine damals moderne Definition der Wissenschaft aufgreift, die um 1250 in Paris gut belegt ist, erklärt Manfred, daß das Wissen nur Fortschritte macht, wenn es „verbreitet oder verteilt", mit einem Wort: kommuniziert wird. Da er in seiner Jugend viel über die Bücher mit „unterschiedlichen Buchstaben" *(cyrographa)* nachgedacht hat, die den Reichtum der väterlichen Bibliothek ausmachten, will er diese Schätze nicht in ihren „Schränken" schlummern lassen. Er hat daher beschlossen, sie ins Lateinische übersetzen zu lassen, um sie dann in die Hände von Meistern zu geben, die in der Lage sind, den besten Gebrauch von ihnen zu machen.

Wie sein Vater holte auch Manfred Übersetzer an seinen Hof: für das Griechische Johannes von Messina; für das Arabische Stephan von Messina und Johannes von Dumpno. Einen besonderen Platz in dieser Werkstatt nahm die Astrologie ein. Auch wenn große Mittel aufgewendet wurden, ist es wenig wahrscheinlich, daß die Logik- und Mathematikbücher, die den Pariser Meistern versprochen worden sind, je übersetzt wurden. Der Tod des Königs am 26. Februar 1266 in Benevent hat auf jeden Fall verhindert, daß sie abgeschickt wurden.

Auch wenn Manfreds philosophisches Mäzenatentum ein frühes Ende fand, behält es doch seine Bedeutung und seinen Glanz. Der entscheidende Punkt hierbei aber ist das Vokabular. Der König schreibt an Magister der Freien Künste – das ist ihr Titel und ihre offizielle Funktion an der Universität; doch dies ist nicht das Wort, das er gebraucht, sondern er spricht von „Philosophen". Die Briefempfänger sind keine *artistae* oder – wie es in *La Bataille des sept arts* von Henri d'Andelys auf französisch heißt – *artien,* es sind „die Doktoren, die die Quadrigen des philosophischen Unterrichts lenken", die „illustren Schüler der Philosophie", die „durch den Dienst des Wortes die antiken Philosophen zu neuem Leben erwecken und durch die Lehre deren vergangenen Ruhm bewahren". Wie man deutlich sieht, sind die Magister, an die sich Manfred wendet, Magister der Philosophie.

Man könnte meinen, daß es sich hier nur um eine Redefigur handelt, die sich allein den Träumereien des Monarchen verdankt. Doch das Gegenteil ist der Fall. Manfred spricht nicht seine eigene Sprache, er spricht die neue Sprache der Magister; er verleiht ihnen nicht eine Würde, nach der sie nicht strebten, sondern bestätigt ihnen ein Prestige, das sie selbst für sich beanspruchten. Sein Brief ist gespickt mit biblischen Bildern, die alle von der Überlegenheit der Philosophie künden: sie „führt wieder auf den rechten Weg", „besänftigt die Macht und stärkt die Gerechtigkeit", „läßt die Samen der Tugenden Früchte tragen" und „öffnet die Wahrheit der Schrift" – womit hier die des Aristoteles gemeint ist, nicht die Heilige Schrift (trotz der entsprechenden Formulierung in Lukas 24,32). Sie, die Philosophie, hat Manfred „geliebt und gesucht von seiner Jugend auf" – nicht die göttliche Weisheit, die von Salomo an der entsprechende Stelle in Sapientia 8,2 gepriesen wird. Der Brief Friedrichs, dessen Lesart hier etwas vom Urtext bewahrt zu haben scheint, fügt sogar hinzu: „in ständiger Freude rieche ich den Duft deiner Salbe", wiederum in leichter Abwandlung eines heiligen Textes (hier Hoheslied, 1,3).

Ein metaphorischer Stil, doch die Metapher hier ist wahrhaft grundlegend, sofern sie mit der systematischen Abwandlung der Heiligen Schrift die neue Würde der Philosophie begründet. Eine Metapher, doch im präzisen Sinn einer „Übertragung der Legitimität", die ihren figuralen Ausdruck findet in der Verschiebung von Prädikaten der christlichen Weisheit auf die Wissenschaft der Philosophen.

Diese Verschiebung aber ist keine Marotte Manfreds, sondern eine Art Selbstpräsentation und Selbstbehauptung der Philosophie, die um 1260 an der Pariser Universität im Schwange war. Kühn ins Werk gesetzt wird diese Gleitbewegung in der um 1265 verfaßten *Philosophia* Aubrys von Reims, wo man auf eine ganze Reihe geregelter Transformationen stößt: Die Schmähreden im Buch der Weisheit und in den Psalmen gegen die „Gottesleugner" werden auf die „Verächter der Philosophie" übertragen; die Braut des Hohenlieds ist nicht die Göttliche Weisheit oder die Jungfrau Maria, sondern die Philosophie – sie, und nicht Maria, sitzt zur Rechten Gottes, ihr auch werden in einer Art Litanei alle Titel beigelegt, die sonst die Jungfrau trägt: sie ist die Leiter der Tugenden, der Glanz der

Heiligkeit, das Maß der Gerechtigkeit, der Spiegel der Jungfräulichkeit, das Muster der Keuschheit, das Ehebett der Scham und Sittsamkeit. Die magistrale Definition der Philosophie – *magistraliter diffinitur sic* – wird stillschweigend eingeschmuggelt durch die Verschiebung und Collage von Texten der Liturgie. Die Gewalt des Buchstabens erreicht hier ihr Maximum: ein Manifest präsentiert sich in kontinuierlicher Verhüllung.

Dieses Lob der Philosophie wird im Klartext, das heißt in philosophischen und philosophisch expliziten Ausdrücken fortgesetzt von Boethius von Dacien in seinem Traktat *Vom höchsten Gut oder vom philosophischen Leben,* wobei die Inspirationsquelle diesmal Averroes ist: „Philosoph nenne ich jeden Menschen, der wahrhaft nach der Ordnung der Natur lebt und der sich dem besten und höchsten Ziel des menschlichen Lebens verschrieben hat."[17]

Manfred spricht eher die Sprache Aubrys als die des Boethius; er befindet sich noch in der unterirdischen Phase des neuen Geltungsanspruchs. Doch das Prinzip einer Übertragung, die von der Heiligen Schrift zu den *litterae* übersetzt und von der idealen Gestalt der Jungfrau zur idealisierten Gestalt der Philosophie, bekommt durch seine Königswürde gleichsam die höheren Weihen. Manfred ist also nicht bloß ein Fragender, er ist ein Akteur des Wandels, der eine Bewegung begleitet und unterstützt, die die Kirche auf zwei Weisen aufzuhalten versucht: indem sie in Paris die Thesen der Philosophen verurteilt und indem sie Karl von Anjou, den Bruder Ludwigs des Heiligen, nach Italien schickt, um dort das Königreich Sizilien zu erobern.

Die Schule der Zensur oder: Ist ein Philosoph im Saal?

In Paris hatten um 1260 einige Lehrer der Freien Künste begonnen, sich selbst als „Philosophen" zu begreifen und auch so zu nennen, und sie waren es, an die Manfred sich wandte. Anknüpfend an die Ideale der Spätantike, aber in Kenntnis all der Veränderungen und Entwicklungen, die sich der islamischen Welt verdankten, haben diese *professionellen Denker* neue Existenzweisen, neue Lebensregeln, neue Antworten und vor allem neue Fragen entworfen, formuliert und durchgesetzt. Als Aristoteliker haben sie den Aristotelismus wiederbelebt, aber einen „peripatetisierten" Aristotelismus, der durchdrungen war von Neuplatonismus, arabischer Wissenschaft und nicht zuletzt von Astrologie. Die kirchliche Autorität, die bereits mehrfach versucht hatte, die Verbreitung des Aristoteles zu verhindern, hatte es folglich nicht mehr bloß mit einer Lehre oder einem Corpus zu tun, sondern mit einer Gruppe, die ihren Platz in der Institution hatte und ihn auch behalten wollte. Auf den Weg gebracht von Papst Johannes XXI. – dem vormaligen Logiker Petrus Hispanus –, wuchs sich der Gegenangriff zur größten universitären Zensur aus, die das mittelalterliche Abendland je erlebt hat: zu den *Verurteilungen von 1277.*

Eine Zensur hat nie eine gute Presse. Die „theologische Reaktion" des Bischofs von Paris, der nominell für die antiphilosophische Maßnahme verantwortlich war, wurde lange Zeit als bloße Gegenoffensive des gekränkten Glaubens angesehen, zusammenhanglos in der Form und beschränkt im Gehalt. Die verurteilten Thesen bildeten dennoch ein vollständiges, polemisch-kohärentes, mit einem Wort: *vernünftiges* System mit zahlreichen Vorbehalten, Anspielungen und Implikationen, das sowohl ein Phantombild des „Philosophen" lieferte wie auch die Liste seiner angeblichen Vergehen – mochten es solche der Vergangenheit, der Gegenwart oder, am wichtigsten, solche *der Zukunft* sein. Zum ersten Mal wurde die Philosophie nicht mehr abstrakt als „eitle Neugierde" betrachtet, als eine Art Parasit am Geist der Kleriker, sondern konkret als ein gegliedertes Ganzes von Urteilen über die Welt, über die Stellung des Menschen in ihr sowie über die Ethik, die sich daraus ergab.

Viele Historiker, denen es nicht gelang, die Unruhestifter – die wahren Vertreter der verurteilten Thesen – ausfindig zu machen, haben dafür die Unzuverlässigkeit oder Dummheit der Zensoren verantwortlich gemacht, wenn sie nicht einfach meinten, hier sei im großen Stil etwas „zusammengestückelt" worden. Da man die Schuldigen nicht nennen konnte, hat man gefolgert, daß es kein Vergehen gegeben habe. Damit aber hat man das Wesen der Zensur völlig verkannt.

Eine kollektive Bestrebung war im Begriff, sich Bahn zu brechen, doch die universitären Wortführer konnten ihr kein klares Programm geben, weil dies institutionell nicht in Frage kam: die Artistenfakultät war keine Philosophenschule; ein wirkliches Scheitern aber war dies nicht. Was man nicht klar sagen konnte, ließ sich stillschweigend andeuten bzw. anders sagen. Man konnte durch die Blume sprechen oder, Gipfel der Lust, indem man sinnentstellend zitierte. Der Zensor mußte also zuerst einmal das philosophische Ideal entdecken, um den Philosophen zu zwingen, Farbe zu bekennen. Eben dies hat Stephan Tempier zu tun versucht. Das Paradox ist, daß die Krankheit, nachdem das Symptom beschrieben worden war, tatsächlich ausbrach, ansteckend wurde und zum Teil die Universität verließ, um sich unter anderen Namen in der Welt zu verbreiten. Ein doppelter Fehlschlag also, aber ein merkwürdig schöpferischer, der zumindest zeigt, daß die Diagnose richtig war.

Denn den Wunsch nach einem neuen Leben gab es wirklich; eine *andere* Vorstellung von Liebe und Glück, ein spezifisch mittelalterlicher Humanismus brachen sich Bahn, und sie zogen zwangsläufig eine Revision, eine Umwertung althergebrachter Werte nach sich: Enthaltsamkeit und Keuschheit, Seelengröße und Demut, Adel, Armut und Glückseligkeit, alles wechselte das Vorzeichen oder die Bedeutung.

Anklänge an Askese, Schicksal und Freiheit gaben der Idee einer gänzlich dem Denken gewidmeten Existenz einen bislang unbekannten verführerischen Glanz. Eine andere Theologie, ein anderes System für die Verbindung von Seele, Welt und Gott, machte der christlichen Theologie das Terrain streitig: Nach Jahrhunderten der Abwesenheit erschien die Idee eines philosophischen Heils wieder auf dem Plan.

Aber, so wird man einwenden, wo nehmen Sie das alles her? Wo sind denn diese „Intellektuellen" voller „Seelengröße", die sich einem so komplexen Ideal verschrieben haben, daß man den ganzen Aristoteles mitsamt seinen wichtigsten griechischen Trabanten und fast allen seinen arabischen Nachfolgern durcharbeiten muß, um es zu verstehen – und dann auch noch auf bloße Andeutungen hin? Werden hier nicht, wie so oft, wenn es ums Mittelalter geht, die passenden Menschenleben zu Textcollagen hinzuerfunden? Vielleicht, doch diese Fiktions-Philologie ist nicht unser Fehler: Stephan Tempier ist uns vorangegangen.

Sagen wir es ganz klar: Wir können noch so lange durch das Teleskop auf die Lebensbedingungen der Pariser Magister um 1260 schauen, die Geburt der „Intellektuellen" werden wir so nie beobachten. Gewiß, es gibt wirkliches materielles Elend, ganze Kataloge von Forderungen und Jeremiaden und Schmähreden bis zum Überdruß. Dies lehrt uns freilich nichts, was wir nicht schon wüßten: Den Intellektuellen erkennt man an einer gewissen, völlig einzigartigen Diskrepanz zwischen dem, was er gibt, und dem, was er erhält. Gleichwohl liegt das Wesentliche nicht in den Existenzschwierigkeiten und der damit verbundenen Verbitterung – in dem also, was Eberhard der Deutsche so schön in seinem *Laborinthus* beschrieben hat, dieser grundlegenden und definitiven Schilderung des Lehrberufs, wo fast jede Zeile Schlagwortcharakter hat: „Paris, ein Paradies für die Reichen, eine Hölle für die Armen"; „Der Schulmeister ist der Sklave seines Amtes"; „Und all das, für welchen Lohn?"; „Was die Kollegen angeht, reden wir nicht davon!" ...

Das Wesentliche erschließt sich nicht über eine Soziologie des Berufsdenkers, sondern liegt in dem von ihm ersonnenen Berufsethos und in der Weise, wie es aufgenommen wird – oft kritisch, zuweilen nachahmend. Diese Kritik soll hier zum Zeugen genommen werden, aber auch diese Nachahmung. Die erstere, weil sie uns erlauben wird, das Ideal präzis zu umreißen, die letztere, weil sie uns etwas darüber lehren wird, wie sich ein unverwirklichtes Ideal mitunter allein durch Sprachgewalt in ein Modell verwandeln kann.

6 GESCHLECHT UND MUSSE

Der Sohn von Konisalos und Jean-Pierre Mocky

Ein losgelassener Art-Director verziert den Unterleib eines Engelchens mit einem steifen Glied: Die Menge ist entrüstet, Jean-Pierre Mocky, für dessen Film *Il gèle en enfer* das fragliche Plakat wirbt, wird ausfällig, man spricht von Zensur, tugendhafte Bürger verteidigen lautstark die Unantastbarkeit der Engel. Vor Gericht hat der „Kreative" seine Antwort gleich zur Hand: „Das ist die Rückkehr des Mittelalters!"

Vergessen wir die Anekdote dieses Filmplakats, das sich höchstens an der barocken Ästhetik vergriffen hat. Muß man daran erinnern, daß dem Mittelalter alles Rokokohafte wie Muschelwerk, Girandolen und sonstiger Schwulst völlig fremd war? Die Kühnheit, einen Engel erigieren zu lassen, dem ansonsten alle anatomischen Attribute der Männlichkeit fehlen, sollte den Bürger provozieren; doch in Erstaunen geraten wird darüber höchstens ein Entwicklungsphysiologe. Im Grunde ist es eine Comic-Marketing-Technik, deren Transgressionspotential unter dem der Erfindung von Schlumpfinchen liegt. Man braucht schon ein gerüttelt Maß an libertärer Naivität, um zu meinen, man könne so für einen Skandal sorgen, der längere Zeit im Gedächtnis haften bleibt. Der eigentliche Skandal liegt ohnehin woanders: in der historischen Ignoranz, den philosophischen Platitüden und rhetorischen Floskeln, die die von diesem Plakat ausgelösten Diskurse beherrschen, in dem unausbleiblichen, ebenso massiven wie lächerlichen Rekurs aufs Mittelalter, sei's als Stätte der Finsternis, sei's als Hort der Tugend.

Und komme man uns hier nicht mit dem „Geschlecht der Engel" als einem angeblich scholastischen Problem! Die Tradition, an die man hier, vielleicht ohne es zu wollen, anknüpt, ist die des Priaposkindes, die des *divus minor* und der ithyphallischen Gottheiten, die Tradition von Konisalos, Tychon und Orthanes, nicht die der „Throne", „Mächte" oder „Herrschaften". *Simulacrum Priapi statuere,* eine Statue des Kinds mit dem aufgereckten Glied aufstellen, das tat 1268 der zisterziensische Laienbruder aus der *Chronik von Lanercost,* um die Herden vor Epidemien zu schützen. Und mit der gleichen Kühnheit hat unser zeitgenössische *paysan de Paris* an jeder Straßenecke dieses verblüffend archaische Bild angebracht: den Sohn von Konisalos und Jean-Pierre Mocky.

Wenn es eine Dunkelmännerepoche gibt, dann die, wo man das Übernatürliche mit dem Surrealismus verwechselt. Wer ein Engelchen, das sonst für Babynahrung oder Seife wirbt, mit einer *terza gamba* versieht, spielt mit den Ikonen der Einkaufszentren, verpaßt der Mona Lisa einen Schnäuzer, kurz, er konsumiert und manipuliert Zeichen. Die Menschen des Mittelalters aber sahen die Engel nicht mit den Augen eines Werbegraphikers, und sie verwechselten auch nicht die Angelologie mit der Kinderpsychiatrie. Für einen mittelalterlichen Denker ist jede bildliche Darstellung ein Götzenbild, ein Idol. Ich lasse hier also bewußt die Ikonographie oder besser Idolographie des Unsichtbaren beiseite. Nur im Denken (und bis zu einem gewissen Punkt – über den man hinaus muß – im Traum und in der Vision) hat man es wahrhaft mit dem Engel zu tun, alles vom Menschen Fabrizierte reicht nie an ihn heran. In dem Raum, in dem sich ein Philosoph des Mittelalters bewegt, ist der Einbruch des Transzendenten ein Ereignis des Denkens, dessen absolut notwendige Voraussetzung die Aufhebung und Überwindung des Engels ist. Wer die Beziehung zum Göttlichen im Umkreis des Symbolischen beläßt, kehrt zurück zur Theurgie, vergeht sich an der Position, die Gott im Mittelalter innehatte. Das Bild, die Statue, das Porträt Gottes als *quidam* sind nur eine erste Annäherung, die überwunden und vernichtet werden muß in der inneren Sammlung der höheren Seelenkräfte. Die vollständige Vergegenwärtigung Gottes ist negativer Natur. Das Göttliche erweist sich in sich selbst als Nichtseiendes: es stellt sich nicht vor. Wenn es sich selbst nicht vorstellt, hat auch das Denken es sich nicht vorzustellen. Wer das Wesen der göttlichen Unvorstellbarkeit verkennt, verfehlt den Kern des theologischen Denkens des Mittelalters.

Die Liebe und die Ehe

Bleibt die Frage nach dem Geschlecht und seinen wandelbaren Erscheinungsformen, angefangen von der „Misogynie Gottes" bis zur Erfindung des „christlichen Körpers". Jedermann weiß hier, woran er sich zu halten hat: Das Mittelalter ist ein Theologenzeitalter, folglich ist es enkratisch, das heißt enthaltsam; es verdammt den Körper und die Sexualität – so die gängige Meinung, bei der man nicht mehr weiß, wo und durch wen sie eigentlich aufkam, deren Erfolg aber mindestens so groß ist wie ihre Vagheit.

Die Enkratiten, Schüler von Tatian, waren Mitglieder einer kleinasiatischen Sekte, die im 2. Jahrhundert auftauchte und zu Beginn des 5. Jahrhunderts wieder verschwand. Sie waren radikaler als man meint, denn sie lehnten nicht nur das Sexualleben ab, sondern verurteilten auch die Ehe. Die Annäherung der Lebensführung verheirateter Paare an Ehebruch und Sünde war jedoch nicht bloß ein kurioser Einfall dieser Sekte, sondern durchaus kennzeichnend für Teile der Patristik. War sie auch christlich, das heißt paulinisch? Das ist eine andere Frage.[1]

Die im 1. Korintherbrief formulierte Ehelehre des heiligen Paulus zerfällt in zwei Teile.

Der erste macht aus der Ehe und dem ehelichen Geschlechtsverkehr einen hypothetischen Imperativ, eine kluge Maßnahme, die es erlaubt, das Wesentliche zu retten: die Zeit zum Beten und eine Freiheit, die als notwendige Bedingung erachtet wird für die Verwirklichung des menschlichen Daseins, verstanden als „Sein-zu-Gott".

Entziehe sich nicht eins dem andern, es sei denn mit beider Bewilligung eine Zeitlang, daß ihr zum Beten Ruhe habt; und dann kommt wiederum zusammen, auf
daß euch der Satan nicht versuche, weil ihr euch nicht enthalten könnt. Solches sage ich aber als Erlaubnis und nicht als Gebot. Ich wollte wohl lieber, alle Menschen
wären, wie ich bin; doch ein jeglicher hat seine eigene Gabe von Gott, einer so, der
andere so. Den Ledigen und Witwen sage ich: Es ist ihnen gut, wenn sie auch bleiben wie ich. Wenn sie aber sich nicht können enthalten, so laß sie freien; es ist besser freien als von Begierde verzehrt werden.

Der eheliche Geschlechtsverkehr ist demnach ein Mittel, um sich vor der Versuchung zu schützen, vor der verzehrenden Begierde, die den Geist plagt und um-
nebelt, er soll die freie Verfügung über die Zeit garantieren. Um den Preis eines
Zugeständnisses soll eine innere Freiheit gerettet werden, die von der Begierde
nach Unenthaltsamkeit mehr bedroht wird als von der Unenthaltsamkeit der Begierde. Somit gibt es einen guten Gebrauch des Geschlechts – denjenigen Mau-
riacs –, im Wechsel mit dem Gebet, und eine sexuelle Alternative zum Gesetz der
Begierde, die Ehe.[2]

Die zweite These trennt klar zwischen dem Ehestand und dem Stand der
Sünde, stellt aber zugleich heraus, daß die Ehe einen keinesfalls aller Sorgen ent-
ledigen und die Seele nicht auf Dauer vor dem verzehrenden Feuer schützen kann
– vor einem anderem Feuer als dem der Begierde, das aber noch schrecklicher
und quälender, mit einem Wort mächtiger ist, nämlich das des ehelichen „Alltags". Paulus zufolge sind Mann und Frau, sind sie erst einmal verheiratet, ständig „gespalten" zwischen zwei Aufgaben, da sie sich zugleich um den „anderen"
kümmern und weiterhin Gott gefallen müssen. Der anfänglich therapeutisch gedachte Wechsel scheint sich so in einen inneren Widerspruch zu verwandeln, in
ein Hin-und-Hergerissensein zwischen zwei „widersprüchlichen Forderungen".
Die Ehe, von der der Apostel anfangs meinte, sie könne den inneren Frieden ermöglichen, zumindest aber einen auf Befriedung ausgerichteten Zustand, erweist
sich als ein Trugbild: Die Befriedigung einer ständig wiederkehrenden, aber
überwindbaren Begierde wird am Ende nichtig angesichts einer permanenten und
unüberwindlichen – weil strukturellen – „Sorge" oder „Unruhe", die zum Teil
mit der Begierde zusammenhängt, mehr aber mit den „Dingen der Welt", der
„leiblichen Trübsal".

Wenn du aber doch freist, sündigst du nicht, und wenn eine Jungfrau freit, sündigt
sie nicht; doch werden sie leibliche Trübsal haben. [...] Ich möchte aber, daß ihr
ohne Sorge seid. Wer ledig ist, sorgt um des Herrn Sache, nämlich wie er dem
Herrn gefalle; wer aber gefreit hat, der sorgt um die Dinge der Welt, nämlich wie er
der Frau gefalle, und so ist er geteilten Herzens.

Potentiell konnte die paulinische Ehe so zu einer diabolischen Therapie werden,
mit einem Resultat, das dem erwarteten strikt entgegengesetzt war. Tatsächlich
ließ das Nebeneinander beider Thesen kaum Hoffnung. Wenn der Mann heira-
tete, um nicht mehr „von Begierde verzehrt zu werden", das heißt um nicht mehr
unter dem Mangel an Geschlechtsverkehr zu leiden, so brachte die Ehe ihn dazu,
sich übermäßig um das Objekt zu kümmern, das imstande war, seine Begierde zu

befriedigen und den Fortbestand seines Stammes zu garantieren. Einmal zum Widerspruch geworden, erwies sich der Wechsel zwischen gemeinschaftlichem und göttlichem Leben als zerstörerisch, und von hier aus war es nur noch ein Schritt bis zur Gleichsetzung von Ehe und Ehebruch. Eben dies taten die Enkratiten und, außerhalb dieser Sekte, eine gewisse Anzahl von Kirchenvätern, angeführt von Hieronymus.

Doch muß man deshalb das mittelalterliche Denken auf das patristische reduzieren? Daß es zwischen Patristik und Scholastik eine Kontinuität gibt, ist evident: Die Theologie des Mittelalters hat einen Gutteil ihres theoretischen Apparats aus derjenigen der Kirchenväter übernommen. Doch schloß dies Umbesetzungen und Brüche nicht aus. Und, wichtiger noch, im Grunde ist diese Kontinuität ungleichmäßig verteilt und polymorph: sie variiert nach Gattungen und Situationen. Man kann einen mittelalterlichen Text nicht als ein „beliebiges" Dokument lesen, das heißt indem man sowohl den institutionellen Ort des Denkens als auch seinen literarischen Anlaß ausklammert.

Da es ab der zweiten Hälfte des 13. Jahrhunderts zu einer Pluralisierung des Diskurses über die Sexualität kommt, insbesondere im Gefolge des „Streits der Fakultäten", darf man die Kategorie einer „enkratischen Mentalität" nicht undifferenziert auf das Mittelalter als solches applizieren. Überdies ist zu bedenken, daß es auch innerhalb der einzelnen Disziplinen – in Theologie und Philosophie – sehr unterschiedliche Standpunkte gab.

Man wird sicher nicht erwarten, daß ein Magister der Theologie, wenn er den 1. Brief an die Korinther kommentiert, eine Apologie der freien Liebe liefert, aber umgekehrt darf man aus der Entdeckung freigeistiger oder libertärer Schriften nicht folgern, daß es einen von jeglicher Theologie freien literarischen oder philosophischen Raum gab.

Die Autoren des Mittelalters sind groß darin, die Attribute einer heiligen Person oder narrative Programme („Gemeinplätze") aus einer Textsorte in eine andere zu verschieben. Das Profane geht oft aus einer stillschweigenden Profanierung hervor: Bei Aubry von Reims ist die Übertragung der Marienlitaneien auf die Philosophie ein gutes Beispiel dafür. Ein anderes Beispiel liefern die Theoretiker und Theoretikerinnen des *amor curialis* (der höfischen Liebe), wenn sie die Kritik an sexuellen Verlockungen (die von der enkratischen Interpretation des 1. Korintherbriefes stigmatisiert worden waren) umfunktionieren zu einer hochmütigen Kritik am Alltagsleben (wie sie von Paulus selbst angedeutet wurde).

Um die intellektuellen Mentalitäten des Mittelalters zu begreifen, muß man lernen, die Pluralität von Aussagetypen und Äußerungsarten zu respektieren, muß von basalen Tendenzen ausgehen, um diese danach detaillierter zu erfassen. Die Gleichsetzung von Ehe und Ehebruch oder, spezifischer, die Kritik am ehebrecherischen Gebrauch der Ehe, ist bei den mittelalterlichen Theologen recht häufig belegt; dennoch sollte man nicht vergessen, daß zur gleichen Zeit der Ehebruch auch höher als die Ehe angesiedelt wurde, und zwar im Namen der Souveränität einer Liebe, die die Ehe nicht verwirklichen, zum Teil nicht einmal gutheißen konnte. Der Gedanke, daß die Liebe ihre Wahrheit außerhalb der ehelichen Bande erreichen könnte, ist ein ebenso „typisch mittelalterlicher" Gedanke wie der, der aus der Ehe ein schwaches und ungewisses Heilmittel gegen die Verlockungen des Fleisches macht.

Die Alternative ist es wert, festgehalten zu werden: In diesem speziellen Diskurs hat scheinbar niemand daran gedacht, in der Ehe die volle Verwirklichung der Liebe zu suchen. Die freie Liebe ist nicht die Ausschweifung; die Prädikate des oder der Geliebten sind dieselben, die von modernen Christen, für die Sex nur in der Ehe denkbar ist, den Eheleuten beigelegt werden: Selbstachtung, Seelenadel, Redlichkeit, Wert der Person. In einer extremen Version läuft dies auf die Forderung hinaus, man solle außerehelich mit denen schlafen, die es offentsichtlich wert sind, geheiratet zu werden, und dies auch wurden oder noch werden ... nur eben von anderen. Außerhalb der Ehe eine „passende Person" zu lieben ist eine Maxime, die eine nächtliche Kultur der Liebe begründet, deren Tagseite die „höfische Liebe" ist. Das ist nicht das ganze Mittelalter. Es ist ein bemerkenswerter Teil, den man zu begreifen versuchen sollte, bevor man ihn seinerseits perspektiviert. Die heutigen „Traditionalisten" und „Progressisten" täten gut daran, sich dies ganz genau anzuschauen, bevor sie eine tausendjährige Geschichte in die Schlagworte ihrer Kontroversen pressen.

Frauenworte

Dulcius mihi semper existit amicae vocabulum ... aut concubinae vel scorti. Lieber die Freiheit als die Bande und Zügel der legitimen Liebe. Für die Liebe gibt es besseres als die Gattin: es gibt die Freundin, die Konkubine oder die Hure. Das Eheleben tötet die Liebe. In den Augen des Philosophen ist es der Triumph der Sinnlichkeit (des Alltagslebens) über den Intellekt (das Leben des Geistes). Die Ehe ist kein Refugium, kein geschützter Ort, sie ist nicht einmal ein Laboratorium der Passionen, sondern ein Hemmschuh des Denkens. Durch sie wird das Geld zur wichtigen Größe: Die natürliche Dimension des *conjugo* ist nicht die Subversion des Begehrens, sondern die Suche nach der Subvention. Wer aber die Bedürfnisse einer Familie subventioniert, verläßt die individuelle Ordnung und verzichtet auf die intellektuelle Freiheit, die allein die Unabhängigkeit des Geistes begründet.

> Wie soll man sich mit gleicher Sorgfalt um eine Ehefrau und um die Philosophie kümmern? Wie soll man Vorlesungen und Mägde, Bibliotheken und Wiegen, Bücher und Spinnrocken, Federn und Spindeln unter einen Hut bringen? Wie soll, wer sich theologischen oder philosophischen Meditationen hingeben muß, Säuglingsschreie, Wiegenlieder, das geräuschvolle Treiben männlichen und weiblichen Gesindes ertragen? Wie kann er den ständig von kleinen Kindern erzeugten Schmutz dulden? Das können die Reichen, die sich in ihren üppigen Palästen nicht um die Ausgaben scheren müssen, die nicht tagtäglich von materiellen Sorgen gekreuzigt werden. Doch das sind nicht die Lebensbedingungen der Philosophen, und wer sich über Geld und materielle Sorgen Gedanken machen muß, kann sich nicht seinem theologischen und philosophischen Werk widmen.

So im 12. Jahrhundert die Worte einer Frau – Heloise –, die als künftige Nonne eine radikal antimatrimoniale Ansicht von der philosophischen Existenz hat. Zu diesem Text, den er erstaunlich findet, merkt J. Le Goff an, daß „trotz allem auch etliche Autoritäten diese Haltung unterstützen und die Heirat des Weisen verurteilen" – insbesondere der heilige Hieronymus und Cicero.[3] Dabei vergißt er jedoch, daß dieses Bündnis (ein Kartell aus Kirchenvater und Philosoph!) einigermaßen unpassend wirkt. Und vor allem vergißt er den heiligen Paulus. Was er übersieht, ist die skandalöse Methapher, die den ganzen *Brief* von Heloise an Abaelard trägt: hier wird nämlich die paulinische Lehre von der *Sorge*, die ursprünglich für den Christen galt, auf die Person des Philosophen übertragen. Eine einzigartige und entscheidende Übertragung, an die später die *Intellektuellen* des 13. Jahrhunderts, nachdem die Ethik des Aristoteles bekanntgeworden ist, mit weniger Eloquenz zwar, aber ebensoviel Bestimmtheit anknüpfen werden.

Ein weiteres Frauenwort findet sich ein Jahrhundert später im Dialog *Nobilior nobili* des *De amore* von Andreas Capellanus. Auf die Frage: „Kann es zwischen Eheleuten Liebe geben?" antwortet die Gräfin Marie de Champagne: Besser, man lebt als freies Liebespaar, als daß man sich durch die Ehe *(coniugium)* in dasselbe Joch *(iugum)* spannen läßt. Es fehlt ihr nicht an Argumenten.[4]

In der Ehe ist die Zärtlichkeit eine rechtliche Pflicht und Notwendigkeit *(per rationem necessitatis et ex debito)*; zwischen zwei Liebenden dagegen wird „alles aus freiem Antrieb gespendet" *(gratis omnia largiuntur)*. Die Ehe ist gleichzeitig ein legaler, gesellschaftlicher Stand und ein Naturzustand, der dem Gesetz der Natur untersteht; die außereheliche, das heißt die „illegale" Liebe ist ein Stand der Gnade und der von Berechnung freien Freigebigkeit, der über der Natur angesiedelt ist. Es ist der Gegensatz zwischen Pflicht und Schuldigkeit auf der einen und Neigung und Gabe auf der anderen Seite. Redlichkeit und echte Gefühle sind in der Ehe nicht zu finden, wo alles berechnet, gefordert, eingeklagt und gewogen wird; außerhalb der Ehe dagegen gehen Redlichkeit und Liebe, Generosität und Güte Hand in Hand. Überdies hat die Eifersucht, die für die Liebe wesentlich ist, in der Ehe keinen Ort, während sie sich in der freien Liebe ungehindert entfalten kann.

Und auch diese überraschende Apologie endet mit einer souverän gehandhabten Kasuistik, mit einer anderen Übertragung: da es nun einmal so ist, daß „man der Ehe wegen nicht auf die Liebe verzichten kann" *(causa conjugi ab amore non est excusatio recta)*, wird die Liebe ihren Platz in der freien Liebe finden – heißt es nicht schon im Evangelium klar und deutlich, daß *man nicht zwei Herren dienen kann?*

Aus diesen beiden Beispielen – auch wenn sie grundverschieden sind – ersieht man gut, wo das Philosophieren seinen wirklichen Ort hat. Für Heloise ist die Ehe ein epistemologisches Hindernis, das der wahren Philosophie im Wege steht; für Marie de Champagne ist sie ein Ort, wo dem freien Liebesaustausch Fesseln angelegt werden, und das philosophische Wort und Paradox hat die Aufgabe, ihn wieder zu entfesseln. Gleichwohl sind weder Heloise noch Marie „Philosophen im mittelalterlichen Sinn des Wortes".

Man muß sich also nach diesem Präludium fragen, was die Berufsphilosophen, die „Intellektuellen" zu sagen haben. Nehmen wir den kürzesten Weg, und hören wir den Zensor.

Rue du Fouarre

Am 7. März 1277 verbot der Bischof von Paris, Stephan Tempier, die Lehre und Verbreitung von 219 Thesen. Im Prolog zu seinem Syllabus, gemäß dem damals in Paris gebräuchlichen Osterkalender auf 1276 datiert, gibt er die Quelle der von ihm verurteilten Aussagen nicht an.[5] Mit einer großen Ausnahme: dem *De amore* des Andreas Capellanus, dessen Titel zu Beginn eines Absatzes genannt wird, in dem die ungebundene Liebe rhetorisch den Raum für alles öffnet, was gefährlich ist – Nekromantie, Zauberei, Teufelsanrufungen und andere „Beschwörungen".

> Wir verdammen mit demselben Urteilsspruch auch das Buch *Über die Liebe* oder *Der Liebesgott*, das so anfängt: *Cogit me multum,* etc., und das so endet: *cave igitur Galtere, amoris exercere mandata.* Ferner verdammen wir das Buch über die Geomantie, das mit den Worten beginnt: *Estimaverunt Indi* und das endet mit den Worten *ratiocinare ergo super eum, et invenies,* etc. Genauso verurteilen wir Bücher, Schriftrollen oder Hefte, die von Nekromantie handeln und die Gebräuche von Zauberern, Teufelsanrufungen oder seelengefährdende Beschwörungen enthalten, oder in denen derartige Dinge behandelt werden, die offensichtlich dem rechten Glauben und den guten Sitten zuwiderlaufen.

Die Verurteilung des *De amore* zielt auf eine um 1270 beim Pariser Publikum weit verbreitete Schrift. Dieser Text, den viele Historiker, nicht ohne Übertreibung, zu einem „Manifest der Libertinage" erhoben haben, war nicht das Werk eines Philosophen. Dennoch hat er offenbar die Gemüter zwischen dem Petit-Pont und der Rue du Fouarre so sehr bewegt, daß der Bischof es für nötig hielt, ihn namentlich anzuprangern.[6]

Jedermann weiß, was „die Familien über die Welt der Studenten denken": Man verbringt mehr Zeit in den Cafés als in den Bibliotheken – ein alter Vorwurf, der sich im Mittelalter besonders gut illustriert findet. Bevor wir uns dem Diskurs des Zensors widmen, sollte ein für allemal mit der Scholarenlegende aufgeräumt werden.

Die Studenten des 13. Jahrhunderts haben bei ihren Zeitgenossen keinen guten Ruf. Es sind Randalierer, Freunde des Weins und der Dienstmädchen, die ihren Vater ruinieren und die Mutter betrüben, es sind Rumtreiber, die ständig nach dem nächsten Abenteuer suchen, „Rebellen ohne Motiv", denen zeitbedingt nur noch die passende Zigarre fehlt.

Der Sohn eines armen Bauern kommt nach Paris, um etwas zu lernen: sein Vater, nur damit sein Sprößling sich Ruhm und Ehre erwerben kann, ruiniert sich fast für ihn und verkauft ein oder zwei Morgen Land. Nachdem der Sohn in Paris angekommen ist, wo er seine Schuldigkeit tun und ein anständiges Leben führen soll, verwandelt er das mühsam mit dem Pflug Erworbene in Prunk und Tand. Er streunt durch die Straßen, immer auf der Suche nach einem schönen Zeitvertreib. Sein Geld wird knapp, die Kleidung fadenscheinig; und alles muß noch einmal von vorn beginnen. Statt des härenen Gewandes trägt er ein Kettenhemd, und er spricht dem Wein zu, bis er betrunken ist.

Glaubt man gewissen Dokumenten aus der damaligen Zeit, so kamen die Philosophenlehrlinge nie zum Philosophieren – der Spaziergänger der Kulturgeschichte mag sich hierüber freuen, denn wenigstens etwas hat bereits das Mittelalter erfunden: den Scheinstudenten. Wie in einem nicht jugendfreien Samstagabend-Film stößt man überall auf erschreckende Bilder, sieht „Studenten", die ein Anatomiehandbuch der Bibel vorziehen, eine „ordentliche Prügelei" dem geordneten Disput und die sexuelle Ausschweifung der *Ars amatoria*.

Der Student der *artes* läuft des Nachts bewaffnet durch die Straßen, tritt Häusertüren ein und erfüllt die Gerichtssäle mit dem Lärm seiner Auftritte. Täglich sagen billige Huren *[meretriculae]* gegen ihn aus und klagen über Schläge, zerissene Kleider und abgeschnittene Haare.
Sie beließen es nicht bei diesen rohen Vergnügungen, sondern begingen oftmals richtige Verbrechen. Sie taten sich mit Gaunern und üblen Subjekten zusammen, streunten nachts mit Waffen herum, vergewaltigten, töteten oder begingen schweren Diebstahl. Die von den „Nationen" zu Ehren ihres Schutzheiligen begangenen Feste wurden nicht als Gelegenheit zur Erbauung genutzt, sondern waren nur Anlaß zu Besäufnissen und Orgien. Die Studenten liefen bewaffnet durch die Straßen von Paris, störten mit ihren lauten Rufen die Ruhe des friedfertigen Bürgers, malträtierten den harmlosen Passanten. 1276 spielten sie sogar Würfel auf den Kirchenaltären.

Alles in allem hatte der Pariser Student also ein recht schlechtes Image.[7] Von einer „moralischen Generation" zu sprechen, scheint jedenfalls verfehlt. Doch die Lehrer waren nicht besser. Glaubt man Jakob von Vitry, ging man sogar so weit, die Schule direkt über dem Bordell einzurichten:

In ein und demselben Haus gibt es im ersten Stock Schulen und im Erdgeschoß Bordelle. Oben geben die *magistri* ihre Vorlesungen, unten gehen die Dirnen ihrem schändlichen Gewerbe nach. Auf der einen Seite die Prostituierten, die sich untereinander oder mit ihren Zuhältern streiten, auf der anderen Seite die Gelehrten, die laut und eifrig disputieren.[8]

Querelle de Paris, oder: ein etwas anderer Streit der Fakultäten. Verblühte Mädchen und eitle Fatzken als extreme Verkörperung des „Disputs": Die Kombination von intellektueller Ausbildung und Sittenlosigkeit mag uns seltsam anmuten; doch es war eine erfolgreiche Kombination, das einzige echte Stereotyp, das immer noch das Bild bestimmt, das man sich im allgemeinen von der Studienzeit macht, diesem langen Zwischenraum zwischen den letzten Spielen am Strand und der Suche nach der ersten Anstellung. Der Student der Geisteswissenschaften, das moderne Gegenstück zu den *artistae,* bleibt eine gefährliche oder doch wenigstens zwielichtige Gestalt: sofern er „jung" ist, repräsentiert er jene Respektlosigkeit und Unverschämtheit, die für den Sekuritätsdiskurs als Folie unverzichtbar ist, und sofern er „gebildet" ist, nährt er die Phantasmen der Nutzlosigkeit und Inkompetenz, wie sie von den Anhängern „rentabler Studiengänge" gehegt werden.

Hier liegt ein Code von langer Dauer vor, der wie jeder „Gemeinplatz" um so zählebiger ist, als er nur eine eng umgrenzte Funktion gut erfüllen muß. Deshalb ist er aber noch lange kein adäquater Lektüreschlüssel für das Phänomen der „Intellektuellen" im Mittelalter. Diese Art von Kontinuität ist zu vage, zu intuitiv, zu affektbeladen und letztlich zu oberflächlich, um auf eine grundlegende Ähnlichkeit oder Differenz zu schließen.

Im übrigen muß man nur einen Blick auf die Schilderungen des Quartier latin im 13. Jahrhundert werfen, um zu sehen, daß das Leben dort, so wechselvoll es gewesen sein mag, sicherlich nicht aufregender war als anderswo.

Was sollten diese dicht an dicht stehenden Fassaden auch zu bieten haben, die wie stumme Lumpen von einem schmalen Himmel herabhingen und hinter denen die Magister und ihre Schüler hausten? Und was gab es draußen außer dem gelblichen, schmierigen Schlamm der Straße, durch den sich Menschenströme in beiden Richtungen bewegten? Ahnte der Student hier nicht schon, daß das Leben zwischen Mauern gefangen war, an denen der Gestank der Straßen kleben blieb? Und spürte er nicht ein stummes Entsetzen, einen stechenden Schmerz, wenn er die Mönchskappen aus dünnem Pelz vorüberziehen sah, die auf jenen schwarzen Gewändern mit den langen Falten saßen, in die sich damals die Welt des Wissens, des Studiums und sicher auch des Überdrusses kleidete? Wenn dann abends die Studentenlieder ertönten, diese sinnlosen Freudengesänge mit ihren undeutlichen Worten, diese heiseren Chöre, die plötzlich durch eine bizarre Kadenz soldatischen Schwung gewannen, mußte sich dann der einsame Student – einen wird es sicher gegeben haben –, der zu den langsamen Litaneien der Lektüre zurückkehrte, nicht noch einsamer gefühlt haben?

> Die Zeit vergeht,
> Ich habe nichts getan.
> Die Zeit kehrt wieder
> und ich bin weiter lahm.

Selbst wenn diese Goliardenverse vom Klang der Tamburine und Lauten untermalt wurden, selbst wenn bei ihrem Absingen sorglos getafelt und getändelt wurde – werden sie nicht dem einen oder anderen geklungen haben wie das Totengeläut?

Wir wissen es nicht. Um so schlimmer, oder vielmehr: *um so besser.* Denn wenn es um die Sexualmoral geht, sind die bloßen Fakten nicht von Interesse. Die Frage, vor die uns heute die Verurteilung des *De amore* stellt, ist keine Frage der Sitten, sondern eine Frage des Diskurses, der Intention und der Darstellung; eine Frage des Ideals und der Aussageform.

Wenn Paris verurteilt

Das Problem einer *intellektuellen Geschichte* ist nicht zu wissen, ob die Scholaren-population des Quartier latin die Vorschriften dieses oder jenes Werks buchstäblich befolgte – uns interessiert nur dessen Ächtung. Für uns ist die Zensur ein historischer Operator, sie verwandelt eine Aussage in eine These, sie läßt den Diskurs übergreifen auf das Reale, sie macht aus einem Wagnis der Worte eines der Dinge. Letztlich ist es die Verurteilung, die den Texten Leben einhaucht. Ein Historiker muß ein System beschreiben, nicht eine Sammlung von Fakten, mögen diese Fakten selbst auch solche einer Unordnung gewesen sein.

Dieses „System" existiert, es ist das, welchem Tempier durch seine Kritik Ausdruck verleiht; es existiert von dem Moment an, wo der Zensor einen Text zerlegt und neu verknüpft zu einem Netz verbotener, als ketzerisch verurteilter Aussagen.

Man darf nicht meinen, die Technik der Dekontextualisierung, die im Mittelalter die Praxis der Zensur charakterisiert, sei eine blinde Sinnentstellung, die dem zensierten „Denken" unrecht tue. Ein Text „führt" das Denken, das ihn beseelt, „fort", und der Zensor hat die Macht, diesen Text von dem Netz, dessen Fäden er heimlich spinnt, „abzukappen". Der verdächtige Text zeigt und verbirgt seine Wahrheit, *der Urteilsspruch über den Irrtum* – die Sentenz – *fördert seine latente Logik zutage, indem er ihn mit anderen Irrlehren verknüpft.*

Betrachten wir also das „System des Geschlechtlichen", wie es 1277 verurteilt wurde. Es besteht aus sechs Thesen, die in der Reihenfolge, in der sie das Chartularium der Pariser Universität verzeichnet, die Nummern 166, 168, 169, 172, 181 und 183 des von R. Hissette edierten Syllabus tragen:

> 166. Die Sünde gegen die Natur, also der Mißbrauch des Beischlafs, mag gegen die Natur der Art gehen, aber er geht nicht gegen die Natur des Individuums.
> 168. Selbstbeherrschung *(continentia)* ist nicht ihrem Wesen nach eine Tugend.
> 169. Vollkommene sexuelle Enthaltsamkeit *(abstinentia)* zerstört die Tugend und die menschliche Art.
> 172. Sexuelle Lust verhindert nicht die Ausübung oder die Anwendung des Denkens.
> 181. Keuschheit ist kein größeres Gut als die vollkommene Enthaltsamkeit.
> 183. Die einfache Unzucht, also die des Ledigen mit einer Ledigen, ist keine Sünde.

Inwiefern bilden diese sechs Aussagen, so zerstreut oder *auseinandergerückt,* wie sie sind, ein System? Hier gibt es zwei mögliche Lesarten:

– die eine stützt sich auf den inneren Zusammenhang der Thesen, deren *expliziter* gemeinsamer Nenner die abstrakt, das heißt im allein maßgeblichen Lehrrahmen des paulinischen Gesetzes betrachtete Sexualmoral ist;

– die andere versucht, die im Dispositiv der Aussagen leergelassenen Stellen auszufüllen, um ihren wahren Äußerungsrahmen freizulegen – ist es doch in der Tat erstaunlich, daß die sechs Thesen über die Sexualität nicht kontinuierlich präsentiert werden, sondern unterbrochen von Aussagen (den Nummern 167, 170, 171, 173, 174, 175, 176, 177, 178, 179, 180 und 182), die scheinbar keinerlei Bezug auf Fragen der Sexualethik haben.

Wir wählen die zweite Methode.

Geschlechtlichkeit oder: der rebellische Philosoph

Was wird in den dreizehn Thesen behauptet, die die sechs Aussagen zur Sexualität umgeben beziehungsweise unterbrechen? Sie enthalten Stück für Stück die Elemente einer umfassenden philosophischen Rebellion, die den Hintergrund einer neuen Darstellung des Geschlechtlichen bildet.

167. *Quod quibusdam signis sciuntur hominum intentiones et mutationes intentionum, et an illae intentiones perficiendae sint, et quod per tales figuras sciuntur eventus peregrinorum, captivatio hominum, solutio captivorum, et an futuri sint scientes an latrones.* „An bestimmten Zeichen erkennt man die Absichten der Menschen und die Wandlungen ihrer Absichten und ob jene Absichten ausgeführt werden sollen. Durch solche Bilder erkennt man die Schicksale von Pilgern, das Gefangengenommenwerden von Menschen und das Freiwerden von Gefangenen und ob künftige Menschen Gelehrte sein werden oder Räuber." Diese erste These behauptet, daß man dank der „Zeichen" die Absichten der Menschen erkennen oder, genauer gesagt, *vorhersehen* kann wie auch deren Wandel und Verwirklichung, kurz: das Schicksal der Menschen läßt sich *divinieren*. Behauptet wird also, daß es eine divinatorische Semiologie gibt, die neben der gesamten „wissenschaftlichen" Astrologie jede Form von Aberglauben umfaßt, denn die fraglichen *signa* meinen nicht nur die Konstellationen am Himmel, vielmehr geht es um alle Zeichen, die von Wahrsagern benutzt werden wie auch jene, denen man in Träumen oder prophetischen „Visionen" begegnet. Aus den Anwendungsbeispielen, die die 167. These nennt, läßt sich ersehen, welchen sozialen Ort diese divinatorischen Techniken hatten und auf welche Fragen man sich Antworten erhoffte: da ist zunächst das Scheitern der Kreuzzüge, das Scheitern des Abendlandes, und die damit verbundene Angst (man will „die Schicksale von Pilgern [erkennen], das Gefangengenommenwerden von Menschen und das Freiwerden von Gefangenen"); dann, radikaler, die Ungewißheit eines ständig dem Kampf und „Wettbewerb" ausgesetzten Lebens – man will die Zukunft jedes einzelnen erkennen und wissen, wer was wählen wird, wer das Laster (hier den Raub) wählen wird und wer die Tugend (hier die Wissenschaft), oder, deontologisch gesprochen, ob jemand den Weg der Bequemlichkeit oder der Arbeit geht, des Glückstreffers oder des Verdienstes.

170. *Quod pauper bonis fortunae non postest bene agere in moralibus.* „Wer arm ist an äußeren Gütern, kann nicht moralisch gut handeln." Diese These, die die ganze Rigorosität eines aufkeimenden „philosophischen Aristokratentums" zum Ausdruck bringt, setzt mit einer paradoxen und „skandalösen" Richtungsänderung die paulinische Kritik an der Sorge fort – was auf ihre Weise auch schon Heloise tat –, doch, und das ist das Neue und Provokante, sie setzt auch die aristotelische Theorie der gesellschaftlichen Bedingungen der Tugend fort. Tugendhaft sein heißt freigebig sein; die Praxis der Tugend besteht vor allem in edlen Handlungen; Seelengröße oder Großmut aber, *magnanimitas* – laut Le Goff das große Wort der Intellektuellen[9] –, gibt es nicht ohne „Großzügigkeit"; folglich verträgt sich die Tugend nicht mit der Not. Anders gesagt: Die Autonomie (*suffi-*

cientia), die „Unabhängigkeit", ist zugleich die materielle Voraussetzung und das Instrument der Rechtschaffenheit.

171. *Quod humilitas, prout quis non ostentat ea quae habet, sed vilipendit et humiliat se, non est virtus.* „Demut, kraft deren jemand nicht zeigt, was er hat, sondern es geringschätzt und sich demütigt, ist keine Tugend." Größe ist nicht ohne Zurschaustellung zu haben. Wenn man etwas hat, soll man es zeigen, statt sich grundlos zu verachten und zu erniedrigen. Wer seine eigene Größe verkennt, verstößt gegen die Tugend. Den christlichen Gegensatz zwischen Pharisäern und Zöllnern ersetzt die 171. These durch den philosophischen zwischen Größe und Mittelmäßigkeit. Wenn ein mittelmäßiger Mensch nach Ruhm und Ehre strebt, widerspricht dies der Ordnung der Dinge: Um tugendhaft zu sein, müssen die Mittelmäßigen bescheiden bleiben. Doch wenn ein großer Mensch die Ehre zurückweist, auf die ihm seine Überlegenheit ein Anrecht gibt, ist dies auch nicht richtig: Die Großen müssen entgegennehmen, was ihnen zukommt. Für den Philosophen ist die wahre Demut die Bescheidenheit, das heißt die Tugend der kleinen Leute; hingegen gibt es keinen Grund, von einem großen Menschen zu erwarten, daß er demütig ist – die Demut eines großen Menschen ist keine Tugend, ihr wahrer Name ist „Kleinmut".

173. *Quod scientia contrariorum solum est causa, quare anima rationalis potest in opposita; et quod potentia simpliciter una non potest in opposita, nisi per accidens, et ratione alterius.* „Das Wissen vom Entgegengesetzten ist allein die Ursache, warum eine vernunftbegabte Seele wählen kann zwischen Gegensätzen. Ein einziges Seelenvermögen schlechthin [der Wille] kann nicht wählen zwischen Entgegengesetztem, es sei denn mitfolgenderweise, auf Grund von etwas anderem [des Intellekts]." Der Wille kann sich nicht selbst dazu bestimmen, eher dieses als jenes zu tun. Nur die Vernunft, die das Vermögen hat, sich die Vielzahl oder gar die Unvereinbarkeit der Güter vorzustellen, hat damit auch das Vermögen zu wählen. Der Wille kann nicht wählen, er kommt nicht umhin, das zu wollen, was die Vernunft ihm vorschreibt. Für sich genommen ist der Wille blind: Die Freiheit setzt das Wissen voraus. Diese These bringt zum Ausdruck, wie sich Intellektualismus und Determinismus verbinden – eine Kombination, auf die wir zurückkommen werden, wenn wir die mittelalterlichen Ansichten über den „Einfluß der Sterne" näher betrachten. Der Wille ist monoman, er will immer dasselbe; die Vernunft befreit, denn sie weiß, das es auch anderes gibt, sie erkennt und überwindet eben dadurch die „Gegensätze", sie hat die Macht, den Willen auf das zu lenken, was sie für gut hält. Nur die Vernunft kann den Menschen dem Determinismus des Wollens entreißen.

174. *Quod fabulae et falsa sunt in lege christiana, sicut in aliis.* „Fabeln und Unwahrheiten gibt es im Christentum wie in den anderen Religionen." 175. *Quod lex christiana impedit addiscere.* „Die christliche Religion verhindert den Wissenszuwachs", den Fortschritt in der Erkenntnis.[10] Diese beiden Thesen, die einen sogleich an die „Blasphemie der drei Betrüger" denken lassen, applizieren die aristotelische Behauptung von der Überlegenheit der Philosophie über den religiösen Glauben auf das Christentum, wie auch die averroistische Kritik an

Avicenna, der vor seiner eigenen Philosophie zurückgeschreckt sein soll, da er nicht mutig genug gewesen sei, dem Druck der muslimischen Theologen zu widerstehen.

176. *Quod felicitas habetur in ista vita, et non in alia.* „Die Glückseligkeit gibt es in diesem Leben, nicht in einem anderen." Auch diese These knüpft an die Behauptung des Averroes an, wonach ein persönliches künftiges Leben unmöglich sei. Es gibt keine persönliche Unsterblichkeit, denn das Denken (der *intellectus*) ist kein Vermögen der menschlichen Seele. Nach dem Tod gibt es nichts: Das Denken, das vor mir existierte, wird nach mir weiterbestehen, vereint mit anderen Menschen. Das Glück gibt es hienieden; es geht von einem Subjekt zum anderen, von einem Empfänger zum anderen über, in einem Kreislauf, der weder Anfang noch Ende hat. Mein Tod ist kein Ereignis für das Denken, mein Glück erlischt mit mir. Das Denken ist ewig glücklich: ich kann zwar auch glücklich sein – dies geschieht, wenn ich ihm „begegne" und mich mit ihm vereine, auf daß es mir gehört –, aber ich kann nur auf Erden glücklich sein, da es in einem anderen Leben kein *Ich* gibt, da kein *Ich* den eigenen Tod überlebt. Diese radikal antichristliche Perspektive setzt voraus, daß das Glück definiert wird als Vereinigung eines einzigen, anonymen und transzendenten Denkens mit einer Seele, die durch ihre „Phantasmen" (die Vorstellungsbilder, die aus ihrer Anwesenheit in einem Körper resultieren) individuiert wird und daher unfähig ist, aus sich selbst heraus zu denken.

Für den Philosophen ist der Mensch ein Bilder produzierender Körper, der fühlt, vorstellt und leidet. Er erfährt das Glück, wenn er sich zum Denken erhebt und an dessen Fülle teilhat, an dessen *felicitas,* die das Denken in und für sich selbst kostet. Sobald der Tod die Einbildungskraft vernichtet, welche die Subjekte individuiert, raubt er zugleich die Möglichkeit, sich womit auch immer zu vereinen. Wenn das menschliche Denken also ein „Empfangen" ist und das Glück der Zustand, der sich daraus beim Empfänger ergibt, bleibt das Verschwinden des Empfängers ohne Hoffnung, da an eine Wiederkehr nicht zu denken ist: Der Zustand, den ich kennengelernt habe, wird nie wiederkehren, nie wieder werde ich *Ich* sein. Die Welt und das Glück werden fortbestehen, ich aber werde für niemanden mehr da sein. Vom Tod habe ich also nichts zu erwarten und nichts zu fürchten, weder Lohn noch Strafe wird es geben. Das Meine empfange ich hier auf Erden: Wenn das tugendhafte Handeln seinen Lohn in sich selbst hat, so weil es ihn mit sich herbei- und wieder fortträgt.

177. *Quod non sunt possibiles aliae virtutes, nisi acquisitae, vel innatae.* „Andere Tugenden sind nicht möglich, nur erworbene oder angeborene." So wie Aristoteles sie beschreibt, lassen sich die menschlichen Tugenden in zwei Klassen einteilen: die, die meiner Natur entfließen – und Natur bedeutet auch „Geburt" –, und die, die ich erwerbe, indem ich nach Maßgabe meiner Fähigkeiten und Bemühungen tugendhafte Akte vollführe und wiederhole. Aufs Wesentliche reduziert, leugnet diese These sowohl die Existenz wie die Möglichkeit und Notwendigkeit der drei *eingegossenen* christlich-theologischen Tugenden: Glaube, Hoffnung, Liebe. Seine moralische oder, kurz, seine menschliche Wahrheit erreicht

ein Menschenleben allein durch die Übung der philosophischen Tugenden. Die eingegossenen Tugenden, diese „übernatürlichen Gaben, die dem Gläubigen zugleich mit der heiligmachenden Gnade gewährt werden", sind unnütz: zur Vollkommenheit der Tugend gelangt der Mensch allein durch die Philosophie.

178. *Quod finis terribilium est mors.* „Der Tod ist das Ende aller schrecklichen Dinge." Diese These läßt sich auf zwei Weisen verstehen. In der einen Lesart ist der Tod das Ende von allem, mit ihm „hören alle Übel auf". Man muß ihn nicht fürchten, denn er ist eine Erlösung vom Leben, von den irdischen Leiden, die er beendet; und da es nach diesem Leben nichts gibt, bedeutet der Tod die Gewißheit der Unmöglichkeit künftiger Übel, allein der Gedanke an ihn befreit den Menschen von der Angst vor ewigen Strafen, ganz so wie der wirkliche Tod es ausschließt, daß man je in einem anderen Leben jenen Schrecken erlebt, den Tempier dem Philosophen entgegenhält: „Dies [eben die These 178] ist ein Irrtum, wenn es den Schrecken der Hölle leugnet, der der schlimmste ist."

In einer zweiten Lesart bedeutet der Satz hingegen, daß der Tod das ist, was von allen Dingen am meisten zu fürchten ist, das heißt er ist das Schrecklichste von allem, das höchste Übel, da mit ihm alles Gute aufhört, alles Handeln endet. So die These von Aristoteles in der *Nikomachischen Ethik.* Doch welche Interpretation man auch nimmt, das Ergebnis ist dasselbe: behauptet wird hier, daß es kein persönliches Leben nach dem Tod gibt. Diese subsidiäre Ablehnung eines fundamentalen christlichen Glaubenssatzes kann eine komplexe philosophische Einstellung nach sich ziehen, bei der nicht ganz klar ist, ob das Leben (oder der Tod) ein Gut oder ein Übel ist, da sich ein ungeduldiges Erwarten des Todes mit einer Lebenssehnsucht verbindet.

179. *Quod non est confitendum, nisi ad apparentiam.* „Beichten soll man höchstens zum Schein." 180. *Quod non est orandum.* „Man soll nicht beten." Die Beichte ist sinnlos, doch gesellschaftlich läßt sie sich nicht umgehen. Das Gebet ist unvereinbar mit dem Wesen Gottes, es ist eine theologische Absurdität. Für einen Philosophen ist Gott unempfindlich und unbeweglich, eine Bitte kann seinen Sinn nicht ändern noch ihn überhaupt erreichen. Überdies bewirkt dasselbe göttliche Wesen, daß Gott sich selbst als das höchste Gut mitteilt und verschwendet: weder kann er unfruchtbar bleiben noch seine Gaben ungleich verteilen. Da er durch seine „Freigebigkeit" definiert ist, kann man Gott nicht darum bitten, mehr und anders zu geben, als er gibt, sondern nur dafür lobpreisen, daß er ist, was er ist. Und schließlich, da er nicht die unmittelbare Ursache für das Glück oder Unglück des Menschen ist, darf man von ihm nicht verlangen, was er nicht geben *kann.* Diese beiden Strategien, mit dem Kirchenleben zu brechen, wurden nicht in Paris entwickelt, wo kein Magister sie zu vertreten gewagt hätte, da sie so gar nicht zu der damals an der Universität einhellig respektierten Frömmigkeit gepaßt hätten[11] – sie hatten anderswo ihren Nährboden, nicht im angeblich „populären Averroismus" der Goliarden, sondern in einer deutschen Sektenbewegung, bei den Begarden und Beginen, den Brüdern und Schwestern des Freien Geistes, vor denen in den Jahren 1310-1320 Meister Eckhart predigte.

182. *Quod possibile est, quod fiat naturaliter universale diluvium ignis.* „Eine allgemeine Feuersintflut ist aus natürlichen Ursachen möglich." Diese facettenreiche These faßt alles zusammen. Die Natur geht ihren eigenen Weg und kann an sich selbst sterben, sie kann zurückkehren ins Feuer und aus eigener Kraft unzählige Male wiedergeboren werden.[12] Die natürliche Möglichkeit der allgemeinen Sintflut oder Weltzerstörung gibt dem menschlichen Leben seinen Sinn. Alles beginnt, endet und beginnt aufs neue auf natürliche Weise: Aus dem Gewissen vertrieben, regiert die göttliche Vorsehung nicht länger das innere Drama; aus der Welt vertrieben, kommt auch das äußere Drama ohne ihre Anweisungen aus.

Theologie der Unkeuschheit und Moral des Individuums

In ihrer Gesamtheit liefern die dreizehn Thesen, die wir soeben kurz kommentiert haben, ein Porträt des Philosophen und der Philosophie, bei dem man zunächst nicht recht weiß, welches Urbild dafür Modell gesessen hat. Denn klar ist natürlich, daß es im Mittelalter keine feste gesellschaftliche Gruppe und auch kein Lehrgebäude gab, die mit einer solchen Fülle von abweichenden Meinungen aufwarteten. Gewiß kann man auf einige arabische Philosophen verweisen, auf einige Häretiker und randständige Intellektuelle aus verschiedenen Epochen und Milieus, doch schon diese Verschiedenheit verbietet es, in den Thesen Facetten eines wirklich existierenden homogenen Programms zu sehen – vielmehr dürften einige der zensierten Thesen vom Pariser Bischof eigens um der Sache willen erfunden worden sein. So wie sie in dem Syllabus von Stephan Tempier beschrieben wird, ist die Philosophie nirgends aufzufinden, ein empirischer Mangel, der jedoch sekundär ist. Warum sollte sich die Philosophie auch in einem bestimmten Werk oder einer bestimmten Richtung klar und deutlich über alles aussprechen? Es ist die Aufgabe und das Privileg des Zensors, das Gespenst der Freiheit zu entdecken.

Man darf sich also nicht wundern, wenn die Schriften „institutioneller Averroisten" wie die eines Siger von Brabant oder eines Boethius von Dacien nicht *alles* enthalten, was die Geschichtsschreibung seit Renan darin finden wollte. Die Philosophen des Mittelalters waren in derselben Lage wie ihre modernen Leser: sie suchten die Philosophie. Unser schlimmstes Vorurteil besteht darin, die mittelalterlichen Texte so zu lesen, als wären ihre Autoren Kompilatoren, die einfach nur fertige Lehren darlegen. Dennoch wußte ein mittelalterlicher „Artist" so wenig wie wir, was die mittelalterliche Philosophie war – und zwar aus einem einfachen Grund: abgesehen davon, daß er nicht wußte, daß er im Mittelalter lebte (er hielt sich eher wie wir für „modern"), wußte er sowenig wie wir, wie eine allumfassende Formulierung des *eigentlich Philosophischen* aussehen sollte.

Als er seine so unwahrscheinlich anmutende Liste zusammenstellte, hat Stephan Tempier – *mit dem Geschlechtlichen als Dreh- und Angelpunkt* – dem Ungreifbaren einen Körper gegeben: er hat das philosophische Projekt des 13. Jahrhunderts erfunden.

So wie der Bischof von Paris ihn konstruiert, ist der Kontext des mittelalterlichen Diskurses über die Sexualität die Welt, und zwar die Welt der Natur oder besser der natürlichen Ordnung. Diese Welt hat auch Platz für einen Gott, den die etablierten Religionen jedoch deformieren, weil sie sein Wesen verändern: durch üppiges Fabulieren (Satz 174), durch Verhinderung des Denkens (Satz 175) sowie durch die Vielfalt der Kulte und Sakramente (Sätze 179 und 180). Es ist eine Welt, in der der Tod auf kein Jenseits verweist (Satz 178), in der das menschliche Glück gepriesen wird (Satz 176) und die Knechtschaft und der Selbsthaß ihr falsches Prestige wieder verlieren zugunsten der antiken menschlichen Tugenden (Sätze 170, 171, 177); eine Welt des *Werdens,* zugleich fragil und beständig, in der der Mensch einen herausragenden Platz einnimmt: den, an dem die Natur sich selbst ihr eigenes Gesetz enthüllt. Innerhalb der Struktur dieser *ewigen* Welt muß über den Status der Sexualität nachgedacht werden.

Die sechs Thesen über das Geschlecht, die Stephan Tempier verurteilt hat, sind Teil des philosophischen Modells, das im ganzen in den Thesen 167 bis 183 vorgestellt wird. Die Sexualmoral, die sie skizzieren, ist ganz offensichtlich antichristlich, aber spezifischer noch antimonastisch; dennoch wäre es falsch, wollte man diesen Antagonismus allein auf den Kampf zwischen zwei Idealen reduzieren: zwischen Stadt und Kloster, Vernunft und Fabel, Natur und göttlichem Gesetz. Falsch wäre es auch, in der im 13. Jahrhundert entstehenden philosophischen Moral nichts anderes zu sehen als ein Plädoyer für Unzucht und sexuelle Vagabundage und dadurch letztlich die Gestalt des Philosophen mit der des Goliarden gleichzusetzen, indem man alles in einem angeblichen „populären Averroismus" aufgehen läßt, der sich, vermittelt durch die Artisten, eines Teils der Gesellschaft bemächtigt haben soll. Das Neue an der Wende vom 13. zum 14. Jahrhundert ist nicht der esoterische, dann exoterische Lobpreis der Freizügigkeit, sondern die gesellschaftliche Propagierung eines unerwarteten Philosophenübels: *der Askese.* Durch die Moral ist die Philosophie im Mittelalter wiederauferstanden, zunächst durch die Sexualmoral, dann durch die Moral schlechthin. Die Philosophen haben das Argument, das Augustinus gegen die Philosophen der Spätantike richtete, aufgegriffen und es den Theologen, der christlichen Gesellschaft und der geistlichen Macht der Kirche entgegengehalten: sie haben sich das „Gold der Ägypter" wiederangeeignet, das ihnen einst die Christen entwendet hatten. Kurz, die Philosophen haben sich genommen, was ihnen ohnehin gehörte, ihr eigenes Gut.

Die Renaissance der philosophischen Askese läßt sich in der hinterlistigen Darstellung Stephan Tempiers jedoch nur schwer entziffern, denn ausgehend von der Zensur muß man zu drei verschiedenen Ordnungen zurückfinden: zur Ordnung der Tatsachen, zur Ordnung des philosophischen Diskurses und zur Ordnung des theologischen Diskurses – die man erst auseinanderhalten und dann zur Dekkung bringen muß, in dem Sinne, wie sich Informationen decken.

Was der Zensor sagt, daß nämlich die Artistenfakultät das Zentrum sei, von dem das Übel – der „populäre Averroismus" der Historiker – ausstrahlt, ist zugleich wahr und falsch. *Falsch,* wenn das ausstrahlende Übel für Naturalismus und Zügellosigkeit gehalten wird; *wahr,* wenn es als eine neue Askese identifiziert wird. Was der Philosoph sagt, wird klar, wenn man sich die philosophischen Texte ansieht; noch klarer, wenn man die Tatsachen ins Auge faßt; höchst sinnvoll, wenn man auf die Codierung achtet, zu der ihn der Theologe zwingt. Die beiden ersten Ordnungen lassen sich rasch abhandeln: Alle „Philosophen", vor und nach der Verurteilung von 1277, von Siger von Brabant über Jakob von Douai, Aegidius von Orléans und eine lange Reihe anonymer Theoretiker bis hin zu Boethius von Dacien, predigen, daß man „die Leidenschaften fliehen und abtöten", sie „mit der Vernunft kontrollieren" soll. Auf diesem Gebiet sind sie sich mit den Theologen völlig einig, nur nicht im wichtigsten Punkt, nämlich in der Frage, wie man das Wesen, die Funktion und das Ziel dieser Beherrschung definieren soll. Hier ist die Stelle für den *Syllogismus der Maßhaltung (temperantia):* Von den Sinnenfreuden wendet der Philosoph sich nur ab, um zur philosophischen Kontemplation zu gelangen; sofern ein *coitus temperatus* dem Leben des Denkens nicht im Wege steht, sofern eine Ausscheidung – die Absonderung von Überflüssigem *(eiectio superfluitatis)* wie Schweiß oder Sperma – keine moralische Tatsache ist und *a fortiori* keine moralische Verfehlung *(peccatum in moralibus),* ist es jedem selbst überlassen, wie er sich gegenüber den epistemologischen Privathindernissen oder *impendimenta felicitatis* verhält, also gegenüber Essen, Trinken und Geschlechtsverkehr: *amovere, detruncare sive regulare* – völlig einstellen, reduzieren oder regulieren. Die philosophische Wahrheit der Askese ist die Maßhaltung, das, was man heute „das innere Gleichgewicht" nennt.

Die Ausführungen des Zensors sind jedoch komplexer, da sie mit zwei Arten von Hintergedanken verbunden sind, mit denen, die er anderen unterstellt, und denen, die ihn selbst bewegen. Dadurch wird er zum großen Deuter des Jahrhunderts, der sich gegenüber Absichtserklärungen taub stellt, um zwischen den Zeilen zu lesen und auf die Quellen zurückzugehen, wird zu dem, der die Nachahmer mit den Konsequenzen der Vorbilder konfrontiert, zu dem, der zwar nur die eigene Wahrheit sieht, aber gerade so die der anderen entbindet, auch wenn diese sie nicht sehen, nicht sehen wollen oder lieber verschweigen würden. Die Zensur ist keine Schilderung von Tatsachen, sondern eine Methode, um künftige Irrtümer aufzuspüren, ein Beschleuniger der Auseinandersetzung. Darum privilegieren wir sie hier: nicht um zu sehen, was in Paris geschehen ist, sondern um zu begreifen, was anderswo geschehen ist; nicht um der angeblichen Libertinage und den fiktiven Abwegen eines „populären (und Pariser) Averroismus" Fleisch und Blut zu geben, sondern um die Konturen eines wenn nicht populären, so doch zumindest entklerikalisierten „Arabismus" aufzuspüren oder zu erahnen, die Konturen einer breiter werdenden Bewegung der laikalen Existenz, ihrer Ideale, ihrer Lebensregeln, ihrer Selbstüberwindung und ihres freiwilligen Verzichts – was wir die „Deprofessionalisierung der Philosophie" nennen. Um Dante und Eckhart zu begreifen, müssen wir zunächst begreifen, warum es überhaupt nötig ist, sie einzubeziehen, warum das Zeugnis eines italienischen „Dichters" und eines deutschen „Predigers" nicht nur berücksichtigt werden darf, sondern unabdingbar ist für das volle Verständnis dieser Laisierung der Askese, die uns zufolge das ist, worum es im Spätmittelalter eigentlich geht: sie ist die wahre Realisierung seines intellektuellen Programms, das einzigartige Resultat seiner Widersprüche. Möglich ist dieses Begreifen indes nur, wenn man den Diskurs des Zensors analysiert, was wir hier versuchen wollen.

166. *Quod peccatum contra naturam, utpote abusus in coitu, licet sit contra naturam speciei, non tamen est contra naturam individui.* „Die Sünde gegen die Natur, also der Mißbrauch des Beischlafs, mag gegen die Natur der [menschlichen] Art gehen, aber er geht nicht gegen die Natur des einzelnen." Dieser Satz behauptet, daß es zwei juridische Ordnungen der Natur gibt: eine für die Art, eine andere für das Individuum, und er läßt die Möglichkeit ihrer Divergenz ausdrücklich zu.

Für einen Theologen ist der *abusus in coitu* die radikale Form der Abnormität: in seinen Augen ist eine Sünde *contra naturam* immer eine Sünde gegen *die* Natur, ein Angriff gegen den Fortbestand und die Unveränderlichkeit der Arten, der notwendigerweise die Gestalt eines Verstoßes gegen die natürliche Klassifizierung annimmt. Eine natürliche Art hat eine Definition und einen festen Platz im Schema der Welt, den sie nicht verlassen darf. Durch sein Sexualverhalten jedoch kann das Individuum eine natürliche Unordnung herbeiführen, einen biologischen Anarchismus. Dieses Überschreiten der *natürlichen* Ordnung ist der „Verstoß", den der Philosoph legalisieren will, indem er ein sexuelles Recht des Individuums anerkennt. Worin liegt die subversive Kraft dieser Aussage? Was steht darin wirklich auf dem Spiel?

Die Antwort ist paradox, wenn man, wie Le Goff es tut, die ganze Philosophie unter das Zeichen des vagabundierenden *Naturalismus* stellt.[13] Denn was in der 166. These implizit vertreten wird, ist keine gesellschaftliche Apologie der sexuellen Unordnung, sondern vielmehr eine Art *Zügellosigkeit in der Naturphilosophie*. Was Tempier den Philosophen im Grunde vorwirft, ist, daß sie die Taxonomie nicht ernst nehmen, daß sie dem einzelnen Menschen die Macht zuerkennen, die Ordnung der Natur zu überschreiten, ohne zu sündigen, unschuldig gegen alle Definitionen zu verstoßen. Indem der Philosoph also die Sünde gegen die Art für unschuldig erklärt, ist er selbst es, der in den Augen des Zensors sündigt.

Die Definition des *peccatum contra naturam* hat die Historiker des mittelalterlichen Denkens vor mehr als ein Problem gestellt. Darin nur einen „ungeordneten" Gebrauch sexueller Beziehungen zu sehen, eine Laxheit der Sitten, reicht nicht aus. Die wahre Sünde besteht in der Mutation des Naturgedankens, in der Reduktion der „Natur, wie der Theologe sie sich vorstellt", auf eine „Natur nach Philosophenart", eine Reduktion, die die Form einer *logischen Entzauberung der Welt* annimmt und in ihrer Folge ein freies Zirkulieren der von den Zwängen der Taxonomie befreiten Individuen gestattet. In diesem Sinn und genau aus diesem Grund definiert ein Thomas von Aquin die Sünde gegen die Natur als einen Anarchismus – er spricht nicht von einem gesellschaftlichen Anarchismus nach Art der Goliarden, sondern in der Tat von einem „natürlichen" Anarchismus.

Für den Theologen betrifft der „Mißbrauch des Koitus" nicht allein Mann und Frau. Da das *vicium contra naturam* auch die Masturbation, die Sodomie und die Homosexualität abdeckt, ist es zunächst der mangelnde Respekt vor einer spezifischen Ordnung, der von Identität und Differenz. So wie die von Tempier verurteilten Philosophen ihn ins Auge fassen, ist der individuelle Gebrauch des Geschlechts der Ort, an dem eine natürliche Form der Vergesellschaftung aufgelöst und zersetzt wird, die bindend ist, weil sie fundamental ist, und die fundamental ist, weil sie sich auf eine metaphysische Unterscheidung gründet: auf die *des Selben und des Anderen.* Gemäß der theologischen Sicht auf die Sexualität ist jede sexuelle Sünde eine Sünde gegen das Geschlecht, ein syntaktischer Irrtum der Biologie; ein Irrtum, der nur wegen seines absichtlichen Charakters auch als moralische Verfehlung gekennzeichnet werden kann.

Um richtig zu verstehen, was es *hier* bedeutet, wenn die Philosophen die Natur des Individuums gegen den theologischen Primat der Natur der Art in Anschlag bringen, muß man sich genauer klarmachen, was die Unkeuschheit *(luxuria)* für einen mittelalterlichen Theologen bedeutete, denn mag die „Sünde gegen die Natur" auch eine Form der Unkeuschheit sein, so ist sie doch nicht die ganze Unkeuschheit, und da sie eben nur eine Form von Unkeuschheit ist, muß sie theologisch in diesem präzisen begrifflichen Rahmen gedacht werden.

Die christliche Tradition unterschied fünf Arten von Unkeuschheit: die einfache Unzucht, den Ehebruch, die Blutschande, die Mädchenschändung *(stuprum)* und den Frauenraub. Zu diesen fünf Spielarten, die schon im 12. Jahrhundert von Theologen (Petrus Lombardus) und Juristen (Gratian) erwähnt werden, haben die Autoren des 13. Jahrhunderts, insbesondere auch Thomas von Aquin, ein *vicium contra naturam* hinzugefügt. Unter welchen Umständen geschah dies?

Das thomistische System der Unkeuschheit ist geprägt von der Vorstellung einer *natürlichen Familie,* genau am Schnittpunkt von Natur (Notwendigkeit der Fortpflanzung für den Fortbestand der Art) und Kultur (Notwendigkeit der Erziehung für die Entstehung einer stabilen gesellschaftlichen Kernstruktur). Der Imperativ, der die sexuelle Aktivität reguliert und das theologische Denken organisiert, ist also ein doppelter: erstens muß man Kinder kriegen, und zweitens muß man sie erziehen. Entsprechend ist die Unkeuschheit eine doppelte Unordnung, die sowohl die biologische wie die gesellschaftliche Reproduktion betrifft. Der erste Typ von Unordnung ist eben die „Sünde gegen die Natur", die von Anfang an die *Zeugung* verhindert; der zweite Typ sündigt nicht gegen die Natur, sondern gegen die Umstände und Bedingungen einer künftigen Geburt, genauer gesagt gegen deren voraussichtliche Folgen: er vergeht sich an dem, was die Zukunft des Neugeborenen gewesen wäre. Das Kind der Wollust, genauer gesagt das Kind der Unzucht, kann keine vernünftige *Erziehung* erhalten, weil ihm die „natürliche Familie" fehlt.[14]

Die fünf Arten von Unkeuschheit, die die Theologen unterscheiden, entsprechen ihrer Ansicht nach fünf Weisen, auf denen ein Kind automatisch um seine

Rechte betrogen wird. Da es um die Familie geht, beruht hier alles auf dem Status der Frau.

Für Thomas von Aquin haben die Frauen kaum eine „existentielle" Wahl: sie *müssen* „bestimmt oder bestimmbar" sein. Aristoteles hatte das „Weibliche" verglichen mit „der Materie, die nach dem Männlichen strebt wie nach einer Form", das heißt nach einer *Bestimmung.* Die äußersten Konsequenzen dieser Metapher werden deutlich, wenn man sie auf eine juridische Ebene überführt.

Eine Frau ist *bestimmt,* wenn sie in einem legalen, das heißt ehelichen Rahmen *(secundum legem matrimonii)* einem Mann gehört; sie ist *bestimmbar,* wenn nichts dagegen spricht, daß sie irgend jemandem gehört.

Die Unzucht als erste Art der Unkeuschheit ist die sexuelle Beziehung zwischen zwei Personen, die in keinerlei Weise verbunden sind, weder untereinander noch mit anderen: *concubitus soluti cum soluta.* Die Sexualität von Ledigen ist notwendigerweise *ungebunden,* potentiell unendlich; ihre Protagonisten sind freie Variablen. Folglich ist das Modell der freien Sexualität *logischerweise* die Beziehung zu Prostituierten.[15]

„Die Unzucht ist der Beischlaf mit öffentlichen Frauen." Thomas von Aquin stützt sich auf die Sprache selbst, auf die Etymologie, die die privilegierte Bedeutung des Worts *fornicatio* in den Ablauf seiner Geschichte einschreibt. *Fornicatio* (dessen ursprüngliche Bedeutung nicht Unzucht, sondern Überwölben ist) kommt, erinnert er den Leser, von *fornix* („Wölbung, Gewölbe, Bogen, überdachter Durchgang, Triumphbogen"), dem unterirdischen Gewölbe, das bei Horaz und Sueton schließlich die Bedeutung von „Bordell" annimmt und dann durch Metonymie diejenige von „männlichem Prostituierten".

> Die Unzucht *(fornicatio),* das heißt der Beischlaf zwischen zwei ungebundenen Menschen, hat ihren Namen von den Triumphbögen, denn an solchen Orten kamen die Frauen zusammen, die sich der Prostitution hingaben.[16]

Im Fall der Unzucht ist es die „Nicht-Bestimmung" der Frau, die die Sünde ausmacht. Für den Theologen sind beide Liebende frei und ungebunden *(soluti cum soluta),* aber die Frau ist mehr als frei: sie ist „unbestimmt", das heißt niemandes legaler Besitz.[17] Die Lektion ist klar: Der Verkehr mit der Frau hört nur dann auf, ein Übel zu sein, wenn sie selber ein *Gut* ist.

In den anderen Fällen von Unkeuschheit wird die Frau *genommen,* sie ist Gegenstand einer sexuellen Aktivität (einer „Formierung" oder „Prägung"), die nicht außerhalb des Rechts geschieht, sondern gegen das Recht.

Thomas unterscheidet beim sexuellen Gebrauch einer nicht bestimmbaren Frau zwischen Blutschande und Schändung *(stuprum).* Erstere liegt vor, wenn die Unbestimmbarkeit aus einer „Nähe" des Bluts oder des Bundes resultiert, das heißt aus einer Verwandtschaft; letztere, wenn sie aus der „Reinheit" oder „Heiligkeit" der Frau resultiert – anders gesagt, aus ihrer Jungfräulichkeit –, da das *stuprum* wesensmäßig nicht als schändlicher oder verbrecherischer Beischlaf im allgemeinen definiert ist (ein Sinn, den das Wort „stupre" bei Voltaire bekommt, der es ins Französische eingeführt hat), sondern exakt und ausschließlich als „unerlaubte Entjungferung".

Bleiben die Fälle, in denen die Frau bestimmbar oder bereits bestimmt ist, aber *durch einen anderen,* nämlich: der *Ehebruch,* also der Gebrauch einer Frau, die dem Gesetz der Ehe nach bereits einem ihr anvertrauten Mann gehört und folglich schon bestimmt ist; und der *Frauenraub,* das heißt der Gebrauch einer jungen Frau, die man dem Haus ihres Vaters entreißt, wo sie zwar nicht im strengen Sinn bestimmt war, aber unter der väterlichen Aufsicht auf die eheliche Bestimmung wartete.

Es liegt auf der Hand, daß in einem solchen Kontext die Einforderung eines Rechts der *natura individui* von den Theologen nicht gebilligt werden konnte. Sehen muß man jedoch, daß die Verletzung der biologischen Ordnung auch philosophisch als inakzeptabel gelten konnte.

In seiner Analyse der *Sünde gegen die Natur* versucht Thomas von Aquin zu erklären, inwiefern diese den Geschlechtsakt vom rechten Weg abbringt: sie tut es dadurch, daß sie von der natürlichen Ordnung abweicht, das heißt „vom natürlichen Ziel eines Aktes, welcher der menschlichen Art zukommt". Der wahre Inhaber oder, anders gesagt, das Subjekt des Geschlechts ist in thomistischer Perspektive mithin der Mensch – die menschliche Art –, nicht das Individuum. Das Geschlecht allein für sich selbst beanspruchen ist für Thomas die Sünde, die man in allen Formen des *vicium contra naturam* wiederfindet:

> [Die Abweichung von der natürlichen Ordnung] kann auf verschiedene Weisen geschehen. Einmal, wenn ohne jeden Geschlechtsverkehr, aus reiner Lust, Samenerguß herbeigeführt wird. Dies heißt man Sünde der „Unreinheit", von einigen auch „Weichlichkeit" genannt. – Auf andere Weise geschieht es durch Verkehr mit etwas von anderer Gattung; dann spricht man von „Unzucht mit Tieren" („Bestialität"). – Die dritte Möglichkeit besteht im Geschlechtsaustausch mit dem falschen Geschlecht, das heißt eines Mannes mit einem Mann oder einer Frau mit einer Frau, wovon der Apostel spricht; dies nennt man „Sodomie". – Viertens, wenn die natürliche Weise der Vergattung nicht beachtet wird, sei es durch die Benutzung unpassender Organe, sei es durch andere monströse und bestialische Weisen des Beischlafs.[18]

Für den Theologen hat die Bestialität also zwei Bedeutungen: einerseits meint sie den Geschlechtsverkehr mit „etwas" *(res)* von anderer Gattung; andererseits den Gebrauch unnatürlicher Werkzeuge und Techniken. Im einen Fall wird die Ordnung der Natur überschritten, im anderen Fall entstellt. Hervorgehoben werden muß, daß diese Sicht der sexuellen Abnormität nicht die des Aristoteles ist.[19] Für den Stagiriten bezeichnet die Bestialität in erster Linie die Anthropophagie:

> Ich meine das bestialische Wesen, wie zum Beispiel bei jenem Weibsstück, von dem man erzählt, es schlitze die Schwangeren auf und verzehre die Kinder, oder was man vereinzelt von den verwilderten Stämmen am Schwarzen Meer berichten hört, daß sie ihre Lust darin finden, rohes Fleisch oder Menschenfleisch zu verschlingen oder sich gegenseitig die Kinder zum festlichen Fraß auszuleihen, oder die Geschichte von Phalaris.

Diese Aristotelische Definition der ursprünglichen Deviation diente dazu, mehr oder weniger klar die bestialischen Zustände von den „absolut" krankhaften Zuständen zu trennen – solche wie etwa „bei dem Mann, der seine Mutter als Opfergabe geschlachtet und verzehrt hat, oder bei dem Sklaven, der die Leber seines Mitsklaven aufgegessen hat" –, die ihrerseits von „krankhaften Neigungen infolge von Gewöhnung" unterschieden werden müssen, wozu etwa „das Ausrupfen der Haare oder das Kauen von Nägeln oder sogar von Kohle und Erde" gehört, „aber auch die Homosexualität".

An den Übergang von der Anthropophagie zur Homosexualität, der bei Aristoteles vom Extrem der Bestialität zu dem des Krankhaften führt, knüpft Thomas von Aquin nicht an. Für Aristoteles, bei dem das Geschlechtliche erst am Ende einer langen Kette von Überschreitungen des Verhältnisses des Selben und des Anderen auftaucht, geht es um einen Zusammenstoß von Kultur und Natur, bei dem der Gegensatz von Rohem und Gekochtem wichtiger ist als die Sexualität. Das ist bei Thomas nicht mehr der Fall. Und während umgekehrt die Homosexualität für den Theologen eine Entartung ist, schlägt sie Aristoteles nicht der Thomas so teuren Ordnung der *pollutio* zu: sie ist nur eine „schlechte Gewohnheit", bei Menschen zum Beispiel, „die von früher Kindheit an zur Lust mißbraucht worden sind". Anders gesagt, die Homosexualität ist kein Zeichen von Unbeherrschtheit – „genausowenig wie man die Frauen unbeherrscht nennen wird, weil ihnen bei der Vereinigung der Geschlechter nicht der aktive, sondern der passive Anteil zufällt".

Die Aristotelische Homosexualität, die mit einer Ersatzhandlung im Nahrungsbereich gleichgesetzt wird (Nägelkauen usw.), unterscheidet sich von der Bestialität insofern, als sie nicht mehr mit der entsetzlichen Tragödie des Rohen und des Gekochten zu tun hat, die sämtliche strukturellen Merkmale des Mythos bewahrt, ob es sich um den ehernen Stier handelt, in dem Phalaris, der Tyrann von Agrigent, seine Opfer lebendig rösten ließ, oder um das kannibalische Festmahl der Barbaren vom Schwarzen Meer. Zugleich jedoch bietet die Zusammenstellung von Anthropophagie und Homosexualität ein extremes Beispiel für die polare Struktur der körperlichen Lust, wie Aristoteles sie versteht, für den „die körperlichen Ursachen der Lust die sind, die mit der Ernährung und den sexuellen Bedürfnissen zusammenhängen: all das Körperliche also, das wir als Wirkungsbereich der Zuchtlosigkeit und der Besonnenheit zugewiesen haben".

Bei Thomas von Aquin hingegen hat die Sünde des Fleisches nichts mehr mit der Nahrung zu tun, sondern mit dem Sperma. Man kann nicht einmal sagen, daß für ihn das Fleischliche das Fleisch ersetzt hat. Im Vordergrund steht vielmehr die *pollutio,* der Samenerguß – also nicht der Genuß oder die Lust im eigentlichen Sinne.[20] Die Thomasische Gestalt des Homosexuellen ist nicht mehr einem Menschen vergleichbar, der Erde ißt oder an den Nägeln kaut, sondern einem solchen, der seinen Samen auf den Boden fließen läßt. Das Paradigma für die Sünde gegen die Natur ist folglich die Sünde Onans, nicht die unvorstellbare Grausamkeit von Phalaris, des Menschenrösters von Sizilien.

Selbstbeherrschung und Enthaltsamkeit

168. *Quod continentia non est essentialiter virtus.* „Selbstbeherrschung ist nicht ihrem Wesen nach eine Tugend." 169. *Quod perfecta abstinentia ab actu carnis corrumpit virtutem et speciem.* „Vollkommene sexuelle Enthaltsamkeit zerstört die Tugend und die menschliche Art." Die von diesen Sätzen bezeugte philosophische Kritik an der Selbstbeherrschung und der sexuellen Enthaltsamkeit wird nach zwei Seiten hin geübt: einmal im Bereich der Individualethik, wo sie sich aus der Anerkennung von Rechten der *natura individui* ergibt (These 166); und dann in der Sexualethik, wo das Argument der Erhaltung der Art, das Thomas in seiner Analyse des *vicium contra naturam* gegen die Philosophen vorbringt, von eben diesen Philosophen gegen die Vertreter der christlichen Sexualmoral gewendet wird.

Die völlige Enthaltsamkeit von jedem Geschlechtsverkehr steht in einem grundlegenden Gegensatz zum Naturrecht, sofern sie den Fortbestand der menschlichen Art gefährdet. Diese „Evidenz" führt zu einem Paradox. Die Theologen, Gegner der Sünde gegen die Natur, können sich zugunsten der Enthaltsamkeit nicht auf das Prinzip berufen, das sie gegen die sexuelle Abweichung ins Feld geführt haben: die „Ordnung der Natur". Da der Gegner waffenlos dasteht, hat der Philosoph leichtes Spiel, die Enthaltsamkeit als eine widernatürliche Praxis anzuprangern und im Zuge einer Retourkutsche Enthaltsamkeit und Sodomie als strukturell gleichwertig zu präsentieren, da ihr Ergebnis dasselbe ist.

Ist die philosophische Gleichsetzung der sexuellen Abstinenz mit einer Sünde gegen die Natur Aristotelisch? Um dies zu beantworten, muß man zu den Texten zurückkehren und versuchen, das komplizierte Geflecht der philosophischen Lehre von den Tugenden zu entwirren – wobei die Frage im Grunde die ist, welches mögliche Band die scheinbar unterschiedlichen Problematiken der Selbstbeherrschung und der sexuellen Enthaltsamkeit in der Tiefe verbindet.

Zu behaupten, wie die 168. These es tut, daß „Selbstbeherrschung ihrem Wesen nach keine Tugend ist", läuft darauf hinaus, ihr einen nur äußerlichen, rein akzidentellen moralischen Charakter zuzuschreiben. Diese Entwertung der Beherrschtheit stützt sich unbestreitbar auf Aristoteles.

Beim Stagiriten werden die *Beherrschtheit (enkrateia)* und die *Unbeherrschtheit (akrasia)* gleich anfangs unterschieden von der *Härte* und der *Weichheit.* Grundlage dieser Unterscheidung ist ein noch radikalerer Gegensatz: beherrschen oder beherrscht werden, standhalten oder nicht standhalten. Obwohl das Vorbild dieser Klassifizierung der Gegensatz von Lust und Unlust zu sein scheint – Gegenstand der Beherrschtheit ist die Lust, Gegenstand der Härte oder des Ausharrens die Unlust –, macht sich das Ganze der Unterscheidung letztlich an einer subtileren Gleichsetzung fest: Der Beherrschte ist der, der einer Fülle verlockender Gelüste Herr wird; der „Harte" oder besser der „kraftvoll Ausdauernde" der, welcher der Unlust standhält, die sich daraus ergibt, das seine natürlichen Begierden nicht befriedigt werden.

Die so definierte Beherrschtheit hat bei Aristoteles keinen absoluten ethischen Wert. Die philosophische oder höchste Tugend ist für Aristoteles, wie schon gesagt, die Seelengröße, die Großmut. Die Aristotelische Definition der *megalopsychia* – „großer Dinge würdig sein und sich selbst ihrer für würdig halten" – stellt sie weit über die Beherrschtheit und die Ausdauer, die, wie er selbst sagt, nur „Halbtugenden" sind. Da die Großmut andererseits im Gegensatz steht zur christlichen Demut (in der Sprache des Aristoteles also zum „Kleinmut", *mikropsychia)*, ist die Philosophentugend auch oberhalb des christlichen Begriffs von Selbstbeherrschung angesiedelt. Die Kritik an der *continentia* in These 168 und an der *humilitas* in den Thesen 170 und 171 bildet also ein System, das anfänglich nichts mit dem Geschlechtlichen zu tun hat.

So wie sie im Syllabus von Tempier Ausdruck findet, zielt die philosophische Kritik an der Selbstbeherrschung nicht vorrangig auf die Sexualmoral, vielmehr geht es ihr um die philosophische Ethik als solche. Wenn der Aristotelismus aus der Beherrschtheit keine vollgültige Tugend macht, so nicht, weil sie wesensmäßig Bezug auf die Sexualität hätte – das ist nicht der Fall –, sondern weil das Herrwerden über exzessive Lüste aus seiner Sicht nur eine halbherzige Maßnahme ist, verglichen mit der souveränen Herrschaft der Großmut. Ein Aristoteliker ist mit dem „Problem" der Selbstbeherrschung schnell fertig: Wenn sich jemand angesichts „eines heftigen Verlangens nach einem wohlschmeckenden Getränk" zu beherrschen weiß, ist dies sicher schätzenswert, hat aber doch relativ wenig Wert gegenüber der Autarkie der Großmut.

Aus offensichtlichen Gründen findet man diese Hierarchie der Tugenden nur zum Teil bei den Theologen wieder. Thomas von Aquin etwa folgt Aristoteles, wenn auch er sagt, daß die Beherrschtheit „den vollen Begriff der sittlichen Tugend nicht erreicht": seine knappe Schilderung von der Unvollkommenheit jeglicher „Herrschaft" ist im übrigen durch und durch Aristotelisch, da er zeigt, wie das „sinnliche Strebevermögen" und die „vernunftwidrigen heftigen Leidenschaften" den, der sie zu beherrschen meint, immer wieder von neuem plagen.[21] In diesem Sinn also und wenn man den Text buchstäblich nimmt, unterschreibt Thomas die Aristotelische These von der Beherrschtheit als einer nur halben Tugend und – das muß betont werden – fällt damit unter die bischöfliche Zensur. Alles ändert sich hingegen, sobald er die Frage des Geschlechtlichen in Angriff nimmt. Denn da ist er wieder ganz Theologe und nimmt angesichts der Notwendigkeit, zwischen „aristotelischer" Beherrschtheit und sexueller Selbstbeherrschung zu unterscheiden, eine ganz andere Position ein.

Enthaltsamkeit und Maßhaltung: die allgemeine Anästhesie

Bei seiner Behandlung der Frage, in welchem Verhältnis Beherrschtheit und Maßhaltung *(sōphrosynē)* zueinander stehen – ein Gemeinplatz der antiken Moral –, versucht Thomas das Unmögliche: gleichzeitig als Christ und als aristotelischer Philosoph zu antworten. Doch schon die Formulierung des Problems ist eher christlich als aristotelisch, denn sie führt ihn dazu, radikal zu unterscheiden zwischen Beherrschtheit als sexueller Enthaltsamkeit und Beherrschtheit als solcher.[22] Diese Trennung mündet in eine Neuverteilung der Werte:

– faßt man die Beherrschtheit als sexuelle Enthaltsamkeit auf – als „Verzicht auf jegliche Geschlechtslust" –, steht sie über der Maßhaltung, „wie die Jungfräulichkeit über der Keuschheit steht";

– im Aristotelischen Sinn des Wortes dagegen ist die Beherrschtheit weniger wert als die Maßhaltung: der Mäßige hat seine sinnlichen Begierden der Vernunft unterworfen; der Selbstbeherrschte wird weiter von der Sinnlichkeit bedrängt.

Eine merkwürdige Aufteilung, die im Gegensatz zur ausdrücklichen Absicht des Aristoteles steht, für den die Beherrschtheit *unterschiedslos* das betrifft, was er Nahrungsgenuß *(delectationes ciborum)* und Liebesgenuß *(delectationes venereorum)* nennt, mit einem Wort, die Sinnenfreuden. Und zudem eine gefährliche Aufteilung, da ihre Behauptung, es gebe eine natürliche Ordnung der Leidenschaften und man könne die natürlichen Neigungen und Bestrebungen nach Maßgabe ihrer Objekte hierarchisieren, schnell inkonsistent zu werden droht.

In der Tat stößt man sogleich auf ein Paradox, das sich wie folgt formulieren läßt: In jedem Individuum gibt es zwei Arten von natürlichen Neigungen, die durch ihre Funktionen hierarchisiert sind: an der Spitze steht die Ernährung, weiter unten die Sexualität. Das Individuum als solches hat keine andere natürliche Neigung als die, die auf die Selbsterhaltung zielt. Die von der Natur für das Individuum als Individuum gewollte Lust hängt für Thomas also notwendigerweise allein mit der Ernährungsfunktion zusammen. Doch gibt es in jedem Individuum auch eine Neigung, die auf die Erhaltung der Art gerichtet ist. In diesem Fall hängt die von der Natur gewollte Lust mit der Sexualfunktion zusammen — eine subalterne Lust, da es sich von selbst versteht, daß ein Individuum auf jegliche Sexualität verzichten kann, ohne die Selbsterhaltung zu gefährden. Der Nachteil dieser scheinbar harmonischen Verteilung liegt, wie der Theologe selbst zugibt, darin, daß der Liebesgenuß stärker ist als der der Nahrung und daß dieser Intensitätsunterschied seinerseits der Ausdruck der natürlichen Ordnung oder Hierarchie ist, auf die sich Thomas ständig beruft – in dieser Ordnung nämlich ist die Erhaltung der Art ein Ziel, das von Natur aus stets höher steht als das der Erhaltung des Individuums.[23] Dieser Widerspruch im theologischen Diskurs wird ans Licht gebracht von den Verfechtern der 169. These, wenn sie behaupten, daß vollkommene sexuelle Enthaltsamkeit nicht nur gegen das Interesse der Art verstößt, sondern obendrein auch die Tugend dessen schädigt, der sie übt. Die Umkehrung ist total, der Angriff einer auf der ganzen Linie.

Die Theologen wollten zwischen „aristotelischer" und sexueller Selbstbeherrschung unterscheiden, worauf man ihnen – über Aristoteles hinausgehend – antwortet, daß die sexuelle Enthaltsamkeit nicht nur wie jede Art von Beherrschtheit eine „Halbtugend" ist, sondern schlicht und einfach ein Hindernis für die Tugend. Sie wollten das Sexuelle entwerten, indem sie es den Notwendigkeiten der Selbsterhaltung unterordneten, worauf man ihnen mit einem schelmischen Lächeln entgegnet, daß doch gerade die Ordnung der Natur selber seine Vorherr-

schaft fordert. Die Schlußfolgerung ist einfach und unwiderlegbar: Wenn die Intensität der sexuellen Lust der natürlichen Zweckbestimmung des Geschlechts-
akts entspricht, muß die Enthaltsamkeit bei einem Akt, der für die Erhaltung der
Art notwendig ist, frustierender sein als bei solchen, die auf die Befriedigung „in-
dividueller" Begierden zielen. Die *moralischen Kosten* sind bei der sexuellen Frustration also stets am höchsten. Die anhaltende Frustration des Nahrungsverlan-
gens bleibt ohne ethische Folge: schlimmstenfalls führt sie zum Tod des Individuums, nicht aber zum Verlust seiner Tugend; die ständige Frustration des sexuellen Verlangens dagegen ist von größter ethischer Tragweite, sie erzeugt sogar die
archetypische Form des moralischen Konflikts, da sie das Individuum zwar leben
läßt, aber ständig zerrissen von der Unbefriedigtheit.

Der Philosoph läßt den Theologen hier in die Falle des Aristotelismus gehen,
er überwältigt ihn mit einem Naturalismus und einer Moral der rechten Mitte,
die keineswegs im Gegensatz zueinander stehen, sondern Hand in Hand gehen.
Der wahre „Naturalist" ist nicht der Goliarde, sondern der Mensch des Gleichgewichts, jener Mäßige, in dem J. Le Goff zu Unrecht nicht mehr sieht als einen
„verbürgerlichten" Helden – so als würde der Natur folgen unausweichlich auf
Vagabundage hinauslaufen und die Suche nach dem Gleichgewicht auf „spießige
Kleinlichkeit".[24] Für den aristotelischen Philosophen ist die erste Regel der Ethik
nicht die Wahl der „Mitte" im Sinne von *mediocritas,* sei diese auch eine „goldene", sondern die des *Maßes.* Der Tüchtige muß „überall maßvoll handeln", seine
Tugend ist Maßhaltung.

So wie Aristoteles sie versteht, hat die Maßhaltung zwei Feinde, nämlich das
Übermaß und den Mangel: „Wer sich in jeden Genuß stürzt und sich nichts versagt, wird maß- und haltlos." Umgekehrt wird der, der sich alle Genüsse versagt
und sie ausnahmslos flieht, „stumpfsinnig wie ein Bauer".[25] „Da es solche Menschen eigentlich kaum gibt, haben sie", wie Aristoteles ausführt, „auch keinen eigenen Namen erhalten. Man mag sie als Gefühllose bezeichnen".[26]

Die Gefühl- oder Empfindungslosigkeit, wörtlich die Anästhesie *(anaisthēsia),*
das heißt auch der Stumpfsinn, die Dummheit (diese Bedeutung hat das Wort
bei Theophrast), ist für Aristoteles also das schlimmste aller Laster. Für eine solche Stumpfheit der Sinne gibt es eigentlich „gar keinen Namen", denn sie „ist
nicht menschlich". Im wirklichen Leben ist sie überhaupt nicht vorstellbar, höchstens bei einer Komödienfigur, die unfähig ist, in Gesellschaft zu leben, eine Art
Ungeheuer also, eine vollkommen untüchtige, „lasterhafte" Person.[27]

Für den Philosophen kann die „Beendigung aller sexuellen Lust" nur eine allgemeine Anästhesie sein: Der völlig Enthaltsame ist der völlig Frustrierte, gleichzeitig spießig und enttäuscht. Diesem gefühllosen Menschen setzt Aristoteles den
Mäßigen entgegen, den Menschen der rechten Mitte und des Gleichgewichts, der
alles Mögliche ist, nur nicht „mittelmäßig".

Das Ideal der rechten Mitte, der *mesotēs,* hat heutzutage etwas Irritierendes an
sich – vor allem wenn die Werbung es in ein Medietäts-Rezept verwandelt und
vorschreibt, daß man maßvoll genießen soll: „A consommer avec modération".
Dennoch beunruhigte diese pharmazeutische Definition der Maßhaltung die

mittelalterlichen Theologen sehr stark. Diese Behauptung mag einen verwundern, wenn man Jacques Le Goff folgt, der aus der Übernahme der *aurea mediocritas* das erste Zeichen für den Verrat der Intellektuellen macht, ein „Verschließen von Horizonten" und ein „Absterben gerechtfertigter Bestrebungen"[28]; sie wird einem indes vollkommen einsichtig, sobald man erkennt, daß die „rechte Mitte" weder ein Zeichen von Auflösung ist noch ein bloßer Deckmantel für kompromißlerisches, sozialresignatives Verhalten. Zu diesem Zweck muß man jedoch sehen, daß der Inhalt des Begriffs in der zweiten Hälfte des 13. Jahrhunderts wesentlich offensiv oder, genauer noch, bedrohlich ist. Kurz, man muß sich klarmachen, daß es auch giftige Kräutertees gibt.

So überraschend es einem vorkommen mag, die aristotelische Theorie der rechten Mitte stellte für die christliche Theorie der Tugenden eine wirkliche und genau umrissene Bedrohung dar. Weshalb? Weil sie außer gegen die sexuelle Enthaltsamkeit auch noch gegen den Begriff der Jungfräulichkeit gerichtet zu sein schien.

Wenige Autoren des Mittelalters haben die Jungfräulichkeit ausdrücklich als ein Laster kritisiert. Die Sexuallehre des Aristoteles – wenn man die wenigen Bemerkungen über den Verkehr mit Prostituierten oder die Masturbation *(cheirourgia)*, die man in der *Politik* findet, überhaupt so nennen darf – hat die Frage nicht angeschnitten.[29] Auf jeden Fall gibt es bei seiner Verurteilung des „Lasters der Gefühllosigkeit" in der *Ethik* keinerlei direkte Anspielung auf die Jungfräulichkeit. In der Mitte des 13. Jahrhunderts haben die meisten Kommentatoren der *Sentenzen* des Petrus Lombardus dennoch die „philosophische Kritik an der Jungfräulichkeit" so erörtert, als ob es sich um ein genuin Aristotelisches Thema handelte. Die Tatsache ist bemerkenswert und rätselhaft.

Warum hat man so hartnäckig eine Lehre bekämpft, die es gar nicht gab? Warum hat man dem Aristotelismus einen quasi metaphysischen Abscheu vor Jungfrauen zugeschrieben, von dem sich in den Texten des Stagiriten nicht die geringste Spur findet? Die Antwort ist einfach: Weil man diese Lehre erfinden mußte; weil die Theologen ihre eigene Problematik hatten, ihr Feld streng bewachten und auf ihre Art bestellten; weil die aristotelischen Philosophen des Mittelalters nicht blindlings Aristoteles folgten und sich um 1260 herum anschickten, eine neue Askese zu formulieren, eine zum Teil vom Stagiriten unabhängige philosophische Askese, die aber potentiell fähig war, mit der christlichen Askese in Wettbewerb zu treten.

Thomas von Aquin war mit der Aristotelischen Kritik an der „Anästhesie" einverstanden, weigerte sich aber, sie auf die Jungfräulichkeit anzuwenden – dies der Ausgangspunkt eines Verteidigungssystems, dessen Schicksal sich als unendlich paradoxal erweisen sollte und das in jedem Fall auf einer irgendwie positiven Wertung der ungeschlechtlichen Lüste beruhen mußte. Für Thomas nämlich war die Jungfräulichkeit zum Teil dadurch legitimiert, daß sie mit anderen Lüsten als den „venerischen" nicht unvereinbar ist; zum anderen konnte man sie aus vernünftigen Erwägungen wählen, gemäß den Vorschriften der „rechten Vernunft". Um sich verständlich zu machen, wagte er folgenden Vergleich: Einem Ritter, der sich jeden Geschlechtsverkehrs enthielte, um besser seinen kriegerischen Aufgaben gerecht zu werden, würde niemand einen Vorwurf machen, warum also sollte dann die Jungfräulichkeit ein Laster sein, die es doch ermöglicht, sich ganz den göttlichen Dingen hinzugeben? Für einen Christen war dieses militärische Argument annehmbar – das Christenleben ist ja ein Kampf –, war es aber für einen Philosophen inakzeptabel? Das ist keineswegs sicher. Tatsächlich sollte die These des Aquinaten unvorhergesehene Folgen haben – auf die wir noch zurückkommen. Sagen wir vorgreifend, daß Thomas von Aquin zum Teil an das Ideal der rechten Mitte anknüpfte, als er sich auf den Weg der vernunftgegründeten Askese begab. Damit setzte er sich der Gefahr aus, daß ihm der Philosoph all die Werte entriß, die traditionell mit der christlichen Vorstellung von Jungfräulichkeit verbunden waren. Weit entfernt davon, sich auf diesem speziellen Terrain zu bekämpfen, standen das christliche und das philosophische Leben also ständig kurz davor, sich zu verbinden.

Zweifellos weil er sich dieser Gefahr bewußt war, hat Johannes Fidanza – der heilige Bonaventura – einen großartigen Ausweg ersonnen: Man muß Aristoteles freisprechen und die Schuld dem Staufer in die Schuhe schieben. Denn seiner Ansicht nach war es ein Arzt Friedrich II., der die „Aristotelische" These, wonach die Jungfräulichkeit nur eine Form von Gefühllosigkeit sein soll, wenn schon nicht erfunden, so doch populär gemacht hat. Nicht also gegen Aristoteles selbst, sondern gegen vom Kaiser gedungene Aristoteliker muß man den Kampf aufnehmen. Doch die Harmlosigkeit des nüchternen Philologen hat ihre Grenzen, und der Theologe hat seine Hintergedanken. Bonaventura rettet Aristoteles nur, um ihn besser zu Fall bringen und verspotten zu können. Der „neapolitanischen" Gleichsetzung von Jungfräulichkeit und Anästhesie setzt er nämlich ein Argument entgegen, das direkt gegen den Begriff der rechten Mitte gerichtet ist: Wenn der, der mit allen Frauen schläft, durch Übermaß sündigt, und der, der keine einzige berührt, durch Mangel, kann die „rechte Mitte" nur darin bestehen, daß man mit der Hälfte von ihnen schläft – eine schwierige und sicher harte Aufgabe.[30]

Indem Bonaventura die sexuelle Aktivität einem Vernunftschluß oder, genauer gesagt, einer *reductio ad absurdum* unterstellt und dabei nebenbei den Begriff der Mitte lächerlich gemacht hat, hat er mit einigen Jahren Vorsprung die Wahrheit Don Juans entdeckt. Doch was war seine wirkliche Absicht? Ganz offensichtlich wollte er die Pariser „Artisten" diskreditieren und dem Arzt eines verhaßten Kaisers einen Irrtum unterschieben, an dem Aristoteles, ihr aller Meister, nun einmal nicht schuldig war. Diese „Rehabilitierung" der Philosophie *via* Neapel kann uns jedoch weder befriedigen noch einen Verdacht ausräumen, den wir endlich aussprechen müssen.

Was *beweist* uns denn eigentlich, daß die Kritik an der Jungfräulichkeit, wenn sie schon nicht auf Aristoteles zurückgeht, zumindest wirklich von Pariser Philosophen vorgebracht wurde, von universitären „Intellektuellen", die Stephan Tempier mit Sachkenntnis verurteilt hat? Aus welchem Grund sollten wir seinem Zeugnis Glauben schenken? Gibt es den geringsten Hinweise darauf, daß die

Philosophen und die Theologen des 13. Jahrhunderts wirklich entgegengesetzte Ansichten über die Jungfräulichkeit hatten? Der Bischof von Paris will es uns einreden. Bonaventura setzt uns auf eine Fährte, die nach Schwefel riecht. Doch müssen wir ihr folgen?

Unsere Antwort ist nein.

Der jungfräuliche Philosoph oder die Angst vor Xanthippe

In der traditionellen Geschichtsschreibung ist Siger von Brabant der Archetyp des mittelalterlichen Philosophen; Abaelard der des verliebten Philosophen; Friedrich II. der des Philosophenkönigs. Der erste wird ermordet; der zweite wird entmannt – und muß danach noch mehrmals dem Gift oder dem Dolch entkommen; beim dritten trifft es sein Geschlecht – nur wenige Jahre, und seine zahlreiche Nachkommenschaft ist von der Erde verschwunden: Das Königreich Sizilien fällt an das Haus Anjou, danach an die Aragonesen.

Im literarischen Gemeinplatz der „Bestrafung Friedrichs" kann man vielleicht die figürliche Reaktion auf ein exzessives Leben sehen, das unweigerlich einen zweiten Tod, eine fortgesetzte Auslöschung forderte – für einen Monarchen, der so viele Fragen gestellt und so viele Frauen „bestimmt" hatte, mußte es einfach ein posthumes Strafgericht geben –, das traurige Schicksal Abaelards und Sigers hingegen läßt sich rhetorisch nicht so leicht begründen. Man kann ihr beider Unglück jedoch begreifen, wenn man erkennt, daß man es hier mit einer Geschichte von Paaren zu tun hat.

Abaelard und Siger stehen nämlich nicht allein, jeder begegnet uns am Arm eines Partners: beim ersten ist es der heilige Bernhard, beim zweiten der heilige Thomas. In der auf Personen zentrierten erbaulichen Historie ist der Philosoph stets ein Antisubjekt. Wenn der „Artist" des 13. Jahrhunderts exakt definierbar ist durch seine Subordination, muß der Philosophiehistoriker sich fragen, woraus sich die imaginären Szenarien speisen, die von den Theologen, seinen Gegnern, entworfen worden sind. Auch wenn es einem etwas unappetlich vorkommt, muß man hier die Polizeimethoden akzeptieren und dem Beispiel folgen, das uns Bernhard von Clairvaux in seiner *Abhandlung gegen einige Irrtümer Abaelards* gibt: Beim Philosophen soll man ins Auge fassen „was er denkt, was er lehrt und was er schreibt".

Kehren wir also zur Sexualmoral zurück und schauen wir uns an, was unsere „Philosophen" darüber gesagt haben. Zwei der von ihnen behandelten Fragen fallen ins Auge: die eine stammt von Siger und betrifft den philosophischen Status der Jungfräulichkeit; die andere stammt von Abaelard und lautet: „Ist die Geschlechtslust eine Sünde?"

Siger von Brabant hat uns eine gewisse Anzahl von Quästionen über die Moral hinterlassen, die wahrscheinlich im Jahre 1274 disputiert wurden, drei Jahre vor dem Syllabus Stephan Tempiers. In der *Quaestio* IV geht es um die Jungfräulichkeit, doch auf eine unerwartete, ja „enttäuschende" Weise, falls jemand meinen sollte, dem „natürlichen" Hang der Problematik folgend müßten Philosophie und Libertinage hier zur Deckung kommen.[31] Vielmehr geht es darum, zu bestimmen, welcher Stand am besten zum Philosophen paßt: der jungfräuliche oder der eheliche?

Als Magister der Freien Künste durfte sich Siger zwei Jahre nach dem Statut vom 1. April 1272 nicht *ex professo* zu theologischen Gegenständen äußern. Indem er die schwerwiegende ethische Frage, die im 1. Korintherbrief aufgeworfen worden war, allein auf den Philosophen bezog, blieb der Brabanter Magister also in den Grenzen seines Faches, gemäß der Vorgabe, die damals für die Arbeit aller *artistae* bindend war. Ein berufsbedingter Zwang, der zu einer geschickten Strategie werden konnte, wenn man der philosophischen Libertinage frönen wollte: War der Philosoph zu schwach, um sich jeglichen Verkehrs mit der Frau zu enthalten, konnte man sein Scheitern einfach als das des Christen schlechthin ausgeben. Doch wie auch immer, das Terrain ist begrenzt, und Siger bleibt in der Tat an seinem Platz: sein Diskussionspartner ist Aristoteles; mit ihm kreuzt er die Klinge, nicht mit dem heiligen Paulus.

Das Ergebnis dieses unerwarteten Duells ist selbst ebenfalls überraschend, denn wider alle Erwartung und „historische" Wahrscheinlichkeit kämpft der Brabanter Meister nicht an der Seite von Aristoteles und Friedrich für irgendeine Form von freier Liebe, irgendeinen mit „sexueller Vagabundage" vermischten „Naturalismus": Siger von Brabant steht auf der Seite von Stephan Tempier. Mit anderen Worten und was auch immer die Zensur uns einreden will: Der Philosoph und der Zensor haben hier denselben Standpunkt.

Da es sich bei Sigers *quaestio disputata* um eine Erörterung handelt, die mit Pro und Contra arbeitet, werden zwei „Aristotelische" Argumente zugunsten der Philosophenehe vorgebracht. Das erste kennen wir bereits: Der Stand der Jungfräulichkeit ist „lasterhaft", da er von der rechten Mitte abweicht – ein direkter Hinweis auf die „Aristotelische Theorie der Gefühllosigkeit", die wörtlich zitiert wird: „Wer alle Sinnenfreuden flieht und sich von jeder Lust fernhält, ist völlig gefühllos *[penitus insensibilis]* wie ein roher Bauer *[rusticus agricola]*."

Das zweite ist uns auch vertraut: Jungfräulichkeit ist wider die Natur. Sofern das Naturrecht das ist, was uns die Natur selbst lehrt, verstößt die Jungfräulichkeit gegen dieses Recht, denn nach ihm gilt: „Der Mensch strebt danach, seine Art zu erhalten."

Mag es einem auch noch so bizarr erscheinen, die Antwort Sigers auf die theologische Frage nach dem Geschlechtlichen ist ein philosophisches Plädoyer für die Jungfräulichkeit: Das Ziel des philosophischen Lebens ist die Weisheit, die „Erkenntnis der Wahrheit", das heißt letzten Endes die Erkenntnis Gottes, die *natürliche Theologie*. Sofern die moralischen Tugenden den intellektuellen Tugenden untergeordnet sind, muß jedes philosophische Leben nach Regeln verlaufen, die sich aus seinem höchsten Ziel ergeben: der theologischen Betrachtung des Kosmos. Unter diesen Bedingungen muß der Philosoph notgedrungen eine Existenzweise wählen, die ihn so wenig wie möglich von der geistigen Vollkommenheit entfernt, nach der er trachtet.

Für Siger – wie für Boethius von Dacien – ist der Philosoph wirklich ein *Intellektueller,* das heißt ein Mensch des Geistes und des Denkens, dessen Leben sich erfüllt in der „theoretischen Weisheit": in jener „Schau" oder „Theorie", die Aristoteles im 10. Buch seiner *Ethik* als Ziel der menschlichen Existenz gepriesen hat. Für ihn ist der Stand, der am besten zu dieser Wahrheitssuche paßt, der *status virginalis,* zwar nicht an sich und absolut, aber doch in den meisten Fällen *(ut in pluribus).* Um diese statistische Argumentation zu rechtfertigen, kann Siger nicht direkt auf Aristoteles zurückgreifen. Er muß also anderswo suchen, in einer jüngeren Vergangenheit oder ganz einfach außerhalb der Philosophie. Derart findet er zurück zu den klaren Worten von Heloise und klagt seinerseits, obwohl unter keinerlei Druck stehend und in Unkenntnis der Sache, über die bitteren Befriedigungen und armseligen Freuden des Ehelebens. Wie schrecklich ist doch das Schicksal des verheirateten Mannes! „Weltliche Sorgen" lasten auf dem Denken, man muß sich um Ehefrau und Kinder kümmern. Geistige Verflachung, Verdruß, Sorge, Angst: von Lust ist hier nicht die Rede. Doch ist überhaupt von Jungfräulichkeit die Rede? Eher geht es um den Zölibat. Als Intellektueller und Philosoph hat Siger Angst vor Xanthippe. Er schreibt jedoch nichts vor: Der Zölibat ist nicht für jedermann erträglich, die Unvollkommenheit des Menschen bringt es mit sich, daß das schlechthin Gute nicht in jedem Fall zum eigenen Gut werden kann. Eben dachte man noch, man sei in Griechenland, doch unversehens findet man sich bei Paulus wieder.

Widerlegt werden müssen jetzt nur noch die Argumente des „Aristoteles" gegen die Jungfräulichkeit. Ein Kampf gegen den Aristotelismus? Nein, wenn man bedenkt, daß Aristoteles niemals etwas gegen die Jungfrauen vorgebracht hat. Wenn also Siger in die Schranken tritt, so allein in der Absicht, das beste Mittel zu finden, um das Aristotelische Ideal zu verwirklichen – sei es auch auf Kosten von Aristoteles selbst. Seine Lösung ist reizvoll. Am Zölibat ist philosophisch nichts auszusetzen, denn der *status virginalis* weicht nicht ab von der rechten Mitte. Einerseits nämlich „entspricht er den Forderungen der rechten Vernunft"; andererseits handelt es sich nicht um einen völligen Verzicht – sexuelle Enthaltsamkeit bedeutet nicht, daß man sich von jeglicher Sinnenlust fernhält. Eine überraschende Lösung! Siger verschiebt einfach das Attribut, das Thomas von Aquin dem Mönch und der „frommen Jungfrau" *(pia virgo)* beigelegt hatte, auf den Philosophen; ja, mehr noch, er schreibt wortwörtlich aus der *Theologischen Summe* ab![32] Ist das der „Averroismus", diese Sinnverdrehung eines Textes? Schon möglich. Man wird zugeben, daß das Ergebnis dieser Operation mit „Libertinage" denkbar wenig zu tun hat; zugeben wird man aber auch, daß es einen Theologen zu beunruhigen vermochte, der darin einen unlauteren Wettbewerb sehen mußte, die für ihn erschreckende Behauptung, daß es einen anderen Weg zur Askese gebe, einen philosophischen und – warum nicht? – laikalen. Genau darum ging es in der Verurteilung von 1277 auf dem Gebiet der Sexualethik.

Was aber soll man jetzt dem zweiten „Argument des Aristoteles" entgegenhalten, das mit dem Naturrecht operiert? Diesmal geht Siger direkter zur Sache. Er legt das Kleid der Jungfrauen ab, um sich in die Toga des Patriziers zu hüllen.

Der Egoist und der Aristokrat

Der Ton der Botschaft ändert sich: Biologisch hat der Philosoph ein unverletzliches Recht auf den Egoismus; er kann sich ohne Nachteile von der Liebe dispensieren – die Natur bedarf nicht all ihrer Söhne. Das Naturrecht fordert nicht, daß jeder persönlich zur Erhaltung der Art beiträgt. Die Masse der Menschen kann ihren Fortbestand sichern, ohne daß sich der Philosoph darum kümmern müßte.

> Wenn das Naturrecht zu einem Ziel verpflichtet, das ohne die Mitwirkung jedes einzelnen erreicht werden kann, dann kann man aus diesem Recht nicht ableiten, daß jeder verpflichtet ist, dazu beizutragen. Nun ist aber klar, daß sich die Erhaltung der Art sicherstellen läßt, ohne daß sich jeder einzelne Mensch persönlich der Geschlechtslust hingibt.

Ist diese Askese eine philosophische Form des Enkratismus? Man könnte versucht sein, in ihr das Zeichen für die Existenz einer *christlichen Philosophie* im Mittelalter zu sehen, da es ganz den Anschein hat, daß das philosophische Leben für Siger nur eine Transposition der christlichen Sexualmoral ist. Tatsächlich haben wir gesehen, daß er seine Argumente zugunsten der Jungfräulichkeit von Thomas übernahm, bei dem sich übrigens die Idee eines quasi militärischen „Theologendienstes" findet, der von einer kleinen Anzahl Gottversunkener für die gesamte Menschheit geleistet wird.[33] Es wäre allerdings übereilt, wollte man beide Diskurse schlechthin gleichsetzen. Sie haben dieselbe Form und scheinbar auch denselben Inhalt. Dennoch und gerade deshalb sind sie *Konkurrenten*.

Mag auch die Beschreibung des Philosophen, wie Siger sie liefert, identisch zu sein scheinen mit den Idealen, die der Theologe, ja der Bischof vertritt, so muß man doch bedenken, daß die dahinterstehende Absicht bei ihm eine andere ist und daß er ihnen eben dadurch Konkurrenz macht.

In ihren verschiedenen Einkleidungen ist und bleibt Sigers These aristotelisch. Man könnte von einer *Apologie des tugendhaften Egoismus* sprechen, die eine rein philosophische Konzeption von der Menschlichkeit des Menschen voraussetzt.

Oder, wenn man dies vorzieht: Die wahre Strategie Sigers besteht darin, die Aristotelische Theorie des Egoismus auf das Geschlechtliche anzuwenden, und nicht darin, das Aristotelische Ideal der Theorie durch die christliche Sexualmoral zu untermauern.

Siger macht nicht den sexuellen Notstand zur notwendigen Bedingung für das Leben des Geistes, er macht den Zölibat zur günstigsten Bedingung für die Unabhängigkeit des Denkens. Laut Aristoteles muß der Philosoph die „Ekstase" *(ekstasis)* meiden, das heißt die Verzückung, den Exzeß, die dem moralischen Leben im Weg stehen. Der wahre Philosoph pflegt die „freundschaftliche Liebe" *(philotēs),* und er hat das Recht, sich selbst zu lieben: *verus philosophus est amator sui.* So gibt es denn zwei Arten von Egoisten: den gemeinen Egoisten, der das begehrt, „was er für sein eigenes Interesse hält"; und den tugendhaften Egoisten, der „für die Pflege jenes Teils seines Wesens lebt, der das Höchste und Entscheidende ist und nach dem sich alles übrige richtet".[34]

Der wahre Egoist ist der, der sich mit dem edelsten Teil seiner selbst identifiziert: mit dem Intellekt, dem Denken. Jeder Mensch ist sein eigener Intellekt. Der tugendhafte Egoist ist der einzige, der sich wirklich selbst liebt, da er sein Denken liebt, das „er selbst ist"; wohingegen der Böse, der gemeine Egoist, nur den niedersten Teil seiner Seele liebt, der nicht er ist, und daher, ohne es zu wissen, „sich selbst haßt". Die Definition des wahren Egoisten ist zugleich die des Philosophen.

Als tugendhafter Egoist ist der Philosoph somit das Urbild eines wirklich *freien* Menschen, eines *edlen Menschen,* der nur sich selbst gehorcht, weil er nur den Geboten seines Intellekts gehorcht. Hier findet sich der philosophische Sinn der wahren Selbstbeherrschung. Der Selbstbeherrschte ist nicht einfach Herr über seine Leidenschaften, sondern er ist der, in dem der Intellekt die Leidenschaften beherrscht, da er – wie jeder Mensch – kein anderes Selbst als den Intellekt hat, dies jedoch im Unterschied zur breiten Masse auch weiß.

Bei Siger ist die Selbstliebe also das, was den Zölibat der Philosophen begründet und der philosophischen Apologie der Selbstbeherrschung ihren wahren Sinn gibt. Indem der Philosoph sich selbst wählt, wählt er den besten Teil, das heißt den besten Teil seiner selbst. In der Praxis bedeutet dies, das er dort, wo die anderen Menschen sich mit „Geld und Ehre" begnügen, „um der moralischen Schönheit der Handlung willen" handelt. Wenn er sich für irgend etwas opfert – was bis zum Freitod gehen kann –, so weil er nach Höherem strebt und die anderen an Tugend übertreffen will, um „jenen kurzen Moment kraftvoll tiefer Freude" zu erreichen, der Aristoteles unendlich mehr gilt als „langer, bequemer Genuß"; denn, wie es in der *Nikomachischen Ethik* heißt:

> Dem tugendhaften Mann ist ein Jahr im Vollgefühl des Edlen lieber als lange Jahre einer leeren Geschäftigkeit; eine einzige edle, großartige Tat lieber als eine Vielzahl ohne Bedeutung.[35]

Es ist also kein Zufall, wenn die fünfte der *Quaestiones morales* von Siger dem Egoismus gewidmet ist *(Utrum aliquis posset magis amare alium quam seipsum,* „Kann man andere mehr lieben als sich selbst?"). Die *Quaestiones morales* IV und V verkünden ein gemeinsames Programm.

Im engen Anschluß an das 9. Buch der *Ethik* enthält die von den Historikern vernachlässigte *Quaestio* V jene Lehre, die die philosophische Theorie der Selbstbeherrschung begründet.[36] Es ist die Darstellung der philosophischen Theorie des Egoismus, ohne die es keine philosophische Dimension der Selbstbeherrschung gäbe.

„Der Böse liebt sich nicht selbst", nur der Mensch des Guten kann sich in seiner eigenen Gesellschaft wohlfühlen, nur ihn kann es danach verlangen „mit sich selbst zu leben" *(sibi convivere).* Es gibt ein egoistisches Mit-sich-selbst-sein, das sich durch das Fehlen von Zerissenheit zu erkennen gibt: der Philosoph ist der, der nicht von „der Zwietracht zwischen dem Intellekt und dem Begehren" geplagt wird; er ist mit sich selbst einig, denn „mit wem könnte der Mensch einiger sein als mit sich selbst?" Wenn „die Liebe eine Art Vereinigung ist", dann findet der Mensch sein wahres Gut im intellektuellen Leben, im Leben des Intellekts, denn hier findet er sich selbst: „Sich selbst lieben, indem man äußeren Gütern nachjagt, ist schlecht und tadelnswert. Sich selbst lieben, indem man nach den Gütern des Denkens sucht, ist gut und lobenswert."

Das Auftauchen des Intellektuellen als einer sozialen Gestalt ist untrennbar von der Erfindung einer neuen Form des Adels, der eines Adels des Intellekts, der den Adel des Geblüts überragt. Das ist das Resultat einer philosophischen Lektüre der Texte Sigers.

Als jungfräulich-egoistischer Edler – oder vielmehr Geadelter, nämlich durch die Wahl jenes Teils des Göttlichen, das in ihm ist: das Denken – ist der Sigersche „Intellektuelle" im eigentlichen Sinne des Wortes ein *Geistesaristokrat*. Dies ist kein paradoxer Triumph des Enkratismus, kein sexueller Pessimismus, kein Klerikalismus, sondern eine zum Manifest geratende Wiederanknüpfung an jene *intellektualistische* Tendenz der griechischen Philosophie, die den Namen „Aristotelismus" trägt. Es ist dieses Programm der Lebensführung, das Dante im *Gastmahl* preisen wird. Es ist die Charta des radikalen Aristotelismus.

Die sexuelle Lust

Siger von Brabant, der im 13. Jahrhundert schrieb, war von Abaelard so weit entfernt wie eine erdgeschichtliche Epoche von der vorhergehenden. Das 12. Jahrhundert besaß keinen umfassenden Philosophiebegriff, da ihm fast der gesamte Aristoteles noch unbekannt war. Das Bild des Philosophen war der Patristik entnommen – ein Porträt aus zweiter Hand, wo der Gegner gänzlich ausgeschaltet war oder doch wenigstens schon am Boden lag. Das *De disciplina claustri* des Petrus Cellensis und die *Predigten über das Hohelied* des heiligen Bernhard machen uns hier mit dem Wesentlichen vertraut: Die Philosophen sind „Weber von Spinnennetzen", „ihr Führer ist Behemoth". Wie weiter oben schon gesagt, warf Bernhard von Clairvaux in seiner großen Schmährede gegen Abaelard diesem nicht vor, das Loblied des philosophischen Lebens zu singen, sondern nur, daß er die Methoden der Dialektik auf Glaubensdinge angewandt hat. Es ist Zeit, darauf zurückzukommen.

Der Burgunder nimmt kein Blatt vor den Mund. Abaelard ist das Böse. Als hochmütiger Gotteslästerer, als Narr und Visionär wollte dieser „zweite Aristoteles" eine Theologie begründen, hat aber nur eine „Stultologie" hervorgebracht. Er hat den Glauben auf eine Meinung reduziert, ohne zu erkennen, daß „unsere Hoffnung vergeblich ist, wenn unser Glaube zweifelhaft ist"; er wollte „aus Platon einen Christen machen", wodurch „er sich selbst als Heide erwiesen hat"; er glaubte, eine neue Offenbarung zu bringen, die „in Wirklichkeit nur entwendetes Wasser und gestohlenes Brot war"; er „wollte aus seinem eigenen Wissen heraus reden, obwohl es doch gerade den Lügner kennzeichnet, kein anderes Maß der Rede zu kennen als sich selber", und „die Kirche wahrlich kein fünftes Evangelium braucht"; er hat „das Heiligste und Geistigste am Glauben ins Lächerliche ge-

zogen und wie eine Torheit behandelt". Man könnte die Liste der Vorwürfe noch verlängern, doch genügt es wohl, den Urteilsspruch zu hören:

> Was an seinen Worten erträgt man am wenigsten? Ist es die Gotteslästerung? Ist es der Hochmut? Und was ist verbrecherischer, seine Schamlosigkeit oder seine Unfrömmigkeit? Sollte man einen Mund, der sich solche Reden erlaubt, nicht eher mit Stockschlägen schließen, statt ihn durch eine regelrechte Widerlegung zum Schweigen zu bringen? Sollte nicht die ganze Welt die Hand gegen ihn erheben, wo er es doch gewagt hat, sie gegen die ganze Welt zu erheben?

Man weiß, daß die Kirche, wenn nicht dem Buchstaben, so doch dem Geist dieser flammenden Anklagerede gefolgt ist. Verurteilt im Jahre 1141 – nach verschiedenen Angriffen wie dem von Bernhard oder auch dem von Joscelin, des Erzbischofs von Reims –, starb Abaelard ein Jahr später in der Abtei von Cluny, in der er unter Petrus Venerabilis barmherzige Aufnahme gefunden hatte. Die Geschichte ist bekannt und muß hier nicht weiter ausgebreitet werden. Betont werden muß dagegen ein Detail: Das Pamphlet Bernhards (enthalten in einem Brief an den Pontifex maximus Innozenz II., in dem der Abt von Clairvaux auf seine unnachahmliche Weise „den hochgeliebten Vater und Herrn der Ehrfurcht [seiner] Nichtigkeit" versichert) ging zurück auf eine Bitte Wilhelms von Saint-Thierry. Wilhelm, ein Theologe von Format und Schüler Bernhards, hatte sich nach und nach verschiedene merkwürdige Behauptungen Abaelards notiert und forderte seinen Lehrer auf, etwas gegen ihn zu schreiben („vor Dir hat dieser Mann Ehrfurcht, ja Furcht"). Gleichwohl gab er zu, nicht das ganze Werk des verabscheuten Philosophen gelesen zu haben:

> Es gibt, wie ich höre, noch weitere Werke desselben Autors: eines heißt *Sic et non* und ein anderes *Scito te ipsum,* dessen Lehre, wie ich fürchte, so ungeheuerlich sein wird wie der Titel. Doch diese Schriften fürchten, sagt man, das Licht, und man mag noch so sehr suchen, man findet sie nicht.

Daß bereits der Titel, den Abaelard seiner Ethik gab – das sokratische *Scito teipsum,* „Erkenne dich selbst" – , als ungeheuerlich angesehen wurde, sagt viel über das Klima der damaligen Zeit. Waren Abaelards Ansichten wirklich so außergewöhnlich, wie Wilhelm fürchtete? Das ist eine andere Frage. Untersuchen wir probeweise was Abaelard über die sexuelle Lust sagt.

Die theologische Theorie der Unkeuschheit ist in ihren großen Zügen im 12. Jahrhundert festgelegt worden: Die Vorbilder des Thomas von Aquin, Petrus Lombardus und Gratian, waren Zeitgenossen Abaelards. Die sexuelle Lust wurde definiert als eine Art List der Natur, als Trugbild oder auch als ein Tribut, den die Notwendigkeiten des Überlebens der Art forderten, nirgends jedoch war sie als solche Gegenstand einer positiven Bewertung. Als homöopathisches Mittel in der Ehe erlaubt, wurde sie für den, der außerhalb der ehelichen Bande von ihr kostete, zur Todsünde. Denn bei der einfachen Unzucht, versinnbildlicht in der sexuellen Beziehung zu Prostituierten, in der käuflichen Liebe also, ging es nicht um eine läßliche Sünde, sondern um eine Todsünde, zeichnet es die Todsünde doch aus, daß sie dem menschlichen Leben Schaden zufügt: für Thomas, wie wir sahen, insofern, als das aus einer solchen Paarung hervorgegangene Kind zu einem elenden Dasein verdammt ist.

Liest man das *Scito teipsum*, sieht man, daß Abaelard alles andere als ein Libertin ist. Nicht nur unterscheidet er zwischen läßlicher Sünde (wie etwa „zu vielem Trinken") und Todsünde (wie etwa Meineid und Ehebruch); als eine offenkundige und absolute „Dummheit" kritisiert er überdies die philosophische Lehre von der Gleichheit der Sünden – eine stoische Lehre, die ihm bei Cicero begegnet ist und die er detailliert in seinem *Dialog zwischen einem Philosophen, einem Juden und einem Christen* widerlegt. Schließlich wird er nicht müde, den Unterschied, der für Gott zwischen übermäßigem Essen und Trinken und dem Ehebruch besteht, in völlig orthodoxen Worten herauszuheben – nämlich unter Hinweis auf die Sanktion, die damit verbunden ist:

> Wenn man uns fragt, weshalb wir meinen, daß der Ehebruch Gott mehr mißfällt als ein Übermaß an Nahrung, so antworten wir, daß das göttliche Gesetz selbst es uns zu lehren scheint, da es für das letztere Vergehen keine besondere Züchtigung vorsieht, während es beim Ehebruch nicht eine beliebige Strafe anweist, sondern die grausamste Verurteilung zum Tode. Denn der Ehebruch verletzt stärker jene Nächstenliebe, die der Apostel „die Erfüllung des Gesetzes" nennt, und weil er dieser Liebe mehr entgegengesetzt ist, stellt er eine schwerere Sünde dar.

Die Ethik Abaelards ist keine Meditation über die Ethik des Aristoteles, die er gar nicht kannte, sondern ein Nachdenken über die Sünde. Dieses Nachdenken ist nicht das eines Philosophen, nicht jedenfalls in dem Sinn, wie das 13. Jahrhundert zwischen Philosophen und Theologen unterscheidet. Es ist das eines Theologen, der mit der Aristotelischen Dialektik arbeitet. Die Philosophie – die Logik – ist nur ein Werkzeug: die Ethik Abaelards ist durch und durch christlich. Wieso also kam es zum Skandal? Man kennt die Antwort: weil der moralische Wert für sie auf der *Intention* beruhte, nicht auf der *Handlung*.

Eine Diskussion darüber, ob diese Lehre oder aber die Anklage gegen sie wohlfundiert ist, führt uns hier nicht weiter. Es genügt, die These herauszustellen und ihre Folgen zu untersuchen. Die These ist einfach: Die Sünde ist die Einwilligung ins Böse, nicht der tatsächliche Vollzug der Sünde, das heißt „die Handlung, durch die wir das ausführen, wozu unser Geist die Einwilligung gegeben hat".

Was sind die Folgen?

Das 3. Kapitel von *Scito teipsum* ist in weiten Teilen eine Meditation über den Status der sexuellen Lust.[37] Mit dem angeblichen Resultat dieser Meditation endet die Liste der auf dem Konzil von Sens verurteilten Sätze, denn die neunzehnte und letzte der mißbilligten Thesen besagt:

> Weder die äußere Handlung noch der Wille zu dieser Handlung, noch die sinnliche Begierde oder die durch sie geweckte Lust machen die Sünde aus, und wir sind nicht verpflichtet, gegen diese Lust anzukämpfen.

In seinem *Glaubensbekenntnis* hat Abaelard ausdrücklich bestritten, diese Lehre vertreten zu haben:

> Was den letzten Punkt betrifft, wo man mir vorwirft, geschrieben zu haben, daß weder die Handlung noch der Wille, noch die Begierde oder die durch sie geweckte Lust die Sünde ausmachen und daß man nicht verpflichtet ist, diese Begierde auszulöschen, so habe ich etwas derartiges nie behauptet, weder in meiner Lehre noch in meinen Schriften.

Was auch immer man über seine Aufrichtigkeit denken mag, man muß zugeben, daß man in *Scito teipsum* recht leicht die Zeilen findet, die dem inkriminierten Satz zugrundeliegen. Das Paradox will es, daß es sich hierbei bereits um eine Verteidigung handelt:

> Es gibt Leute, die sich nicht wenig aufregen, wenn sie von meiner Behauptung hören, die Ausführung der Sünde füge zur Schuld oder zur Verdammung bei Gott nichts hinzu. Sie wenden ein, bei der Ausführung der Sünde stelle sich eine gewisse Lust ein, welche die Sünde vergrößere, z. B. bei dem Beischlaf oder bei dem Essen, von dem ich gesprochen habe. Diese Behauptungen wären dann nicht absurd, wenn sie überzeugend darlegen könnten, daß eine derartige Lust Sünde sei und daß so etwas niemals ohne Sünde getan werden kann. Sollten sie das wirklich annehmen, dann ist es niemandem erlaubt, diese Lust des Fleisches zu genießen. Dann sind auch Eheleute nicht frei von Sünde, wenn sie mit dieser sinnlichen Lust, die ihnen doch erlaubt ist, miteinander schlafen.

Die These ist eindeutig: Weder der Geschlechtsakt noch die dabei verspürte Lust dürfen als Sünde betrachtet werden, denn sonst müßte man auch jede sexuelle Beziehung in der Ehe aufs strengste verbieten. Die weitere Argumentation ist ebenso streng und klar.

Indem Abaelard den Vergleich mit dem Essen, den „wohlschmeckenden Speisen", weiterspinnt – was zum einen in der aristotelischen Tradition steht, wonach *Ernährung und Sexualität* das Feld der Sinnenlust abdecken, zum anderen ein recht grelles Licht auf den Doppelsinn der „verbotenen Frucht" wirft –, gelangt er zu der These, daß, wenn alle, die sich am Genuß erlesener Speisen erfreuen, ohne es zu wollen Sünder sind, die Schuld dafür letztlich bei Gott liegt, dem „Schöpfer sowohl der Speisen wie der Leiber". Und in der Tat:

– Warum hätte Gott etwas für uns erschaffen sollen, von dem wir keinen Gebrauch machen können, ohne zu sündigen?

– Warum sollten wir umgekehrt eine Sünde begehen, wenn wir nichts tun, was verboten ist?

– Überdies wird von den Religionen nicht immer dasselbe verboten, und die Sünde verschwindet, wenn das Verbot aufgehoben ist; so ist den Juden „der Genuß von Schweinefleisch" untersagt, während er den Christen erlaubt ist. Wird man also von einem Juden, der zum Christentum übertritt, sagen, daß er sündigt, wenn er Schweinefleisch ißt, oder wird man sagen, daß ihm Gott diesen Genuß *jetzt* erlaubt? Die Antwort liegt auf der Hand. Wenn einem die Aufhebung eines Verbots demnach erlaubt, frei von Sünde Dinge zu tun, die vordem untersagt waren, wie soll dann derjenige jemals sündigen, der nichts anderes tut als das, was

uns durch göttliche Huld „vom ersten Tage unserer Erschaffung an gestattet
worden ist"? Dies trifft aber nicht nur auf Speisen, selbst auf wohlschmeckende
zu, sondern auch auf den „fleischlichen Verkehr zwischen Eheleuten".

Einen Einwand aber gibt es. Wenn Gott die ehelichen Beziehungen erlaubt
hat, so doch „nur unter der Bedingung, daß jede Lust dabei ausgeschlossen sei".
Diese Spitzfindigkeit wird von Abaelard leicht widerlegt: Wenn Gott den Geschlechtsverkehr unter der ausdrücklichen Bedingung gestattet hat, daß er jede
Lust ausschließt, dann hat er etwas gestattet, was gar nicht möglich ist – und das
ist undenkbar. Und warum wären dann die Juden durch das göttliche Gesetz zur
Ehe verpflichtet gewesen? Warum hätte Paulus den Eheleuten die Erfüllung ihrer
ehelichen Pflichten erlaubt, wenn man solchen Vorschriften nicht gehorchen
könnte, ohne zu sündigen? Eine derartige Pflicht hätte keinen Sinn, und die
Schlußfolgerung lautet:

> Es ist also klar, denke ich, daß die der Natur gemäße Lust des Fleisches keine Sünde
> ist und daß es kein Vergehen ist, eine Lust zu verspüren, die notwendigerweise mit
> diesem Akt verbunden ist.

Man sollte nicht die „Sündhaftigkeit" eines Mönchs tadeln, der inmitten lüster-
ner Frauen an ein Bett gefesselt würde, und ebensowenig die Lust, die er bei ihrer
Berührung empfände, da er zur Lust *gezwungen* wäre; und das gilt auch für jeden
anderen: „Die Natur nötigt ihn zur Lust." So die Schlußfolgerung des gesunden
Menschenverstandes. Bleibt das Zeugnis der Autorität.

Abaelard zufolge behauptet der 1. Korintherbrief nicht, daß die fleischliche
Lust auch in der Ehe eine Sünde darstellt. Im Gegensatz zu dem, was allzuviele
Theologen glauben, will der Apostel dadurch, daß er verheirateten Menschen den
Gebrauch des Fleisches „erlaubt", nicht zu verstehen geben, daß er ihnen ein
Verhalten verzeiht, das an sich eine Sünde sei, sondern einfach nur betonen, daß
er niemanden zwingen will, die Ehe zu vollziehen. Die Paulinische Alternative besteht nicht darin, die Sünde des Fleisches in der Ehe entweder zu begehen oder
sich ihrer zu enthalten. Für Abaelard ist ihr Sinn allein der folgende: Niemand
kann Eheleute dazu zwingen, miteinander zu schlafen, wenn sie es nicht wollen;
wenn sie es aber wollen, kann es ihnen niemand verbieten. Genauer gesagt, es ist
ihnen gestattet, auf das vollkommenere Leben – die Enthaltsamkeit – zu verzichten, um „ein großzügigeres Leben zu führen", das sie vor der Unzucht schützt.
Wer hier die Befleckung der Seele durch den Geschlechtsakt beschwört, bringt
nur eine vollkommene philosophische und theologische Absurdität vor. Befleckt
werden kann der Geist, indem er in einen schändlichen Akt *einwilligt*, nicht aber
„durch eine Handlung, die ihm äußerlich ist".

Und schließlich dürfen auch die bloßen Einflüsterungen der Sinne nicht als
Sünde bewertet werden. Die Sünde ist die Einwilligung ins Böse, die Einflüste-
rung – anders gesagt „die Begierde, die der Anblick einer Frau weckt" – gehört
zur selben Ordnung wie die Lust. Die Lust und die Begierde sind unvermeidlich,
sie gehören zur Ordnung der Naturnotwendigkeit, sie entstehen und vergehen,
ohne daß wir daran beteiligt wären. Die durch den Anblick einer Frau hervorge-

rufene Begierde ist das, was der Apostel eine „menschliche Versuchung" nennt, das heißt, laut Abaelard, eine Versuchung, der die menschliche Schwäche gleichsam nie zu entkommen vermag. Man sündigt nicht, wenn man „eine verheiratete Frau, deren Schönheit uns verführt", begehrt und mit ihr schlafen will. Zum einen weil die Natur und nur sie „uns zwingt, zu wollen, was wir niemals als unser Wollen wollen würden"; zum anderen weil das, was wir eigentlich wollen, ist, daß sie nicht verheiratet sei. Was den Willen betrifft, so will der Ehebrecher nicht den Ehebruch, sondern die Unzucht. Allerdings werden ihm sowohl diese Begierde wie dieser Wille von der Natur aufgezwungen: er kann nicht anders wollen, als er will, selbst wenn er das, was er will, in keiner Weise als sein Wollen wollte. Gleichwohl bleibt es immer noch dem freien Urteil des Menschen überlassen, ob er zustimmt oder nicht. Es ist diese Einwilligung in die Begierde, die das Gesetz „Begierde" nennt, wenn es sagt: „Du sollst nicht begehren deines Nächsten Weib." Denn kein Gesetz kann es verbieten, zu begehren – die Begierde ist, wie wir sahen, unvermeidlich –, noch kann es die Versuchung bestrafen, da es unmöglich ist, nicht der „menschlichen Versuchung" zu erliegen. Der Versuchung hingegen, in die Begierde einzuwilligen, kann man erliegen oder nicht.

Abaelards Theorie hat offensichtlich nichts Enkratisches an sich: Weder die sexuelle Lust noch unsere Einwilligung in sie sind an sich ein Übel. Das Übel beginnt, wenn ich meine Zustimmung der Begierde gebe, die ich für die Frau eines anderen empfinde. Unter dem Blickwinkel der Ethik wird die Verfehlung durch die Befriedigung der Begierde nicht größer.

Diese Lehre, die als laxistisch galt, ist von einer schrecklichen Strenge, denn nach den Maßstäben einer Moral, für die man in der Sünde versinken kann, ohne je eine einzige Sünde zu begehen, also sündigen kann, ohne je „die Handlung auszuführen", wird man sehr schnell zum Sünder. Wie soll man der Versuchung widerstehen, die ganz natürlich mit jedem Gedanken an die Lust auftaucht? Sündigt man schon, wenn es einem nicht gelingt, diese Gedanken, die unsere Seele bedrängen, im Zaum zu halten? Willigt man ein, wenn man nicht Herr seiner selbst ist? Abaelard legt die Latte hier höher als der Abt von Clairvaux.

Der heilige Bernhard sah überall nur die „Verworfenheit eines verdorbenen Willens"; Abaelard dagegen preist die Freiheit des Menschen. Die Moral der Intention ist strenger, anspruchsvoller und schwerer zu tragen als die des Gehorsams. Wenn der Mensch nämlich „frei" ist in seinen Entscheidungen, so hat er eben deshalb keine Ausrede mehr. Was bleibt, ist die Unschuld der Lust und der Begierde. Das ist kein Laxismus, sondern das, was Le Goff „Naturalismus" nennt, das heißt im Grunde ein theologischer Optimismus. Die Natur ist das Werk Gottes, man kann sie nicht hassen, ohne ihren Schöpfer zu hassen.

Das Geschlechtsleben und die Freundschaft

Am 26. November 1930 bildete das surrealistische Werkstattgespräch *Recherches sur la sexualité* den Rahmen für folgendes Rededuell:

Paul Éluard: Meiner Ansicht nach ist der Beischlaf empfehlenswert. Doch ist dies, für mich jedenfalls, eine moralische Idee.
André Breton: Wieso?
Paul Éluard: Ich halte die Keuschheit für unmoralisch und schädlich.
André Breton: Wieso?
Paul Éluard: Weil für mich das sexuelle Interesse die Basis jeder Tätigkeit des Geistes ist.
André Breton: Mir scheint die körperliche Liebe zur Folge zu haben, daß sich im Geist eine fast vollständige Gedankenleere einstellt.

Das war das Mittelalter. Von einigen Details einmal abgesehen.

Quod delectatio in actibus venereis non impedit actum seu usum intellectus: „Sexuelle Lust verhindert nicht die Ausübung oder die Anwendung der Einsicht." Indem Abaelard die fleischliche Lust für moralisch neutral erklärte, machte er den ersten Schritt, der aus der Sphäre der monastischen Moral herausführte. Die 172. These, die ein Jahrhundert später von Stephan Tempier verurteilt wurde, sollte sehr viel weiter gehen. Mit der Behauptung, daß die sexuelle Lust weder der Ausübung noch der Anwendung des Intellekts im Wege steht, ging sie außerdem auch weiter als die Apologie des tugendhaften Egoismus bei Siger von Brabant. Doch war diese These, die Breton sicherlich zensiert hätte, wäre er Bischof und nicht Papst gewesen, eine philosophische These?

Natürlich kann man sagen, daß die Vertreter der 172. These indirekt den Priesterzölibat in Frage stellten, indem sie die sexuelle Betätigung für vereinbar mit der Ausübung des Denkens erklärten – doch war der Gewinn, den dieser indirekte Angriff bot, nicht eher gering verglichen mit den Schäden, die er, diesmal ganz direkt, der philosophischen Apologie des *status virginalis* zuzufügen drohte? In der Aristotelischen Theorie des Egoismus gab es zwar nichts, was dazu zwang, eine radikale Unvereinbarkeit von sexueller Lust und Denken zu postulieren. Dennoch scheint kein mittelalterlicher Philosoph ausdrücklich behauptet zu haben, daß die sexuelle Aktivität keinerlei Hindernis für das theoretische Leben bilde. Worauf zielte also die Verurteilung? Auf die Libertinage des *De amore?* Auf die Sitten mehr oder minder marginaler religiöser Sekten? Uns scheint es besser, noch einmal auf die Hypothese zurückzugreifen, die uns schon oft geleitet hat, und der Zensur einmal mehr eine kreative Funktion zuzusprechen.

Der Zensor kann die Zukunft vorhersagen, den Weg angeben, den niemand zu beschreiben noch überhaupt sich vorzustellen wagt. So wie es einen Konformismus in der Überschreitung gibt, gibt es eine spielerische und experimentelle Dimension der Zensur. Während es für jemanden, der der Rechtsprechung unterworfen ist, oft besser ist zu schweigen, darf der, der verurteilt, alles sagen. Dem Bischof von Paris und seiner Kommission fiel es zweifellos zu, eine Gefahr zu erfinden, die es nicht bloß noch nicht gab, sondern die es auch nur um den Preis eines Bruchs im philosophischen System, um den Preis einer Abweichung vom philosophischen Ideal geben konnte. Und welches Unheil war es denn, das die Macht des Theologen am meisten bedrohte? Es war nicht, wie einige Historiker meinen, eine um sich greifende intellektuelle Libertinage, die aus dem Zusammentreffen von *Averroisten* und *Goliarden* hervorgegangen sein soll[38], sondern im Gegenteil, wie von uns verschiedentlich schon angedeutet, *eine wachsende Tendenz zur philosophischen Assimilation des christlichen Diskurses.*

Wenn man bei Siger von Brabant und Thomas von Aquin den Eindruck gewinnen konnte, daß beide dasselbe sagen, obwohl sie doch über ganz verschiedene Dinge reden, war es für den Theologen wichtig, wieder auf Distanz zu den Magistri artium zu gehen, sobald diese beanpruchten, das antike philosophische Leben im Herzen der Universität neu erblühen zu lassen. Indem die Theologen dem philosophischen „Adel" eine sexuelle Toleranz unterschoben, die dieser gar nicht für sich beanspruchte, sicherten sie sich wieder das ideologische Monopol auf den Zölibat.

Natürlich war dieses Vorgehen nicht ohne jeden Anhalt in den Texten. Wurde die These 172 nicht in gewisser Hinsicht vorausgesetzt von der These 169 *(Quod perfecta abstinentia ab actu carnis corrumpit virtutem et speciem)?* Wenn die „vollkommene sexuelle Enthaltsamkeit die Tugend zerstört", dann kann die sexuelle Lust kein Hindernis für deren wichtigste Bedingung sein: die Ausübung der geistigen Schau, der Kontemplation.

Indem der Zensor die Voraussetzung einer These herausarbeitete, ging er allerdings viel weiter als der Philosoph und ließ ihn mehr sagen, als dieser zu sagen beabsichtigte.

Auf jeden Fall aber stellte der Anspruch der kontemplativen Philosophen auf ein Leben, das an Würde den höchsten Tugenden des monastischen Lebens gleichkommen sollte, für die Theologen ein berufsständisches Problem dar. In dieser Hinsicht können die Erwähnung und die Zensur von These 181 *(Quod castitas non est maius bonum, quam perfecta abstinentia)* hier als eine unverzichtbare Ergänzung betrachtet werden, die notwendig für den Argumentationsgang ist. Denn was ist der Sinn einer These, die besagt, daß die „Keuschheit kein größeres Gut ist als die vollkommene Enthaltsamkeit"?

Thomas von Aquin hatte das philosophische Leben praktisch der Ethik der Ritterorden zugeschlagen. Siger hatte das monastische Ideal durch die Verherrlichung des tugendhaften Egoismus untergraben. Der Gedanke an eine Korporation von Egoisten – die *magistri artium* – mußte auf die Kirchenhierarchie beunruhigend wirken. Es war eine *contradictio in terminis,* aber ein Widerspruch, der konkret die Universität als christliche Einrichtung unterminierte. Indem der Abstand, der Mendikanten, Weltgeistliche und Laien voneinander trennte, aufgehoben wurde, stellte der Anspruch der „Philosophen" das Christentum vor ein neues Problem: das des Intellektuellen im christlichen Milieu. Genau diese Aufhebung des Abstands aber erhoben die Verfechter der These 181 zum Programm, indem sie die Keuschheit gleichstellten mit der vollkommenen Enthaltsamkeit, verstanden als philosophischer *status virginalis.*

Die Unterscheidung zwischen Keuschheit und Enthaltsamkeit war ein klassisches Problem, mit dem sich die Theologen schon lange auseinandergesetzt hatten. Die beiden Tugenden verteilten sich harmonisch entlang der Achse der körperlichen Lust: die Enthaltsamkeit bezeichnete die Mäßigung bei den Tafelfreuden; die Keuschheit den Verzicht auf die Freuden des Fleisches. Zwar gab es einige Autoren, die zwischen den beiden nicht unterscheiden wollten, da sie aus der räumlichen Nähe von Bauch und Genitalien auf der Ebene der Ausübung ihrer Funktionen ein „Bündnis der Laster" herleiteten, doch die meisten Theologen waren sich darin einig, daß die Schäden, die diese Laster der Vernunft zufügten, nicht miteinander zu vergleichen seien. Letzten Endes stand die Keuschheit stets über der Enthaltsamkeit, denn das Geschlechtliche forderte „mehr Reinigung und Zügelung als Essen und Trinken".

Was konnte dann aber der Sinn der Forderung sein, die vom Zensor in der These 181 gegeißelt wurde? Die Antwort ist eine doppelte und man kann sie im Prinzip in zwei unterschiedlichen Richtungen suchen: im *De amore* von Andreas Capellanus und in der uns schon länger bekannten *Declaratio* des „bärtigen Philosophen" Raimundus Lullus.

In der *Declaratio Raymundi* wird der von Tempier zensierte Text wie folgt entwickelt: „Die Nächstenliebe ist kein höheres Gut als die vollkommene Freundschaft; die Keuschheit ist kein höheres Gut als die vollkommene Enthaltsamkeit." Die Parallelisierung von Nächstenliebe und Keuschheit, denen der Block aus vollkommener Freundschaft und vollkommener Enthaltsamkeit gegenübersteht, spezifiziert das Wesen des Gegensatzes: christliche Tugenden werden konfrontiert mit denen eines rein philosophisch geführten Lebens. Was der verurteilte Satz also leugnet, ist die Überlegenheit der theologischen über die philosophischen Tugenden, der Vorrang religiöser gegenüber philosophischer Asketik.

In der *Nikomachischen Ethik* folgt die Lehre von der Freundschaft unmittelbar auf die vom Egoismus. Die Verbindung von tugendhaftem Egoismus und tugendhafter Freundschaft definiert eine Lebensweise, durch welche die Philosophie in der Gesellschaft verwirklicht wird. Diese Verwirklichung ist die *koinōnia* – die Gemeinschaft der Geister, ihre Kommunion oder besser Kommunikation (Robert Grosseteste übersetzt: *communicatio enim amicitia,* „Freundschaft ist Kommunikation") –, in der das vertraute Zusammenleben *(syzēn)* seine Erfüllung findet. Um zur Vollkommenheit der „Autarkie" zu gelangen, das heißt zur philosophischen Vollendung des individuellen Lebens, muß der Mensch absolut er selbst sein, das heißt „nach Maßgabe dessen leben, was das Beste in ihm ist": das Denken. Dieses intellektuelle Engagement ist die philosophische Entscheidung *par excellence,* der höchste Akt der Tugend. Der Mensch kann jedoch nicht im Denken leben ohne Kommunikation, denn ohne Kommunikation gibt es kein vertrautes Zusammenleben. Die Freundschaft ist „Vertraulichkeit". Als jemand, der sich seines eigenen Werts bewußt ist, muß der tugendhafte Egoist also auch „ein einbeziehendes Bewußtsein von dem Dasein des Freundes haben, und dies kann Wirklichkeit werden durch das Beisammensein im täglichen Leben und die Gemeinschaft von Wort und Gedanke".

Diese gemeinsame Tätigkeit ist es, die dem menschlichen Leben seinen Sinn gibt: Würden die Gedanken nicht geteilt, beschränkte sich das gesellschaftliche

Leben des Menschen auf das des Viehs, das „nur darin besteht, auf derselben Weide zu grasen". Die *koinōnia* ist die Vollendung des *syzēn*. Bei Aristoteles findet man also die Bausteine für eine philosophische Alternative zur christlichen Sozialität und insbesondere etwas, was man deren Bildungsprinzip – der Nächstenliebe – entgegenhalten kann.

Kann man aus der Aristotelischen Beschreibung des Freundschaftslebens ein programmatisches Ideal machen, eine Lebensregel für eine bestimmte Gesellschaftsgruppe: die *philosophi* oder die *magistri artium?* Darf man das philosophische Leben gleichsetzen mit dem, was man damals wohl oder übel „Artistenleben" nennen mußte? Die positive Antwort darauf ist das, was in der bischöflichen Maßregel von 1277 mit Bestürzung aufgedeckt wird und was Raimundus Lullus in seiner *Declaratio* bekräftigt.

Die Aufhebung jeder ethischen Unterscheidung zwischen *philosophischem Leben* und *religiösem Leben* ist die theoretische Gefahr, mit der es die Theologen in der zweiten Hälfte des 13. Jahrhunderts zu tun haben. Wenn man frei in der Gesellschaft nach dem suchen und es auch erlangen kann, was man „normalerweise" nur im monastischen Leben findet, muß man anfangen, über die Koexistenz zweier Formen von Zölibat – geweiht und ungeweiht – nachzudenken, um ihr ein Statut zu geben. Das Fehlen einer sichtbaren Grenze zwischen dem Philosophen und dem Mönch verwandelt die Universität in eine Art Utopie, und ein Motiv taucht auf, dessen literarisches Emblem die Abtei Thélème sein wird. Es gibt einen scholastischen Ursprung für diesen Gründungsmythos des Humanismus: es ist die Schule selbst.

Bei dieser Gelegenheit ist es nicht unwichtig zu bemerken, daß die ironische Libertinage des *De amore* dasselbe sagt – und sogar noch radikaler, da hier das universitäre Modell der philosophischen *koinōnia* auf die gesamte laikale Welt ausgeweitet wird. Schaut man nur auf die Pflichten, so trennt den Laien nichts vom Kleriker. Der einzige Unterschied ist der, daß der *terminus medius* hier vom Christentum geliefert wird, während sich der Philosoph nicht aufs Christentum beziehen mußte, um die Äquivalenz der philosophischen und religiösen Hypothesen zu denken. Gerichtet an Klerikerphilosophen, gewann die Formel von einem Leben des tugendhaften Egoismus ihre Legitimität aus sich selbst. Die Klage hingegen, die in *De amore* gegen die Vorherrschaft der Kleriker erhoben wird, stützt sich rhetorisch auf die Einforderung christlicher Werte:

> Warum sollte sich ein Kleriker mehr um die Keuschheit des Körpers kümmern als ein Laie? Wie soll man glauben, daß sich nur der Kleriker alle körperliche Lust versagen muß, wo doch allen Christen von Gott befohlen worden ist, ihren Körper vor jeder Befleckung zu schützen und sämtliche Begierden des Fleisches in jeder Weise zu fliehen? Ein zu freizügiges Leben muß bei Laien also ebenso getadelt werden wie bei Klerikern.

Welchen Standes er auch sein mag, so wie die Zensur ihn schildert, fühlt sich der Philosoph verantwortlich für die höchsten Werte des Christentums, ohne deshalb jedoch dessen Liturgie der Begierde zu teilen. Zur philosophischen Freundschaft

gehört Ungebundenheit, denn sie vereint „ungebundene", das heißt freie Wesen
– *soluti cum soluta.* *[handwritten: Höhere Form d. Vergesellschaft]*

Das „otium" der Intellektuellen

Dadurch, daß die mittelalterlichen Philosophen aus der Studienkameradschaft
den Prototyp der philosophischen Freundschaft machten, rückten sie das universitäre Leben dauerhaft in die unmittelbare Nachbarschaft zur Muße des Aristoteles, dem *otium.* Le Goff hat also recht, wenn er auf den engen Zusammenhang
zwischen den diversen Ethiken der Muße, der rechten Mitte, des Sexuellen und
des Berufs hinweist, die das verbindende Moment des neuen intellektuellen Diskurses bilden. Unrecht hat er jedoch, wenn er darin nur eine Reihe von Beispielen für „Widersprüche des scholastischen Geistes" sieht und dem Ganzen letztlich
das zweideutige Etikett der „Verbürgerlichung" und des „Naturalismus" anheftet.
Das von den neuen Philosophen des 13. Jahrhunderts gepredigte *natürliche Leben*
ist eine wahrhaft philosophische Lebensweise, die dem Gegensatz von Muße und
Arbeit einen neuen Status verleiht.

Das Studium ist keine Arbeit, kein *negotium,* sondern eine Zeit für die egoistische Tugend und die von ihr geforderte Freundschaft. In den etwa fünfundzwanzig Jahren eines „Bildungsweges" leben Lehrer und Studenten, mit einem Wort
die Universität, in der Diskussion und der Lektüre, kurz im akademischen Ritual,
jene Beziehung, die vom Altertum unter dem Namen Freundesliebe *(hetairikē*
philia) gepriesen wurde. Dabei handelt es sich übrigens im buchstäblichen Sinn
um eine Kindheitsfreundschaft: der *homo scolasticus* ist ein *hetairos,* ein „ewiger"
Jüngling.[39]

Wenn Ökonomen heute das Studium fast schon als Zeitvergeudung kritisieren, das den Eintritt ins Arbeitsleben verzögert, haben sie damit, ohne es zu wissen, die mittelalterliche Quelle entdeckt, aus der sich Pathos und Funktion der
Universität erklären: den Vorrang des kontemplativen Lebens. Mit den Augen
eines „Aristotelikers" betrachtet, ist die mittelalterliche Universität ein Ort der
Sammlung und Kontemplation. Eine Institution kann, zuweilen mit einem gewissen Abstand, die Wünsche eines früher lebenden Individuums oder einer früheren Epoche verwirklichen und dennoch in einen noch älteren Traditionszu-
sammenhang gehören. Wir sahen, daß Heloise den Ausdruck *Gattin* verwarf und
ihm die Worte *Freundin* oder *Konkubine* vorzog. Der Sinn dieser einzigartigen
Entwertung des Ehelichen wird uns jetzt klarer: Die Geliebte Abaelards will eine
Hetäre sein, das heißt eine intellektuelle Freundschaft leben. Eben dies verwirklicht ein Jahrhundert später – und *unter Männern* – die Universität.

Daß die Freundschaft von Heloise vielleicht so weit ging, daß sie aus ihr eine
bloße „Haut" machte – *scortum,* die Haut, ist der mittelalterliche Name für Kur-
tisanen –, ändert nichts an der Struktur der sich hier etablierenden Beziehung: es
ist eine Tauschbeziehung freier und paritätischer Kommunikation, wie sie undenkbar ist bei der wie ein Gut besessenen Gattin. Die Studienkameradschaft ist

der in „vollkommene Enthaltsamkeit" überführte Traum von Heloise, sie ist aber auch und vor allem die Weiterführung eines griechischen Ideals. Die Philosophie bezeugt sich in einer bestimmten Weise zu leben und zu begehren. Obgleich sie die Entbehrungen ihres Standes betonen, leben die „armen Lehrer und Studenten der Universität Paris" wie antike Aristokraten und besingen selbst noch die Freuden der egoistischen Enthaltsamkeit, des egoistischen Verzichts. Die Universität ist eine Institution der Armut, wo man sich seinen Lebensunterhalt sauer verdient, doch gerade an diesem Ort des Elends kostet man die Freuden des Wetteiferns und der Anerkennung, spürt den Zauber der Tugend und Vortrefflichkeit.

In einer sozialen Struktur, in der das Studium Muße ist, kann man sein Leben gänzlich der Lust am Schwierigen widmen. Der „Intellektuelle" taucht im Mittelalter deshalb zusammen mit den an Bedeutung gewinnenden Universitäten auf, weil die Universität den *hetairoi* eine korporative Verfassung gibt. Es kommt zu einem freien, weltoffenen Leben, das sich einem wahrhaft außergewöhnlichen Privileg verdankt: der Möglichkeit, institutionell den Abstand aufzuheben, der das *otium* vom *negotium* trennt.

Die Behauptung, daß die einfache Unzucht frei von Schuld sei, muß man vor diesem Hintergrund einer nichtentfremdeten Arbeit sehen. Die in der Beziehung *soluti cum soluta* ausgetauschte sexuelle Lust ist nur eine der Kommunikationsmöglichkeiten, die durch die *hetairikē philia* reguliert werden. So wie der Theologe, der die Unzucht *(fornicatio)* mit der Prostitution vergleicht, die römische Etymologie auf seiner Seite hat, so kann sich der Philosoph für seinen ganz anderen Vergleich auf die griechische Syntax und Grammatik der Freundschaft berufen.

Der *status virginalis* drängt sich ihm als das Mittel auf, das ihn am sichersten seinen Zweck erreichen läßt – das kontemplative Leben; nichts jedoch zwingt ihn dazu, das sexuelle Leben als sündhaft zu betrachten. Wenn er sich der fleischlichen Lust enthält, so um besser einen „Ritus gesellschaftlicher Auflösung" oder Ent-bindung zu praktizieren, der zu einer neuen, von der natürlichen Familie unterschiedenen Kernstruktur führt: zu einem familiären Verhältnis zwischen Ehelosen, *soluti cum soluta*.

Die egoistische Enthaltsamkeit wird aus egoistischen Gründen gewählt, nicht aus Zwang oder Abscheu. Der Philosoph hat Besseres zu tun, als sich den Freuden der Venus hinzugeben: seine Vorbilder sind Achilles und Patroklos, Orestes und Pylades, Theseus und Peirithoos, die, wie Xenophon sagt, „von den Dichtern nicht als Liebespaare gefeiert wurden, sondern weil sie jeweils beide ihre Freude darin fanden, die größten und schönsten Taten zu vollbringen", worin ihm Cicero bis zum Überdruß beigepflichtet hat. Was freilich kein Grund ist, die Beziehung zwischen Perikles und Aspasia zu schmähen.

Die Liebe, selbst die käufliche, ist keine Sünde, nicht einmal eine läßliche, sie ist eine Möglichkeit zu leben, die der Philosoph im und durch das Leben des Intellekts überwindet.

Kehren wir zurück zu Kristevas *Samouraïs* und den „Intellektuellen" um 1965. In einer herrlichen Zusammenfassung zieht Pascal Quignard aus der Erfahrung, die die Erzählerin machen mußte, folgende Lehre:

> Es ist eine Illusion zu meinen, man könnte aus eigener Kraft glücklich werden, nur durch die Art, wie man denkt. Menschen, die dieser Illusion anhängen, nennt man Intellektuelle. In Wahrheit ist der Nutzen und Beistand, den wir von der Sprache und dem Denken erwarten dürfen, sehr gering und kümmerlich. Hier ein wenig Schmuck, dort ein wenig Trost. Olga Morena hängt Chimären an, die mit dem Mann, den sie liebt, nicht Wirklichkeit werden wollen. Mit Hilfe der Psychoanalyse und der Leidenschaft beginnt sie, sich zu verdoppeln und mehrere Leben zu führen. Nach und nach wird das Ideal der Liebe von einem Ideal der Freundschaft verdrängt. [...] Das Buch mündet in eine sehr strenge Moral, die ich wie folgt resümieren würde: [...] man muß zu zweit allein leben.[40]

Diese schmerzliche Verwandlung, bei der die Entdeckung der Freundschaft die Rolle des einzigen Operators spielt, der imstande ist, die Illusion des Denkens und Begreifens in ein Begreifen der Desillusion zu transformieren, ist das exakte Gegenteil zur Wegbahn des mittelalterlichen Intellektuellen.

Als sie um 1965 in Paris ankommt, mag Olga Morena das Quartier latin betreten, keinesfalls aber mehr das der Zeit um 1200: Was vor ihren Augen zu neuem Leben erwacht, ist nicht das Mittelalter, sondern dessen aktive Negation; sie hat es nicht einmal mit einem Überbleibsel zu tun, alles, was sie sieht, ist Verfall und Vergessen.[41] Wenn sie Trost im Zen-Buddhismus sucht, so weil das *syzēn*, das von den Philosophen des 13. Jahrhunderts erstrebte vertrauliche Leben, nicht mehr praktiziert wird, da man ihm die Grundlagen geraubt hat. Geblieben ist eine freundliche Einsamkeit, eine bedrückte Ruhe und Skepsis, eine eher eintönige als tonisierende Melancholie, grundiert von der Erinnerung an die Toten und die Trauerarbeit. Allesamt Affekte, die die Niederlage des Denkens besiegeln.

Lange hielt man das Mittelalter für die Zeit des *sacrificium intellectus,* doch die *magistri artium* des 13. Jahrhunderts haben von den ethischen Forderungen an das Denken nichts geopfert, im Gegenteil, sie haben die Notwendigkeit seiner Ausübung zur Moral erhoben. Wer die Geschichte in ihrem gesamten Verlauf begreifen will, darf sich nicht von Trennlinien der Moderne irreleiten lassen. Was den mittelalterlichen Intellektuellen definiert, ist der Intellektualismus der Kleriker und der Laien – das heißt die lange Dauer des Aristotelismus –, nicht der kirchliche Anti-Intellektualismus. Das Wiederaufleben der Aristotelischen Ethik gibt der Philosophie des Spätmittelalters ihre eigentümliche Prägung – ein Wiederaufleben, dessen bester Zeuge und Propagandist paradoxerweise die Zensur von 1277 ist.

Die Geistesgeschichte kann auf eine Geschichte des Geistes – des Intellekts – nicht verzichten. Die Verurteilungen bringen Sachverhalte ans Licht, die eher auf Kontinuitäten als auf Umbrüche hindeuten. Das Mittelalter ist kein finsteres Zwischenspiel, das uns von der „Helle der griechischen Frühe" trennt, in ihm strahlt ein Licht weiter, das keiner Aufklärung von außen bedarf. Was vom intellektuellen Mittelalter bleibt, ist nicht das ganze Mittelalter, wohl aber ist es das Wesentliche der Moderne: Unsere Welt der Medien, in der die Astrologen und Meteorologen die Philosophen verdrängt haben, ist schlimmstenfalls eine gewaltige Aufwertung aristotelischer Apokryphen, bestenfalls eine letzte Metamorphose der *Libri meteororum.* Auf keinen Fall ist es die ganze Welt der *artistae,* in der die Ethik, die Physik und die Metaphysik Bürgerrecht hatten.

Weit davon entfernt, sich vom „mittelalterlichen Obskurantismus" befreit zu haben, leidet die moderne Welt am Verschwinden ihrer Philosophie. Die Institutionen sind geblieben: Die Universität ist immer noch da – nur ist es keine Gemeinschaft von Menschen mehr, sondern ein Gebäude; die Probleme bestehen weiter – man diskutiert noch über den Priesterzölibat; doch es gibt keine Alternative mehr, die diese Fingerübungen stören könnte, denn an die Stelle des Philosophen ist der *yuppie* getreten. Kurz, es gibt keine laikale Außensicht mehr, wenn über die Konfrontation von Begierde und Gesetz disputiert wird.

Die exotisch gewordene Weisheit kann nur noch aus dem Fernen Osten kommen: Da es ihnen nicht zu zeigen gelingt, daß die Philosophie in erster Linie eine Lebensweise ist, lassen die „Meisterdenker" die Jugend in die Fänge von Gurus geraten. Die Aufgabe einer Geschichte des Intellekts wäre es, dieses sanfte Verdämmern der Vernunft historisch zu begreifen. Zu diesem Zweck aber muß man zuvor die Periodisierungen revidieren. Man darf nicht ständig über eine Rückkehr des Mittelalters klagen, wo man sich, ohne es zu wissen, restlos von ihm verabschiedet; und man darf nicht die Wunderwerke der modernen Rationalität feiern, während man unerklärlicherweise, wenn auch bei vollem Bewußtsein, nichts anderes tut, als die Agonie der *ratio* zu verlängern.

7 Der Philosoph und die Sterne

Während die Freiheit schon vor Jahren ihr Bizentenarium feiern durfte, ist ein Geburtstag der Vernunft weit und breit nicht in Sicht. Vielleicht gibt es auch gar nichts zu feiern, da das Zeitalter der Wissenschaft noch nicht einmal begonnen hat. Und doch lassen andere sich zu unerbittlichen und düsteren Prognosen hinreißen. Man muß bloß Heidegger lesen:

> Die Wirklichkeit, innerhalb deren sich der heutige Mensch bewegt und zu halten versucht, wird nach ihren Grundzügen in zunehmendem Maße durch das mitbestimmt, was man die abendländisch-europäische Wissenschaft nennt. Wenn wir diesem Vorgang nachsinnen, dann zeigt sich, daß die Wissenschaft im Weltkreis des Abendlandes und in den Zeitaltern seiner Geschichte eine sonst nirgends auf der Erde antreffbare Macht entfaltet hat und dabei ist, diese Macht schließlich über den ganzen Erdball zu legen.[1]

Wie die Wüste wächst die abendländische Wissenschaft, und bald wird sie überall in der gänzlich verwüsteten Welt herrschen. Zugegeben, die Naturbeherrschung, das *Ge-stell*, gehört zur europäischen Geschichte: es ist der Ursprung und die Triebfeder ihrer Virulenz. Ein Problem bleibt jedoch offen, das die transzendentale Ökologie nicht anspricht: Der heutige Mensch ist des Realen beraubt, und die Macht, die ihn gefangenhält, ist nicht die der Wissenschaft. Das Reich der Technik ist nicht die Herrschaft der Vernunft.

Die „moderne Technik" hat aus Hölderlins Rhein einen „Wasserdrucklieferanten" gemacht, ein „Kraftwerk", am Ende gar ein „Objekt der Besichtigung durch eine Reisegesellschaft, die eine Urlaubsindustrie dorthin bestellt hat". Heidegger zufolge definiert das Schicksal des so „ge-stellten" Stroms den Typ von Realität, der dem Menschen durch die Wissenschaft aufgenötigt wird.[2] Damit ist jedoch nicht alles gesagt. Die Technik ist nicht die Wissenschaft, und die Wissenschaft wiederum ist nicht die Vernunft. Das Ge-stell *(arraisonnement)* der Natur durch die Technik läßt den Unterschied zwischen dem Rationalen und dem Irrationalen unberührt weiterbestehen. Es gibt einen vernünftigen und einen unvernünftigen Gebrauch der Technik. Die „Systematisierung" der ländlichen Siedlungen Rumäniens und die planwirtschaftlichen ökologischen Katastrophen im Osten sind gewiß Phänomene des Ge-stells. Doch dieser Rationalismus, der die Natur „zur Vernunft bringen" will, hat nichts mehr mit der Vernunft zu tun.

Nach der „geläufigen Vorstellung" ist die Technik nur ein Instrument: Auch wenn es dem Philosophen nicht gefällt, sollte er diese gewöhnliche Sicht akzeptieren und zu den offenkundigen Tatsachen zurückkehren. Unser 20. Jahrhundert ist nicht so sehr das des Triumphs der Technik als vielmehr das der Niederlage und der Ohnmacht der Vernunft. Wenn die moderne Gestalt der „technischen Herrschaft" der durch Begradigung eingesperrte Rhein ist, so gibt es doch andere

Mauern und andere Gefängnisse. Die Philosophie ist nicht „Welt" geworden, sie
ist auf Irrfahrt oder im Exil. Der irrationale Gebrauch der Technik bestimmt und
beherrscht die Wirklichkeit, in der das Leben der Menschen spielt. Der wissenschaftliche Fortschritt und die technische Entwicklung sind nicht selber welter-
zeugend, sie bleiben, was sie sind: blinde Instrumente.

Der abendländische Mensch ist von bemerkenswerter Beständigkeit. Auch
wenn der Philosoph es nicht weiß, der Arbeitslose, der nach einer Beschäftigung
sucht, kennt den Preis, der für den schwerfälligen Gang der Geschichte zu zahlen
ist. Der Angestellte, der die Praktiken der Einstellungsgespräche über sich erge-
hen lassen muß, ist der beste Zeuge der langen Dauer. Man muß nur das Büro
eines Personalchefs betreten, um die „Wirklichkeit" kennenzulernen, in der die
heutigen Menschen leben und arbeiten – es ist nicht die Wirklichkeit der
„abendländisch-europäischen Wissenschaft", sondern die der Unwissenschaftlich-
keit.

> Freitag, 12. Januar, 14 Uhr. Wir sind ungefähr zehn Leute, die sich um die Stelle
> eines Vertriebsleiters in einem Verlag beworben haben. Auf einen „psychologischen
> Test" wird hier verzichtet. Der Typ, der das Einstellungsgespräch führt, ist etwa
> dreißig Jahre alt. Er bittet mich, einen Text abzuschreiben.
> – Für das graphologische Gutachten. Wenn Sie möchten, schicken wir es Ihnen zu,
> sagt er. In welchem Zeichen sind Sie übrigens geboren?
> – Wie bitte?
> – Welches Sternzeichen haben Sie?
> – Schütze.
> – Gut. Schütze ist gut für den Posten.
> – Ich weiß nicht, was man davon halten soll.[3]

Was soll man davon halten? Nichts, außer daß unsere Zeit der Berater und Experten offenbar zusammenfällt mit der unvordenklichen Zeit ältesten Wissens
und uralter Praktiken. Die Geomantie und die Physiognomik kehren zurück, die
Astrologie triumphiert; es fehlen nur noch die Namenmantik und die Spatulamantie – jene Kunst, aus Schulterknochen vom Schaf weiszusagen, die die Araber
'ilm al-katif nannten, die Römer *agnitio spatulae* und die Schotten *slinneanachd.*[4]
Man kann sagen, was man will, unter der wachsenden Zahl von Wasserkraftwer-
ken hat der Mensch weniger zu leiden als unter dem wachsenden Einfluß von
Astroshows. Ein ewiges Ballett: Während die einen die Technik verdammen, machen die anderen sie sich zunutze, um die Menschen zu manipulieren.

Der Bischof und der Astrologe

Am 10. Dezember 1270 verurteilte Stephan Tempier, gleichsam als Fingerübung,
dreizehn Thesen, von denen eine, die vierte, behauptete, daß „alles, was hienieden geschieht, notwendig dem Einfluß der Sterne unterworfen ist". Diese Verurteilung der Astrologie war ein wichtiger Moment in der Geschichte der Vernunft.
Und doch bleibt sieben Jahrhunderte danach immer noch alles zu tun. Die Kir-

che hat sich schon lange aus dem Spiel zurückgezogen, sie beschäftigt sich mit Empfängnisverhütung und Zölibat, was ihr nur wenig Muße läßt, Scharlatanen das Handwerk zu legen. In den Zeitschriften wimmelt es von Horoskopen; Politiker und Großindustrielle haben ihre Wahrsagerin oder ihren Magier; Kleinanleger und ängstliche Torwarte schauen im Internet nach: ein Mausklick, und das „Schicksal" erscheint auf dem Bildschirm. Ein schöner Beweis dafür, daß die Technik nicht das Reale der Wissenschaft konstruiert, sondern dem Wunsch neue Instrumente liefert.

Die Fortdauer astrologischer Praktiken hat etwas Unerklärliches und Faszinierendes an sich. Man kann darin das Symptom für das Unvermögen der Wissenschaft sehen, eine eigene Kultur hervorzubringen; man kann darin auch das Zeichen für ein unausrottbares Glaubensbedürfnis entdecken. Was die Aufmerksamkeit des Historikers auf sich zieht, ist die Typologie der Rechtfertigungsdiskurse und mit ihr das Vorhandensein oder Fehlen von Argumenten. Hier hilft es nicht weiter, die avanciertesten Einsichten der zeitgenössischen Wissenschaft heranzuziehen, um das Thema des *Einflusses der Sterne* zu erörtern. Der Sternenglaube koexistiert mit den strengen Wissenschaften, und für einen nicht geringen Teil der Öffentlichkeit ist es normal, erst Bilder des Weltraumteleskops anzuschauen und danach den Prophezeiungen einer sternkundigen Dame zu lauschen, ohne darin irgendeinen Widerspruch zu sehen. Dieses Nebeneinander zu erklären oder auch nur zu beschreiben, ist nicht Aufgabe der Geschichte, sondern der Soziologie oder der Psychologie. Hingegen fällt dem Mediävisten eine einfache Korrelation ins Auge, die er dem Leser unterbreiten möchte: Zu der Zeit, als man noch zu Recht meinen konnte, die Astrologie sei eine Wissenschaft, zu der Zeit, als sich viele Philosophen und Gelehrte *ex professo* mit astrologischen Texten beschäftigten, gab es eine wissenschaftliche und philosophische Polemik gegen die Astrologie; heute, nachdem Astrologie und Astronomie schon seit langem getrennte Wege gehen, hat jede Polemik aufgehört. Schuld daran ist nicht allein die Erweiterung des Marktes, auch wenn es schwieriger zu sein scheint, sich einer in weiten Teilen der Gesellschaft vorhandenen Nachfrage entgegenzustemmen, als ein paar einzelne Monarchen oder Fürsten von der Nutzlosigkeit der „Vorhersagen" zu überzeugen. Der wahre Grund für das Schweigen der Intellektuellen liegt woanders. Er hängt damit zusammen, daß die Argumente der Astrologen gar nicht mehr widerlegt werden müssen, da der Stand der modernen Wissenschaft es nicht erlaubt, wissenschaftliche Argumente zugunsten der Astrologie vorzubringen. Im Goldenen Zeitalter der astrologiefeindlichen Polemiken sprachen Anhänger und Gegner der *ars judicialis* dieselbe Sprache; mehr noch, sie hatten die gleiche Vorstellung von der Welt. Es versteht sich hingegen von selbst, daß das Weltbild von Einstein nicht das des Magiers Marcellus Toe-Gor ist.

An der Wende vom 13. zum 14. Jahrhundert war die Astrologie allgegenwärtig. Man war noch weit entfernt von den scharfzüngig formulierten Einwänden, die der Philosoph, Mathematiker und Astrologe Oresme zur Zeit Karls V. gegen sie vorbringen sollte. Soweit sie zum herrschenden „wissenschaftlichen" Diskurs gehörte, spielte sie sogar eine entscheidende Rolle in dem, was wir die „Geburt der Intellektuellen" nennen. Auf den folgenden Seiten soll gezeigt werden, wie es gewissen Denkern des Mittelalters – den „Intellektuellen" – gelungen ist, die Verschmelzung des philosophischen Weltbilds mit dem astrologischen zur Grundlage ihrer Selbstdefinition zu machen. Unser Führer dabei wird Dante sein. Bevor wir ihm jedoch folgen, sind noch einige Erläuterungen nötig.

Die Astrologie als Wissenschaft

Die Astrologie wurde lange als Teilgebiet der Mathematik betrachtet, was zu einem Gutteil das hohe Ansehen erklärt, in dem sie früher stand; lange galt sie auch als eine Astronomie im Frühstadium. Doch von welcher Mathematik ist hier die Rede? Im Widmungsschreiben zu seinem *Opus maius* erläutert der Franziskaner Roger Bacon Papst Clemens IV. Punkt für Punkt die theoretische Notwendigkeit und den praktischen Nutzen der Astrologie. Als Lobredner einer „experimentellen Methode", die er freilich mehr in Worten praktiziert hat, verteidigt er eine Wissenschaft – die Mathematik und mit ihr die Astrologie –, von der er sich wünscht, sie möge zur tragenden Säule eines neuen universitären Lehrplans werden.

Diese Lobrede ist in mehr als einer Hinsicht fesselnd, denn in ihr finden zwei unterschiedliche Ideen intellektuell zueinander: die der Universität und die der Enzyklopädie. Die mittelalterliche Universität ist ein Körper, eine Körperschaft, eine intellektuelle Gemeinschaft. Der Ausdruck *universitas* bezieht sich ursprünglich weder auf die Universalität der verfügbaren Erkenntnisse noch auf das Ideal eines universellen Wissens. Die Enzyklopädik ist nicht das ursprüngliche Wesen der Universität: Der in der Artistenfakultät erteilte Unterricht zielt nicht aufs Ganze, man behandelt in der Hauptsache die Philosophie, das heißt das Werk des Aristoteles und der Aristoteliker. Indem Bacon dem Papst die Vorzüge der Mathematik vorstellt, plädiert er für eine Disziplin, von der er meint, daß sie in der gängigen Unterrichtspraxis nur ungenügend repräsentiert sei: Für ihn steht fest, daß der pädagogische Horizont in Zukunft von der Enzyklopädie der philosophischen Wissenschaften gebildet werden muß.

Bevor man den philosophischen Status der Astrologie definiert, muß man sich jedoch fragen, was Bacon genau unter „Mathematik" versteht. Er antwortet selber: Es gibt zwei Arten von Mathematik, die eine gehört zur Philosophie, die andere zur Magie. Die eine ist dem Christen nützlich und wurde von den Kirchenvätern anempfohlen, die andere ist schädlich und wurde zu Recht verworfen:

> Gegen die Mathematik, die zur Philosophie gehört, kann man nichts einwenden, nur gegen die, die Teil der Magie ist. Nur gegen die letztere haben sich die Heiligen ausgesprochen, während sie die wahre Mathematik gepriesen haben. Denn die Mathematik ist eine doppelte: die eine, die abergläubische, unterwirft alle Dinge mitsamt dem freien Willen der Notwendigkeit und maßt sich ein sicheres Wissen der Zukunft an; sie aber wurde, wie ich deutlich zeige, von den Heiligen und den Philosophen verworfen. Die andere Mathematik, die zur Philosophie gehört, trägt

zwar denselben Namen wie die vorige, bildet aber geradezu den Gegensatz zu ihr und wird von den Heiligen wärmstens empfohlen.[5]

Für den Historiker ist die Ablehnung der „abergläubischen Mathematik" ein weiterer Anlaß zur Vorsicht – man muß aufpassen, daß sich hinter dem Deckmantel Euklid kein Hirngespinst verbirgt; zugleich ist es eine Aufforderung, sich näher die universitäre Auffassung von der Astrologie anzuschauen, wie sie einem in Philosophiehandbüchern aus der Zeit um 1250 begegnet.

Welche Stelle nimmt die Astrologie im Baum des Wissens ein? Eine sowohl faktische wie juridische Frage. De jure – daß heißt in einer idealen Einteilung der Wissenschaften, wie man sie in einer „Einleitung in die Philosophie" finden mag – taucht die Astrologie zweimal auf: erst in der Einteilung der mechanischen Künste und dann in der der freien Künste.[6]

Die siebte der mechanischen Künste ist die „Wahrsagekunst". Die Philosophen des 13. Jahrhunderts pflegten sie in fünf Gruppen zu unterteilen: die Mantik, die Mathematik oder *mathēsis,* die Hexerei, die Zauberei, die Kunst der Beschwörungen und Verwünschungen. Von der Mantik wiederum gab es fünf Arten: die Pyromantik, die Hydromantik, die Aeromantik, die Geomantik und die Nekromantik. Die Aufzählung dieser Wahrsagetechniken war ein literarischer Gemeinplatz, dessen Bestandteile größtenteils seit dem 12. Jahrhundert bekannt waren, da sie detailliert im *Didascalion* des Hugo von Sankt Viktor vorkamen. Es versteht sich von selbst, daß sie kein universitärer Lehrstoff waren und einem Pariser Studenten des 13. Jahrhunderts ebenso exotisch und mysteriös vorkommen mußten wie einem Leser des 20. Jahrhunderts. Die *mathēsis* umfaßte vier Arten: die Horoskope, die zur „unfreien" Astrologie gehörten, die Haruspizien, die Augurien und die Auspizien. Die „freie" Astrologie war ein Zweig der Astronomie und gehörte neben der Arithmetik, der Geometrie und der Musik zu den mathematischen Wissenschaften im eigentlichen Sinne des Wortes.

Man sieht, wie zweideutig der Begriff Astrologie ist. Als mechanische Kunst gehört die Astrologie zur leeren *mathēsis* – zur *mathematica vana,* die von Hugo von Sankt Viktor kritisiert wurde und die auch Roger Bacon aus seinem Pantheon der Wissenschaften ausschloß; als freie Wissenschaft fällt sie zusammen mit „jenem Teil der Astronomie, der von den Deutungen handelt", was ihr eine gewisse philosophische Dignität verleiht.

Man kann sich natürlich fragen, ob es sich wirklich um dieselbe Wissenschaft handelt, und wenn ja, wie dasselbe Wissen Gegenstand zweier so unterschiedlicher, um nicht zu sagen gegensätzlicher Bewertungen sein kann: Soviel ist jedenfalls klar, daß der epistemologische Status der Astrologie im universitären Diskurs des 13. Jahrhunderts von Grund auf widersprüchlich ist und daß dieser Widerspruch eine ursprüngliche Spannung im astrologischen Diskurs selber widerspiegelt – die Unterscheidung zwischen einem „natürlichen" und einem „abergläubischen" Teil der Astrologie war im Abendland im übrigen seit den *Etymologien* Isidors von Sevilla geläufig.

Astrologie und Philosophie

So wie sie dem Mittelalter bekannt waren, waren Astrologie, Alchimie und Magie ein Erbe des volkstümlichen Hermetismus, dessen älteste Urkunden aus dem 3. Jahrhundert vor unserer Zeit stammen. Die griechisch-ägyptische Astrologie war ein sehr ausgedehntes Corpus, das auch Medizin und Botanik umfaßte – so waren die unter dem Namen „Hermes Trismegistos" umlaufenden *iatromathematika* eine Sammlung von Anweisungen, mit deren Hilfe sich der Ausgang einer Krankheit an der Konstellation ablesen lassen sollte, in der die Sterne standen, als die Krankheit ausbrach. In gräko-römischer Zeit und vor allem in der römischen Kaiserzeit wurde der Markt der religiösen Anschauungen geradezu überschwemmt von Techniken theurgischer Wahrsagung.

Unter Nero war die Magie eine weitverbreitete Praxis. Die „Herabkunft" des Gottes auf Erden, seine direkte oder indirekte Offenbarung versuchte man mit allen Mitteln zu bewirken, angefangen von der „spirituellen Schulung" – der Konzentration oder „Bindung" der Sinne – bis zum Gebrauch von Drogen und Stimulanzien (wie Räucherwerk, Betäubungsmitteln, berauschenden Getränken oder Augensalben). Die Lychnomantie (das Erscheinen des Gottes in der Flamme einer Lampe oder Fackel), die Lekanomantie (das Erscheinen des Gottes im Wasser eines Beckens), der Mediumismus, die goetische Divination (in der der Gott nicht erscheint, sondern einen „Gegenstand beseelt", indem er ihn bewegt oder einige seiner Eigenschaften ändert) bildeten ein Arsenal, aus dem der hellenistische Mystizismus schöpfte, um seine „Visions"-Begierden zu stillen.[7] Unter anderem auf diese Praktiken beziehen sich die mittelalterlichen Definitionen der *Pyromantik* und der *Hydromantik*.

In der Welt des 13. Jahrhunderts war der Wunsch, in irgendeiner Trägersubstanz *„einen"* Gott zu sehen", natürlich nicht mehr statthaft, auch wenn – wir werden darauf zurückkommen – einige Astrologen meinten, in der Eucharistie gäbe es ein Element der Beschwörung. Von der Wahrsagung erwartete man sich keine Kontaktaufnahme mit einem göttlichen Prinzip, sondern Aufschlüsse darüber, wie man sein Leben führen sollte, wie man dessen Lauf durch bestimmte Handlungen beeinflussen könnte. Diese Art von Wissen oder Wissenschaft hatte, das ist das wenigste, was man sagen kann, nichts aristotelisches an sich. Ursprünglich verbreitet im Rahmen einer von den Mysterienreligionen faszinierten Philosophie, war dieses „Wissen" gänzlich erfüllt vom „Gefühl des menschlichen Elends", von dem Wunsch, ihm zu entfliehen – wodurch es dem *Goldenen Esel* näherstand als der *Nikomachischen Ethik*[8] –, und konnte für die Intellektuellen des Mittelalters, selbst wenn es gründlich überarbeitet wurde, keine wirkliche philosophische Bedeutung haben, sofern eben der Aristotelismus die grundsätzliche Norm für das Denken und Handeln eines „Intellektuellen" bildete.

Zugeben muß man jedoch, daß zahlreiche mittelalterliche Denker, auch wenn sie von den divinatorischen Praktiken der Spätantike nichts hielten, den wissenschaftlichen Ansprüchen der „freien Astrologie" durchaus Vertrauen schenkten. So etwa, wie wir sahen, Roger Bacon, aber offensichtlich auch Albert der Große, dessen Name eine ganze Reihe von Traktaten und Traktätchen über wissenschaftliche Astrologie und volkstümliche Magie schmückte, ja heute noch schmückt. Wie kam es zu diesem Phänomen? Der Grund dafür ist einfach.

So wie die Philosophen des 13. Jahrhunderts ihn sahen, hatte der „deutende" Teil der Astronomie einen philosophischen Sinn, weil er mit der übrigen Astronomie eng zusammenhängt und weil er zudem der philosophischen Theorie des *Einflusses,* die für die mittelalterliche Anschauung von den Beziehungen zwischen sublunarer und supralunarer Welt bestimmend war, einen präzisen Inhalt gibt.

Als Zweig der Mathematik ist die astrologische Wissenschaft kompatibel mit der Vorstellung vom Kosmos, wie sie der gräko-arabische Peripatos überliefert hat. Die Welt des „freien" Astrologen ist dieselbe wie die des Philosophen: Es geht um das System der Himmelssphären, der Intelligenzen und der Seelen, die die Himmel bewegen, das im Westen durch Avicenna und die Kommentare des Averroes über die Aristotelische Abhandlung *De coelo* populär wurde, das heißt um eine peripatetische Version der Kosmos-Theologie, wie sie im Buch Lambda der *Metaphysik* des Aristoteles entworfen wurde.

Da im System der Intelligenzen jede der Himmelsphären, die allesamt konzentrisch die Erde umgaben, von einem „denkenden" Beweger beseelt und gelenkt wurde, spielte der Begriff „Einfluß" eine zentrale epistemologische Rolle. Die geläufige philosophische Lehre des arabischen Peripatos, die in dem fälschlich Aristoteles zugeschriebenen *Buch der Ursachen* dargelegt wird, war gekennzeichnet durch eine perfekt geordnete Welt, in der sich die Kausalität der getrennten Intelligenzen, auch „geistige Substanzen" genannt, über sämtliche Phänomene erstreckte, von der Erstursache bis zum letzten Himmel, in dem die letzte Intelligenz wohnen sollte, der „Schatz der Formen", aus dem wie aus einer Quelle die doppelte Reihe körperlicher und intelligibler Formen hervorströmte, die einen um die Seelen zu erleuchten, die anderen um die Materie zu organisieren und zu strukturieren.[9]

In einem Universum, in dem stets eins aus dem anderen hervorgeht und die getrennten Intelligenzen nur ausführende Organe der Aktivität eines einzigen und ewigen Gottes sind – des *Primum Agens* –, konnte man den Gedanken eines Einflusses der Sterne auf das menschliche Schicksal für die natürliche Ergänzung der Kosmologie halten, ja für die wissenschaftliche Erfüllung der philosophischen Theologie.

Heißt das, daß die „gute" Astrologie an der Universität gelehrt wurde? Soweit es Paris und das 13. Jahrhundert betrifft, kann man die Frage negativ beantworten. Die universitäre Lehre der Astronomie ging über unverzichtbare Rudimente kaum hinaus. Die Universitätsstatuten erwähnen keine „Mathematikbücher" vor 1366; die Formulierung ist übrigens vage: um als Kandidat für das Lizenziat in artibus zugelassen zu werden, mußte der Bakkalaureus nur etwas von *aliquos libros mathematicos,* „von *gewissen* Mathematikbüchern" wissen. Um 1260 beschränkte sich dies auf den Besuch von Vorlesungen über den *Traktat der Sphäre* des Johannes von Holywood und über das 8. Buch der *Ehe des Mercurius mit der*

Philologie des Martianus Capella, das heißt ein paar Veranstaltungen, in denen es um das Wesen und die Zahl der Himmelssphären ging, um „die Kreise und ihre Lage" (arktischer Kreis, Kreis der Sommersonnenwende, der Tagundnachtgleiche, der Wintersonnenwende, antarktischer Kreis, Zodiakus und Horizont), die Tierkreiszeichen, den Wechsel von Tag und Nacht, die Einteilung der Klimazonen, „die Kreise und Bewegungen der Planeten und die Ursache der Mond- und Sonnenfinsternisse".

Offenkundig wurden die grundlegenden Texte der wissenschaftlichen Astronomie, wie der *Almagest* des Ptolemäus, nicht wirklich gelesen, man kannte allenfalls das Vorwort; der technische Teil, also Mathematik und Astronomie im modernen Wortsinn, ging weit über die Kompetenzen des Lehrkörpers hinaus. Was die Astrologie betrifft, so kannte man das Wesentliche, nämlich die arabischen Quellen, aus zweiter Hand. Man war über den Umfang des Corpus im Bilde – ein Pariser Magister der Freien Künste meinte gar, „ein ganzer Tag würde nicht ausreichen, um nur die Werktitel und Autorennamen aufzuzählen"[10] –, doch kaum jemand sah sich zu eingehenderen Studien veranlaßt.

Die Astrologie hat anfänglich von der Unkenntnis der Magistri artium profitiert. Ihre fehlende institutionelle Verankerung hat ihren Status außerhalb der Institution gestärkt. Da die Universität zunächst geschwiegen hat, konnte sich der astrologische Diskurs außerhalb von ihr durchsetzen, ohne auf einen theoretisch fundierten Widerstand zu stoßen. Natürlich war es nicht das Gebiet der wissenschaftlichen Astronomie, auf dem die Astrologie die Wurzeln ihrer Macht und das Prinzip ihrer Verbreitung fand, sondern das Gebiet, das sie mit der philosophischen Theologie teilte, das der Beziehung zwischen Mensch und Welt. Man kann sogar sagen, daß sie sich als Parasit des Aristotelismus entwickelt hat.

Und tatsächlich, so wie die meisten Erfolgsthemen der Astrologie aus einer Art Entstellung der philosophischen Problematik hervorgegangen sind, so verdanken sich auch die Macht und die Fruchtbarkeit ihrer Strategien und Modelle einer Verschiebung und Deformation des Aristotelischen Denkens. Das Universum, das der Astrologe benötigt, ist nicht das des Aristoteles, sondern das des *arabischen Aristotelismus,* in dem das, was sich im Buch Lambda der *Metaphysik* an verstreuten Äußerungen über Astronomie sowie natürliche und astrale Theologie findet, in einem theoretischen Rahmen überarbeitet und neu gedacht wurde, der sich vom Aristotelismus des Aristoteles deutlich unterscheidet: in dem der neuplatonischen Emanationslehre.

Da das grundlegende Thema der Astrologie der Gedanke eines *Einflusses der Sterne* ist, bedarf sie eines bestimmten Weltbilds, damit die Bedingungen erfüllt sind, die diesem Einfluß wenigstens in der Theorie ein reibungsloses Funktionieren gestatten. Eben dies lieferten der *Liber de causis* und die übrigen theologischen Schriften, die fälschlich Aristoteles zugeschrieben wurden. Mit ihrem Zugriff auf die „Theologie" des Aristoteles konnte die Astrologie auch den Rest eines „Systems" für sich Anspruch nehmen, das es in Wirklichkeit, das heißt im authentischen Aristotelismus nie gegeben hat, und so einen „totalen", aber frei erfundenen „Aristotelismus" kreieren, in dem die *Physik,* die Abhandlung *Über den*

Himmel und die *Meteorologica* zu einem um so beeindruckenderen Gesamtwerk gehörten, als dieses zu drei Vierteln unecht war.

Indem die Astrologie die Welt aus apokryphen Schriften konstruierte, erlangte sie den Rang einer Universalwissenschaft. Angereichert mit Theorien über die Vorsehung und das Schicksal, die nicht Aristotelisch, sondern neuplatonisch waren, und die im übrigen selber ständig nach Gutdünken umformuliert wurden, gab das Denken des Aristoteles seinem Hauptkonkurrenten (der Astrologie) das Werkzeug seiner eigenen Subversion in die Hand. Die berufsmäßigen Astrologen, die Magier und Horoskopsteller, mit denen sich die Fürsten (Friedrich II., Manfred) und die Päpste gern umgaben, wollten in Theoriefragen sicher nicht mit dem echten Aristoteles wetteifern. Dies war auch nicht nötig. Da es keinerlei universitäre Debatte gab, konnten sie an den Höfen und in den Palästen ungestört ihre Techniken und Rezepte zur Anwendung bringen. Wenn es hingegen darum ging, für ihre Sache zu werben, waren sie bereits Meister in der Kunst der Verdrehung, und nahmen sich aus Physik, Metaphysik und Kosmologie, was ihnen nützlich schien.

Der Aristotelismus und mehr noch der gräko-arabische Peripatos gingen aus von der Existenz eines vertikalen Kausalzusammenhangs, der die supralunare Welt mit der sublunaren verbindet. Diese Kausalverbindung war eng verflochten mit einer speziellen Physik und Biologie, die auf einer gewissen Anzahl grundlegender Theorien basierten. Die beiden wichtigsten unter ihnen – die der vier Elemente und die der natürlichen Wärme der Körper – waren in der aristotelischen Weltanschauung faktisch allgegenwärtig, zwangen jedoch nicht zu einer astrologischen Konzeption vom Einfluß der Sterne auf das Schicksal der Reiche oder der Individuen; und sie zwangen auch weder zu einer Theologie der göttlichen Vorsehung noch, im Gegenteil, zur Anerkennung eines strikten astralen Determinismus. Indem die Astrologie gewisse Merkmale des aristotelischen Universums bewußt neu gewichtete, gelang es ihr, sich Aristoteles bald siegreich entgegenzustellen, ihn bald in ihren Dienst zu stellen, ja selbst die wahre Wundertat zu vollbringen, beides gleichzeitig zu bewerkstelligen.

Aristoteles als Astrologe oder die Geburt eines Mythos

Wenn die Verbreitung der Astrologie auf einer abwegigen Deutung des Aristotelismus beruht, muß es bei Aristoteles selber etwas geben, was dieser Deutung Nahrung gibt. Ein solcher Ansatzpunkt existiert, es ist ein Text aus den *Meteorologica,* der behauptet, daß „die Anfangsursache der Phänomene, die man in dieser Welt hier beobachten kann, der Ausgangspunkt ihrer Bewegung, in dem Impuls zu suchen ist, den sie von den Körpern empfangen, die sich ewig bewegen". P. Duhem hat sehr schön die Prinzipien zusammengefaßt, die in dieser Aussage stecken. Da ist zunächst die These, die besagt, daß jedem Werden, also auch jeder Veränderung, jedem Vergehen und jeder Zerstörung, eine Ortsbewegung zugrunde liegt. Und da ist ferner die aus diesem Primat und dieser Priorität der

Ortsbewegung gegenüber allen anderen Bewegungen folgende These, wonach die Ortsbewegungen der Himmelskörper die Ursache sind für die in der vergänglichen Natur hervorgerufenen Veränderungen:

> Alle Veränderungen, die die dem Werden und Vergehen unterworfenen Dinge durchmachen, sind abhängig von den rein lokalen Bewegungen der unvergänglichen und unbeweglichen Wesenheiten; sie werden alle beherrscht von den Himmelsumläufen.

Wie Aristoteles in der Übersetzung von Duhem schreibt:

> Diese Welt hier ist auf eine gewisse und notwendige Weise verbunden mit den Ortsbewegungen der höheren Welt, dergestalt, daß potentiell alles in unserer Welt von diesen Bewegungen beherrscht wird; dasjenige also, was für alle Himmelskörper das Prinzip ihrer Bewegung ist, muß als die Erstursache betrachtet werden.

Für Duhem sind dieses Prinzip und dieser Text die Aristotelische Grundlage sämtlicher mittelalterlicher Rechtfertigungen der Astrologie. Doch was genau sagt Aristoteles? Hier eine andere und jüngere Übersetzung desselben Textes, die sich offenbar sehr eng an die lateinische Fassung der *Meteorologica* anlehnt, wie sie unter anderen von Thomas von Aquin kommentiert wurde:

> Notwendigerweise befindet sich diese Welt hier auf die eine oder andere Art in Kontinuität mit der, die sich dort oben dreht, so daß alle ihre Impulse von dort oben kommen. Dies ist in der Tat das Prinzip, von dem für alles Seiende die Bewegung ausgeht.[11]

So behauptet also die eine Übersetzung, daß es notwendigerweise eine Kontinuität zwischen der sublunaren Welt und der Welt dort oben gibt – allein schon deshalb, weil die Leere für Aristoteles nicht existiert –, und dies ist auch die Interpretation von Thomas von Aquin. Diese Kontinuität erklärt die Weiterleitung der Impulse, die von den Bewegungen der Körper dort oben an diejenigen Körper gegeben werden, die in ihrer Gesamtheit jene Welt bilden, die an „die Erde angrenzt" – die sublunare Welt –, bestehend aus den Elementen Feuer, Luft, Wasser und Erde.

Die andere Übersetzung, die von Duhem, behauptet, daß es eine notwendige Verbindung gibt, eine Herrschaft über potentiell alles in dieser Welt hier, die durch die Ortsbewegungen der Körper der supralunaren Welt ausgeübt wird, das heißt durch die Sterne, die, erinnern wir daran, für Aristoteles aus einem fünften Element bestehen: dem Äther oder der Quintessenz.

Kontinuität und Verbindung sind zwei verschiedene Dinge; so sagt der Satz „es gibt notwendigerweise eine Kontinuität zwischen A und B" nicht dasselbe wie der Satz „A und B sind auf notwendige Weise miteinander verbunden". Das Denken des Aristoteles kann also auf unterschiedliche Weise interpretiert werden – und das genügt dem Gläubigen, der nach einem stützenden Zeugnis sucht, das durch seine Zweideutigkeit sogar noch an Kraft gewinnt; es genügt freilich nicht, um die Authentizität der astrologischen Ideenmontage zu garantieren.

Was sind denn eigentlich die „Veränderungen", an die Aristoteles denkt? Denkt er an Herzensdinge und beruflichen Erfolg, an Prüfungen und Pferderennen? Erstreckt sich der Einfluß der Sterne für ihn bis nach Auteuil und Divonne-les-Bains? Ihm dürfte wohl eher das Hochwasser von Flüssen vorschweben, die Gezeiten und die Gestalt der Kontinente und Meere. Doch selbst wenn er an menschliche Dinge gedacht haben sollte, sind die Bewegungen der Sterne, die „Umläufe der himmlischen Welt", immer nur Ursachen, nicht Zeichen für „Veränderungen" in der unteren Welt, mit deren Hilfe man Vorhersagen im Bereich der Börsenkurse und des Liebesglücks machen könnte. Schaut man genauer hin, glänzt auch der Ausdruck „Einfluß der Sterne" vor allem durch seine Abwesenheit.

Was ist ein „Einfluß"? Hier muß man den Verlockungen der semantischen Vagheit widerstehen, die für die Alltagssprache so charakteristisch ist. Wenn die Sterne die Welt hienieden beeinflussen, so nicht in dem Sinne, wie irgendein Journalist Einfluß hat, sondern in dem präzisen Sinn, daß sie in diese Welt einfließen. Der Einfluß ist ein Fließen und Hineinfließen; *fluxus, influxus, influentia* bedeuten dasselbe: ganz präzis eine Bewegung.

Der für die Astrologie unerläßliche Begriff „Einfluß" bezeichnet eine Kettenreaktion, die verschiedene von Aristoteles zu Beginn der *Meteorologica* erwähnte Elemente miteinander verbindet, und zwar in einer unaufhaltsamen Ansteckungsbewegung, die im Äther beginnt und auf Erden endet. Aristoteles beschreibt diese Bewegung nicht. Es war Ptolemäus in seinem *Werk in vier Büchern (Opus quadripartitum)*, auch *Tetrabiblos* genannt, der die schulmäßige und zwingende Formulierung fand, ein regelrechtes narratives Programm. Hören wir den Astronomen von Pelusion, jene wenigen Zeilen, die zum Manifest der mittelalterlichen Astrologie werden sollten:

> Hier ein sehr evidenter Satz, der nicht des längeren bewiesen werden muß: Eine aus der ätherischen und ewigen Natur *emanierte* Kraft wird auf alle Dinge übertragen, die die Erde umgeben und die unaufhörlich der Veränderung unterworfen sind. Die ersten Elemente unterhalb des Mondes, das Feuer und die Luft, sind umgeben von den ihnen Antrieb gebenden Bewegungen des Äthers; sie ihrerseits umgeben und bewegen alle Körper, die sich unter ihnen befinden, nämlich die Erde und das Wasser mitsamt allen Lebewesen und Pflanzen.[12]

Offen gesagt, sind dies durchaus die Worte des Aristoteles – mit einer Ausnahme allerdings: der Begriff *Emanation* ist nicht Aristotelisch. Gewiß, so wie Ptolemäus ihn präsentiert, stimmt der Einfluß der Sterne weitgehend mit den Aristotelischen Vorgaben überein. So stimmt es, daß die Sonne bei Aristoteles der Gesamtheit der irdischen Dinge eine ewige Ordnung auferlegt – sie ist es, „die über den Wechsel der Jahreszeiten herrscht, die den Tieren das Leben gibt, jede Pflanze Frucht tragen läßt, den Lauf der Flüsse und die diversen Veränderungen der Körper lenkt"; es stimmt auch, daß ihre Tageswärme „im Wechsel Hitze und Trockenheit, dann Kälte und Feuchtigkeit hervorbringt"; desgleichen kann man durchaus sagen, daß der Mond „die irdischen Dinge beeinflußt", daß „das Wasser der Flüsse mit seinem auf- oder untergehenden Licht steigt oder sinkt", daß es wegen ihm „im Meer Strömungen in entgegengesetzten Richtungen gibt" und daß es „die Pflanzen und Lebewesen, sei es in ihren ganzen Körpern, sei es in

Teilen davon, spüren, wenn der Mond zu- oder abnimmt"; nichts jedoch erlaubt, diese Phänomene als solche einer Emanation zu beschreiben.

Man wird sagen, dies sei nur eine Sache der Terminologie. Aber zu Unrecht. Die astrologische Lehre hat zwei wesentliche Komponenten: eine Ätiologie und eine Semiologie. Wie jeder Astrologe arbeitet Ptolemäus mit beiden: so behauptet er etwa, daß der Stand der Gestirne die *Ursache* für zahlreiche und höchst unterschiedliche Veränderungen ist, da die Himmelskörper, wenn sie sich in Konjunktion befinden, ihre Einflüsse vereinen; doch er behauptet auch – und fast ist man versucht zu sagen: eben dadurch –, daß „der Lauf der Gestirne und die Konjunktionen der Planeten das *Zeichen* für zahlreiche Wirkungen sind". Doch wie kommt man von der Ätiologie zur Semiologie? Wie entziffert man das Buch des Himmels?

Selbst wenn Aristoteles gänzlich dem astrologischen Fatalismus zugestimmt hätte, wie man wegen des in den *Meteorologica* aufgestellten Prinzips meinen könnte – zu Unrecht allerdings, da die in *De interpretatione* dargelegte Theorie der Kontingenz jede Form von Determinismus ausschließt –, findet man bei ihm doch keine Theorie des Einflusses, die sich im ganzen semiologisch interpretieren ließe. Dieser Ebenenwechsel von der Ursache zum Zeichen war nur möglich, indem man die Lehre von den Intelligenzen mit einer universellen Emanationstheorie zusammbrachte: und diese Synthese wurde in der arabischen philosophischen Literatur vollzogen.

Die Intelligenzen und die Strahlung

In Al-Kindīs *De radiis* fanden die mittelalterlichen Denker erstmals klar formuliert, was man die astrologische Umdeutung des Aristoteles nennen könnte – ein in gewisser Hinsicht einfacher Vorgang, der in der Verbindung zweier unterschiedlicher Thesen besteht.[13]

Erste These: „Der Stand der Gestirne ordnet [oder gestaltet, beherrscht, *disponit]* die Welt der Elemente und alles, was sich aus ihnen zusammensetzt, wo auch immer und wann auch immer es sei."

Zweite These: „Diese *dispositio* ist so beschaffen, daß es hienieden weder eine Substanz noch ein Akzidens gibt, die oder das nicht irgendwie im Himmel figuriert wäre."

Diese *Figuration,* der sichtbare und bildhafte Ausdruck des astralen Determinismus, erlaubt die Prognosen und Vorhersehungen. Man kennt das Lied: „Es steht in den Sternen geschrieben ...", doch hat man damit leider nur einen Teil des Refrains, den offenkundigsten und zugleich rätselhaftesten, da der andere Teil fehlt, der – jedenfalls für die mittelalterlichen Denker – untrennbar mit ihm verbunden war (und genau in dieser Verbindung lag die Umdeutung des Aristoteles): *geschrieben* steht es in den Sternen, weil das Wesen alles Seienden *beschrieben* wird von den bewegenden Intelligenzen der Sphären, den getrennten geistigen Substanzen, die die lebendige Himmelsmechanik regulieren. Man kann sich nicht auf die mittelalterliche Tradition der Astrologie berufen, ohne den Preis ihrer kosmischen Struktur zu zahlen und den prinzipiellen Modus ihrer Lesbarkeit zu übernehmen. Die vielfältigen himmlischen Figuren für die Dinge dieser Welt gibt es demnach nur deshalb, weil die *zeichenhaften* Himmel zugleich *belebte* Himmel sind.

Es gibt nicht tausend Arten, die Himmelsschrift zu lesen, vielmehr muß der Leser auf die eine oder andere Weise mit den leitenden Prinzipien des Himmels in *Kontakt* treten. Dieser Kontakt ist buchstäblich eine *Verbindung* – der Konjunktion der Sterne entspricht die *coniunctio* der menschlichen Seele mit den Intelligenzen, die für die Weltordnung sorgen. Eine philosophische Theorie der Verbindung ermöglicht somit die Zeichenhaftigkeit des Kosmos. Eine Verbindung aber gibt es nicht ohne Emanation: Die menschliche Seele muß fähig sein, den Ausfluß des Sinns zu empfangen, und empfangen kann sie ihn nur von den Intelligenzen. Diese Lehre ist keiner Weise Aristotelisch, es ist die des Avicenna, für den gilt:

> Alles, was in der Welt vergangen, gegenwärtig und zukünftig ist, existiert in einer gewissen Hinsicht in der Weisheit des Schöpfers und der rein intellektuellen Engel, und in einer anderen Hinsicht in den Seelen der Engel, die die Himmel bewegen.

Es ist die von Ghazālī, der schreibt:

> Wenn die menschliche Seele freigeworden ist und nicht Körperliches sie mehr behindert, ist sie fähig, mit den edlen und intelligiblen geistigen Substanzen in Kontakt zu treten *[coniungi]*, in denen das Wesen aller Dinge beschrieben *[descriptum]* oder eingraviert *[insculptum]* ist.

Keine astrologische Lehre kommt ohne die Wahrsagung und den prophetischen Traum aus; keine kann dies erklären, ohne eine Verbindung, einen Kontakt zu postulieren zwischen der menschlichen Seele, den Intelligenzen und dem, was der *Liber de causis* die „edlen Himmelsseelen" nennt. Hören wir Avicebron:

> In den Träumen empfängt das Wesen der Seele vom Wesen der getrennten Intelligenz eine intelligible Form. Dieses Empfangen geschieht auf geschöpfliche Weise *[animaliter]*, das heißt durch Bilder *[imaginabiliter]*.

Der „Einfluß" des Aristoteles, das heißt die Verbindung oder die Kontinuität zwischen den Himmelsumläufen und den Veränderungen der sublunaren Welt, hat einen neuen epistemologischen Status bekommen: den eines Ergusses oder Ausflusses, eines *defluxus* – „die niederen Formen entströmen den höheren Formen", „alles, was hier unten existiert, hat dort oben ein edleres Vorbild".[14] Die Diagnose ist leicht gestellt: Platons Ideenlehre, selbst einigermaßen eigenwillig gedeutet, hat übergegriffen auf den Kosmos des Aristoteles.

Dieses *Credo* des Peripatos wurde unterschiedlich abgewandelt. Avicenna erklärt die Träume zum „Produkt der Aktivität der Himmelskörper, die in der menschlichen Einbildungskraft eine Form hervorbringen". Ghazālī spricht von „Impression" – die von oben kommenden Figuren *drücken sich ein* in die Seele:

Wenn die menschliche Seele mit den getrennten Substanzen in Kontakt getreten ist, drücken sich die in ihnen enthaltenen Formen in sie ein, und es ist, als würde die in einem Spiegel erscheinende Form in einem gegenüberstehenden Spiegel abgebildet, da es ja zwischen den Intelligenzen und der Seele nichts weiteres gibt. Alles, was im ersten Spiegel ist, erscheint demnach, dem jeweiligen Fassungsvermögen entsprechend, im zweiten.

Die Theorie der prophetischen Träume ist nicht die Astrologie, doch sie führt uns deren notwendiges Fundament vor Augen. Wenn die Astrologie auf mehr hinauswill als auf eine Beschreibung der Himmelsbewegungen, wenn uns der Astrologe etwas zu sagen hat, so muß er selbst an der Explikationsbewegung der Himmelsfiguren in der menschlichen Seele teilhaben. Vor allem muß er, um seine Autorität zu stützen, sich das Prinzip zu eigen machen, das die gesamte Traumdeutung des 13. Jahrhunderts legitimiert: „Der prophetische Traum hat seinen eigentlichen Ursprung nicht im Träumer selbst, sondern kommt von außen".[15]

Das ist die beste Illustration der pseudo-aristotelischen These, die hinter der gesamten astrologischen Konstruktion steht: Die höheren Wesenheiten lassen jene Vermögen und Formen in die Seele einfließen, die das menschliche Handeln leiten; sie tun dies durch das Licht der Sterne – das *lumen radiale stellarum* Al-Kindīs –, in dem die Kräfte und Vermögen der Sphärenbeweger enthalten sind.

Die meisten Traumtheoretiker betonen übrigens, daß der *interpres somniorum* sich auch der Techniken des sternkundigen Astrologen bedienen muß, da alles zusammenhängt: Der Einfluß der Sterne wirkt sich auf den Menschen im Moment seiner Geburt aus, im gesamten Verlauf seines Leben und eben auch genau im Moment des Traums. Auf keines dieser Elemente kann bei der „Auslegung der Träume" verzichtet werden. Wenn der Mond einen Einfluß auf den Menschen hat, dann auch auf seine Träume und einen je anderen nach Maßgabe seiner Stellung im Tierkreis: Der Traumdeuter muß also Bescheid wissen über „die Position und die Bewegung des Mondes sowie über die Natur des Zeichens", die gemeinsam die Bildproduktion des Traums steuern, da die Bilder im prophetischen Traum nicht von selbst entstehen, sondern in der menschlichen Seele hervorgerufen, ihr von außen eingedrückt werden.

Die Strahlenwirkung

Die mittelalterlichen Denker hatten unterschiedliche Vorstellungen vom Einfluß der Sterne. Das durch Al-Kindīs *De radiis* popularisierte Modell des Lichts und seiner Strahlen lieferte das erste Begriffswerkzeug für eine wissenschaftliche Darstellung der Astrologie und war hierfür schon deshalb besonders gut geeignet, weil die Optik – im Mittelalter die „Perspektive" genannt – im 13. Jahrhundert das Musterbeispiel für Wissenschaftlichkeit war. Die Wirkung der Sterne auf die Körper der unteren Welt konnte insofern als Gegenstand einer echten *mathēsis* gelten, als sich die Fortpflanzung und Ausbreitung des Lichts in geometrischen

Begriffen formulieren ließ. Dergestalt stellte sich die *influentia planetarium* als eine bloße „Aussendung von Strahlen" dar, die sich in einem bestimmten Punkt auf der Oberfläche eines Körpers sammelten, der „geeignet war, sie zu empfangen".[16] Diese Strahlenwirkung, die für das „notwendige Band" zwischen der oberen und der sublunaren Welt sorgte, war im übrigen ebenso prägend für die Struktur der Wirklichkeit auf Erden: Die Gesamtheit des Realen bot das Bild einer komplexen, interaktiven Totalität von Begegnungen und wechselseitigen Einflüssen, die in Gestalt von Strahlung erfolgten:

> Jedes Ding hienieden, sei es eine Substanz oder ein Akzidens, sendet wie die Sterne Strahlen aus. Die große Vielfalt der Dinge dieser Welt entstammt gänzlich diesem Zusammenstoß von Strahlen *[ex hac radiorum collisione]*. Jede Wirkung der Sterne geschieht *[procedit]* durch Strahlen. Desgleichen bringt auch die menschliche Stimme Strahlen hervor und wirkt durch sie, wie alle anderen wirklichen Dinge *[res actuales]* auch, in der Welt der vier Elemente.[17]

Die Idee einer Strahlenwirkung des gesprochenen Worts machte es möglich, der Magie einen wissenschaftlichen, quasi materialistischen Status zu geben, erlaubte umgekehrt aber auch eine magisch-astrologische Deutung jener christlichen Sakramente, die durch oder in einem Sprechakt vollzogen werden. So konnte Petrus von Abano im 14. Jahrhundert die Eucharistie als eine Beschwörung interpretieren: ist doch die Transsubstantiation – die Verwandlung von Brot und Wein in den Leib und das Blut Christi – eine Wirkung, die durch das Aussprechen einer Konsekrationsformel erzielt wird, die jetzt als „Beschwörungsformel" *(praecantatio)* gedeutet wurde.

Fast alle großen Theologen des 13. Jahrhunderts hatten die performative und illokutionäre Dimension von Sakramenten wie der Eucharistie und der Taufe erörtert – besonders die Taufe war interessant, da es darin eine fast perfekte Gleichung zwischen *Sagen* und *Tun* gab, hatte man doch in der Taufformel den idealen Fall einer Aussage vor sich, „die bewirkte, was sie sagte" *(efficit quod dicit)*. Es versteht sich freilich von selbst, daß diese sprachlogische Analyse sakramentaler Aussagephänomene nicht dem Ziel diente, die Eucharistie wieder in den magisch-religiösen Rahmen theurgischer Praktiken einzufügen, wie sie bei den Wahrsagern im Rom der späten Kaiserzeit beliebt waren.

Die astrologische Deutung der Sakramente hingegen ging viel weiter als die Lekanomantie oder die Lychnomantie der Hermetiker, da sie in einem vollkommen „natürlichen" Rahmen stattfand, in dem allein die „Kraft des Himmels" für die Wirksamkeit des gesprochenen Worts bestimmend war.[18] Der Naturalismus der Astrologie, der sie in direkte Konkurrenz brachte zur christlich-theologischen Welterklärung, konnte zum striktesten Determinismus und Materialismus führen: Die Identifizierung Gottes mit der Natur *(Deus est natura)* oder auch mit einer das gesamte Universum regierenden Materie *(materia regitiva totius universi, quae est ipse Deus)*, wie sie von Blasius von Parma vorgenommen wurde, machte den Weg frei sowohl für eine Restauration des antiken astrologischen Fatalismus wie auch für eine philosophische Libertinage *avant la lettre*.[19] Auf jeden Fall war ein derartiger Diskurs absolut unvereinbar mit der Lehre der katholischen Kirche.

Da die Theorie der Strahlenwirkung keine aristotelische war, war die Philosophie an dieser Subversion der Theologie durch die Sterne nicht ausdrücklich beteiligt. Die Astrologie hat sich demnach auf einem anderen Weg des Aristotelismus bemächtigt, nicht mehr auf dem der arabischen Mathematik und Optik, sondern auf dem der Biologie und Psychologie des Aristoteles.

Dante Alighieri: die Intellektuellen und die Astrologie

Zu einem regelrechten philosophischen Manifest, verfaßt in der Volkssprache, verschmolzen die Theologie des „Aristoteles" und die Astrologie in Dantes *Gastmahl*. Im 20. Kapitel des IV. Buchs des *Convivio* stellt der Alighieri die zentrale These des intellektualistischen Aristokratismus auf, die – kurz nach der Wende vom 13. zum 14. Jahrhundert – die wahre Gestalt des mittelalterlichen Intellektuellen spezifiziert („die, die Verstand haben – und es sind wenige"). Das zugehörige Programm ist einfach: Der Philosoph ist tugendhaft und glücklich. Die natürliche Krönung der Tugenden ist ein Zustand besonderen Glücks – die „geistige Glückseligkeit", das heißt die philosophische Kontemplation; die Bedingung der Tugend ist der „Adel" (die *nobiltade),* und er ist „nichts anderes als ein Same von Glückseligkeit, der von Gott in die gesunde Seele gelegt wird, deren Körper nach jeder Richtung eine gute Verfassung zeigt".[20]

Niemand im Mittelalter hat mehr als Dante den „Adel" des Intellektuellen gepriesen. Geht er nicht so weit, daß er ihn noch über einen Adel des Geblüts und der Titel stellt, den immerhin ein Friedrich II. als „Besitz uralten Reichtums" definiert hat? Dennoch ist dieses Lob des „Intellektuellen" ursprünglich mit keinerlei gesellschaftlichem Credo verbunden und ebensowenig mit dem Bewußtsein einer – sei es auch erst entstehenden – „Klasse".

Dante paßt so gar nicht in das historisch-soziologische Schema, das die unterschiedlichen „Ideologien" beschreibt, die entstanden, als sich „die Universitätslehrer bewußt wurden, daß sie eine neue Gestalt laikaler Intellektueller sind, die sich professionell dem aristotelischen Denken widmen"[21]: Zunächst weil es sich bei ihm, wie Mt. Beonio Brocchieri und M. Parodi sagen, um einen „atypischen *(anomalo),* da nicht universitären Intellektuellen"[22] handelt; sodann weil er bei seinem Anspruch auf Adel nicht nur – gemäß dem Lieblingsgemeinplatz der *artistae* – mit der Würde des Philosophenberufs argumentiert[23], sondern eine Betrachtung über die Natur, die Vorsehung und das Schicksal anstellt, wie es sie in diesem Umfang bislang nicht gab. Dantes Blick auf die Welt ist nicht der eines Soziologen, sondern der eines Naturphilosophen. Seine Theorie der *nobiltade* gehört in eine bestimmte Anschauung vom Kosmos: Der Adel „steigt von der höchsten und geistigen Kraft zu [einigen Menschen] herab, wie vom edelsten Himmelskörper die Kraft in den Edelstein fließt".[24] An dieser Stelle kommt die Astrologie ins Spiel.

Wie alle „Philosophen", wie vor ihm Siger von Brabant und Boethius von Dacien, spielt der Alighieri auf einem doppelten Register – eben dem, dem man gewöhnlich den Namen „doppelte Wahrheit" gibt –, doch ganz offenkundig handelt es sich bei ihm um zwei zugleich unterschiedene und notwendig konvergierende Erklärungsebenen: die der Natur und die der Gnade.

Als Dante zeigen will, wie der Adel zum Menschen kommt, präsentiert er zwei Versionen dieser Adelung: eine natürliche – die philosophische – und eine übernatürliche – die theologische:

> Um eine noch vollkommenere Erkenntnis der menschlichen Güte, die in uns das Prinzip alles Guten ist und Adel heißt, zu erlangen, soll in einem eigenen Kapitel davon die Rede sein, wie diese Tugend zu uns herabsteigt, zuerst in rein natürlicher Betrachtung, dann in theologischer, daß heißt göttlicher und geistiger.[25]

Über diese doppelte Strategie braucht man nicht länger nachzusinnen: es ist keine Doppelzüngigkeit, sondern eine Hierarchie von Diskursen. Dante hat nie daran gezweifelt, daß nach dem Tode eine „Glückseligkeit" *(beatitudo)* möglich sei, von der die intellektuelle *felicità,* wie sie auf Erden von den „Philosophen" erreicht werden kann, bestenfalls einen Vorgeschmack bietet.[26] Als Christ wollte er die Philosophie auch nicht über die Theologie stellen. Da die philosophischen Sekten des Altertums – Epikureer, Stoiker und Peripatetiker – auf die Praxis ausgerichtet waren, das heißt im eigentlichen Sinn des Wortes *weltlich* waren, suchten sie die Glückseligkeit ihm zufolge dort, wo man sie nicht finden kann. Ihr Scheitern war unausweichlich, und das Evangelium weist darauf bereits deutlich hin:

> Markus erzählt, daß Maria Magdalena, Maria Jakobi und Maria Salome zum Grabe des Heilandes gingen und ihn besuchen wollten; sie fanden ihn aber nicht, sondern nur einen weißgekleideten Jüngling, der ihnen zurief: „Ihr suchet den Heiland; ich sage euch, er ist nicht hier; doch fürchtet euch nicht, gehet hin und saget es seinen Schülern und dem Petrus, daß er ihnen nach Galiläa vorangehen wird; dort werdet ihr ihn sehen, wie er es gesagt hat." Unter diesen drei Frauen kann man die Vertreter des *tätigen Lebens* sehen, die Epikureer, die Stoiker und die Peripatetiker. Sie alle wandern zum Grabe, das heißt zur gegenwärtigen Welt, der Heimat alles Vergänglichen, suchen den Heiland, das heißt die Glückseligkeit, finden sie aber nicht.[27]

Dantes Diskurs gerät in Bewegung, sobald er zum Intellekt übergeht. Wenn man die Glückseligkeit nämlich im kontemplativen Leben sucht, ändert sich für ihn alles: Man findet etwas, und das Glück ist möglich. Der „Engel Gottes" – der in die Seele der Philosophen gesenkte Adel – wird so zum Garanten eines Glücks, das hier auf Erden durch die intellektuelle Kontemplation, in der geistigen Schau erreicht wird:

> Der Engel ist diese uns von Gott verliehene Adelsnatur, die in unserer Vernunft redet und einem jeden Vertreter dieser philosophischen Richtungen, welche die Glückseligkeit im tätigen Leben suchen, zuruft: „Sie ist nicht hier." Geh hin und sag es den Schülern und Petrus, das heißt denen, die auf der Suche nach der Glückseligkeit sind, und denen, die wie Petrus, der den Herrn verleugnet, auf dem falschen Wege gehen, daß er ihnen nach Galiläa vorangehe, das heißt die Glückseligkeit werde ihnen nach Galiläa vorangehen, nämlich in der Spekulation! [...] Und der Engel sagt: „Er wird euch vorangehen", nicht, er wird mit euch gehen. Das soll heißen, daß Gott immer über unsere Kontemplation hinausragt, und daß wir ihn,

unsere höchste Glückseligkeit, hier niemals einholen werden. Ferner steht geschrieben: Dort werdet ihr ihn sehen, wie er gesagt, das heißt dort werdet ihr seine Wonne und sein Glück zu kosten bekommen, wie er es euch hier versprochen, das heißt, wie ihr es nach seiner Bestimmung erlangen könnt.

Für den Dante des *Gastmahls* ist, wie für Siger von Brabant oder Boethius von Dacien, das ganze menschliche Leben nur dazu da, theoretisches Wissen oder Weisheit zu erlangen. Diese Weisheit ist nicht die Glückseligkeit, aber sie nimmt sie vorweg und bereitet sie vor. Ein furchtbarer Vertrag, der aus dem himmlischen Lohn nach dem Tod die Fortsetzung und Frucht einer auf Erden erworbenen philosophischen Würde macht, nach Maßgabe eines Adels, von dem man nicht mehr recht weiß, ob er vom Gott der Philosophen oder von dem der Theologen verliehen worden ist! Sieht es nicht so aus, als ob Dante der Stelle aus dem Jakobusbrief, auf die sich traditionell die ganze mittelalterliche Theologie der Gnade stützt, eine Wendung in eine „astrale", also philosophische Theologie gibt, wenn er schreibt: „Jede gute Gabe und jedes vollkommene Geschenk kommt von oben herab, vom Vater der Himmelslichter"?

Tatsächlich kennt Dante, weit davon entfernt, eine *doppelte Wahrheit* zu predigen, nur eine, diejenige, die in den „gesunden" oder „gut disponierten" Geist gelegt wird: Mit der Idee einer *Gabe des Adels* wird die Gnade der Christen strukturell dem „göttlichen Samen" der Philosophen gleichgesetzt – also dem „Intellekt" und der Intellektualität –, als wäre das Denken ein charismatisches Vermögen, für das sich Leib und Seele aufnahmebereit zeigen müssen, um dann wie natürlich von ihm begünstigt zu werden.

Es gibt ein Gesetz der Gabe. „Die Dinge müssen für das wirkende Prinzip disponiert sein, um so die volle Wirklichkeit zu erlangen" – dieses Axiom des Aristoteles regelt die gesamte Theologie der Charismata. An das Thema einer *canzone* von Guinizelli anknüpfend, geht Dante jedoch noch weiter: Die Kraft – das Vermögen – der Seelen gleicht der der Edelsteine; es ist eine Frage der Struktur, der Organisation, der Zeit und der „Gelegenheit".

> Ist nun die Seele in einer ungenügenden Verfassung, so ist sie nicht disponiert für die Aufnahme dieses gebenedeiten göttlichen Einflusses, wie ein Edelstein, der schlecht beschaffen oder unvollkommen ist, die Himmelskraft nicht in sich aufnehmen kann. Das gleiche sagt auch der edle Guido Guinizelli in einer seiner Kanzonen, deren Anfang lautet: „Im edlen Herzen wohnt stets die Liebe". Es kann also die Seele beim Menschen in schlechtem Zustande sein teils wegen eines Körperfehlers oder vielleicht gar wegen eines Gehirnfehlers, teils auch, da die Zeit unpassend ist *[per manco di temporale]*. In einer solchen Seele erglänzt nie dieser göttliche Strahl.[28]

Der Adel des Intellektuellen nach Dante befindet sich demnach an der beweglichen Grenze, die die Philosophie von der Theologie trennt, in jener verwirrenden Zone austauschbarer Interpretationen, in der die Texte ineinander übergehen, da ihre Ursprünge sich vermischen und ihre Ziele verschmelzen. Die Grenze bleibt bestehen, gewiß. Doch die einzige, die wirklich zählt, ist der Tod: Die Glückseligkeit *(beatitudo),* die den Auserwählten im himmlischen Jerusalem versprochen ist, zeichnet sich hienieden bei denen ab, die des intellektuellen Glücks *(felicitas)* fähig sind. Für Dante ist klar, daß jene unendlich über diesem steht, doch gleichzeitig hält er fest, daß „unsere Glückseligkeit" – anders gesagt, unser menschliches Glück - direkt hinleitet zu jener anderen:

> Somit ist es klar, daß wir unsere Glückseligkeit, das heißt unser Glück, zuerst unvollkommen im tätigen Leben, in der Übung der moralischen Tugenden erreichen können, dann aber fast vollkommen in der intellektuellen Betätigung. Beide Betätigungsweisen sind die gebahnten und geradesten Wege, die uns zur höchsten Glückseligkeit, die man hier, wie gesagt, nicht ganz erreichen kann, das Geleite geben.

Wenn Dante auch betont, daß das höchste Glück in diesem Leben unerreichbar ist, schildert er doch in kräftigen Worten die „Wonne" des Zustands, der den Tugenhaften bereits hier und jetzt zugänglich ist. Mit entsprechender Nachhaltigkeit plädiert er für jene Idee, die nach so vielen Jahrhunderten doch immer noch sehr neu klingt: für die Existenz eines Lebens vor dem Tod. Und dies ist ganz offenkundig eine politische These.

Man weiß, daß Dante sich nicht scheut, die philosophische Kontemplation zum Endzweck jeder menschlichen Organisation zu erklären, und daß er aus ihr die letzte Grundlage des Monarchiegedankens macht: „Die Hauptgrundlage für die kaiserliche Majestät liegt in Wahrheit in der Notwendigkeit der menschlichen Kultur begründet, deren Ziel in einem glücklichen Leben liegt."[29]

Doch der Dichter begnügt sich nicht damit, den Aristotelismus politisch zu interpretieren. Um den Ursprung des Adels philosophisch zu denken, liest er Aristoteles mit den Augen eines Astrologen.

Der Ursprung des Adels und die Zufälle der Geburt

Dante kennt die Lehren der griechischen und arabischen Philosophen über das Wesen und den Ursprung der Seele.[30] Insbesondere schreibt er so – dank Albert dem Großen, der seinerseits aus Macrobius schöpft – Platon eine Lehre der Seelenwanderung zu, wonach jede Seele ihren Ursprung in einem ihr „verwandten" Stern hat, zu dem sie eines Tages, nach einem langen Auf und Ab, zurückkehren wird: „Platon und andere ließen [die Seele] von den Sternen herniederkommen und leiteten ihren mehr oder weniger edlen Charakter von dem Adel des Sternes ab."

Dieser „Platonismus" ist eine recht einfache Version der philosophischen Astrologie, eine Psychogenese der individuellen Schicksale. Tatsächlich besagt die astrologische Deutung von Platons *Timaios,* daß die vom Demiurgen in den Sternen „gesäten" Seelen sich von einer Himmelssphäre zur nächsten bewegen und auf dieser interplanetarischen Reise, noch bevor sie sich mit einem bestimmten Körper verbinden, ihre verschiedenen besonderen Eigenschaften erwerben: das Gedächtnis in der Sphäre des Saturns, die „Meinung und das Erwägen des Wahrscheinlichen" in der des Jupiter, die Reizbarkeit in der des Mars, das Denkvermögen in der der Sonne, die Einschätzung von Schaden und Nutzen in der des Merkur, die Begierde in der der Venus, schließlich die verschiedenen mit dem Wesen des Körpers zusammenhängenden Bewegungen (Ernährung, Verdauung, Wachstum, Fortpflanzung) in der des Mondes. Danach wandern sie von Körper zu Körper, je nach den Taten, die sie in jeder ihrer vorigen Hüllen begangen haben. Das Ziel dieses Prozesses ist erreicht, sobald die Seele wieder bei dem Stern ankommt, von dem sie stammt.

Diese Seelenwanderung legt natürlich den Fatalismus nahe. Zur Zeit Alberts des Großen hat der astrologische „Platonismus" denn auch einen ganzen Schwarm von Doktrinen zur Folge, die aus dem Ursprung und den Reisen der menschlichen Seele den Schluß ziehen, daß sie den „Bewegungen der Sterne" gehorche. Gegen diesen Determinismus macht der deutsche Theologe die „Lehren der Peripatetiker und des Ptolemäus" stark, wenn er schreibt, daß „die Seele auch noch die fernsten Bewegungen wahrnimmt, die sich in den entlegensten Himmelssphären ereignen", und daß „es ihr gelingt, sich in aller Freiheit von Dingen abzuwenden, zu denen die Bewegung der Sterne sie geneigt macht", denn sie kann „sich dank ihrer Weisheit und allein durch das Denken anderer Möglichkeiten zuwenden".

Als denkendes Subjekt ist der Mensch jemand, der Alternativen ersinnt, ein unermüdlicher Leser und Interpret, der in den Himmelskonstellationen Zeichen der Unentschiedenheit aufspürt, sie findet und erfindet. Als Dante sein *Gastmahl* schreibt, ist der platonische „Astrologismus" bereits verdrängt worden durch die „aristotelische" Version des Einflusses der Sterne; jeder Philosoph, jeder „Intellektuelle", stimmt im Prinzip dem Axiom der *Centiloquium verba Ptolemaei* zu: „Sapiens dominatur astris" – der Weise unterliegt nicht der Macht der Sterne, mehr noch, er hat Macht über sie, denn er allein ist Herr seiner Zustimmung. Der Kosmonaut ist in erster Linie Hermeneutiker. Wie Boethius von Dacien schreibt: *Corpora quae circa nos sunt [...] suadent, sed non cogunt* („Die Himmelskörper raten, aber sie zwingen nicht").

Der bereits 1270 verworfene Sternendeterminismus war 1277 erneut verurteilt worden. In seinem Syllabus hatte Stephan Tempier vier Thesen herausgegriffen, die in unterschiedlichem Grade eine Abhängigkeit der menschlichen Seele von den „Sternenumläufen" implizierten:

132. Die Himmelssphäre, nicht der Wille des Arztes, ist Grund dafür, daß er heilt.
133. Wille und Intellekt werden in ihrem Vollzug nicht durch sich bewegt, sondern durch eine ewige Ursache, nämlich die Himmelskörper.
161. Die Wirkungen der Sterne auf den freien Willen sind verborgene Wirkungen.
162. Unser Wille unterliegt *[subjacet]* der Macht der Himmelskörper.

Niemand, scheint ist, ist je so weit gegangen, in Paris einen derartigen Fatalismus zu vertreten. Selbst wenn Dante die Hauptlehren der Astrologie übernahm, konnte er sich also nicht, nicht einmal in Italien, zu einer Doktrin bekennen, die von der Zensur gewissermaßen im voraus verdammt worden war. War das ein Opfer? Natürlich nicht.

Im 14. Jahrhundert konnte ein Philosoph nicht einmal die bloße Möglichkeit einer universellen Illusion ernsthaft akzeptieren. Zwar waren sich alle darin einig, daß die Himmelskörper einen *realen* Einfluß auf den Verstand und den Willen ausübten, doch niemand hielt ihn für *determinierend,* und jeder meinte, er sei *indirekt:* Die Sterne hatten keine andere Beziehung zum Menschen als die von Körper zu Körper, auf seine Seele konnten sie nur einwirken, indem sie auf den Körper einwirkten, mit dem diese Seele vereint war. Der rigorose astrale Determinismus hatte daher den Anstrich einer exotischen Idee: In seinem Pamphlet gegen *Die Irrtümer der Philosophen* hatte Aegidius Romanus ihn auch ausdrücklich allein Al-Kīndī zugeschrieben. Letztlich handelte es sich um eine arabische Idee.

Obwohl Dante also kein Fatalist war, macht er sich doch das Credo der Astrologen im wesentlichen zu eigen. Denn etwas trieb ihn dazu: das Wesen seines leitenden Problems, das des Ursprungs des *Adels.*

Gegenüber der Arroganz des Geschlechteradels, sei es der von Florenz oder der von Mailand, kann der Dichter nur die Qualität seiner Verse oder die Leichtigkeit seiner Feder geltend machen. Alles ist mit der Geburt entschieden: Man wird nicht edel, man wird edel geboren.

Dantes erste Einsicht angesichts dieses Problems ist die, daß es keinen *übertragbaren,* erblichen Adel gibt, weil es keinen kollektiven Adel gibt. Der Adel ist individuell. Die Familien, Geschlechter und Sippen sind nur Kollektive. Diese nominalistische Sicht des Politischen schließt die Existenz gesellschaftlicher Universalien aus: „Ein Geschlecht an sich hat keine Seele", es ist nur „ein Ganzes ohne gemeinsames Wesen mit seinen Teilen". Ein Haufen weißer Getreidekörner ist nicht dem Wesen nach weiß, man könnte die Weizenkörner nach und nach durch Buchweizenkörner ersetzen, und irgendwann „würde der Haufen seine Farbe ändern" wie auch den Namen. „Auf ähnliche Weise kann man ein Geschlecht oder eine Sippe edel nennen": ein Kollektiv edler Individuen ist nicht durch Teilhabe an einer transzendenten Wesenheit edel, es ist bloß die mit einem Familiennamen bezeichnete Summe individuellen Adels. Der kollektive Adel ist nur eine abstrakte Idee, eine „sekundäre Wesenheit". Es gibt keine Erben.

> So darf also der von den Uberti in Florenz und der andere von den Visconti in Mailand nicht sagen: „Weil ich von dieser Sippe stamme, bin ich adelig." Denn Gottes Same fällt nicht in das Geschlecht oder in die Sippe, sondern senkt sich in die einzelnen, und darum macht [...] nicht das Geschlecht die einzelnen Personen adelig, sondern diese adeln das Geschlecht.[31]

Wenn Dante eine quasi nominalistische Theorie der Universalien auf das Politische anwendet, so plädiert er damit weder für das individuelle Verdienst noch fordert er eine neue Würde für eine durch die Arbeit geheiligte Gesellschaftsgruppe. Die Körperschaft der Magister, die „Klasse" der Intellektuellen wird genau dann adelig sein, wenn jedes einzelne ihrer Mitglieder es ist. Dieser gemeinsame Adel begründet kein Korporationswesen, sondern ist wie jeder andere kollektive Adel abgeleiteter Natur.

Die ganze Frage bei Dante besteht also darin zu wissen, wieso der Adel eher in diesen Menschen „herniedersteigt" als in einen anderen, wenn weder das Geschlecht – die gesellschaftliche Herkunft – noch die Arbeit – die gesellschaftliche Funktion – ein Individuum „adeln" können. Eine entscheidende Frage, die sowohl über den universitären Rahmen und die Apologie der „Profession" hinausgeht wie auch über das Feudalwesen und den Herkunftsdünkel. Es ist eine philosophische und theologische Frage. Die Alternative ist so klar, daß die Antwort an den beiden Enden des Heiligen Römischen Reichs nicht nur unterschiedlich ausfällt, sondern gegensätzlich.

Nachdem Albert der Große noch kühn die Idee einer Adelung durch intellektuelle Arbeit – also durch das Denken – vertreten hat, bringt Meister Eckhart in Deutschland die Idee eines Adels auf, der – in einer Radikalisierung von *otium, farniente* und Nicht-Tun – durch die Praxis der Abgeschiedenheit *(abegescheidenheit)* erlangt wird. Mit Dante eröffnet sich in Italien ein anderer Weg: der einer Gabe der Geburt – der Weg der Sterne.

Der Same und die Sterne

Die Welt Dantes, die, in der er lebt und denkt, ist die des arabischen Peripatos, die der Kosmologie des Aristoteles und seiner Kommentatoren, die der pseudo-aristotelischen Theologie des *Buchs der Ursachen.* Es ist eine Welt, in der die Ordnung der „Himmelsumläufe" beherrscht wird von den bewegenden Seelen als den Prinzipien aller von oben ausgehenden Bewegungen. Kurz, es ist eine Welt, in der die Himmel „beseelt" und die Gestirne „lebendig" sind. Diese Welt ist es, zu der die astrologische Theorie und Praxis gehört. Ist es noch eine „christliche" Welt? Die Sache ist zumindest zweifelhaft und wurde heftig disputiert.

Die übliche philosophische Vorstellung von der supralunaren Himmelswelt, über die uns wieder einmal die Verurteilungen von 1277 Aufschluß geben, beruht auf einer einfachen These, wonach es drei Prinzipien des Himmels gibt: das Subjekt oder den Träger der ewigen Bewegung, das heißt die Himmelssphäre und den von ihr „getragenen" Stern, die Seele dieser Sphäre und den Ersten Beweger, der sie bewegt wie das „Ersehnte" (These 95).

Die Ewigkeit der Welt und die Beseelung des Himmels sind zwei verschiedene Dinge, die man ohne weiteres trennen kann. Ein aristotelischer Philosoph muß beide vertreten; ein christlicher Theologe wird das eine zurückweisen, da es mit der biblischen Lehre von der Schöpfung unvereinbar ist, das andere aber billigen – auch wenn er seines katholischen Glaubens wegen bei den Himmelsbewegern lieber traditionell von „Engeln" sprechen wird statt den griechisch-arabischen Begriff von Intelligenzen oder „Seelen" zu verwenden.

Im *Buch der Ursachen,* das sozusagen die Charta der „Aristotelischen" philosophischen Theologie ist, setzt sich das Ursachensystem der Welt aus drei Entitäten zusammen: aus der Erstursache, den getrennten Intelligenzen und den „edlen Seelen". Zu Dantes Zeit stellt sich das vom *Buch der Ursachen* beschriebene Universum dar als ein Ganzes aus zehn Intelligenzen und neun Himmelssphären (Kristallhimmel, Fixsternsphäre, Sphären des Saturn, des Jupiter, des Mars, der Sonne, der Venus, des Merkur und des Mondes), die untereinander kausal verbunden sind durch einen komplizierten Mechanismus intellektueller Emanation. Die für uns so verwirrende Vorstellung einer Beseelung des Himmels geht nämlich einher mit einer These, die uns noch überraschender vorkommt: mit der einer Hervorbringung der Dinge durch einen regelrechten Denkprozeß. Die Erstursache erschafft die Welt nicht auf direktem Weg. Der „platonische" Gott der Christen erschafft das All der Dinge zugleich und auf einmal *(simul et semel)* auf der Basis von Prototypen oder Urbildern – den Ideen –, die das göttliche Denken ausmachen. Die *Prima Causa* der Peripatetiker bringt unmittelbar nur ein einziges Ding hervor: die erste Intelligenz, und ausgehend von dieser ersten Wirkung setzt sich diese Tat fort und wiederholt sich in einer Art triadisch strukturierter intellektueller Expansion oder Dynamik.

Die Erstursache bringt die erste Intelligenz hervor, die ihrerseits eine weitere hervorbringt, die selbst wieder eine andere hervorbringt, und so weiter, bis man bei der zehnten und letzten ankommt, die über die sublunare Welt herrscht; überdies erzeugt jede Intelligenz eine Himmelssphäre und die „edle Seele" dieser Sphäre; jede „edle Seele" schließlich sorgt für die Bewegung ihrer Sphäre. Die Ansichten über die Dynamik dieser Hervorbringung gehen auseinander. Alle Philosophen sind sich jedoch darin einig, daß die Triebfeder der Emanation in der psychischen Struktur der Intelligenz und im System ihrer intellektuellen Operationen liegt. Das Gesetz der Emanation ist so beschaffen, daß jede Intelligenz drei Wesen erzeugt – eine Intelligenz niederen Ranges, eine Himmelssphäre (das heißt einen „edlen Körper") und eine bewegende Seele –, wobei die Emanation ein Denkprozeß ist, so daß das Emanierte (die Intelligenz) seinem Ursprung (der unmittelbar höheren Intelligenz) entströmt als dessen Gedanke, der dann, indem er sich selbst denkt, indem er sein eigenes „Wesen" gemäß der doppelten Modalität des Notwendigen und Möglichen denkt, zum Ursprung einer Himmelsseele und eines Himmelskörpers wird.

Wie soll der Zusammenhang aussehen zwischen dem menschlichen Leben, also dem Schicksal der Individuen, und einem Kosmos, der nicht nur intelligibel, sondern intelligent ist? Wie soll man eine persönliche Existenz mit einer kosmischen Denkbewegung in Einklang bringen, die so außergewöhnlich komplex und homogen ist, daß jeder Augenblick des Universums als ein Gedanke des Universums betrachtet werden kann? Wie vor allem soll man in Verbindung mit den Bewegungen eines beseelten Himmels das biologische Phänomen der Geburt erklären, also das Erscheinen eines neuen Lebewesens? Kurz, wie hat man sich den Einfluß „lebendiger" Sterne auf niedere Wesen vorzustellen, die ihrerseits „lebendige" sind – auf die Lebewesen der sublunaren Welt, zu denen als *animal rationale* auch der Mensch gehört?

Das ist das verzwickte Problem, mit dem sich Dante im *Gastmahl* auseinandersetzen muß, um das Phänomen des „Adels" philosophisch zu erklären. Seine Antwort, von der er ausdrücklich sagt, daß sie mit der „Ansicht des Aristoteles

und der Peripatetiker" übereinstimmt, ist sicher einer der faszinierendsten theoretischen Gewaltstreiche des Mittelalters. Alles fließt darin zusammen: die Biologie des Aristoteles, die peripatetische Kosmologie, der Sternenglaube der Astrologen, die neue Moral der „Intellektuellen". Man muß dieses wunderbare Gewebe
im Detail betrachten.

Wie soll man die Erzeugung oder Zeugung eines menschlichen Wesens beschreiben? Dante antwortet:

> Ich behaupte, wenn der menschliche Same in seinen Aufnahmeort, die Gebärmut-
> ter, sich ergießt, begleitet ihn die Kraft der zeugenden Seele, die Kraft des Himmels
> und die Kraft der vereinigten Elemente, das heißt die Körperbeschaffenheit. Er
> macht den Stoff reif und geeignet für die Formkraft, welche die Seele des Erzeugers
> hergibt. Und die Formkraft rüstet die Organe für die himmlische Kraft, welche aus
> der Anlage des Samens die Seele zum Leben führt. Kaum ist sie vorhanden, so erhält
> sie von der Kraft des Himmelsbewegers den möglichen Intellekt. Dieser trägt der
> Anlage nach in sich alle allgemeinen Formen soweit sie in ihrem Schöpfer sind, und
> um so weniger, je entfernter er von der ersten Intelligenz ist.

Wie hat man diesen Passus zu verstehen? Es ist zunächst eine Theorie des Samens
– des Spermas. Für Dante ist dieser männliche Same Träger dreier unterschiedlicher „Kräfte", die er Körperbeschaffenheit, Formkraft und himmlische Kraft
nennt. Diese Rolle des Spermas wird nur verständlich, wenn man die zentralen
Thesen der Aristotelischen Biologie berücksichtigt.

Für Aristoteles ist eine Seele eindeutig definiert als die ursprüngliche „Form"
oder „Aktualität" (Entelechie) „eines organischen physischen Körpers". Von daher haben nur die lebendigen Körper eine Seele. Besitzt das Sperma eine Seele?
Nein, denn es ist kein lebendiges Wesen, kein organischer Körper. In der Abhandlung *Über die Entstehung der Tiere* wird näher ausgeführt, daß es im *semen*
nur der Potenz, nicht dem Akt nach eine Seele gibt. Nur *in potentia* also enthält
das Sperma die Seele des künftigen Lebewesens. Damit es nach der Ergießung in
die Gebärmutter wirken und etwas Beseeltes hervorbringen kann, muß es jedoch
irgendeine Form psychischer Aktualität aufweisen – denn, so will es der Aristotelismus, nur was aktuell oder *in actu* ist, kann wirken. Im wesentlichen aus Wasser
und *pneuma* – das heißt warmer Luft – bestehend, hat jeder Same eine „Körperbeschaffenheit", ein spezifisches Gleichgewicht zwischen seinen verschiedenen
Urbestandteilen; doch er ist auch mit dem ausgestattet, was Dante eine „Formkraft" nennt und die aus der Seele des Besamers, des „Vaters" oder „Männchens"
stammt. Diese Formkraft ist die einzige im Samen bezeugte Form psychischer
Aktualität. Womit und auf welche Weise wirkt sie?

Jedes natürliche Vermögen eines Lebewesens wirkt oder operiert mittels eines
Körperorgans. Da der Same kein organischer Körper ist, kann er auf keinerlei
Werkzeug zurückgreifen. Für einen Peripatetiker gibt es nur eine einzige mögliche Antwort, die die mehr oder weniger verstreuten Äußerungen des Aristoteles
zusammenfaßt: „Der Same wirkt wie ein Künstler, da er die Form des Entstehenden nur potentiell besitzt"; er wirkt mittels oder besser ausgehend von der lebendigen oder „psychischen" Wärme, die jedes *semen* in einem ihm eigenen Grad

aufweist.[32] Woher kommt die „psychische" Wärme oder, wie Averroes schreibt, die „Künstlerwärme" des Samens? Vom Erzeuger, der sie ausströmt; zunächst und vor allem aber von den *Himmelskörpern,* deren verschiedene Bewegungen, Konjunktionen und Konfigurationen einen bestimmten Intensitätsgrad der Wärme festlegen. Für die Araber brachte Aristoteles dieses notwendige Zusammenwirken von Mensch und Gestirn zum Ausdruck, als er die allgemeine Regel aufstellte, daß „ der Mensch vom Menschen *und von der Sonne* erzeugt wird" – wobei die Sonne hier für alle Planeten steht, einfach deshalb, weil ihr Wirken am offenkundigsten ist.[33]

In einem solchen System wird die Verschiedenheit der Arten erklärt durch die Ungleichheit der Wärmegrade in den verschiedenen Samen, eine Ungleichheit, die ihrerseits aus den Bewegungen der Sterne und ihrer Beziehungen in einem bestimmten Moment resultiert. Selbst im Fall der Urzeugung, wo es infolge komplexer Verwesungsphänomene auch ohne jedes Sperma zur Entstehung gewisser Wesen kommt, kann man immer noch ein Äquivalent zur Samenwärme finden: hier nämlich weisen Erde und Wasser, die als Träger dienen, ebenfalls einen „Wärmegrad" auf, der auf die Himmelskörper zurückgeht.

Wie man sieht, sind es hochtechnische Begriffe, mit denen Dante hantiert.[34] Die „Formkraft" ist ein Begriff aus der Medizin, der sowohl bei den Arabern wie bei Galen belegt ist, wo er den Namen „plastische Kraft" trägt *(quuwa musawwira, dynamis diaplastikē).* Klar ist jedenfalls, daß die astrologische These vom Einfluß der Sterne hier einen sehr aufnahmebereiten Boden findet: schon allein der Begriff „psychische Wärme" scheint sie geradezu zwingend zu erfordern.

Sicher, in mehreren Texten begnügt sich Aristoteles damit, die Samenwärme mit der Lebenswärme des „astralen Elements" zu *vergleichen;* Dante jedoch macht sich den Gesichtspunkt des arabischen Peripatos zu eigen, und in dieser Perspektive ist die Frage nach dem Verhältnis zwischen dem Sperma, dem plastischen Vermögen und den Sternen – ganz zu schweigen von den Intelligenzen – absolut zentral.[35]

Was ihn betrifft, so zögert Dante nicht: Im Menschen gibt es drei Funktionen – die vegetative, die sensitive und die intellektive –, die von der Seele erfüllt werden. Ihm zufolge münden die gebündelten Wirkungen der im Sperma vereinten Kräfte, also der vom Vater stammenden Formkraft und der von den Gestirnen ausströmenden himmlischen Kraft letztlich – und dies ist die eigentliche Wirkung der himmlischen Kraft – in die Bildung eines sensitiven Vermögens (unter Einschluß des vegetativen Vermögens), das zusammenfällt mit dem für alle Lebewesen eigentümlichen Beseeltheitsgrad: *La vertù celestiale [...] produce de la potenza del seme l'anima in vita.*

Die Erklärung des Ursprungs der menschliche Seele ist damit jedoch nicht beendet. Zwar hat man gezeigt, woher die *animalitas* des Menschen stammt, nicht aber woher seine *humanitas* kommt, das heißt woher das eigentlich menschliche Leben stammt, kurz, das Denkvermögen. Es wurde schon mehrmals gesagt, daß für Aristoteles „der Mensch als Mensch nur Intellekt ist". Wie gelangt der Intellekt zum Menschen? Dantes Antwort ist eindeutig: *von außen.*

Der Intellekt ist nicht bereits mit dem Samen gegeben. Die diversen Kräfte, die auf das „Vermögen" des Samens bezogen sind, sind imstande, die potentiell in ihm angelegte vegetative und sensitive Beseelung zutage zu fördern, doch nichts vermag im Samen irgendein Denkvermögen zu aktualisieren. Für Aristoteles nämlich „tritt" der Intellekt in das menschliche Lebewesen „ein", er ist ein „göttliches Prinzip", das ihm von einer höheren Instanz mitgeteilt wird, und keine Wirkung, die von den Sternen aus der Samenbeschaffenheit „eduziert" wird. An dieser Stelle verbinden sich Psychologie und Kosmologie.

Das menschliche Denkvermögen ist das, was Dante, wie alle Peripatetiker, den „möglichen" oder „passiven Intellekt" nennt, eine *tabula rasa* oder ein rezeptives Vermögen, das *in potentia* alle intelligiblen Formen enthält, alle denkbaren Begriffe, die das Licht eines transzendenten Denkens – die Berührung oder Verbindung mit einem getrennten Intellekt, der auch „tätiger Intellekt" genannt wird – bei Gelegenheit beleuchten und dem Blick der Seele darbieten wird.

Wenn das Denkvermögen, die Fähigkeit, sich zum Ort des Denkens zu machen, keinen Teil der ursprünglichen Ausstattung des Menschen bildet oder, wie Dante sagt, „wenn der menschliche Same es nicht in sich trägt, sobald er sich in seinen Aufnahmeort ergießt", muß dieser „mögliche Intellekt" notwendigerweise von etwas anderem herstammen als vom Samen und der himmlischen Kraft, die in ihm das Empfindungsvermögen weckt.

Für Dante ist der Ursprung des Denkens das, was das *Gastmahl* den „Himmelsbeweger" nennt, der die „allgemeinen Formen" enthält und hervorbringt und sie durch seine eigene Kraft der *anima in vita* mitteilt. Im Gegensatz zu dem, was die meisten katholischen Interpreten des Alighieri behauptet haben, sind die himmlische Kraft und die „Kraft des Himmelsbewegers" also zwei verschiedene Kräfte: die eine erklärt das Auftreten der Empfindung und des tierischen Lebens im allgemeinen; die andere dasjenige des Denkens und des menschlichen Lebens im besonderen.[36] Diese psychische Ursächlichkeit des Ersten Bewegers, also des Gottes der Philosophen, und, damit unmittelbar verbunden, die philosophische These von der Einheit der substantiellen Formen, die dem Menschen eine einzige Seele zuschreibt – die intellektive Seele –, werden mit glanzvollen Worten in den folgenden Versen des XXV. Gesangs des *Purgatoriums* gefeiert:

> Die Brust der Wahrheit auf, die nun soll kommen!
> Erfahre, daß, wenn bei dem Embryo
> Die Gliederung des Gehirnes ist vollkommen,
> Der Urbeweger sich ihm zudreht, froh
> Des Kunstwerks der Natur, und neuen Geist,
> Von Kraft erfüllt, ihm darauf einhaucht so,
> Daß, was er wirksam sieht, er an sich reißt,
> Und dann in einer einzigen Seele endet,
> Die lebt und fühlt und in sich selber kreist.

Mit anderen Worten, solange der Embryo nicht den möglichen Intellekt empfangen hat, „ist aus dem Tier kein sprechender Mensch entsprossen". Als peripatetischer Philosoph hält Dante also am Wesentlichen des Aristotelismus fest: am göttlichen und extrinsischen Charakter dessen, was das Menschsein des Menschen ausmacht – „sein" Intellekt; an der Einschreibung des biologischen Prozesses der Erzeugung des Menschen in den Gesamtrahmen des Lebens des Kosmos; an der Bestimmung einer genauen Grenze zwischen Tier und Mensch im Verlauf eben dieses Prozesses. Vielleicht weil er sich seiner Kühnheit bewußt ist, versucht er deren Auswirkungen mit den Worten abzuschwächen:

> Es soll sich keiner wundern, wenn ich ganz schwer verständlich spreche. Denn mir selbst kommt es ganz wunderbar vor, wie man einen solchen Vorgang erschließen und mit dem Verstande verfolgen kann. Auch lassen sich hierfür kaum Worte finden, noch dazu in der Volkssprache. Darum will ich mit dem Apostel sprechen: „O Tiefe des Reichtums der Weisheit Gottes, wie unbegreiflich sind deine Gerichte und wie unerforschlich deine Wege!"

Dennoch formuliert er im unmittelbaren Anschluß daran eine noch kühnere Lehre, wenn er versucht, den Ursprung des Adels endgültig in Gedanken zu fassen.

Das Problem ist klar umrissen: Wie steigt der „Same der Glückseligkeit", das heißt der „menschliche Adel" in die Seele der Philosophen hinab?

Was Dante auf der Basis der von ihm zuvor aufgestellten biologisch-astrologischen Prämissen vorbringt, ist eine regelrechte Genealogie der Adelung der Seele. Nachdem er die drei Kräfte unterschieden hat, die zur Erzeugung eines Menschen beitragen, erläutert er genauer, wie das Vermögen, den Intellekt aufzunehmen, von Fall zu Fall variieren kann, ohne daß dabei die Definition der Art Schaden nimmt. Alles ist eine Frage der Proportion.

Wenn sämtliche Faktoren, die zur Bildung eines Embryos erforderlich sind, bei dem „die Gliederung des Gehirns vollkommen ist", optimal vereint sind, bekommt man am Ende eine sehr reine Seele, die eben ihrer Reinheit wegen imstande ist, vom Ersten Beweger den möglichen Intellekt zu empfangen:

> Die Beschaffenheit des Samens kann nun eine mehr oder weniger gute sein, desgleichen die Verfassung des Erzeugers[37], und in ähnlicher Weise kann die Stellung des Himmels für diesen Akt eine gute, bessere, ja sehr gute sein; diese ist verschieden je nach den Konstellationen, die in fortwährender Änderung sich befinden. Aus all dem kann sich als Folge ergeben, daß aus dem menschlichen Samen und diesen Kräften eine mehr oder weniger reine Seele hervorgeht. Entsprechend ihrer Reinheit nun steigt in sie die Kraft des möglichen Intellekts hinab.

Wenn nun diese „Reinheit" so groß ist, das der empfangene Intellekt „frei" ist von jeder Unterwerfung unter den Körper und die Bilder, ist die intellektive Seele ihrerseits fähig, das zu empfangen, was ihr zukommt – die „göttliche Güte" selbst. Der „Adel", das heißt die Fähigkeit des Intellekts, sich mit seinem „Prinzip" zu vereinen, ist also das Ergebnis eines Prozesses, in dem alles zusammenwirkt, von den ersten biologischen Tatsachen über den „Umlauf der Sterne" bis zu den letzten „göttlichen" Tatsachen. Es gibt eine *Gnade der Natur,* die sich in den elementaren Qualitäten des *semen* abzeichnet und sich in den stellaren Einflüssen fortsetzt. Der edle Mensch nach Dante ist ein Produkt des Spermas und der Sterne.

Kommt es dann vor, daß infolge der Reinheit der aufnehmenden Seele die intellektuelle Kraft ganz frei und von jedem körperlichen Schatten losgelöst ist, so vermehrt sie in ihr die göttliche Güte wie in einer Sache, die so etwas aufzunehmen befähigt ist. Es vermehrt sich also in der Seele die Intelligenz je nach ihrer Aufnahmefähigkeit. Das ist jener Same der Glückseligkeit, von dem augenblicklich die Rede ist.

Gleichzeitig biologisch, psychologisch und kosmologisch gedacht, ermöglicht die perfekte Verbindung der oberen mit der unteren Welt also einen neuen Menschentyp: den edlen Menschen, den „Intellektuellen" im Sinne des vom Intellekt bestimmten Menschen.

Diese Verbindung – welche die arabischen Philosophen die „Vereinigung mit dem getrennten Intellekt" nennen – wird von der Natur selber, von der als Totalität verstandenen Natur gewollt. Wie Averroes vertritt Dante die These, wonach die Philosophie in irgendeinem Teil der Welt und zu welchem Zeitpunkt auch immer notwendigerweise verwirklicht ist, was auf die Behauptung hinausläuft, daß die Existenz von wenigstens einem edlen Menschen, von wenigstens einer Vereinigung der sublunaren Welt mit dem Ersten Beweger, ein Postulat der Natur ist. Eine Welt ohne Adel ist nicht denkbar, denn die Gesamtordnung der Dinge, die vollständige Verbindung ihrer Teile, verwirklicht sich im edlen Menschen. Während, wie wir in Kapitel IV gesehen haben, die *Monarchia* aus dem Leben gemäß dem Intellekt „das Ziel jeder menschlichen Gesellschaft" macht und die Aufgabe des Denkens mitsamt der philosophischen Gnade der ganzen Menschheit zufallen läßt, wird die philosophische Existenz im *Gastmahl* in Begriffen beschrieben, die sie in der Ordnung der Natur zum strukturellen Pendant dessen macht, was die Inkarnation in der Heilsordnung ist.

Der Intellektuelle ist kein bloßer Mittler, kein Werkzeug der Gottheit, sondern ein „göttlicher" Mensch, der durch die Philosophie – die irdische Glückseligkeit *(felicitas)* – zum Gegenstück oder Anderen jenes „fleischgewordenen" Gottes wird, der gekommen ist, die himmlische Glückseligkeit *(beatitudo)* zu verkünden.

Diese philosophische Inkarnation ist der *Einfluß*. Wie kommt sie zustande? Nicht durch einen Aufstieg des Intellekts, des menschlichen Denkens, nach oben, sondern im Gegenteil durch eine Herabkunft des Prinzips nach unten, eine Herabkunft, die allein imstande ist, ihn anzuziehen, ihn „zu seinem Ebenbild"[38] zu erheben. Dies ist die universelle Ordnung der Natur: Die Kraft dessen, was oben ist, steigt herab und macht alles, was ihr unterworfen ist, sich ähnlich.

Wo immer aber eine Kraft von einem Dinge auf ein anderes übergeht, ist der Anlauf zu einer Verähnlichung gemacht. Diese Bemerkung machen wir offenkundig bei den natürlichen Wirkungen; wenn ihre Kraft auf die empfänglichen Dinge sich richtet, bringen sie dort, soweit es jene zulassen, eine Ähnlichkeit hervor. So sehen wir, wie die Sonne, wenn sie ihre Strahlen herniedersendet, die Dinge ganz mit Licht umgibt, soweit ihre Anlage es zuläßt, von ihrer Kraft Licht zu empfangen.[39]

Der edle Mensch oder das inkarnierte Denken

Um einen edlen Menschen zu erzeugen, steigt also etwas aus den Sphären zu uns hinab. Es ist nicht das Licht der Sonne wie bei den physikalischen Körpern, es ist auch nicht der Erste Beweger selbst, der Gott ist, sondern es ist, wie Dante in einer Paraphrase von Ciceros *De senectute* sagt, eine „himmlische Seele". Hier sind wir, wie es scheint, auf der Gipfelhöhe des Aristotelismus. Doch ist dies wirklich der Fall?

Wenn Dante als „Averroist" oder einfach nur „Arabist" spräche, käme seine Rede hier auf die Vereinigung der menschlichen Seele mit dem getrennten Intellekt, dem Formgeber Avicennas und Ghazālīs, der zehnten Intelligenz des Kosmos, die die menschlichen Seelen und die vier Elemente hervorbringt, und er würde diese Herabkunft als eine Erleuchtung denken. Das Paradox ist, daß er – im Rückgriff vor allem auf das *Buch der Ursachen*, das angebliche Manifest der aristotelischen Theologie – die himmlische Seele Ciceros gleichsetzt mit der *anima nobilis* des aristotelischen Apokryphs.

Auf den ersten Blick geht es hier nur um die Übertragung eines Attributs: Um die Geburt eines edlen Menschen, das heißt die Herabkunft des Adels in den Menschen zu erklären, ist es nötig, daß das, was herniedersteigt, die Kraft eines selbst edlen Dinges ist. Mithin gibt es eine Gleichung: Die edle Kraft der edlen Seele adelt die menschliche Seele, gemäßt dem Grundsatz, der besagt, daß Ähnliches durch Ähnliches hervorgebracht wird.

Doch was ist eine „edle Seele"? Der Begriff *anima nobilis* wird in Proposition 3 des *Liber de causis* erläutert, welche die drei Funktionen aufzählt, die diese Seele im Kosmos erfüllt:

> Jede edle Seele hat drei Tätigkeiten: denn unter ihren Tätigkeiten finden sich die seelische Tätigkeit, die intellektuelle Tätigkeit und die göttliche Tätigkeit *[Omnis anima nobilis habet tres operationes: nam ex operationibus eius est operatio animalis et operatio intelligibilis et operatio divina]*.

Nachdem in Propostion 2 die „drei höheren Seinsstufen" unterschieden wurden – Gott, der über der Ewigkeit ist, die „Intelligenz", die ewig ist *(cum aeternitate)*, die Seele, die unter der Ewigkeit ist –, erläutert Proposition 3, wie die dritte Stufe teilhat an den Vollkommenheiten der ersten und zweiten. Dieser Satz ist in keiner Weise aristotelisch, sondern eine Adaptation der Proposition 201 der *Elemente der Theologie* des Proklos:

> Alle göttlichen Seelen haben drei Tätigkeiten: eine als Seelen, eine andere, sofern sie einen göttlichen Intellekt in sich bergen, und eine dritte, sofern sie mit den Göttern verwandt sind *[Omnes divinae animae triplices habent operationes: has quidem ut animae, has autem ut suscipientes intellectum divinum, has autem ut diis extraiunctae]*.

Demzufolge bedeutet also der Ausdruck *anima nobilis* des *Liber de causis* dasselbe wie der Begriff *anima divina* bei Proklos.

Im Gegensatz zu den Peripatetikern behaupten die Platoniker, daß es getrennte Formen gibt, denen gegenüber den partikularen Dingen, die an ihnen teilhaben, eine allgemeine Kausalität zukommt. Diese Formen, die in Erinnerung an die Rede des Demiurgen im *Timaios* „Götter" genannt werden, üben in bezug auf das, was an ihnen teilhat, zwei Tätigkeiten aus: die Vorsehung und die Verursachung. Für Proklos besteht das Universum aus einer Anzahl hierarchisierter Ordnungen. An der Spitze von allem befindet sich das Eine-und-Gute *(Unum et Bonum)*, der „höchste Gott", die „Erstursache aller Dinge", an der alles teilhat und die selbst an nichts teilhat. Vier „Ordnungen" sind diesem Einen hierarchisch untergeordnet: die Ordnung der Götter, das heißt die Ordnung der intelligiblen Formen; die Ordnung der Intellekte, die an diesen Formen teilhaben, „sofern sie sie in einer unbeweglichen Bewegung denken"; die Ordnung der Seelen, die an den Formen teilhaben mittels der Intellekte und „gemäß einer Bewegung", die sich daraus ergibt, daß diese Seelen die „Prinzipien der Bewegung der körperlichen Wirklichkeiten" sind, eine Bewegung, dank deren es auch „in der körperlichen Materie Teilhabe an den höheren Formen gibt"; schließlich dann, auf der untersten Stufe der Hierarchie, die Ordnung der Körper. Wie es in Proposition 20 der *Elementatio theologica* heißt:

> Über allen Körpern ist die Seelensubstanz, über allen Seelen die Ordnung des Geistes, über allen denkenden Substanzen das Eine *[Omnibus corporibus superior est animae substantia et omnibus animabus superior intellectualis natura et omnibus intellectualibus hypostasibus superius ipsum unum].*

Nachdem ihn die arabischen Philosophen aufgegriffen haben, wird der neuplatonische Begriff der edlen Seele gleichgesetzt mit dem „inneren" oder „intrinsischen Prinzip", das die Bewegungen der Himmelskörper so beseelt und lenkt, wie die Tiere durch eine Seele und eine Strebekraft oder ein Begehrungsvermögen bewegt werden.

So wie der *Liber de causis* die edle Seele definiert, hat sie jedoch drei Tätigkeiten (und nicht bloß eine): eine göttliche Tätigkeit, eine intelligible oder intellektuelle Tätigkeit – sie erkennt sämtliche Dinge durch Teilhabe an der Kraft der „Intelligenz" *(virtus intelligentiae)*, deren nachgeordneter Ausfluß sie ist –, sowie eine seelische Tätigkeit, das heißt sie bewegt die Himmelskörper und, sich daraus ergebend, alle natürlichen Körper.

Dieser letztgenannte Aspekt der Tätigkeit der edlen Seele wurde 1277 verurteilt (These 92), und die Theologen, wie etwa Thomas von Aquin, haben die Behauptung *quod motus caeli sit ab anima* mehrmals mißbilligt, da sie im Gegensatz zum Glauben stehe; statt dessen hielt man es lieber mit der von Augustinus in *De trinitate* vertretenen These, wonach es Gott selbst ist, der „die ganze Natur lenkt" und der mit Hilfe *englischer* geistiger Substanzen *(mediantibus angelis)* auch die „körperliche Kreatur" bewegt.

Wenn Dante sagt, daß die edle Seele in die menschliche Seele herabsteigt, um dort die *Gesamtheit* ihrer Vermögen oder Tätigkeiten auszuüben, setzt er sich also über alle erlaubten Grenzen hinweg: Der edle Mensch wird wahrhaftig der irdische Stellvertreter des Einen-und-Ganzen. Er ist nicht nur in die Ordnung des Universums eingeschrieben, es ist diese Ordnung selbst, die sich in ihn einschreibt. Er ist der auf die Erde herabgekommene *nexus mundi* oder, nach einer anderen Metapher, der *Horizont des Himmels und der Erde.* Der „Einfluß" wird nicht mehr auf ihn ausgeübt, sondern in ihm und durch ihn.

Damit stimmt ein Ausspruch des Tullius in seinem Buch *Vom Greisenalter* überein, wenn er in der Person Catos redet: „Darum stieg die himmlische Seele zu uns hernieder, von der erhabensten Wohnung herab an einen Ort, der im Widerstreit mit ihrer göttlichen Natur und ihrer Ewigkeit steht." In einer solchen Seele ist die ihr eigenste Kraft und die intellektuelle und die göttliche, so wie sie herniedergeflossen ist. Darum steht im *Buch der Ursachen:* „Jede edle Seele hat drei Tätigkeiten, die seelische, die intellektuelle und die göttliche."

Indem Dante aus der Seele des edlen Menschen eine in ihn herabgestiegene edle Seele macht, spricht er als Schüler Alberts des Großen: Er definiert einen Typ des kosmischen Menschen, der durch seinen Intellekt „in gewisser Weise alle Dinge ist", der „nach dem Bilde der substantiellen Wirklichkeit der Welt" handelt und selbst ein „Mikrokosmos" ist, der durch das Denken die „Universalität des Seins" umfaßt. Was Dante sagen will, ist also nicht neu, es ist aber auch nicht einfach, wie allzuoft geschrieben wurde, „Averroismus". Es ist das Programm der wahren Metaphysik, das Programm der „Rückkehr" *(fīl-maʿād),* das vor ihm Avicenna in einem Passus formuliert hat, den man im ganzen zitieren muß:

Die Vollkommenheit der Vernunftseele besteht darin, eine intelligible Welt zu werden, in der sich die Form des Ganzen abzeichnet oder darstellt wie auch die im Ganzen herrschende Ordnung und die sich ins Ganze ergießende Güte. Die Güte beginnt am Ursprung von allem, geht weiter zu den sehr edlen geistigen Substanzen, die getrennt sind, dann zu denen, die in gewisser Weise von den Körpern abhängen, dann zu den Seelen, die diese Körper bewegen, dann zu diesen Himmelskörpern selber, damit diese insgesamt ihre Vermögen und Verfassungen in die Seele einschreiben, bis sich in ihr die Verfassung des Seins des Universums erfüllt und vollendet. Derart verwandelt sich die Seele in eine intelligible Welt, die auf einer Höhe ist mit dem Sein der ganzen Welt, das von ihr geschaut wird, auf daß sie die absolute Schönheit und das absolute Gute erkennt, ja sich mit dem wahren Schönen vereint, das mit ihr nur noch ein einiges Ganzes bildet, so daß sie nach seinem Beispiel und seiner Verfassung gebildet ist und, verwandelt in das Bild seiner Substanz, auf seinem Wege wandelt.[40]

Der edle Mensch Dantes ist ein Sufī. Existiert solch ein Mensch? Man hat es bejaht, da es sonst weder Philosophen noch Philosophie gäbe, ohne die doch die Welt nicht existieren kann. Es gibt jedoch verschiedene Stufen der Heiligkeit und der Vergöttlichung. Der vollkommene Mensch, das heißt der *vollkommene Spiegel,* der sich zum vollkommenen Bild der „Form des Ganzen" zu machen vermag, ist, wenn schon nicht wirklich, so doch möglich. Dante zeichnet sein Profil, indem er – ohne es kenntlich zu machen – eine Stelle aus dem Traktat *Über den Schlaf und das Wachen* von Albert dem Großen paraphrasiert.[41] Es ist nur eine Hypothese, doch eine, die dem Ganzen der Existenz Sinn verleiht. Vorausgesetzt, alle an der Bildung eines Menschen beteiligten Kräfte – Körperbeschaffenheit, Formkraft, Einfluß der Sterne –, die „mehr oder weniger gut" bzw. „gut, besser, ja sehr gut" sein können, kommen optimal zusammen, so wird der vollkommen edle Mensch existieren, und zwar *wie ein zweiter menschgewordener Gott:*

> Einige stellen die Behauptung auf, daß, wenn alle vorhergenannten Kräfte in ihrer besten Verfassung sich vereinigen würden, um eine Seele hervorzubringen, so viel von der Gottheit herniederfließen müßte, daß sie fast ein fleischgewordener Gott wäre.

Diese Lehre von der Quasi-Inkarnation ist nicht das letzte Wort im Denken Dantes, sondern nur das letzte Wort der Philosophie. Danach – oder daneben – kommt noch die Darlegung des christlichen theologischen Standpunkts. Es ist, wie schon gesagt, unnütz, sich zu fragen, ob Dante aufrichtig ist, wenn er das Terrain der einen Wahrheit für das der anderen verläßt: es ist einfach selbstverständlich. Die ewige *beatitudo* und die irdische *felicitas* sind nicht zwei antagonistische, sondern komplementäre Wahrheiten, und das philosophische Leben ist eine Vorbereitung und Vorwegnahme des ewigen Lebens. Das einzige Problem, mit dem man sich hier beschäftigen muß – denn es ist entscheidend für die Entstehung der Idee vom Adel, die diese Version des intellektualistischen Aristokratismus definiert –, liegt darin zu wissen, ob das von ihr dargelegte Ideal ein rein philosophisches ist oder nicht.

Der Adel durch die Sterne

Definiert man das philosophische Ideal der *nobiltade* ausgehend von der Vorstellung theoretischer Weisheit oder philosophischer Kontemplation, ist man versucht, die Frage negativ zu beantworten. Doch man hätte Unrecht, gäbe man dieser Versuchung nach. Denn einerseits wurde schon oft genug darauf hingewiesen, daß es im Mittelalter keinen chemisch reinen Aristotelismus gab; und andererseits hat die philosophische Kontemplation notwendigerweise einen Gegenstand, ja sogar mehrere. Dieser Gegenstand jedoch ist, auch für Aristoteles selbst, kein die Welt transzendierender Gott, er ist die Totalität des Göttlichen, anders gesagt die Totalität der Prinzipien, der „Substanzen", die eine leitende Rolle im Universum spielen und den Kosmos als organisierte Totalität ausmachen und fundieren – Gott, die Erste Ursache oder der Erste Beweger, die Intelligenzen, die Beweger der Sphären.

Um 1300 wird diese Konzeption der Kontemplation so sehr für die eigentlich philosophische gehalten, daß sie von den Kommentatoren der *Ethik* ausdrücklich zur ultimativen Formulierung jenes Hoffens oder Begehrens erklärt wird, das für jedes philosophische Leben konstitutiv ist *(fiducia philosophantis).*[42] Auf das Wort des heiligen Augustinus – „Ruhelos ist unser Herz, bis daß es seine Ruhe hat in Dir" – antwortet das zugleich ethische, psychologische und kosmologische *Credo* des Philosophen:

> Es gibt kein Gut auf dieser Welt, das das Denken des Menschen befriedigen könnte, außer der Erstursache. Die menschliche Glückseligkeit kann also in nichts anderem bestehen als in der Vereinigung des Intellekts des Menschen mit der Erstursa-

che durch die Erkenntnis. Das will Aristoteles sagen, wenn er im 10. Buch der *Ethik* behauptet, daß die menschliche Glückseligkeit in der Kontemplation *[speculatio]* liegt und die höchste Glückseligkeit in der Schau des Ersten Seienden.[43]

„Aristotelisch" gedacht, kommt der Adel also nicht ohne Kosmos aus, kann nicht aus der Schau eines weltlosen Gottes resultieren. Im Gegenteil, er bedarf der sichtbaren Welt und ihrer Beweger, dieser zugleich intellektuellen und intelligiblen, denkenden und gedachten kosmischen Hierarchie, um in einem Blick, einer spekulären und spekulativen Haltung zu entstehen und bestehen zu bleiben. Was bei Dante über dieses Programm hinauszugehen scheint, ist die enge Verbindung, die er zwischen der Biologie und dem Einfluß der Sterne herstellt.

Wir sahen, daß der Aristotelische Gedanke einer *Abwesenheit von Leere* zwischen oberer und unterer Welt durch den astrologischen Gedanken eines notwendigen Konnexes und Strahleneinflusses beträchtlich modifiziert wurde. Zur Zeit Dantes war es gar nicht mehr möglich, ausgehend von Aristoteles selber zwischen einer Welt des Philosophen und einer Welt des Astrologen zu unterscheiden.

Die Vorstellung, die sich die meisten „Philosophen" vom Universum machten, sah so aus, daß – da die Formen und die Beziehungen zwischen den Formen, das heißt die Struktur des Realen, der Potenz nach in der Materie und dem Akt nach im Ersten Beweger enthalten waren – jede aktuelle Organisation der Realität, jedes Erscheinen einer neuen Form des Realen, die indirekte Einwirkung des Bewegers forderte, der die Himmelskörper, unbewegte materielle Dinge, als Instrumente benutzte, um mit ihrer Hilfe die potentiell in der Materie enthaltenen oder eingeschlossenen Formen freizulegen. Das „instrumentelle" Wirken des Himmels, das impliziert wurde durch die Ablehnung jeder Möglichkeit einer direkten Einwirkung eines unbeweglichen immateriellen Seienden – des Ersten Bewegers – auf ein bewegliches und vergängliches Seiendes – die Welt hienieden –, war also eine natürliche Folge der Aristotelischen Theologie des *prōton kinoun akinēton,* nachhaltig bestätigt durch die empirische Beobachtung der Natur (die Lichtabhängigkeit der Biorhythmen und, ganz allgemein, die „Wirkung" des Lichts auf die biologischen „Systeme", wie sie die „moderne" Astrologie so gern als Argument anführt, war den mittelalterlichen Denkern ebenso bekannt wie zuvor Aristoteles selbst).

Zwischen dem Philosophen und dem Astrologen, die beide den Stagiriten durch die Brille des *Liber de causis* lasen, war auf dem Gebiet der Kosmologie kein Gegensatz möglich – wie sein zweifelhafter Partner mußte auch der Philosoph, ob er wollte oder nicht, dem Begriff „Einfluß" einen effektiven Inhalt geben. Auch wenn Aristoteles für „Vorhersehungen" und prophetische Träume eine ganze Anzahl physiologischer und psychologischer Ursachen anführte, auch wenn er sie in einigen Fällen offenbar als bloße „Gehirntäuschungen" *(falsitas existens in cerebro)* ansah, konnte der astrologiefeindliche Philosoph das Weltbild der Astrologen nicht für unaristotelisch und erst recht nicht für unperipatetisch erklären: zu ihrer Selbstrechtfertigung berief sich die Astrologie ja gerade auf den Peripatos.

Der anonyme Traktat *De firmitate sex scientiarum* spricht es klar aus.[44] Die sechs divinatorischen Wissenschaften, „dank deren man die Vorzeichen richtig

deuten, Ereignisse ankündigen und das Vorherbestimmte vorhersagen kann"
(nämlich die Pyromantie, die Wissenschaft der Haruspizien, die Hydromantie,
die Wissenschaft der Auguren, die Geomantie und die Chiromantie), basieren
alle auf „dem von allen Peripatetikern anerkannten Prinzip": „Die Gesamtheit der
unteren Welt ist den Beschlüssen der oberen Welt unterworfen." Und der anonyme Autor fährt fort:

> Die höchste Sphäre lenkt das unter ihr Seiende so, daß alles, was sich in den niede-
> ren Wirklichkeitsbereichen befindet – ob Luft, Wasser, Feuer, Erde, Vögel, Men-
> schen oder Teile des menschlichen Körpers –, vom Einfluß der höheren Sphäre ab-
> hängig ist, ihr gehorcht und auf dieser Grundlage seine eigene Ordnung und die
> Ausübung seiner Aktivitäten reguliert.

Um 1330 wird in Wilhelm von Aragons Traktat *Über die Vorhersagung der
Träume* dieselbe Lehre dargelegt: Die universellen Ursachen, die „den Philosophen zufolge die Dinge dieser Welt hervorbringen", sind genau dieselben, die auf
das Seelenleben einwirken, um die Traumbilder zu erzeugen – weshalb dann „in
uns gewisse Bilder der Zukunft enstehen oder Phantasievorstellungen, die eine
Vielzahl künftiger Ereignisse bedeuten" (dieselben Ursachen sind es auch, die die
Visionen und die „Zeichen" oder „Vorzeichen" hervorbringen) –, und diese Ursachen sind „die Beweger der Himmel". Die Welt Wilhelms ist also – wie er
selbst beteuert – die der „Theologie" des Aristoteles und der Philosophie:

> Wie die Philosophen behaupten, gelangt alles, was hier auf Erden entsteht, durch
> die universellen Ursachen zum Dasein, das heißt – an der Spitze – durch Gott,
> dann durch die Intelligenzen, schließlich durch die Himmelskörper. Da aber *alle*
> höheren Realitäten den Status einer Ursache haben, selbst wenn sie in ihrer Bezie-
> hung zu dieser Welt hienieden hierarchisch angeordnet sind [das heißt gemäß einer
> Ordnung des Einflusses], behaupten alle Philosophen gleichfalls, daß die himmli-
> schen Beweger letzten Endes etwas vom Himmel Kommendes in die Seele eindrük-
> ken.

Hier herrscht völlige Übereinstimmung. Aristoteles, Ptolemäus, sein Kommentator „Haly", kurz die gesamte Philosophie, ob „aristotelisch" oder nicht, sagen
dasselbe. Die Beziehung der vier Elemente zu den Körpern, die aus ihnen zusammengesetzt sind, ist dieselbe wie die Beziehung der „Sterne" zu den Seelen.
Sicher, während die Elemente tatsächlich in die Zusammensetzung des Körpers
eingehen, gehen die Sterne nicht in die Zusammensetzung der Seele ein; dennoch, so wie „der Körper auf verschiedene Weisen an den Kräften der Elemente
teilhat – je nachdem, ob dieses oder jenes Element in ihm vorherrscht –, so erhält
die Seele verschiedene Eigenschaften je nach den Sternen, die in dem Moment
vorherrschen, wo ihre Kraft in sie einfließt". Was die für Dante so wichtige „plastische Kraft" betrifft, so macht Wilhelm sie zum Ausgangspunkt eines regelrechten Determinismus. Was für die „Formkraft" gilt, gilt für das ganze Leben:

> Man fragt mich, wie denn die Seele durch die Himmelsbeweger bewegt werden
> kann. Meine Antwort lautet: So wie sich die plastische Kraft bei der Zeugung be-
> mißt nach der Anordnung und Koordination der Sterne, der Sphären und ihrer

Beweger, so wird auch die Seele selbst *das ganze Leben lang* bewegt von der Anordnung der höheren Wirklichkeiten.

Für Wilhelm von Aragon ist dies eine durch und durch wissenschaftliche Wahrheit, von vollkommener Evidenz, wenn „man nur aufmerksam die Dinge beobachtet". In jedem Fall ist es der Ausdruck der zentralen These des *Centiloquium* von „Ptolemäus": „Die Gestalt [wörtlich: das Gesicht, *vultus]* der Dinge dieser Welt ist vollständig den Gestalten des Himmels unterworfen."

Der Mensch unter Einfluß

Vom astrologischen Diskurs her gesehen, ist Dantes Aristokratismus nicht bloß die durch Denken freigelegte Struktur einer Welt, der man zustimmen kann und aus der ein Lebensprogramm folgt: er ist dessen Erfüllung. Der neue Aristokrat ist buchstäblich ein Mensch „unter Einfluß". Desgleichen ein Mensch des Lichts, denn von der Geburt bis zum Tod, vom Werden bis zum Vergehen, vom Leiden bis zum Denken, jederzeit und überall, „bemißt sich" der Mensch, ob er es weiß oder nicht, nach den Sternen, ist einer Leitung, einer Macht unterworfen, die auf ihn ausgeübt wird durch von „der Sphäre herabströmendes Licht". Dieser Einfluß ist eine kontinuierliche Bewegung, an der alle bewegten Beweger mitwirken, die das Universum als eine Ausbreitung des Ursprungs konstituieren. In einer anonymen Glosse zu *De somno et vigilia* von Aristoteles heißt es in diesem Sinn:

Jeder höhere Beweger läßt eine *virtus,* eine bewegende Kraft in das einfließen, was sich unter ihm befindet, und das Untere entfaltet, expliziert diese Kraft in seiner eigenen Bewegung. Da der Mensch nun – der ebenfalls aus einem bewegenden Prinzip, der Seele, und einer bewegten Realität, dem Körper, besteht – den letzten Rang in dieser hierarchischen Ordnung einnimmt, müssen zwangsläufig alle höheren Realitäten auf ihn herabströmen, in ihn einfließen. Das Medium dieses Einflusses jedoch ist nichts anderes als das von der Sphäre herabströmende Licht.

Dantes Erfindung des „Intellektuellen" ist also jenseits der Formen des Erfolgreichseins angesiedelt, die normalerweise das Auftauchen einer neuen sozialen Gruppe kennzeichnen – die philosophische Aristokratie ist jenseits vom Geburts- und vom Berufsadel, jenseits von Selbstherrlichkeit und Dienstbeflissenheit; es ist ein astraler Adel, eine natürliche Frucht der Ordnung der Natur.

Der Träumer, der Prophet, der Philosoph und der Dichter sind ein Teil des unter die Dinge verstreuten *logos,* ein bewegtes Bild der Welt, ein sprechendes Porträt des Universums.

So gesehen kann der Intellektuelle offensichtlich nicht von dem Weltbild getrennt werden, dessen höchster Zeuge und Schmuck er ist. Wenn sich das Wissenschaftssystem ändert, dessen Wortführer, Akteur und Nutznießer er ist, verliert er seine Aufgabe und seine Identität. Der „Philosoph" ist ein Produkt des Aristotelismus, er ist untrennbar verbunden mit der peripatetischen Weltsicht. Eine Gedankenwelt oder Theorie des Realen ohne „Ersten Beweger", ohne „Sphären" und „beseelte Himmelskörper", ein Bild vom Lebendigen ohne

„astrale Wärme" und „plastische Kraft" – und schon ist der Intellektuelle verschwunden. Genau das wird paradoxerweise von der historischen Soziologie nicht gesehen. Ein Defizit, das zur Folge hat, daß sie die Trennlinien und Unterteilungen der Neoscholastik akzeptiert und die Schemata der traditionellen Geschichtsschreibung bestätigt, von denen sie sich doch befreien will. Was Le Goff „die Aristokratisierung der Universitäten" genannt hat[45], ein gesellschaftliches Phänomen, dessen wesentliche Elemente er auf der Grundlage von Bologneser Dokumenten vom Ende des 14. Jahrhunderts analysiert hat (Enstehung einer Kaste, eines „Erbadels", der ein Adelsleben führt, das sich in einer Vielzahl von Symbolen widerspiegelt – wie in der Kanzel mit Baldachin, dem goldenen Ring, dem Barett, dem Hermelinkragen, den langen Handschuhen aus Gemsleder zu „wenigstens 23 Sous das Dutzend"[46]), ist eine Sache; der interesselose Aristokratismus im Sinne Dantes ist eine andere. Daß das Ideal der Jahre 1260-1320 schließlich gesellschaftlich so sehr degenerierte, „daß die Universitätsangehörigen und die Lehrinhalte durch eine Juristenoligarchie kompromittiert wurden", daß es eine *gesellschaftliche Entwicklung des Intellektuellen* gab, bedeutet nicht, daß „es mit der Scholastik so weit kam, daß sie ihre eigenen grundlegenden Anforderungen leugnete", um schließlich im „Anti-Intellektualismus" zu versinken.

Das Paradox des von Dante verherrlichten, von Siger und zuvor schon von Heloise skizzierten Intellektualismus besteht darin, daß er sich in dem Moment, wo er in der Universität nicht mehr unversehrt fortbestehen konnte, gesellschaftlich außerhalb von ihr durchsetzte. Für Le Goff schließen sich die Intellektuellen des Spätmittelalters „dem jetzt geistig vorherrschenden Anti-Intellektualismus an". Man kann das Phänomen sogar genau charakterisieren:

> Die Mystik Meister Eckharts hat beträchtliche Anziehungskraft auf die meisten Denker des ausgehenden Mittelalters. 1449 verteidigt Nikolaus von Cues, Autor der letzten großen scholastischen Summa des Mittelalters, Eckhart, greift den Aristotelismus an und schreibt die *Apologia doctae ignorantiae* [...] So macht die Scholastik den Weg frei für die Rückkehr der heiligen Unwissenheit, verschwindet die rationale Wissenschaft zugunsten einer affektiven Frömmigkeit.[47]

Das große Wort ist gefallen: *Mystik,* und mit ihm jener Name – Meister Eckhart –, an den sich noch immer phantastische Vorstellungen knüpfen. Was aber wäre, wenn sich herausstellte, daß dieser „Mystiker" auf seine Weise demselben Adelsgedanken anhing wie Dante und dies ebenfalls auf den Spuren von Aristoteles? Was wäre, wenn die, die sich ihm anschlossen, keineswegs eine neue Kaste bilden wollten, sondern im Gegenteil ein neues Armutsideal gehabt hätten? Was wäre, wenn diese Intellektuellen nie an der Universität gewesen wären? Dann müßte man zugeben, daß unsere historischen Kategorien mitunter inadäquat und oft ungenau sind, stets verknüpft mit verborgenen Voraussetzungen. Weil wir meinen, daß über den Begriff „Mystik" neu nachgedacht und die Gestalt Eckharts neu bewertet werden muß, beenden wir mit ihnen unseren Spaziergang durch das intellektuelle Mittelalter.

Bei der Vorstellung, die man sich heutzutage von der mittelalterlichen Spiritualität macht, dient oft das Krankhafte als Orientierungspunkt. Überall wimmelt es von grimassierenden Melmoths, sündigen Predigern und abartigen Beichtvätern, die das Begehren treibt und das Fleisch verrät; die Konvente gleichen Harems, in denen vor Sehnsucht zerfließende Jungfrauen die Schauder der Erwartung kosten, aufmerksam beäugt von einigen Aufpasserinnen. Letztlich sind alle Geistlichen „Mystiker", und „die Frage, um die es in der Mystik geht, ist die des Körpers". Der genießende Körper der Hysterikerin, das symbolische Vermögen und die Symbolsprache des weiblichen Körpers, die „einer (uneingestandenen) Wahrheit entsprechen", dies sind die Gegenstände oder, wie man sagt, die „psychischen und somatischen Phänomene", die, von der Angst bis zur Ekstase, den – im wesentlichen klinischen – Blick der Philosophen ausschließlich beschäftigen.

Daß es bei den Mystikern eigentlich immer um Leiden, Begehren und Geschlechtlichkeit geht – um den „Wahnsinn des Körpers" –, auch und gerade wenn sie behaupten, *an nichts gebunden zu sein;* daß sie im Namen des Entwerdens die perverseste Form der Selbstkonkupiszenz betreiben, dies sind „Evidenzen", die von den Kategorien der Historie meist bestätigt werden. Alles basiert hier auf der Geschlechterkonvention: Es gibt die „weibliche" Mystik und die „männliche" Theologie und dann, innerhalb der Mystik, einen Konflikt zwischen zwei Strömungen: zwischen der „Braut"-Mystik einerseits und der „intellektuellen" oder „spekulativen" Mystik andererseits; links die Mädchen, die ans Heiraten denken, rechts die Jungen, die einen Beruf haben. Eine gefährliche Einteilung, deren Auswüchse man doch eigentlich kennt: Hat nicht O. Weininger, angeblich um die Übereinstimmung von Geschlecht und Charakter zu denken, dasselbe Stereotyp benutzt, wonach die Frau – *und der Jude* – „von der Geschlechtlichkeit gänzlich ausgefüllt und eingenommen, ... nichts als Sexualität" sind? Genügt es nicht, die Gestalt des „Theologen" und des „spekulativen Denkers" durch die des Mannes, des „pflichtbewußten Soldaten" und Ariers, zu ersetzen, um sich die Konsequenzen dieser unheilvollen Rollenverteilung ganz klar vor Augen zu führen? Man wird erwidern, daß es hier um etwas anderes geht, daß von Tatsachen die Rede ist und daß – im vorliegenden Fall – der „mystische Körper" nun einmal in der Geschichte ein Frauenkörper ist, das heißt, soweit es das Mittelalter betrifft, ein Gewebe von Symptomen.

Hören wir hier auf. Man kann mit diesen Einteilungen und Zuordnungen nichts anfangen. Wer wollte behaupten, daß Christine von Stommeln mystisch und weiblich ist, als sie den „verblüfften und entsetzten" Anwesenden die „noch von Blut ganz feuchten Nägel" zeigt, die „sie unter ihrem Kleid hervorgezogen hat"? Wer wagte zu behaupten, daß sie dies in einem höheren oder niedrigen

Grad sei als Hadewijch II, wenn diese schreibt: „Man muß ohne die Hilfe der Sinne begehren und lieben; man muß außen wie innen ohne Erkennen sein, wie eine Tote." Und wer schließlich wollte behaupten, daß das Nichterkennen und der Tod, von denen hier die Rede ist, eher zu einer Frau als zu einem Mann passen? Die Wahrheit ist, daß man nicht *a priori* sagen kann, was männlich oder weiblich, normal oder pathologisch, mystisch oder nicht mystisch ist. Auch bei der Untersuchung „mystischer Phänomene" gilt es, strikt am Standpunkt des Historikers festzuhalten, daß heißt, man muß die Zeugnisse und Dokumente befragen, den Stellenwert der Aussagen und die Absichten der Aussagesubjekte bestimmen, die gelebte Erfahrung von der literarischen unterscheiden, kurz, man muß den Anteil des Fiktiven berücksichtigen. Und zumindest muß man sich auch fragen, ob das, worüber man spricht, überhaupt existiert.

Eine Mystik ohne Zustände

Wie soll man – sei es auch auf einem scheinbar begrenzten Gebiet, dem der Mystik – eine tausendjährige Geschichte denken? Es versteht sich von selbst, daß die Aufgabe unmöglich ist, wenn man alle Episoden in sämtlichen Einzelheiten wiedergeben möchte. Doch das ist nicht das einzige Hindernis. Die Quantität tut letztlich nichts zur Sache: Was sich der Klassifizierung widersetzt, ist nicht die Mannigfaltigkeit der Zeugnisse, sondern der zweideutige Charakter des Forschungsgegenstands. Dieser nämlich changiert, je nachdem, ob man das Substantiv „Mystiker" oder das Adjektiv „mystisch" ins Zentrum stellt. Hält man sich an die mittelalterliche Bedeutung von *mysticus,* wird die Sache wieder eindeutig, doch muß man dann so viel Ballast abwerfen, bis ein Wort übrigbleibt, das zwar noch etwas bezeichnet, aber eben keine Person mehr.

Man muß es betonen: Im Mittelalter ist *mysticus* ein Adjektiv, das ausschließlich verwendet wird, um einen bestimmten Typ von Theologie zu bezeichnen. Für einen mittelalterlichen Denker gibt es daher weder „mystische Zustände" noch Mystiker oder Mystikerinnen. *Mystische Theologie* ist der Titel eines Traktats von Dionysius Pseudo-Areopagita, in dem eine Abfolge von Methoden beschrieben wird, die zu Gott führen: Indem in der Sprache und im Denken alle Affirmation und Negation überwunden und, mehr noch, auf alle Bilder verzichtet wird *(aphairesis,* die „Wegnahme"), kommt es zu einem gewissen Hinschwinden des Denkbaren und Sagbaren – zur *agnōsia* –, in der sich „eine Vereinigung *[henōsis]* mit dem vollzieht, der über allem Wesen und allem Erkennen ist". Was bedeuten dieses Nichterkennen und diese Vereinigung? Falsch wäre es, darin einen personenbezogenen geistigen Zustand zu sehen. Das Nichterkennen ist kein Weg oder Zugang, und die Vereinigung ist keine Disposition oder Affektion der Seele, die sich als solche mit dem Transzendenten vereint: Die *agnōsia* und die *henōsis* sind zunächst zwei Attribute Gottes. Durch die *aphairesis* löscht sich die Seele aus, um diese Attribute dort, wo sie sich aufhielt, allein herrschen zu lassen: Die Seele erkennt Gott, indem sie ihn sein läßt, was er ist.[1]

Gibt es für die Seele eine Wahrnehmung der göttlichen Einheit als dem abgründigen Grund alles Seienden? Gibt es ein Erfassen, ein Gewärtigen oder Vergegenwärtigen der göttlichen Unerkennbarkeit? Richtiger wäre es vielleicht zu sagen, daß das Nichterkennen die göttliche Unerkennbarkeit ist, sofern diese in der Seele an die Stelle dessen tritt, mit dem sie erfaßt, und daß die Vereinigung mit Gott nichts anderes ist als die Vereinheitlichung der Seele in Gott und Gottes in der Seele, *außen wie innen*. Wie auch immer man den Doppelsinn der Ausdrücke *agnōsia* und *henōsis* interpretiert, klar ist, daß es hier nicht um eine mystische Erfahrung im Sinne eines Erlebens oder experimentellen Erkennens Gottes geht.

Wenn das Mittelalter also keine andere *theologia mystica* kennt als die des Dionysius, in der einzig Gott im eigentlichen Sinn des Wortes „mystisch" ist, das heißt *verborgen* – wenn mystische Theologie also eine Methode oder ein Weg ist, der zu dem in Gott selbst verborgenen Gott führt –, dann ist der Begriff „mittelalterliche Mystik", sofern er einen Komplex besonderer Verhaltensweisen oder einen speziellen Typ von Individuen bezeichnen soll, ganz offensichtlich kein deskriptiver: er ist eine Kategorie der Geschichtsschreibung, kein Gegenstand der Geschichte.

Folglich ist es vergeblich, sich zu fragen, wie unter ein und dasselbe Wort die Leiden einer Christine und die Gelassenheit einer Hadewijch fallen sollen, die genießenden Körper und die verblaßten Schriften, die Todessehnsucht und der Tod als Metapher; vergeblich, klar zu sondern zwischen Exzeß und Norm, seelischer Störung und geistiger Askese, Fiebersymptom und ruhiger Kraft; vergeblich, nach Anzeichen des Weiblichen und verhinderten Umarmungen zu suchen, nach vereinsamten Leibern und abgetöteten Gliedern, nach symbolischen Wunden und Spuren der Liebe – nichts vereint oder verbindet diese widersprüchlichen Passionen, nichts liefert den gemeinsamen Horizont für ihre Ähnlichkeiten und Unterschiede, nichts benennt oder bezeichnet die Klasse, in die man sie einordnen könnte.

Christine von Stommeln war nicht mehr und nicht weniger mystisch als Hadewijch II; ihre Selbstverstümmelungen waren nicht mehr und nicht weniger mystisch als die von Hadewijch in ihren *Mengeldichten* besungene „Entsagung"; beide waren Frauen, und es ist müßig, darüber zu streiten, welche von ihnen die „bräutlichste" war – „Hadewijch II", auch „Begine der *Neuen Gedichte*" genannt, deren Eigenname nur die leere Signatur eines literarischen Juwels ist, oder die „selige Christine", die zwar weder lesen noch schreiben konnte, aber in dem schwedischen Dominikaner Petrus von Dacien, der in Paris zusammen mit Albert dem Großen studiert hatte, eine solche Leidenschaft weckte, daß er sich zu ihrem Biographen, ihrem Schüler und, vergeblich, zu ihrem „Liebhaber" machte.[2]

Dies vorausgeschickt, gilt es nun nachzudenken über den Ort der sexuellen Differenz in der mittelalterlichen Spiritualität.

Tatsache ist, daß man – mit Ausnahme des heiligen Bernhard – kaum von Männern spricht, wenn man sich mit der „mittelalterlichen Mystik" beschäftigt. Erst im 14. Jahrhundert taucht mit dem, was die Germanistik einst die „rheinische Mystik" genannt hat, also mit Meister Eckhart, Heinrich Seuse und Johan-

nes Tauler, eine im eigentlichen Sinne „männliche" Strömung auf.[3] Genau hier
aber gewinnt das Thema der Unterscheidung der Geschlechter seine ganze
Wirkmächtigkeit. Zu Eckharts Zeit gewinnt eine Pseudo-Paarbeziehung an Einfluß, wonach sich im Verhältnis des Theologen zur Mystik eine formale und bi-
polare Struktur des Begehrens widerspiegelt, in der das Wort, das Gesetz und das
Denken auf seiten des Mannes sind, die Leidenschaft, der Überschwang und der
Affekt auf seiten der Frau. Einen Schritt weiter, und man hat die Figur des Gurus
mit seiner Anhängerschaft von Blumenmädchen und Hausfrauen, die aus dem
Alltag ausbrechen wollen. Bereits das Vokabular scheint eine solche Vorstellung
zu bestätigen.

Da der Theologe zugleich *Lesemeister,* das heißt Meister des Sinns, und *Lebemeister,* das heißt Modell des Verhaltens und mustergültiger Führer ist, hat man
alle Ingredienzien für eine Inszenierung im „fernöstlichen" Stil: einerseits ein sit-
tenstrenger alter Weiser, der der Welt entsagt hat und dank seines sexuellen
Nichtverlangens und der angeblichen Weite seines Wissens prädestiniert ist, das
Leben bzw. Triebleben kleiner Frauengemeinschaften zu leiten und zu ordnen
und nebenbei ihren Frustrationen gegenzusteuern; andererseits diese Gemeinschaften selber, die zusammengehalten werden von einem gleichzeitig kollektiven,
unaussprechlichen und unmöglichen Begehren.

Die Frau will alles und dies sofort, die Aufgabe des Theologen ist es, sie die
Freuden des Verzichts und die Notwendigkeiten der Ordnung zu lehren, ihr Begehren „zur Vernunft zu bringen", indem er ihr den wahren Sinn dessen erläutert, was sie zu erleben vermeint oder erleben will. Gelingt es ihm? Vielleicht. Im
Falle Eckharts hingegen ist das Scheitern offenkundig. Weit davon entfernt, das
Spiel in ruhige Bahnen zu lenken, stellt der *Lesemeister* sein Wissen in den Dienst
der Patientinnen, läßt sich mitreißen, umgarnen, ja verführen: Er gießt Öl in die
Flammen und ist mit seinem Latein buchstäblich zu Ende: was er eindämmen
sollte, predigt er auf deutsch. Der Zensor ist verliebt. Die Sanktion läßt nicht auf
sich warten. Er wird verurteilt.

Diese mystische Fabel ist ohne Fundament in der Sache. Wichtig ist, daß sich
in der Person Eckharts die meisten der Züge verdichten, die man im isolierten
Zustand bei anderen gescheiterten Abweichlern beobachtet und die von jeher die
allegorische Sicht der mittelalterlichen Geschichte unterfüttert haben. Wie Siger
von Brabant ist Eckhart ein Gelehrter, ein Universitätsangehöriger – „Meister"
wird er genannt, weil er an der Pariser Universität den Magistertitel erworben
hat; wie bei Simon von Tournai wird bei ihm das Denken bis zur Gotteslästerung
gesteigert – ja, schlimmer noch, denn um seiner Zuhörerschaft zu gefallen, zumindest aber unfähig, ihr zu widerstehen, geht er so weit, die „christlichen Tatsachen" im ganzen zu leugnen; wie Friedrich von Hohenstaufen überschreitet er die
Grenzen, die dem Wissen gesellschaftlich auferlegt sind – er flirtet mit den Laien,
spricht ihre Sprache, verrät die Kirche zugunsten der Basis.

Die Verdammung enspricht dem Ausmaß all dieser Verfehlungen und erfolgt
einstimmig. Die Berufsphilosophen erklären ihn zum „Narren" – das Wort
stammt von Wilhelm von Ockham; die „Spiritualen", wie Michael von Cesena,

zum „Häretiker"; die päpstliche Kurie in Avignon nennt ihn „verwegen" und „übelklingend". Selbst der Orden, dem er angehört, die Dominikaner, scheint sein Handeln teilweise zu verwerfen: Kurz vor Beginn seines Prozesses hat das Generalkapitel in Venedig ausdrücklich auf die Gefahren der „volkssprachlichen Predigt" in Deutschland hingewiesen, und der General der Predigerbrüder, Barnabas Cagnoli, warnte zugleich davor, „vor dem einfachen Volk über subtile Dinge" zu predigen und in dominikanischen Schulen und Ausbildungskonventen „zu schwierige Probleme" zu erörtern.

An der Person Eckharts läßt sich also sehr schön der reale Status des mittelalterlichen Intellektuellen ablesen. Da er sich nicht mit dem Rahmenplan begnügt und seinen Platz verläßt oder, besser gesagt, sich vom rechten institutionellen Pfad abbringen läßt, fasziniert vom Nichtwissen der Frauen, die er doch sanft unter das Gesetz der Väter zwingen sollte, da er nicht der schwindelerregenden Kraft einer Sprache zu widerstehen vermag, die im Kontakt mit einer ungeduldigen Zuhörerschaft aus ihm hervorbricht, befindet er sich schließlich in der Position eines Abaelard, wie Bernhard von Clairvaux sie sah: in der eines Dialektikers, der von seiner eigenen Virtuosität trunken ist und der – ein noch fürchterlicheres Verbrechen als alle Vergehen seiner Vorgänger zusammengenommen – das Heilige dem Profanen unterjocht und die Theologie in den Dienst der Philosophie stellt. Dieses entfesselte Wissen ist es, das am 27. März 1329 in der Bulle von Papst Johannes XXII. posthum verdammt wird:

> Führwahr, mit Schmerz tun Wir kund, daß in dieser Zeit einer aus deutschen Landen, Eckhart mit Namen und, wie es heißt, Doktor und Professor der Heiligen Schrift, aus dem Orden der Predigerbrüder, mehr wissen wollte als nötig war, und nicht entsprechend der Besonnenheit und nach der Richtschnur des Glaubens, weil er sein Ohr von der Wahrheit abkehrte und sich Erdichtungen zuwandte. Verführt nämlich durch jenen Vater der Lüge, der sich oft in den Engel des Lichtes verwandelt, um das finstere und häßliche Dunkel der Sinne statt des Lichtes der Wahrheit zu verbreiten, hat dieser irregeleitete Mensch, gegen die helleuchtende Wahrheit des Glaubens auf dem Acker der Kirche Dornen und Unkraut hervorbringend und emsig beflissen, schädliche Disteln und giftige Dornsträucher zu erzeugen, zahlreiche Lehrsätze vorgetragen, die den wahren Glauben in vieler Herzen vernebeln, die er hauptsächlich vor dem einfachen Volke in seinen Predigten lehrte und die er auch in Schriften niedergelegt hat.

Der Schutzwall der Beginen

Infolge einer merkwürdigen Wesensart – zweifellos weil es uns zur Gewohnheit geworden ist, die Dinge gerade dort zu vermuten, wo sie nicht genannt werden – suchen wir die Wahrheit über das Sexuelle oft bei den Mystikern. Man kann darin den herausragenden Fall der Anwendung eines Theorems sehen, das sich fast allgemeiner Anerkennung erfreut: Da es das Wort nicht vermag, das Sexuelle auszudrücken, muß man es überall dort suchen, wo von etwas anderem die Rede ist. Man kann darin auch die Auswirkung eines Vorurteils sehen, das jene Theorie beherrrscht, die dem Historiker einredet, gerade jener Blick sei rechtmäßig, der die Dinge nicht nimmt, wie sie sind, sondern in allem, was sich zeigt, eine bloße Maske oder einen Deckmantel sieht. Die Theologen und Philosophen des Mittelalters hatten eine Sexualethik. Wir haben versucht, sie in einem früheren Kapitel zu beschreiben. Warum sollten wir uns jetzt also für „Mystiker" interessieren, wenn es doch, wie wir meinen, im Mittelalter keine „Mystiker" gab und wenn sie uns, selbst wenn es sie gegeben hätte, niemals etwas auf diesem Gebiet lehren könnten? Warum sollten wir des weiteren als Musterbeispiel einen verurteilten Autor wählen und hier speziell an die Gestalt Meister Eckharts erinnern? Einfach deshalb, weil das Schicksal dieses deutschen Dominikaners des 14. Jahrhunderts ein Gegenbild zu aller „Mystik" liefert und weil es gleichzeitig sehr schön den Sinn und den Erfolg in sich zusammenfaßt, den das Projekt der „Intellektuellen im Mittelalter" hatte. Aber auch, weil es sehr klar die mittelalterliche Erfindung des rationalen Denkens illustriert, die Neuheit und Fruchtbarkeit der Beziehungen, die zwischen Philosophie und Theologie herrschen können, wenn man beide nur auf neue Weise denkt. Schließlich auch deshalb, weil es – und zwar im Rahmen einer Beziehung zwischen bestimmten Männern und Frauen – die Existenz eines Projekts allumfassenden Lebens bestätigt, eines Wunsches nach dem „richtigen Leben", bei dem, auch außerhalb der Universität, das universitäre Ideal eine eminente Rolle spielt.

Als Eckhart 1313 in Straßburg eintrifft, hat er einen Sonderauftrag: Er soll sich um die *cura monialium* kümmern, das heißt um die geistige Führung einer großen Gruppe von Frauen, die sich zusammensetzt aus Dominikanernonnen, Mitgliedern von Tertiarierorden und Beginen.[4] Dies war sicherlich keine geruhsame Arbeit. Die Zunahme der Frauenklöster und Beginenhöfe hatte das Rheintal in ein regelrechtes Labor des klösterlichen Lebens verwandelt. Insbesondere die Beginen faszinierten und beunruhigten. Entstanden um 1210 in der Gegend von Lüttich war die Bewegung rasch bis nach Köln vorgedrungen und wurde, glaubt man den Chronisten, zu einer spezifisch deutschen Bewegung. So konnte Matthäus Paris um 1250 schreiben: „In Deutschland ist eine zahllose Menge zölibatärer Frauen aufgetaucht, die sich Beginen nennen: Tausend oder mehr von ihnen leben allein in Köln."

Die Besonderheiten dieser Bewegung sind bekannt: „Es war grundsätzlich eine Frauenbewegung, nicht nur ein Anhängsel für Frauen in einer Bewegung, die ihren Impuls, ihre Leitung und hauptsächliche Unterstützung von Männern erhielt. Sie hatten keine feste Lebensregel; sie beriefen sich nicht auf die Autorität eines frommen Gründers; sie ersuchten die römische Kurie nicht um Bestätigung; sie hatten keine Organisation oder Verfassung; sie versprachen keine Vorteile und suchten keine Gönner; ihre Gelübde waren Absichtserklärungen, keine unwiderrufliche Verpflichtung zu einer Disziplin, die durch Autorität erzwungen wurde; schließlich konnten ihre Anhänger ihrer gewohnten Beschäftigung in der Welt nachgehen".[5] Hier lag eine Gefahr, die von der Kirche schon früh erkannt wurde. Doch was genau war ihr Wesen? Die Beginen, die rasch in eine lose Verbindung zu den Klöstern der Bettelorden traten, die in gewisser Hinsicht für ihren Schutz sorgten, erregten den Zorn der Priester, die ihre Schäfchen verloren, der Väter, die ihre Töchter verloren, und der potentiellen Ehemänner, denen Gelegenheiten zur Heirat verlorengingen – so daß Bruno, der Bischof von Olmütz, 1273 keinen anderen Weg sah, als eine Freiheit zu kritisieren, die es den Mädchen gestattete, sich sowohl dem notwendigen Gehorsam zu entziehen, den sie den Priestern schuldeten, wie auch den unerläßlichen „Zwängen einer ehelichen Bindung". Dem Papst schlug er daher folgendes Heilmittel vor: „Man muß Ehefrauen aus ihnen machen oder sie in einen zugelassenen Orden schicken."

Daß sich die Beginen kollektiv dem Pathos, dem Überschwang der Gefühle überlassen haben, daß sie sich insbesondere auch „ekstatischen und visionären" Erfahrungen hingegeben haben, ist eine Tatsache, die von allen Historikern unterstrichen wird. Daß es in ihrer „Bilderwelt" ein „starkes Element naiver Sexualität" gegeben haben soll, ist schon strittiger – richtiger wäre es zu sagen, daß sie das Hohelied auf ihre Weise umgeschrieben haben. Jedenfalls muß sich Eckhart, als er in der Dominikanerprovinz Teutonia – der von Straßburg und Köln – eintrifft, nicht mit Visionen und Konvulsionen auseinandersetzen, sondern mit Ideen. Auf dieses Phänomen einer intellektuellen Explosion dürfte er übrigens gefaßt gewesen sein. Er kam aus Paris, wo er zwei Jahre lang als Magister gelehrt hatte, und eben dort war 1310 Marguerite Porète, eine Begine aus dem Hennegau, verbrannt worden, gemeinsam mit den Exemplaren ihres auf französisch geschriebenen Buches, dem *Mirouer des simples ames anienties (Spiegel der einfachen, vernichteten Seelen)*. 1311-1312 war das Konzil von Vienne abgehalten worden. Dort hatte man die „Acht Irrtümer der Begarden und Beginen über den Zustand der Vollkommenheit" verurteilt. Es handelte sich dabei um theologische Irrtümer, nicht bloß um Abweichungen im Verhalten oder im Sprachgebrauch. Bei der Verurteilung der Beginen bediente man sich übrigens – was kaum bedeutungslos sein dürfte – einer Terminologie, die die anti-eckhartsche Maßnahme von 1329 ankündigte und die Beziehung der Beginen zu den Bettelorden hervorhob:

Uns wurde berichtet, daß gewisse Frauen, die allgemein Beginen genannt werden, von einer Art Wahn ergriffen worden sind: Sie diskutieren über die Heilige Dreifaltigkeit und über das göttliche Wesen und vertreten in Fragen des Glaubens und der Sakramente Ansichten, die dem katholischen Glauben entgegengesetzt sind, wodurch sie viele einfache Menschen täuschen. Da diese Frauen niemandem Gehorsam schwören, nicht auf ihre Güter verzichten und keine Ordensgelübde ablegen, sind sie ganz sicher keine „Nonnen", auch wenn sie einen Habit tragen und in loser Verbindung zu religiösen Orden stehen, die mit ihnen übereinstimmen. Darum haben wir mit Billigung des Konzils entschieden und beschlossen, daß ihre Lebensweise endgültig zu verbieten und aus der Kirche Gottes auszuschließen ist.

Die Jahre, die Eckhart in der Provinz Teutonia verbrachte, sollten geprägt sein von den Beginenverfolgungen in Straßburg und Köln, ganz zu schweigen von den Interventionen Papst Clemens V. Der Aufstieg der Sekte vom Freien Geist, des radikalsten Flügels der Bewegung, hat in diesem Hagel von Angriffen, gemischt aus Gewalt und Zensur, eine entscheidende Rolle gespielt. Meister Eckhart, der die „Nonnen" der Teutonia leiten und schützen sollte, erfüllte seine Aufgabe, indem er alle Mittel einsetzte, die ihm zur Verfügung standen: das heißt, er benutzte die ganze Bildung, die er als Pariser Magister besaß. Dergestalt hat er eine nur keimhaft vorhandene Lehre weiterentwickelt und verbreitet, die nach einem intellektuellen Ausdruck suchte, der über ihre ursprüngliche Verfassung hinausging, und die selbst nicht dazu befähigt war, sich diesen Ausdruck zu geben. Die „rheinische Mystik" ging hervor aus dieser Begegnung einer singulären Befähigung mit einem kollektiven Willen.

Die Geschichte von Katrei, der Beichttochter, die Meister Eckhart in Straßburg hatte

Eines der besten Zeugnisse für den Einfluß, den Meister Eckhart auf die Frauengemeinschaften der Teutonia hatte, ist ein Traktat, der bekannt ist unter dem Titel *Also waz schwester Katrei* – „Meister Eckharts Tochter von Straßburg", wie die Überlieferung hinzufügt. Das Werk ist ein Erzeugnis der literarischen Aktivität der Begarden und Beginen. Eckhart ist also nicht der Autor, auch wenn die Schrift möglicherweise unter seinem Namen zirkulierte; tatsächlich deutet alles darauf hin, daß sie ein Manifest der Sekte vom Freien Geist ist.[6]

Also war Schwester Katrei ist im wesentlichen der Bericht einer Erfahrung und einer Beziehung, deren Protagonisten eine junge Frau und ihr Beichtvater sind – welch letzteren man allerdings klar von Eckhart unterscheiden muß.

Wie Novalis' Roman *Heinrich von Ofterdingen* zerfällt das Werk in zwei Teile: die Erwartung und die Erfüllung. Eine erste Erzählsequenz berichtet von den Bemühungen Katreis vor der entscheidenden Erfahrung dessen, was sie selbst ihre „Bewährung" nennt, das *beweren;* die zweite zeigt uns, wie sie ihren Beichtvater den Weg der Gottwerdung lehrt – ein Rollentausch, der an die Episode „Jesus bei den Schriftgelehrten" erinnert und eben deshalb dem ganzen „Freien Geist" als Muster und Emblem dient.

Die erste Sequenz umfaßt selbst wiederum zwei Momente. Trotz der Erhöhung ihrer Seele, „die sie über alle Hindernisse hinwegträgt", empfindet Katrei ständig „das Feuer der Begierde" und sagt: *Herre, mir gebrist noch!* („Herr, ich leide noch Mangel!"). Auf die beschwichtigende Aufforderung des Beichtvaters, es „sich genügen zu lassen" – dies ist ein Bestandteil der Regel des heiligen Benedikt –, antwortet Katrei: „Niemals! Solange ich kein stetes Bleiben in der Ewigkeit habe, werde ich nicht aufhören!" Um ihr Verlangen zu bemeistern, rät der Beichtvater Katrei, sich davon zu lösen und sich der *blosheit* – ein typischer Ausdruck der Eckhartschen Predigt – zu überlassen. Das tut sie, und „solange es währt, wähnt sie, eins mit Gott zu sein". Doch dieses „Währen" ist noch nicht das „Bleiben". Es ist ein Zustand, der eine abgemessene Dauer hat, das heißt ein vorübergehender Zustand, etwas, das „vergeht". Tatsächlich endet der Eindruck des Einsseins gerade deshalb, weil er stark und lebhaft ist, durch seine Intensität zer-

stört er sich selbst. Weit entfernt von jedem ruhigen Genuß, wirft die Gottesschau Katrei mit Gewalt auf sich selbst zurück, macht sie ratlos und überläßt sie
dem Leiden an der Trennung. Dies ist wieder eines der zentralen Themen der
Eckhartschen Theologie der Seligkeiten. Die „reflektierte" oder „reflexive" Gottesschau, die, durch die ich Gott nicht nur sehe, sondern bei der ich zugleich sehe
oder weiß, daß ich ihn sehe, stellt das letzte Wort einer *visio beatifica* dar, wie sie
die „großen Meister von Paris" beschreiben oder vorschreiben, doch gerade durch
sie werde ich notwendig von Gott getrennt:

> Nun hat es etliche Leute bedünkt, und es scheint auch ganz glaubhaft, daß Blume
> und Kern der Seligkeit in jener Erkenntnis liegen, bei der der Geist erkennt, *daß* er
> Gott erkennt [...]. Doch sage ich mit Bestimmheit, daß dem nicht so ist. [...] So,
> sage ich, nimmt und schöpft der edle Mensch sein ganzes Sein, Leben und seine
> Seligkeit bloß nur von Gott bei Gott und in Gott, nicht vom Gott-Erkennen,
> -Schauen oder -Lieben oder dergleichen. [...] So also sage ich, daß es zwar schwer
> vorstellbar ist, daß es Seligkeit gibt, ohne daß der Mensch sich bewußt werde und
> wohl wisse, *daß* er Gott schaut und erkennt; Gott jedoch will, daß nicht darin mei-
> ne Seligkeit liege! Wem's anders genügt, der behalte es für sich, doch erbarmt's
> mich.

Weit davon enfernt, mich mit Gott zu vereinen, beraubt mich die reflexive Erkenntnis Gottes. Die wahre Erkenntnis ist die Armut des Geistes, die für den
charakteristisch ist, den Eckhart abwechselnd den *armen* oder den *edlen Menschen*
nennt. Der arme oder edle Mensch ist – im Gegensatz zum „Theologen" – der
Mensch der *agnōsia* des Pseudo-Dionysius – derjenige, „der von nichts etwas
weiß" und „nicht einmal weiß, daß er Gott schaut".

Nachdem Katrei durch ihre Vision auf sich selbst zurückgeworfen wurde und
die Eitelkeit aller „magistralen" Theologie erfahren hat, zieht sie sich zurück. Der
Beichtvater verliert sie daher eine Zeitlang aus den Augen. Als sie zurückkehrt,
hat sich ihre Rede vollständig gewandelt: „Herr, freut Euch mit mir, denn ich bin
Gott geworden!" *(Herre, fröwent üch mitt mir, ich bin gott worden)*. Statt den
Ausdruck – und die Vorstellung – der „Vergottung" Katreis zu verwerfen, ruft
der Beichvater aus: „Mögest du Gott bleiben!" Die „Tochter" kehrt jetzt in die
Kirche zurück und drei Tage lang – wie Christus im Grab – dämmert sie in einem Zustand dahin, der dem Tod täuschend ähnlich sieht. Am Ende will man sie
beerdigen und nur der Beichtvater widersetzt sich. Es wird ihm vergolten, Katrei
kommt wieder zu sich, und der Dialog hebt wieder an:

> Offenbar mir, was du gefunden hast.
> – Ich kann nicht, was ich gefunden habe, kann niemand in Worte fassen.
> – Hast du nun wenigstens alles, was du willst?
> – Ja, ich bin bewährt in meiner ewigen Seligkeit.

Mit dem Durchgang durch den Tod endet das „Währen", daß heißt die Dauer
der Begierde und der Sehnsucht, er führt in das *stete bliben,* zum *bewesen* und *bewert sein*. Der Tod, um den es hier geht, unterscheidet sich stark von demjenigen,
der etwa in den *Offenbarungen der göttlichen Liebe* von Juliana von Norwich beschrieben wird. Bei Juliana ist die sehr präzise beschriebene Todeserfahrung das

Vorspiel zu einer zweiten, heftig begehrten „Wunde", der des Mitleidens, der *compassio*, durch die man die Leiden Christi am Kreuz in sich selbst wiederholt. Juliana steht im Begriff zu sterben, als sie mitten in diesem Hinscheiden die Begierde verspürt, weiterzugehen, sich durch Gnade mit dem Leiden Christi zu vereinen. Der Eindruck, die Empfindung des „Todes", in dem jedes Leiden erlischt, führt sie dazu, ein anderes Leiden zu begehren, das der Passion.

> Dann begann für mein Gefühl der obere Teil meines Leibes zu ersterben, meine Hände fielen beiderseits herab und ich war so kraftlos, daß mein Kopf zur Seite sank. Die größte Pein, die ich empfand, war mein kurzer Atem und das Hinschwinden meiner Lebenskraft; ich wähnte wahrlich, meine letzte Stunde sei gekommen. Aber in diesem Augenblick war plötzlich alle meine Pein verschwunden und ich war so heil wie je vorher oder nachher, besonders im oberen Teil meines Leibes. Ich war verwundert ob dieser Veränderung, denn ich dachte, dies sei durch ein geheimes Wirken Gottes und nicht der Natur geschehen. Und doch glaubte ich trotz diesem Wohlbefinden nie mehr, daß ich leben würde, noch beschied mir das Gefühl dieses Wohlbefindens ein volles Wohlsein, denn ich dachte, ich wäre lieber von dieser Welt befreit worden, weil mein Herz mit Willen darauf gerichtet war. Und plötzlich fiel mir ein, ich sollte von unserem Herrn und seiner Gnade die Gabe der zweiten Wunde begehren: daß er meinen Leib mit einem hingebenden Gefühl für sein gesegnetes Leiden erfüllen möge, wie ich es früher erbat. Denn ich wollte, daß Seine Pein meine Pein sei, unter Mitleiden und nachfolgendem Verlangen nach Gott. Auf diese Weise würden, dachte ich, mit Seiner Gnade Seine Wunden die meinen werden, so wie ich es früher ersehnt hatte. Jedoch begehrte ich nie ein leibliches Gesicht oder irgendeine Art der Schau Gottes, sondern ein solches Mitleiden wie es nach meiner Meinung eine fromme Seele mit unserem Herrn Jesus haben muß, der aus Liebe zu einem sterblichen Menschen wurde. Mit Ihm ersehnte ich zu leiden, solange ich noch in diesem sterblichen Leibe weilte und soweit Gott mir die Gnade gäbe.

Nichts dergleichen bei Katrei. Weder Körper noch Leiden, noch Spannung. Der Tod, in dem das Geheimnis Gottes beschlossen liegt, ist nichts – jedenfalls nichts Sagbares –, er ist eine Art Befreiung, ein Durchgang durch die Leere, in der es keinerlei Begierde gibt, nicht einmal die, das Leiden des Gekreuzigten auf sich zu nehmen. Bei Katrei hat der Tod keine inaugurale Funktion, er eröffnet keinen Raum – wie bei Juliana den der *imitatio Christi* –, vielmehr nimmt er eine Zwischenposition ein, in einer Abfolge, deren Eckpunkte die Vergottung und die Rückkehr ins Leben sind. Das im Bericht vom „Tode" Katreis dargelegte Programm basiert nicht auf der Erfahrung eines mimetischen Begehrens: was hier gleichsam verdoppelt und in der Gegenrichtung wiederholt wird, ist die Geschichte Christi mit ihren wesentlichen Stationen: Inkarnation, Tod, Auferstehung. Jenem Christus, der Mensch wurde, ins Grab sank und ins Leben zurückkehrte, entspricht der Weg Katreis, die „Gott wurde", „starb" und in ein neues Leben zurückfand. Die beiden Strömungen der mittelalterlichen „Mystik" werden hier sehr deutlich sichtbar: Bei Juliana steht das Paar Passion-Imitation im Zentrum, bei Katrei das Paar Inkarnation-Deifikation, und jedem dieser Paare entspricht ein Gesicht Christi: dem ersten Paar das des Gekreuzigten, der gelitten hat, um uns von der Sünde Adams zu erlösen, dem zweiten das des menschgewordenen Gottes, des neuen Adam, der gekommen ist, um uns die Möglichkeit zu verkünden, durch Gnade das zu sein, was er von Natur aus ist.

Der Christus Katreis ist der edle Mensch Eckharts. Das bestätigt sich im Fortgang der Erzählung.

Was soll der noch tun, der durch den Tod hindurchgegangen ist – der, der „bewährt" worden ist? Was bleibt ihm noch zu vollenden? Was für Werke oder Hoffnungen mag es für ihn geben? Diese Fragen sind bestimmend für die zweite Sequenz des Traktats.

Der Beichtvater will von Katrei über ihre geistlichen Übungen unterrichtet werden: „Was tatest du, bevor du bewährt wurdest? Was tust du, seitdem du bewährt worden bist?" Die Frage ist entscheidend. Man weiß nämlich, daß die Brüder und Schwestern vom Freien Geist einen radikalen Quietismus predigten, daß sie jegliche Art von Werken verwarfen, auf den Empfang der Sakramente verzichteten und überhaupt die Pflichten und Vorschriften vernachlässigten, die im Rahmen der Institution Kirche – „der kleinen Kirche", wie Marguerite Porète sagte – formuliert worden waren. Katrei antwortet ohne Umschweife.

Ehe sie bewährt wurde, bestanden ihre inneren Übungen darin, „die Kräfte ihrer Seele zu sammeln"; derart „betrachtete sie alle Dinge im Spiegel der Wahrheit". In sich selbst blickend, erkannte sie „alle Werke, die Gott je wirkte im Himmel und auf Erden" – alles „Geschaffene": *alles des geschöpffte[s] gottes –*, und „sah Gott". Nach dem *beweren* hat sich alles verwandelt. Sie hat buchstäblich *nichts mehr zu tun*.

Sie hat nichts mehr zu schaffen „mit allem, das je geschaffen wurde", das heißt, nichts mehr bindet sie ans Kreatürliche und ebenfalls nichts mehr an den Schöpfergott – dort, wo sie sich aufhält, gibt es nichts mehr zu tun oder zu wirken, denn durch das Wirken wird nur das Werk der Trennung und Unterscheidung fortgesetzt: Jedes Werk ist eine Trennung.

Sie hat auch nichts mehr zu schaffen „mit allem, das je in Worte gefaßt wurde" *(me alles, das ie gewortiget ward)* – worunter Katrei zweifellos das Gebet versteht, das, weil es sich mit Worten an Gott wendet, sich Gott nur in der Sprache nähert, wo es ihn unter einer Unendlichkeit von Namen verbirgt: Wie das Werk trennt auch die Sprache.

Was aber, wendet der Beichtvater ein, bleibt nach dem *beweren* zu tun, wenn jetzt sowohl die Taten wie die Worte wertlos geworden sind? Katrei antwortet: *Ich bin bewert.* „Ich bin bewährt. Bewährt in der bloßen Gottheit, in der es weder Bilder noch Formen gibt." Eine sonderbare Antwort, bei der es auf jeden einzelnen Begriff ankommt:

– *Ich bin bewährt.* Nach der Bewährung gibt es nichts anderes als die Bewährung. Oder anders gesagt, es gibt kein „nach der Bewährung", weil es in der Bewährung kein „Nachher" gibt. Wer bewährt worden ist, ist bewährt.[8]

– *In der bloßen Gottheit.* „Gottheit" steht im Gegensatz zu „Gott". Vor der Bewährung sah Katrei noch „Gott"; danach sieht sie nichts mehr, weil es nichts mehr zu sehen gibt: sie ist in der Gottheit.

– *In der es weder Bilder noch Formen gibt.* Das Wort „Bilder" verweist auf das spekuläre Sehen, auf das Erfassen Gottes und des Geschaffenen im Spiegel der Wahrheit. Das „Bleiben" oder Wohnen in der Gottheit hebt das spekuläre Sehen auf, denn es beseitigt gleichzeitig den Spiegel, das Urbild und das Bild. Diese Aufhebung ist das, was Eckhart *Entbildung* nennt. Dieser Zustand des Nichter-kennens oder eher des „Erkennens durch Entbildung" wird in *Predigt* 40 be-schrieben:

> Wenn sich daher der Mensch in Liebe ganz zu Gott fügt, so wird er entbildet und
> eingebildet und überbildet in der göttlichen Einförmigkeit, in der er mit Gott eins
> ist.

Die hier dargelegte Lehre stimmt also mit der von Eckhart überein. Die *Entbil-dung* entspricht dem Dionysischen Begriff der *aphairesis.* An sich ist sie weder neu noch verdächtig; der Gebrauch, der von ihr gemacht wird, ist dagegen problema-tisch. Sie steht übrigens im Zentrum mehrerer Stellen des *Buchs der göttlichen Tröstung* und der *Predigt vom edlen Menschen,* die von der Kölner Untersu-chungskommission inkriminiert wurden. Für Katrei erlaubt es die Entbildung, zur göttlichen Einförmigkeit zu gelangen, zur wesentlichen Einheit, in den Ab-grund des Göttlichen, gleichsam als wäre diese „Einförmigkeit" diesseits und jen-seits der Trinität von Vater, Sohn und Heiligem Geist.

Der Zustand, der sich aus der Übung der *Entbildung* ergibt, wird als stabil be-schrieben. Auf die Frage des Beichtvaters: „Bist du ständig da?" *(bistu als steteklich da?),* antwortet Katrei: „Ja!" Um diese Antwort zu verstehen, muß man sehen, daß die „Entbildung" buchstäblich definiert ist als *Aufhebung* der „Kreatürlich-keit". „Wo ich stehe", fährt sie fort, „da kann keine Kreatur in kreatürlicher Wei-se hinkommen" *(jn creatürlichkeit).*

Wo ist sie? „Ich bin da", sagt sie in einer typisch Eckhartschen Wendung, „wo ich war, ehe ich geschaffen wurde, da ist bloß Gott und Gott." „Da, wo ich bin", das heißt in der bloßen Gottheit, gibt es weder Geschaffenes noch Schöpfer. „Ihr sollt wissen, alles was man so in Worte faßt und den Leuten mit Bildern vorlegt", ist nichts als ein Mittel für „das Reisen zu Gott", ein Mittel für den „Pilger auf Erden". Die Bewährung, das heißt die irdische Seligkeit, das glückselige Leben, geht über alles Denken und alle Sprache hinaus, denn sie geht über jedes Ich hin-aus. Katrei kann daher die Gleichung aufstellen, die den ganzen Text beherrscht und ihn zum Manifest des Freien Geistes macht: Um bewährt zu werden, muß man zunächst Gott werden. Gesagt wird nicht einfach, daß „jede Seele, die in Gott hineinkommt, Gott wird" – dies wäre nur ein Fall der traditionellen theolo-gischen Regel, nach der gilt: „Alles, was in Gott ist, ist Gott." Die Kraft und das bahnbrechend Neue von Katreis Position liegt darin, daß sie eine Bedingung – keine Folge oder Wirkung – des „Zugangs zur Gottheit" formuliert: „Wisset, daß keine Seele in Gott hineinkommen kann, *bevor* sie nicht so Gott wird, wie sie Gott war, *bevor sie geschaffen wurde."*

Bleibt eine Frage: „Wie komme ich dazu, daß ich dies Gut besitze?" fragt der Beichtvater. Katrei anwortet: „Wisset, daß alle Kreaturen wieder zu Nichts wer-

den müssen, ehe sie in ihren Ursprung zurückkommen." „Wieder zu Nichts werden" – mit dieser Formel, die Tauler übernehmen wird, kehrt sich die Beziehung
zwischen Katrei und dem Beichtvater um. Der Meister wird zum Schüler, die
Schülerin stellt die Fragen. Sie ist es, die von jetzt an das Gespräch führt. Ihre
Frage, von der alles abhängt, ist kurz und bündig: „Weißt du, was Nichts ist?"
(Merckent, was nütt si?) Der Beichtvater antwortet, daß das Nichts nichts sei als
„vergängliche Dinge" *(gebresthaffte ding)* und daß man sich von ihnen abwenden
soll. Katrei erwidert, daß das nicht genug sei. Man muß sich, sagt sie, einzig und
allein nach folgendem richten: „Ihr sollt euch vernichten unter euch selbst und
unter alle Kreatur, so daß ihr nichts anderes mehr zu tun findet, als Gott in euch
wirken zu lassen."

Diese Apologie der Abgeschiedenheit und der Vernichtung ist erneut eckhar-
tisch. Für den Beichtvater ist das Nichts nur das, was die theologische Tradition
der lateinischen Kirchenväter darin sah. Das „Nichts" ist dann die Substanz des
Bösen und der Sünde, ist das Vergängliche, Sinnliche, Körperliche, ist alles, was
entsteht, um zu vergehen, alles, was dem Tod und dem Verfall geweiht ist. Für
Katrei hingegen ist wie für Eckhart der wahre Weg, die wahre *Richtung*, nichts
anderes als die *Vernichtung*. Es gibt zwei Arten von Nichts – über dem „geschaffenen" Nichts das „göttliche" Nichts –, und es gibt zwei Tode – das Leben gemäß
der Natur ist ein Tod, der Tod gemäß der Gnade und dem göttlichen Grund ist
ein Leben. Ein eckhartischer Traktat, der wahrscheinlich apokryph ist, spricht
diese spekulative „Thanatologie" in noch stärkeren Worten aus:

> Wir sterben von Zeit zu Zeit, doch die Seele stirbt allsterbend in dem Wunder der
> Gottheit. Da sie die göttliche Natur nicht erfassen kann, muß sich die Seele ins
> Nichts stürzen und zunichte werden. In diesem Nichtsein wird sie begraben, und
> mit Unerkenntnis wird sie vereint in den Unbekannten, und mit Ungedanken wird
> sie vereint in den Ungedachten, und mit Unliebe wird sie vereint in den Ungelieb-
> ten. Was der Tod erfaßt, das kann ihm niemand mehr nehmen: Er scheidet das Le-
> ben vom Körper und scheidet die Seele von Gott und wirft sie in die Gottheit und
> begräbt sie in ihr, so daß sie allen Kreaturen unbekannt ist. Da wird sie als Verwan-
> delte im Grab vergessen, und sie wird unbegreiflich allen Begreifern. Wie Gott un-
> begreiflich ist, so unbegreiflich wird sie. So wenig man die Toten begreifen kann,
> die hier vom Körper sterben, so wenig kann man die Toten begreifen, die in der
> Gottheit tot sind. Diesen Tod sucht die Seele ewiglich. Wenn die Seele in den drei
> Personen getötet wird, dann verliert sie ihr eigenes Nichts und wird in die Gottheit
> geworfen. Da findet sie das Antlitz des göttlichen Nichts.[9]

Dies ist gewiß die Lehre von Katrei. Ist es auch die von Eckhart? Das ist eine andere Frage. Auf jeden Fall aber ist sie die Frucht seines Wirkens als Lesemeister.

„Homo humilis"

Eckhart, der in den Jahren 1293-1294 in Paris studiert und danach zweimal dort
gelehrt hatte (1302-1303 und 1311-1313), waren die „intellektualistischen" Thesen der Magistri artium wohlbekannt. Angesichts der Begeisterung für die Tu-

gend der „Großmut", die trotz der Verurteilungen von 1277 damals zum Prinzip des philosophischen Ideals geworden war, versteiften sich seine theologischen Mitbrüder auf eine enge, aber gleichfalls radikale Konzeption der Demut, die in den Rang einer christlichen Fundamentaltugend erhoben wurde.[10] Als er wieder von Paris nach Deutschland kam, dürfte er, so sollte man meinen, auf eine Zuhörerschaft gestoßen sein, die ganz auf seiten der Theologen stand. Denn waren nicht alle Nonnen und selbst die Beginen den zwölf Stufen der Demut unterworfen, wie sie der heilige Benedikt festgelegt hatte (stets an Gottes Gebote denken, nicht den eigenen Willen tun, sondern den des anderen, sich dem Oberen in vollem Gehorsam unterwerfen, Widriges mit Geduld ertragen, alle bösen Gedanken bekennen, mit dem Allergeringsten zufrieden sein, sich für niedrig und nichtig halten, nur tun, wozu die Regel mahnt, in Schweigsamkeit verharren, ernst bleiben, wenige und vernünftige Worte sprechen, die Demut äußerlich sichtbar machen)?

Der Fall Katreis, die Beschlüsse des Konzils von Vienne sowie die wiederholten Maßnahmen der Erzbischöfe von Straßburg und Köln zeigen, daß dem nicht so war. Durch die Ethik der *vernihtunge* und des „Ledigseins", wie sie die Brüder und Schwestern vom Freien Geist praktizierten, war die ganze Konzeption der *humilitas* wieder in Frage gestellt worden. Man sprach und stritt über alles, man verachtete alles, man erhob sich über alles.

Eckhart, der von Amts wegen zu den Frauen sprechen mußte, konnte dies weder in der Sprache der Philosophen tun – die sie verführt oder in ihren Überzeugungen bestärkt hätte – noch in der der Theologen – die sie abgestoßen oder empört hätte. Da er sich weder für die eine noch für die andere Tugend entscheiden konnte, jedenfalls nicht in ihrer traditionellen Ausprägung, mußte er also unausweichlich einen christlichen Begriff des Adels prägen, der die Tugend des Philosophen und die des Christen in einer Art großherzigen Demut zusammenfaßte.

Vor allem das Vermögen zur Aneignung und Synthese, das Eckhart und Dante in so hohem Maße besaßen, war verantwortlich dafür, daß der Begriff des Adels in Deutschland und Italien so wichtig und folgenreich wurde. Auf unterschiedlichen Wegen zwar, aber mit dem gleichen Material und den gleichen intellektuellen Mitteln arbeitend, fanden beide einen neuen und dauerhaften Ausdruck für diesen Adel, was dazu führte, daß das Problem der „Intellektuellen" mit den Pariser Verurteilungen von 1277 nicht erledigt war, sondern sich im Gegenteil außerhalb von Paris und Frankreich verbreitete, dort in der Volkssprache immer weitere Kreise zog, neue Klassen und Gesellschaftsschichten erreichte, um sich schließlich des Geistes der Frauen zu bemächtigen. Eine neue Form der inneren Demut zu erfinden, die man Adel bzw. *edelkeit* nennen konnte, dies war die intellektuelle Aufgabe Eckharts im Rheinland. Daß ein Teil seiner Zuhörerschaft – eben weil er danach suchte – darin einen Aufruf sah, sich von allen Hierarchien zu lösen und den Gehorsam zu verweigern, war eine Folge, die der Meister weder gewollt noch vorhergesehen hatte. Stephan Tempier hatte die Gefahren klar erkannt, die der Christenheit drohten, sollte die antike Philosophenmoral in welcher Form auch immer wiederaufleben: Deshalb wollte er die Dinge an der Wurzel packen und es verbieten, den Exzeß an einer Institution gleichsam zum Beruf zu machen. Ein halbes Jahrhundert später hatte das Übel die Grenzen der Institution überschritten, ja es war sogar in Gegensatz geraten zu jeder Form von Institutionalisierung. Die Beginen und Begarden hatten die Universität abgelöst; in ihrer Sprache und ihrer besonderen Lebensform vertraten diese Außenseiter ein philosophisches Ideal, ohne von Philosophic auch nur das geringste zu verstehen.

Das Thema der Verbindung von Großherzigkeit und Demut war nicht neu, schon im 12. Jahrhundert hatte der heilige Bernhard es angeschnitten. Um jedoch die Voraussetzungen für seine Synthese zu schaffen, mußte Eckhart von einer Definition der Demut ausgehen, die einer philosophischen Behandlung zugänglich war.[11] Bei der traditionellen Definition der Demut als „Selbsterniedrigung oder Selbstverachtung" war dies offensichtlich nicht der Fall, und man mußte nach etwas anderem suchen. Einen Ausweg bot die zunächst recht paradox wirkende Definition, die aus der Demut eine regelrechte „Vernichtung des Geschaffenen" machte. Diese These, die in der von Bonaventura 1255/1256 erörterten Quästio *De humilitate* formuliert worden war sowie im *Compendium de virtute humilitatis,* dem Werk eines unbekannten Franziskaners, der jedoch stark von Bonaventura abhängt, war bestens geeignet, eine Zuhörerschaft von Beginen zu verführen. Erklären kann man sie wie folgt.

Es gibt zwei Arten des Seins, das der Natur und das der Gnade, und zwei Arten der Demut, die Demut der Wahrheit, die aus der Betrachtung unserer „Nichtigkeit" hervorgeht, und die Demut der Sittenstrenge, die aus dem Bewußtsein der Sünde, aus dem Nichts der Gnade hervorgeht. Die Demut der Wahrheit ist die „Wurzel" der Geduld, der Großherzigkeit und der Beständigkeit. Sie „hält alle Kreaturen, da sie einmal nichtig sind, für nichtig" *(omnia inquantum nihil pro nihilo ducit)* und – über sie „herrschend" *(praesidens)* – „tritt sie die ganze Nichtigkeit der geschaffenen Dinge mit Füßen" *(conculcat totam nihileitatem entium sub pedibus suis);* sie betrachtet alle Größe und allen Stolz als nichtig; das aber heißt, daß der demütige Mensch – trotz des scheinbaren Gegensatzes von Großherzigkeit und Demut – gerade in seiner Demut großherzig ist und großherzig handelt, er handelt als Aristokrat, der alles Geschaffene durch eine „gewisse Erhöhung", ein gewisses hochherziges Auftreten *(per quandam altitudinem)* transzendiert und hinter sich läßt, was ihn dazu führt, alle Dinge zu *verachten.* Das anonyme *Compendium* beschreibt diese Ethik der radikalen Distinktion in Ausdrücken, die ebensosehr metaphysische wie psychologische sind:

> Durch das Begreifen der Nichtigkeit jeder Kreatur trennt der demütige Mensch seinen Geist von der völligen Eitelkeit [oder Leere] der geschaffenen Arten *[per intellectum nihileitatis suae et omnis creaturae ab omni vanitate speciei creatae mentem abstrahit].*

Im *Compendium de virtute humilitatis,* in dem der Ausdruck *nihileitas* zum vielleicht ersten Mal in der lateinischen theologischen Literatur auftaucht, wurde der *contemptus mundi* der christlichen Spiritualität verschmolzen mit der *despicientia rerum externarum* (Verachtung äußerlicher Dinge) der aristotelisch-stoischen Großherzigkeit, doch in dieser Weltverachtung ging es nicht wie bei den Philosophen um eine Selbstbehauptung der Größe des Menschen, sondern um „die Vernichtung des Menschen und alles Geschaffenen war der Größe Gottes".

Konfrontiert mit zwei sehr klaren und kontradiktorischen Thesen – derjenigen der *Magistri artium,* die zwischen Demut und Großherzigkeit trennten, um auf dem Weg über die Weltverachtung die Größe des Philosophen zu preisen, und derjenigen Bonaventuras und des *Compendiums,* die die beiden wieder vereinten, um auf dem Weg über die Verachtung des Kreatürlichen die Größe Gottes zu preisen –, sollte Eckhart sich von beiden etwas nehmen.

Aus der bonaventurischen Theologie übernimmt er den Begriff und das Wort „Nichtigkeit" sowie die Theorie der Demut als einer Beherrschung des Geschaffenen; vom aristokratischen Intellektualismus der Philosophen übernimmt er die Definition der Großherzigkeit als einer Tugend des vom Intellekt geprägten Menschen. Einmal vereint, verlieren diese Begriffe natürlich ihren ursprünglichen Status, ihre Inhalte werden neudefiniert in einer subtilen Dialektik, die darauf zielt, Christinnen zu überzeugen, die nicht mehr völlig „Nonnen" sind, aber auch noch nicht – und das aus gutem Grund – „Philosophinnen". Eben dies macht aus den deutschen Predigten Eckharts einen großen Ideentauschplatz, auf dem die Namen aller „Tugenden" – wie „Armut", „Demut" und „Adel" *(edelkeit)* oder, sie alle zusammenfassend, „Abgeschiedenheit" *(abegescheidenheit)* – zirkulieren und sich kreuzen, die imstande sind, hier auf Erden ein glückliches Leben zu verwirklichen.

Ein *glückliches Leben,* das heißt eine lebendige Beziehung des Menschen zu Gott, dergestalt, daß die „philosophische Kontemplation" oder die „theoretische Weisheit" eines Aristoteles harmonieren können mit einer Theologie der „Geburt Gottes in der Seele" – der „Gottwerdung des Christen" –, die den griechischen Vätern so teuer und den Lateinern so unlieb war, deren Erbe jedoch, wie wir sahen, angetreten wurde von Katrei, die unverblümt feststellte: „Ich bin Gott geworden".

Die als Abgeschiedenheit gedachte Gleichsetzung von Adel, Demut und Armut ist gleichsam die Chiffre aller intellektuellen Bestrebungen des 14. Jahrhunderts. Um gleichzeitig sowohl über den Gegensatz zwischen Großmut und Kleinmut im Sinne Sigers hinauszugehen wie auch über Bonaventuras Definition der Demut als Wurzel der Großherzigkeit, mußte Eckhart den Wert, die Kohärenz und die intellektuelle Kraft dieser beiden Lebensformen von Grund auf kennengelernt haben. Indem er die Hypothesen für gleichwertig erklärte, handelte er weder als „Mystiker" noch als bloßer Theologe, sondern auch und vor allem als Philosoph. Und in der Tat, so wie die „vollkommene Demut" nicht gedacht werden kann, ohne daß man die Nichtigkeit der Kreatur begreift, so kann die Abgeschiedenheit, die ihr ihren letzten Sinn verleiht, nicht gedacht werden ohne die Hilfe der Philosophie. Und darin trifft sich Meister Eckhart wieder einmal mit Dante.

Metaphysik des Einflusses und Theologie der Gnade

Wie Dantes *nobiltade* setzt der Eckhartsche Begriff der Demut, der edlen Armut, eine bestimmte Sicht des Kosmos voraus, genauer gesagt: die metaphysische Theorie des *fluxus,* des „Einflusses", die Eckhart wie der Alighieri im *Liber de causis* und der *Metaphysik* Avicennas fand, in der Interpretation, die Albert der Große beidem gab. War Eckhart wie Dante ein Anhänger der astrologischen Vorstellung vom Einfluß der Gestirne? Seine zahlreichen Vergleiche zwischen dem Einfluß der Sterne oder der Sonne auf die Erde und demjenigen Gottes auf die Seele (etwa in den *Predigten* 54a und 14) zeigen, daß er zumindest deren Sprache akzeptierte.

> Die Meister sagen, daß die Sterne ihre ganze Kraft in den Grund der Erde gießen, in die Natur und in das Element der Erde und dort das lauterste Gold hervorbringen. So weit die Seele in den Grund und in das Innerste ihres Seins kommt, so weit ergießt sich die göttliche Kraft völlig in sie und wirkt gar verborgen und offenbart gar große Werke, und es wird die Seele gar groß und hoch in der Liebe Gottes, die sich dem lautern Golde vergleicht.
> Die Erde ist das vom Himmel Allerfernste und ist in einen Winkel zusammengekrochen und schämt sich und würde gern dem schönen Himmel entfliehen von einem Winkel zum andern. Was aber wäre dann ihr Halt? Flieht sie niederwärts, so kommt sie zum Himmel; flieht sie aufwärts, sie kann ihm doch nicht entfliehen. Er jagt sie in einen Winkel und drückt seine Kraft in sie und macht sie fruchtbar. Warum? Das Alleroberste fließt in das Niederste. [...] Ganz so ist es mit dem recht demütigen Menschen.[12]

Wie auch immer Eckhart zum Einfluß der Sterne stehen mag, im Kern hält er auf jeden Fall an der „peripatetischen Theologie" fest: Gerade weil sie in der Mitte der Welt liegt, ist die Erde von allem das Niedrigste – wie Macrobius sagt: „In einer Sphäre ist das im Zentrum immer das Niedrigste" –, sie ist das Abstoßendste, ganz so wie das Element Erde „der Abschaum der Elemente" ist. Diese „Schande" der Erde gegenüber dem „Adel" der Sterne gibt dem Geozentrismus einen geradezu moralischen Sinn – sie macht die Erde zum Ort der radikalsten Erniedrigung oder Demut.[13] Zugleich drückt sie die Schwäche oder Defizienz des Zentrums aus und sein angeborenes Unvermögen, sich dem Einfluß und der Kraft des Himmels zu entziehen. Das metaphysische Prinzip, das dieses gewaltsame Fruchtbarmachen eines dem Wesen nach erniedrigten Zentrums artikuliert, ist eben der Einfluß, das „Sichergießen des Höheren ins Niedere", dessen positives Gegenstück die edle Natur des Himmels ist, die ihn „zwingt", sich ins Niedrige zu ergießen. Es liegt in der Natur des Höheren, sich zu verströmen und in einer Emanationsbewegung ins Niedrigere zu fließen, es kann weder auf andere Weise noch überhaupt etwas anderes wirken.

Dies ist der kosmologische Ausgangspunkt, der auf der etymologischen Linie, die von der Erde *(humus)* zum Menschen *(homo)* und zum Demütigen *(humilis)* führt, Eckhart den Rahmen für eine entscheidende philosophische Neuformulierung des christlichen Begriffs der Demut liefert.

Indem der demütige Mensch „sich alle Kreaturen unterwirft und sich allein unter Gott drückt", „zwingt" er Gott dazu, sich in ihn zu ergießen, besteht doch „die Natur des Guten" nach dem Zeugnis des Pseudo-Dionysius darin, „sich selbst und damit das Sein zu verströmen" *(bonum est diffusivum sui et esse)*. Umgekehrt verliert der hochmütige Mensch Gott, weil er sich Gott nicht unterwirft, er bleibt ohne Ursache, vernichtet sich selbst im Nichts, in diesem Übel, das nach Augustinus und Dionysius keine *causa efficiens* von etwas, sondern nur *causa deficiens* des Nichts ist. Gottes beraubt, das heißt dem Einfluß der Gnade entzogen, ist der Sünder nichts unter den Gerechten. Bei Eckhart verbinden sich die Wahrheit und Sittenstrenge der Bonaventurischen Demut so im „edlen Verzicht" einer Demut, die laut den *Predigten* 15 und 14 Gott „gebietet", sich zu ergießen.

> Die Sonne entspricht Gott: das höchste Teil seiner unergründlichen Tiefe antwortet auf das Allerniedrigste in der Tiefe der Demut. Ja, der demütige Mensch braucht darum Gott nicht zu bitten, sondern er kann ihm wohl gebieten, denn die Höhe der Gottheit kann es auf nichts anderes absehen als auf die Tiefe der Demut; denn der demütige Mensch und Gott sind Eins und nicht Zwei *[Predigt* 15].
> Die Sonne entspricht Gott: das Allerhöchste in seiner unergründlichen Gottheit antwortet auf das Allerniedrigste in der Tiefe der Demut. Der wahrhaft demütige Mensch braucht Gott nicht zu bitten, er kann Gott gebieten, denn die Höhe der Gottheit hat es auf nichts anderes abgesehen als auf die Tiefe der Demut *[Predigt* 14].

Diese an Kölner Nonnen gerichteten Worte haben die Inquisitoren natürlich aufhorchen lassen. Die Radikalität der Äußerung ist deshalb aber nicht das Zeichen einer „Mystik des Exzesses", sondern vielmehr das einer regelrechten intellektuellen Strategie, die einem nicht-philosophischen Publikum die Begegnung von peripatetischer Metaphysik und christlicher Theologie vor Augen führen will. An diesem Punkt trennt sich Eckhart von Dante.

Für Dante waren die Ordnung der Natur und die der Gnade klar unterschieden: Die *influentia* war beschränkt auf das von der Wahrheit der Philosophen beherrschte Gebiet, ohne je überzugreifen auf dasjenige der Theologen. Bei Eckhart hingegen ist das Gesetz des „Einflusses" oder die „wesentliche Ursächlichkeit" sowohl für die Natur wie für die Gnade gültig. Die Eckhartsche Großherzigkeit ist die Weite und Offenheit, ja buchstäblich die „Größe" einer Seele, die alles Geschaffenen ledig und leer ist; es ist buchstäblich die Größe der Leere, die, in ihrer absoluten Reinheit, aus ihr den natürlichen Ort Gottes macht – ein Ausdruck, in dem die *Physik* des Aristoteles anklingt und der, als Skandal der Skandale, stillschweigend die „Herabkunft Gottes" in die Seele gleichsetzt mit dem Fall der Körper, die bekanntlich nach unten, ins Niedrigere fallen.[14]

> Daß Abgeschiedenheit Gott zu mir zwingt, das bewähre ich damit: Ein jedes Ding ist doch gerne an seinem natürlichen Ort, der ihm eigen ist. Nun ist Gottes natürliche Eigenstätte Einfachheit und Reinheit; die kommen von der Abgeschiedenheit. Darum muß Gott notwendig sich selbst einem abgeschiedenen Herzen hingeben.[15]

Die innere Einwohnung

Während die Natur einen Abscheu vor der Leere hat, hat Gott dort seinen natürlichen Ort. In der Natur gibt es keine Leere, doch der Mensch vermag sie mit Hilfe der Abgeschiedenheit zu erlangen. Indem sich die Seele vollständig entleert, sich alles Geschaffenen entledigt, macht sie sich frei für einen Gott, den sie von sich selbst befreit, indem sie „Gott sein läßt, was er ist", das heißt ihn sich selbst ergießen, emanieren läßt in seinen Ort. Um den wahren Sinn dieser wechselseitigen Angleichung von Metaphysik des Einflusses und Theologie der Gnade nicht zu verfehlen, muß man Eckharts Formulierungen auf die Texte zurückbeziehen, die ihnen Maß und Rahmen geben. Schauen wir uns also den Passus aus *Predigt* 14, der in die „Zweite Anklageliste" von Köln aufgenommen wurde, noch einmal im ganzen an:

> Ich sagte zu Paris in der Schule, daß alle Dinge vollendet werden würden im recht demütigen Menschen. Die Sonne entspricht Gott: das Allerhöchste in seiner unergründlichen Gottheit antwortet auf das Allerniedrigste in der Tiefe der Demut. Der wahrhaft demütige Mensch braucht Gott nicht zu bitten, er kann Gott gebieten, denn die Höhe der Gottheit hat es auf nichts anderes abgesehen als auf die Tiefe der Demut, wie ich im Kloster zu den Makkabäern sagte. Der demütige Mensch und Gott, das ist Eins; der demütige Mensch ist Gottes so gewaltig, wie Gott seiner selbst gewaltig ist [...]; was Gott wirkt, das wirkt der demütige Mensch, und was Gott ist, das ist auch er: ein Leben und ein Sein; und darum sprach unser lieber Herr: *Lernet von mir, daß ich sanftmütig und eines demütigen Herzens bin.*
> Wenn ein Mensch recht demütig wäre, müßte Gott entweder seine ganze Gottheit verlieren und müßte sich ihrer völlig entäußern, oder er müßte sich ausgießen und müßte ganz in diesen Menschen fließen. Mir kam der Gedanke gestern Abend. Gottes Höhe liege an meiner Niedrigkeit: wo ich mich erniedrigte, da würde Gott erhöht.
> *Jerusalem wird erleuchtet werden,* sagt die Schrift und der Prophet. Ich aber dachte gestern Abend, daß Gott enthöht werden sollte, nicht absolut, sondern vielmehr innen, und dies besagt soviel wie „enthöhter Gott", was mir so gut gefiel, daß ich es in mein Buch schrieb. Es besagt: „ein enthöhter Gott", nicht absolut, sondern innen, auf daß wir erhöht werden sollten.
> Was oben war, das wurde innen. Du sollst geeinigt werden von dir selber in dich selber, auf daß er in dir sei. Nicht, daß wir etwas nehmen von dem, was über uns sei; wir sollen es vielmehr in uns nehmen und sollen es nehmen von uns selbst in uns selbst.
> Sankt Johannes spricht: *Die ihn aufnahmen, denen gab er Gewalt, Gottes Söhne zu werden. Die Gottes Sohn sind, die sind nicht vom Fleische noch vom Blut, sie sind aus Gott geboren* [Joh. 1,12], nicht aber aus ihm heraus, vielmehr hinein.
> Unsere liebe Frau sprach: *Wie kann das sein, daß ich Gottes Mutter werde?* Da sprach der Engel: *Der Heilige Geist wird von oben in dich kommen* [Luk. 1,34].
> David sprach: *Heute habe ich dich geboren* [Ps. 2,7]. Was meint *heute?* Die Ewigkeit. Ich habe mich als dich und dich als mich ewig geboren.
> Gleichviel genügt es dem edlen, demütigen Menschen nicht damit, daß er der eingeborene Sohn ist, den der Vater ewig geboren hat: er will auch Vater sein und in dieselbe Gleichheit mit der ewigen Vaterschaft eintreten und den gebären, von dem

ich ewig geboren bin, wie ich im Kloster Mariengarten sprach; da *kommt Gott in sein Eigentum* [Joh. 1,11]. Übereigne dich Gott, so ist Gott dein Eigentum, so wie er seiner selbst Eigentum ist.

Die Dialektik von Demut und Größe, machtvoll instrumentiert durch die Theorie des Einflusses, mündet in einen Gedanken, der Eckhart selbst erschüttert und der die Grenzen der Philosophie transzendiert: in den Gedanken der „inneren Enthöhung Gottes". Ist dieser Gedanke aber, der im Herzen der Gottheit Demut und Entfremdung herrschen läßt, „mystisch"? Das Problem ist falsch gestellt und beruht auf einem Irrtum der historischen Perspektive.

Entscheidend ist hier die exegetische Textmontage, in deren Rahmen Eckhart seine Einsicht formuliert, das heißt die Reihe aus Johannes 1,12, Lukas 1,34, Psalmen 2,7 und Johannes 1,11. Zusammen nämlich mit Jesaja 26,18 („In Furcht vor dir, Herr, haben wir empfangen und geboren") und Galater 4,19 („Meine lieben Kinder, welche ich abermals mit Ängsten gebäre, bis daß Christus in euch Gestalt gewinne") sowie einigen anderen Stellen werden diese Texte traditionell herangezogen, wenn es um die eng verknüpften Themen der Gottessohnschaft, der Geburt des Menschen zum göttlichen Leben (die Neugeburt) und der Geburt des Logos in der Seele (die Vergöttlichung der Menschheit) geht.

Beachtet man die Gewohnheiten der Exegese, kann man Eckharts scheinbar mystische Sprache also sehr einfach theologisch entziffern: Die „Enthöhung" Gottes ist die Inkarnation, der ursprüngliche Akt der göttlichen Demut, der erste Moment der erlösenden Vergöttlichung des Menschen. Die „innere Enthöhung" ist der zweite Moment der Erniedrigung oder Demütigung Gottes: die innere Einwohnung des Logos als jene Gnade, die die Gottförmigkeit begründet.

Eckharts grundlegendste These ist die, daß Gott „Fleisch geworden ist, um in uns zu wohnen". Wie er in seinem *Kommentar zum Johannesevangelium* sagt: „Die Gnade der Inkarnation geschieht um der Gnade der Einwohnung willen." Diese Formulierung wandelt eine Stelle aus den *Postillen* Hugos von Saint-Cher über Johannes ab. Für diesen Klassiker der dominikanischen Theologie gilt nämlich: „Gott ist Mensch geworden, damit der Mensch Gott wird, nicht durch Natur, sondern durch Gnade". Die Enthöhung Gottes in den beiden Gnaden der Inkarnation und der inneren Einwohnung ist mithin eine theologische Lehre, an der an sich nichts Außergewöhnliches ist.

Was nun aber an Eckharts Darlegung einer letztlich traditionellen These fesselt und beunruhigt, liegt genau in jenem Spiel von Texten beschlossen, die die *Predigt* 14 skandieren. So behauptet seine Interpretation von Johannes 1,11, *in propria venit*, „er [Gott] kommt in sein Eigentum", nicht bloß, das der Mensch, der sich „Gott übereignet", also sich selbst von allem enteignet, was er von Natur aus ist, „sich Gott zu seinem Eigentum macht", also sich durch Gnade alles aneignet, was Gott von Natur aus ist, sie behauptet auch, daß diese aneignende Enteignung, dieses Entwerden, in gewisser Hinsicht der Weise entspricht, „wie Gott Eigentum seiner selbst ist". Diese unergründliche Korrespondenz findet ihren Ausdruck in den drei Schriftstellen, die Johannes 1,11 vorhergehen, nämlich Johannes 1,12, Lukas 1,34 und Psalmen 2,7. Mit Johannes 1,12 behauptet Eckhart, daß die „Gewalt, Gottes Söhne zu werden", denen gehört, „die aus Gott geboren sind, nicht aber aus ihm heraus, vielmehr hinein"; mit Lukas 1,34 erläutert er diese Geburt durch die Mutterschaft Mariens, der vom Heiligen Geist befruchteten Jungfrau; mit Psalmen 2,7 löscht er den Unterschied zwischen dem eingeborenen Sohn und den Adoptivsöhnen aus durch eine ewige Theogenese. Liest man sie zusammen, besagen diese drei Thesen demnach, daß die „innere Enthöhung" Gottes die „Geburt Gottes in der Seele" ist, welche insofern ewig ist, als ihr einziger Ort unterschiedslos der grundlose Grund der Seele und der Abgrund der Gottheit ist. Die aneignende Enteignung gipfelt so in dem, was die *Predigt* 49 die „Demut des Geistes" nennt: „Demut des Geistes ist dies, daß der Mensch sich von all dem Guten, das Gott ihm je erweist, so wenig zuerkenne oder zueigne, wie er's tat, als er noch nicht war." Eben diese Lehre greift Katrei auf, um sie in eine Erfahrung eingehen zu lassen.

Doch damit nicht genug. Die aneignende Enteignung des Menschen ist gleichzeitig eine aneignende Enteignung Gottes. Eckhart sagt nicht nur, daß die Geburt des Sohnes in der Seele eine Wiedergeburt der Seele in Gott ist – eine These, die er in *Predigt* 10 entwickelt –, er behauptet überdies, daß der Vater „seinen Sohn in der Seele gebiert wie in seiner eigenen Natur" *(Predigt* 4). Man muß nur die wenigen Zeilen in *Predigt* 6 lesen, die von der Unausweichlichkeit der göttlichen Geburt handeln, um zu begreifen, daß die Geburt Gottes in der Seele bei Eckhart weniger eine Teilhabe der Seele am trinitarischen Leben ist als ein Gebären Gottes in sich selbst:

> Der Vater gebiert seinen Sohn in der Ewigkeit sich selbst gleich. *Das Wort war bei Gott, und Gott war das Wort:* es war dasselbe in derselben Natur. Noch sage ich überdies: Er hat ihn geboren in meiner Seele. Nicht allein ist sie bei ihm und er bei ihr als gleich, sondern er ist in ihr; und es gebiert der Vater seinen Sohn in der Seele in derselben Weise, wie er ihn in der Ewigkeit gebiert und nicht anders. *Er ist gezwungen, es zu tun, es sei ihm lieb oder leid.* Der Vater gebiert seinen Sohn ohne Unterlaß, und ich sage mehr noch: Er gebiert mich als seinen Sohn und als denselben Sohn. Ich sage noch mehr: Er gebiert mich nicht allein als seinen Sohn; er gebiert mich als sich und sich als mich und mich als sein Sein und als seine Natur.

Dieses Thema ist ein Leitmotiv des Eckhartschen Denkens. Die *Predigt* 6 ist eng verwandt mit der Gruppe von Predigten über die Demut, die in Köln gehalten wurden. „Er ist gezwungen, es zu tun", erinnert deutlich an die *Predigten* 15 und 14. Und die Wendung „es sei ihm lieb oder leid" erinnert ebenso deutlich an einen Passus in *Predigt* 22, in dem einmal mehr das geozentrische Weltbild im Rahmen einer Theologie des himmlischen „Einflusses" aufgegriffen wird:

> Die Erde kann nicht so weit niederwärts fliehen, daß der Himmel nicht in sie fließe und seine Kraft in sie drücke und sie fruchtbar mache, sei's ihr lieb oder leid. So auch geht es dem Menschen, der da wähnt, Gott zu entfliehen, und er kann ihm doch nicht entfliehen; alle Winkel offenbaren ihn. Er wähnt, Gott zu entfliehen und läuft ihm in den Schoß. Gott gebiert seinen eingeborenen Sohn in dir, es sei dir lieb oder leid, ob du schläfst oder wachst; er tut das Seine.

Die Anwendung identischer Formeln auf den Himmel, die Seele und Gott ist ein konkretes Beispiel für die Theorie der Homologie zwischen Natur-, Moral- und Gottesdingen – *in naturalibus, in moralibus, in divinis* –, welche dem Projekt einer Schrifterklärung *per rationes naturales philosophorum* zugrunde liegt. Man weiß nicht, wann genau die *Predigt* 6 gehalten wurde, man findet in ihr jedoch einen ziemlich präzisen Hinweis:

> Ich sagte einst ebenhier, und es ist auch wahr: Wenn der Mensch etwas von außerhalb seiner selbst bezieht oder nimmt, so ist das nicht recht. Man soll Gott nicht als außerhalb von einem selbst erfassen und ansehen, sondern als sein *Eigentum* und als das, was in einem ist.

Das Modell für diesen Passus scheint die Theorie der Verinnigung und Einwohnung zu sein, wie sie in *Predigt* 14 auf der Grundlage von Johannes 1,11 – *in propria venit* – skizziert worden ist. In derselben *Predigt* 6 heißt es auch, daß „das Sein Gottes mein Leben ist und mein Leben das Sein Gottes", daß die gerechte Seele – wie der Logos – „ewig bei Gott lebt", „Gott gleich und bei Gott, ganz gleich, weder darunter noch darüber", und daß sie „Gott gleich ist, wenn sie nichts gleich ist", wenn „sie sich selbst nicht mehr gleicht als einem andern, und sich selbst nicht näher ist als einem andern", wenn sie „ihre eigene Ehre, ihren Nutzen und was immer das Ihre ist nicht mehr begehrt noch beachtet als das Eigentum eines Fremden". Diese Apologie der Enteignung, die zugleich eine Theologie der Demut und eine Theologie der Vernichtung ist, ist ganz offenkundig eine Apologie der „Abgeschiedenheit", die sämtliche Thesen des Traktats *Von abgescheidenheit* impliziert – jenes Werks des späten Eckharts, das, wenn es denn echt ist, zu spät verfaßt worden zu sein scheint, als daß die Kölner Inquisitoren es hätten zur Kenntnis nehmen können. In *Predigt* 39 jedenfalls, die ausdrücklich die Begrifflichkeit von *Predigt* 6 aufgreift, wird erneut die Schulalternative der „frühen thomistischen Polemiken" zwischen Liebe, Erkenntnis und reflektierter Schau verworfen, um das Prinzip der Glückseligkeit statt dessen in einer Vernichtung zu sehen, „die nichts beabsichtigt und auf kein Warum abzielt, weder in Zeit noch in Ewigkeit, weder auf Lohn noch auf Seligkeit noch auf dies oder das". Diese Vernichtung besteht darin, „zu nichts zu werden" und „in den eigenen Grund zurückzugehen", das heißt „bei Gott" zu sein – was einen an Johannes 1,1 erinnert. Innere Enthöhung Gottes, Geburt Gottes in der Seele, verinnigender Rückgang von sich in sich, diese drei Dinge werden zusammengefaßt in der Idee einer „Seligkeit des Gerechten", die identisch ist mit derjenigen Gottes, denn „der Gerechte ist da selig, wo Gott selig ist". In diesem Sinne wird am Schluß von *Predigt* 39 das Geborensein, das die Dualität von Seele und Gott in sich verzehrt, dem Geborenwerden entgegengesetzt, bei dem allein noch eine reflexive Schau möglich ist:

> Darum liegt des Geistes Seligkeit da, wo er geboren *ist,* und nicht, wo er noch geboren *wird,* denn er lebt, wo der Vater lebt, das heißt: in der Einfaltigkeit und in der Bloßheit des Seins. Darum kehre dich von allem, und begreife dich rein im Sein; denn, was außerhalb des Seins ist, das ist Akzidens, und alle Akzidentien stiften ein Warum.

Der neue Adel oder die Ehre der Leere

Während man die Termini der Alternative zwischen Sein und Werden, Geborensein und Geborenwerden, leicht auf Augustinus und Origenes zurückführen kann, besteht Eckharts Originalität darin, das Geborensein als ein Selbstbegreifen in der Abgeschiedenheit zu denken. Ein solches nicht-duales Begreifen ist ein Erfassen Gottes durch Gott in Gott. Mit ihm wird gleichzeitig das Problem des Glücks auf Erden und das der künftigen Seligkeit in einem göttlichen Leben gelöst, das weder ein Hier noch ein Da kennt und zu dem die Seele gelangt, sobald sie entworden ist, das heißt, sobald sie wieder geworden ist, was „sie ewiglich in Gott gewesen ist".

Auf wie schwachen Füßen die relative Chronologie der *Predigten* 22, 15, 14, 6 und 39 auch stehen mag, sie zeigt das allmähliche Auftauchen des Begriffs „Abgeschiedenheit".

Der „demütige Mensch", von dem Eckhart laut den *Predigten* 15 und 14 „zu Paris in der Schule" gesprochen hat, ist „der Sohn, in dem", nach *Predigt* 39, „der Vater uns treibt, geboren zu werden", ein Gebären, zu dem „er aus seinem Grunde, aus seiner Wesenheit und aus seinem Sein angetrieben wird". Das Thema der „Gewalt des demütigen Menschen" und dasjenige der Begierde, die Gott ebensosehr treibt wie er uns treibt und in der sich die ganze Natur widerspiegelt, drükken je auf ihre Weise die, wenn man so sagen darf, *grundständige* Notwendigkeit der aneignenden Enteignung aus.

In theologischer Begrifflichkeit besagt diese Doktrin, die alle Charakteristika der Emanationslehre aufweist, daß das glückselige Leben darin besteht, „in den eigenen Grund zurückzugehen" und, dort angelangt, „ohne Warum zu wirken", „weder um Gottes noch um der eigenen Ehre willen noch um irgendeiner Sache, die außerhalb von einem ist, sondern einzig um dessen willen, was das eigene Sein und das eigene Leben in einem ist" *(Predigt 6)*. Inwiefern dieser Rückgang zugleich Verinnerlichung des Menschen durch das ist, was er in sich selbst ist, und innere Enthöhung Gottes, lehrt die *Predigt* 54b: „Um in unsern Grund rechter Demut und rechter Entblößtheit zu treten", müssen wir „in unser Niederstes und in Gottes Innerstes treten, müssen treten in Gottes Erstes und in sein Oberstes; was in der Seele am allerhöchsten ist, das befindet sich im Niedersten, denn es ist zuallerinnerst"; in den eigenen Grund zurückzugehen, heißt also sich in sich selbst und in Gott zugleich erhöhen und erniedrigen. Die Dualität, die die Problematik der *visio beatifica* ausmacht, kann also aufgehoben werden in der lauteren Demut, das heißt in der Abgeschiedenheit als Vernichtung des Geschaffenen, die allein dem Einen Platz macht: „Manche einfältigen Leute wähnen, sie sollten Gott so sehen, als stünde er dort und sie hier. Dem ist nicht so. Gott und ich, wir sind eins."

Dieses Leben gemäß dem Einen, diese Ankunft des Einen in der Sohnschaft, ist das, was Eckhart in Paris „die Vollendung aller Dinge im recht demütigen Menschen" genannt hat, eine notwendige Vollendung, zu der Gott gezwungen ist. Diese Lehre von der Demut richtet sich zwar an Theologen und Spiritualen, sie hat aber auch eine philosophische Bedeutung.

Als Vernichtung alles Geschaffenen bringt die Demut jene Leere hervor, die der Ort ist, der Gott dazu bewegt, sich in sich zu enthöhen. Da diese Macht der Leere ausschließlich in der Macht der Abgeschiedenheit steht, ist es nicht verwunderlich, daß die Macht der Leere, die „Gott zwingt zu kommen", im Traktat *Von Abgeschiedenheit* zum einen auf der Basis der Aristotelischen Physik des natürlichen Orts gedacht wird, zum anderen aber auch ausgehend von einer Stelle aus Avicennas *De anima,* die der Theorie prophetischer Gaben gewidmet ist, dank deren „der Einfluß der edlen und überaus starken Seele über den eigenen Körper hinausgeht" und so „die Kranken heilt, die Bösen krank macht, gewisse Naturen zerstört und andere stärkt, die Elemente derart verwandelt, daß das, was nicht Feuer ist, Feuer wird, und das, was nicht Erde ist, Erde wird".[16] In Eckharts Sprache klingt Avicennas Text so:

> Ein Meister namens Avicenna spricht: Der Adel des Geistes, der abgeschieden ist, ist so hoch, das alles, was er schaut, wahr ist, und was er begehrt, wird ihm gewährt, und wo er gebietet, da muß man ihm gehorsam sein.

Indem er sich auf Avicenna beruft, um etwas, was sich bei diesem ganz offenkundig allein auf die Materie bezog, auf Gott anzuwenden, überträgt Eckhart nicht nur ein Philosophem aus dem Reich der Natur auf das der Gnade. Er will vielmehr einen christlichen *status adeptionis* definieren, die Abgeschiedenheit, die ein Abgrund für das Denken ist, aber auch und vor allem ein Abgrund des Denkens, der den Sinn aller Diskurse umstürzt und umkehrt, es seien philosophische oder theologische. Die wahre Bedeutung der Worte Großherzigkeit, Adel, Demut, Armut, Gewalt oder Macht wird weder von den Philosophen noch von den Theologen erkannt.

Die von allen Aristotelikern gepriesenen „Großherzigen" sind „klein", ohne zu wissen, daß sie es sind: von Gott kennen sie nur das, was man von ihm im Bereich einer der Gnade beraubten Natur wissen und sagen kann; die „Demütigen" im Sinne Bonaventuras sind „klein", ohne zu wissen, wie man es sein muß: ihnen ist unbekannt, daß die vollendete Intellektualität insofern Gnade ist, als sie Leere von allem Geschaffenen ist. Die einen haben den Adel ohne die Herrschaft, die anderen die Herrschaft ohne den Adel. Für sie alle bleibt Gott das *ganz Andere,* wo er doch von Ewigkeit her das *Nicht-Andere* ist.

Die Verbindung von Philosophie und Theologie in einer vereinenden Erfahrung ohne fungierendes Subjekt macht das „mystische" Element der philosophischen Theologie Eckharts aus. Für ihn ist der Aufstieg des Intellekts die Geburt des Logos; der *status adeptionis* die Gottwerdung des Menschen und die innere Enthöhung Gottes; oben und unten, hier und da fallen zusammen im grundlosen Grund, wo weder die Seele noch Gott einen Namen haben. Die intellektuelle Glückseligkeit der Philosophen und die beseligende Schau der Theologen werden ewiglich übertroffen von der Glückseligkeit des unbeweglichen Reisenden. Philosophie und Offenbarung widersprechen sich nicht, sie erhellen einander; der Adlige und der Bettler, der Philosoph und der Spirituale sind nur einer, denn „wieviele Söhne die Seele in der Ewigkeit auch gebären mag, es gibt immer nur den Einen Sohn".

Wie man sieht, ist Eckhart weder Anti-Intellektualist noch Anti-Aristoteliker. Er hat dasselbe Programm wie Dante, aber er setzt es anders um. Während Dante dem edlen Menschen die Merkmale der „edlen Seelen" des Himmels zuschrieb, um dann, nach einer philosophischen Behandlung der Inkarnation, zu einer theologischen Erörterung der Seligkeit überzugehen, die wieder mehr dem katholischen Glauben entsprach, geht Eckhart über die „edlen Seelen" und „getrennten Intelligenzen" von Aristoteles und dem Peripatos hinaus und bewegt sich in Richtung auf eine Theologie des Einen, eine Henologie, mit der ihn Pseudo-Dionysius oder auch Proklos bekannt gemacht haben. Von Aristoteles trennt er sich also nur, um zum Neuplatonismus zurückzukehren, nicht um sich im Unbestimmten einer mystischen Erfahrung zu verlieren:

> Nun beachtet aufmerksam, daß Aristoteles von den reinen Geistern spricht in dem Buch, das da heißt *Metaphysik*. Der höchste unter den Meistern, die je über die natürlichen Wissenschaften gesprochen haben, spricht von diesen reinen Geistern und sagt, daß sie keiner Dinge Form seien, und sie empfangen ihr Sein unmittelbar aus Gott ausfließend[17]; und so fließen sie auch wieder ein und empfangen den Ausfluß aus Gott unmittelbar, oberhalb der Engel[18] und schauen das reine Sein Gottes ohne Unterschiedenheit. Dieses lautere, reine Sein nennt Aristoteles ein „Etwas". Das ist das Höchste, was Aristoteles je über die natürlichen Wissenschaften gesprochen hat, und höher darüber hinaus vermag kein Meister etwas auszusagen, es sei denn, er spräche im Heiligen Geist. Nun sage ich, daß es diesem edlen Menschen nicht genügt am Sein, das die Engel[19] formlos erfassen und an dem sie unmittelbar hängen; im genügt's einzig am einigen Einen.[20]

Dante und Eckhart

Eckhart und Dante waren Zeitgenossen. Beide haben den Adel verteidigt: Die *nobiltade* und die *edelkeit* sind die Schlüsselworte einer neuen Sicht des Daseins, eines neuen Ideals, das seinerseits jenes Ideal des philosophischen Lebens transponiert oder verschärft, das um 1300 an der Universität von Paris so viele in seinen Bann zog.

Der deutsche „Mystiker" und der italienische „Dichter" haben beide die Bestrebungen der „Intellektuellen" außerhalb ihrer angestammten Institution heimisch gemacht. Der Gebrauch der Volkssprache hat das Lebensmodell in die Gesellschaft eindringen lassen, das sich die „Meister" der Freien Künste gegeben hatten, er hat das universitäre Ideal universalisiert. Über den Adressaten von Dantes Werk mag man spekulieren – und die Frage ist um so schwieriger, als das *Gastmahl* erst nach seinem Tod Verbreitung fand; hingegen ist klar, an wen Eckharts Werk adressiert war. Als Prediger wandte sich Eckhart an eine Zuhörerschaft. Diese Zuhörerschaft bestand zum größten Teil aus Laien und Frauen, mochten letztere im Sinne der Kirche nun „Nonnen" sein oder auch nicht.

Spricht man, um die Situation des *intellektuellen Diskurses* im Mittelalter zu charakterisieren, von einem Versagen der universitären Korporation, hat man einen wesentlichen Teil der mittelalterlichen Geschichte verfehlt. Die Sprache des

Intellekts hat die Universität verlassen, sie hat sich dort verbreitet, wo man es nicht erwartete: bei den Nonnen und Beginen und, genauer noch, in jenen „deutschen Landen", wo, da es keine Universität gab, die Studienkonvente der Mendikanten als Zentren der „höheren" Bildung fungierten.

Wenn Dante den edlen Menschen mit „einem anderen inkarnierten Gott" vergleicht, steht er sowohl Eckhart sehr nahe wie auch den Straßburger Beginen und ihrer „Erfahrung". Diese Nähe bliebe unerklärlich, gäbe es nicht einen gemeinsamen Bezugspunkt: die philosophische Kontemplation der arabischen Philosophen, für die die Pariser „Averroisten" gleichsam ein Manifest verfaßt hatten. Der von Dante beschriebene Adel wurde in einem Theorierahmen gedacht, der untrennbar sowohl von der Theologie markiert war wie von der „peripatetischen" Kosmologie: Der gesamte Aristotelismus, ob echt oder apokryph, fand sich hier vereint – unter Einschluß, wie wir sahen, auch der Biologie und Astrologie. Die geistige Glückseligkeit war die Krönung einer Praxis der theoretischen Weisheit, die die ganze Existenz auf ein Ziel hin ausrichtete, und einer Wissenschaftslehre, die gleichzeitig deren Natur und Möglichkeit erklärte.

Dante und Eckhart sind also die privilegierten Zeugen eines Vormarsches der philosophischen „Irrtümer", den weder die Verurteilungen von 1277 noch der Krieg gegen den Arabismus, den Raimundus Lullus führte, haben aufhalten können. Die dunkle Verbindung, die im 13. Jahrhundert zwischen den Thesen über das philosophische Zölibat, die Überlegenheit des „Philosophenstatus", die Nutzlosigkeit des Gebets und die Eitelkeit der Sakramente hergestellt wurde, hat nachträglich in Deutschland zu ihrer wahren gesellschaftlichen Dimension gefunden: In Gemeinschaften von Frauen, die in der Welt leben und arbeiten, pflegen Beginen wie Katrei eine Lebensform, in der Hetärenfreundschaft, tugendhafter Egoismus und Philosophie mit anderen Mitteln fortgesetzt werden.

Die Väter des Konzils von Vienne haben das Phänomen auf ihre Weise erkannt, als sie versuchten, diese Philosophen-Frauen auf das Modell und die Problematik der *Keuschheit* zurückzuführen. Es ist kein Zufall, wenn das gegen die Beginen verabschiedete Dekret mit den Worten endet:

> All dies heißt durchaus nicht, daß wir gläubigen Frauen verbieten wollen, so zu leben, wie der Herr es ihnen eingibt, vorausgesetzt, sie haben den Wunsch, ein Leben der Buße zu führen und Gott demütig zu dienen, auch wenn sie kein Keuschheitsgelübde abgelegt haben, aber keusch in ihren Häusern zusammenleben.

Die Aristotelische Konzeption der Freundschaft war leitend für eine neue Form des klösterlichen Lebens, für eine neue Form der Beziehung zwischen Männern und Frauen – die Beziehung zwischen Katrei und ihrem Beichtvater ist strukturell dieselbe wie die zwischen Heloise und Abaelard; der Unterschied ist der, daß Katrei etwas in die Hand bekommen hat, das über die Mittel der sich abschottenden Liebe hinausgeht, etwas, das jedes Element des Paares zu einer so „weiten" Existenz hin befreit, das diese jetzt „des Nichts vermögend" ist. Die zahlreichen „Töchter Eckharts", über die so viele literarische Zeugnisse auf uns gekommen sind, hätten ebensogut von Dante besungen werden oder denselben Gesang singen können wie er. Die vereinende Erfahrung des Transzendenten ist das, was die Hervorbringungen der *cura monialium* und des *amor curialis* in der Tiefe verbindet.

Eckharts Erfahrung in der Provinz Teutonia fasziniert vor allem dadurch, daß sie die eines Boten oder Vermittlers, eines *go-between* gewesen ist. Der Prediger, der gekommen war, um den Frauen die Philosophie zu erläutern, fand dank ihnen etwas, um diese Philosophie in einer neuen Form zu verwirklichen, nämlich im Leben.

Die Verurteilung des *Lebemeisters* erklärt sich zum Teil zweifellos aus der Tatsache, daß diese „Verwirklichung" des philosophischen Lebens alsbald im Zeichen des Exzesses erfolgte. Die Sekte vom Freien Geist gab es schon vor Eckhart, aber entwickelt hat sie sich unter Berufung auf seine Autorität. Indem Eckhart die Möglichkeit eines glücklichen Lebens predigte, indem er die Möglichkeit einer Seligkeit *in statu viatoris,* also des Pilgers postulierte, bei der Armut und Adel einen neuen „Status" der Existenz definierten, einen christlichen *status adeptionis,* der den Gegensatz zwischen der „intellektuellen Glückseligkeit" der Philosophen und der „reflexiven Gottesschau" plumper Theologen *(grober Meister)* hinter sich läßt, stand Eckhart im Gegensatz zu den einen wie den anderen. Diese Lehre schien also von Hause aus gemacht zu sein für Außenseiter wie die Begarden und die Beginen, die im eigentlichen Wortsinn weder Philosophen noch Theologen oder Kleriker waren.

Indem Eckhart eine Vereinigung mit Gott, die die Theologen der „himmlischen Heimat" vorbehielten, hienieden und ohne das *medium* einer Schau für möglich erklärte, schien er im vorhinein die Ansprüche des Freien Geistes zu rechtfertigen, wonach man durch einen freien Entschluß und ohne Gnadenbeistand das Nichts durchdringen und Zugang zur Gottheit gewinnen konnte, also sich mit Gott vereinen, „willentlich" Gott werden konnte.

Zu Beginn seines Prozesses haben die „orthodoxen" Schüler Eckharts versucht, den Meister freizusprechen von den „Irrtümern" seiner fehlgeleiteten Anhänger. Dies war das Ziel des jungen Dominikaners Heinrich Seuse, als er sein *Büchlein der Wahrheit* verfaßte: er wollte, nachdem der Inquisitionsprozeß gegen seinen ehemaliger Lehrer angestrengt worden war, beweisen, daß die wahre Eckhartsche Lehre nichts zu tun habe mit dem, was die Brüder und Schwestern vom Freien Geist unter seinem Namen verbreiteten.

Das namenlose Wilde

Das 6. Kapitel des *Büchleins der Wahrheit* schildert in Form eines Dialogs die – man kann nicht vorsichtig genug sein! – fiktive Begegnung Seuses mit einem Mitglied der Sekte.

> An einem hellen Sonntag saß der Jünger einst in sich versunken und in tiefen Gedanken. Da erblickte er vor sich deutlich eine Gestalt, in ihren Worten fein unterscheidend, in Werken aber ungeübt, überfließend an prunkendem Reichtum. Er

begann sie zu fragen: „Von wannen kommst du?" Die Gestalt antwortete: „Von nirgendwoher." – „Was bist du?" Und die Erwiderung: „Nichts!" – „Was willst du?" – „Nichts!" Da rief er aus: „Das ist doch seltsam, sage mir, wie heißt du?" – „Das namenlose Wilde."

Das Wilde ist kein *monstrum,* wie Surius seltsamerweise übersetzt. Es ist nicht einmal ein „Mensch der Wüste". Es ist in erster Linie ein Wesen der Gewalt oder Unmittelbarkeit, jemand, der alles und dies sofort will, ohne Vermittlung. Daß er keinen Eigennamen trägt, knüpft an eines der zentralen Themen Eckharts an. Im Grunde betrachtet, haben weder der Mensch noch die Seele einen Namen. Jeder Name bezeichnet eine Wirkung, das Produkt oder Resultat einer Tätigkeit; für den Menschen des Nicht-Tuns kann es folglich keine adäquate Bezeichnung geben.

Dieselbe Lehre wird szenisch dargestellt in der neunundsechzigsten „Eckhart-Legende":

Eine Tochter kam zu einem Predigerkloster und verlangte nach Meister Eckhart. Der Pförtner sagte: „Wen soll ich melden?" Sie sprach: „Ich weiß es nicht." Er sagte: „Warum wißt Ihr das nicht?" Sie sprach: „Weil ich weder ein Mädchen bin noch ein Weib noch ein Mann noch eine Frau noch eine Witwe noch eine Jungfrau noch ein Herr noch eine Magd noch ein Knecht."

Diese erbauliche Episode, die unter dem Namen *Meister Eckharts Tochter (Diz bîspil ist meister Eckhartes tohter genant)* bekannt ist, erinnert an die ersten Begegnungen Katreis mit ihrem Beichtvater. Tatsächlich gibt es im Dialog *Also war Schwester Katrei* zwei Fragen nach der Identität:

– Woher kommst du?
– Aus fernen Landen.
– Wer bist du?
– Ich bin der arme Mensch.

Das „ferne Land" stammt aus Lukas 19,12 und verweist implizit auf das Thema des edlen Menschen (tatsächlich heißt es im Text des Evangeliums: „Ein edler Mensch zog aus in ein fernes Land, sich ein Reich zu gewinnen, und kehrte zurück"), in der daraufauffolgenden Erwähnung des „armen Menschen" bekundet sich also, wie bei Eckhart, eine Identität von Adel und Armut. Diese Identität definiert den christlichen *status adeptionis* – das „Gottwerden" – als eine Theogenese, eine „Geburt Gottes in der Seele", mit einer doppelten Bewegung des Aufstiegs (von Katrei zu Gott) und der Hinabkunft (von Gott in Katrei), die emblematisch dargestellt wird durch die Vereinigung der beiden Naturen in Christus, dem Prototyp des edlen und armen Menschen, und theoretisch geklärt wird von Eckhart in seiner Lehre von der Demut.

Beim Wilden verdichten sich all diese Modelle und Figuren der Eckhartschen Predigt im Insistieren auf der Anonymität. Wie soll man dann aber den Dialog beginnen? Wie soll man trennen zwischen dem „Ledigsein" Eckharts und dem „freien Geist" der „Brüder und Schwestern der freiwilligen Armut"?

Seuse stellt zwei Fragen: Wohin zielt der Verstand des Wilden? Und – weil er dies als Ziel angibt – was nennt er ungebändigte, „reine Freiheit"? Nach einer kurzen Ausführung über den „wahren Begriff" der Freiheit, übernimmt das Wilde die Führung des Gesprächs. Nachdem Seuse ihm vorgehalten hat, daß seine Freiheit „der rechten Ordnung entbehrt", fragt *daz namelos wilde,* welcher Unterschied die Ordnung von der Unordnung trennt. Seuse antwortet, daß es innerliche oder äußerliche Ordnung gibt, wenn eine Sache alles, was ihr notwendig zugehört, *hat* und wenn sie jede Wirkung davon *wahrnimmt.* Nach Aristoteles besteht die Ordnung der Natur darin, „nie des Notwendigen zu ermangeln". Man kann die Unordnung, dasjenige, was gegen die Natur ist, also sehr genau definieren: sie ist der „Mangel am Notwendigen" und zugleich – da wir hier im Bereich des geistigen Lebens sind – die fehlende Wahrnehmung dieses Mangels. Mit anderen Worten, die Grundstruktur des „wohlgeordneten" Bewußtseins ist die Sorge. Nach der Ordnung der Natur zu leben heißt, sich um das Notwendige zu sorgen.

Für das Wilde ist diese Antwort nicht befriedigend: Die „reine Freiheit" sorgt und kümmert sich um nichts, sie „verachtet alles". Die Haltung des „freien Geistes" ist die Weltverachtung, der *contemptus mundi* der antiken Philosophen – eine Parole, die den Pariser „Intellektuellen" lieb und teuer war –, aber auch die Gleichgültigkeit gegenüber allen religiösen Vorschriften. Der intellektualistische Aristokratismus der Magistri artium nimmt hier die Form eines Aristokratismus des Nichts an. Die Leere befreit von allen Zwängen. Sie schafft das Gesetz ab. Seuse, der sich über diesen Ebenenwechsel im klaren ist, geht von der Natur auf ihr Prinzip zurück, vom sozialen Band auf das, was es einsetzt und legitimiert: Gott, das heißt das Nichts. Für ihn gibt es einen Willen des Nichts, das Nichts liebt die Ordnung – genauer gesagt: die natürliche Ordnung ist die Frucht des Nichts, aus der das Ein-und-Alles hervorgeht. In ihrer radikalen Ungebändigtheit bleibt die Sorglosigkeit eine „falsche Freiheit", eine aus dem Tod geborene und den Tod in sich tragende trockene Frucht, da sie „der Ordnung entgegensteht, die das ewige Nichts in seiner Fruchtbarkeit allen Dingen gegeben hat".

Das Wilde weist diesen Einwand zurück: Wenn es eine Monarchie des Nichts gibt, so verwirklicht sie der freie Geist in sich dadurch, daß er die Form der Dualität auslöscht. „Der Mensch, der in seinem ewigen Nichts zunichte geworden ist, weiß von keinem Unterschied": er kann sich also um nichts sorgen.

Dies ist der springende Punkt, die absolute Trennlinie, der Ort, wo die Ethik und die Politik des Nichts eine „psychologische" Entscheidung fordern. Indem der freie Geist jede Regel, jede „Richtung" *(rihtunge)* auf die Praxis der Vernichtung *(vernihtunge)* reduziert, pocht er auf die Rechte einer Welt ohne Subjekte und skizziert die Konturen einer entwordenen Gesellschaft ohne Unterwürfigkeit, frei und einzig gründend im geistigen Raum des Entwerdens, der *Abgeschiedenheit.*

Genau das lehnt Seuse ab: die psychische Möglichkeit einer transzendentalen Auflösung des sozialen Bandes. Für ihn hat die geistige *vernihtunge* eine unüberschreitbare Grenze. Der Mensch ist nicht Herr seines Selbstverlustes, es steht ihm nicht frei, sich von Grund auf zu lassen, denn er hat keine Macht über den Grund. Mit anderen Worten: er kann sich nicht vergessen. Kein Geist, so frei und leer er auch sein mag, kann sich so sehr vernichten – „in das ewige Nichts werfen" –, daß er den Unterschied seines eigenen Ursprungs vergißt, selbst wenn dieser Ursprung und die ihn begleitende Wahrnehmung im tiefsten Grunde nicht wahrgenommen werden. Wenn der Grund mich nicht denkt und ich mich nicht im Grund denke, kann ich mich im Grund auch nicht als nicht Ich seiend denken. Auf diese topische oder topologische Unmöglichkeit erwidert das Wilde, daß der Mensch sich „absolut", das heißt ausschließlich, im Grunde ansiedeln kann – denn er *ist* in dem Grund und aus dem Grund. Nichts kann ihn also daran hindern, dort zu *sein,* wenn er nicht daran denkt. Umgekehrt vergißt sich der Grund im Menschen, wenn dieser für sich selbst ist.

Gegen diese Dialektik des Verhältnisses von Sein und Wahrnehmung hält Seuse am Prinzip einer Trennung zwischen Sein und Mensch fest. Der Mensch ist nicht nur im Grund, er ist auch in sich selbst. Als geschöpfliches Sein „aus dem Grunde", bleibt er doch immer, „was er ist". Wenn er den Grund erreicht, mag zwar jeder Unterschied zwischen Gott und ihm der psychischen „Wahrnehmung" nach wegfallen, ihr „Unterschied hinsichtlich des Seins" wird deshalb aber nicht beseitigt. Also auch dann, wenn der Mensch im Grunde seinen Unterschied nicht wahrnimmt, kann er nicht „einzig und allein im Grunde sein". Der geistige Tod, wie er sich in den „mystischen" Szenarien des Entwerdens darstellt, hebt zwar die Wahrnehmung des Unterschieds zwischen dem Ich und dem primordialen Selbst auf, beseitigt ihn aber nicht dem Wesen nach.

Eher unwillig als überzeugt, beruft das Wilde sich jetzt auf Eckhart:

> Ich habe von einem großen Lehrmeister sagen hören, er habe hierbei jeden Unterschied geleugnet [*Ich han vernomen, daz ein hoher meister si gewesen, und daz der ab sprechi allen underscheit*].

Ich han vernomen: Das Wilde weiß etwas vom Hörensagen. Jede direkte Verbindung zwischen dem Meister und den „Häretikern" wird durch diese Redewendung von Anfang an abgestritten. Und doch bleibt Seuse in seiner Antwort vorsichtig. Erst erinnert er daran, daß man auch bei Gott selbst, der untrennbar einer und drei ist („ein Wesen in drei Personen"), unbedingt den Unterschied zwischen den Personen „gemäß ihren Beziehungen zueinander" festhalten muß, obwohl die Personen im Grunde ununterschieden sind, das heißt nicht unterschieden durch ihr Wesen, das eben „dasselbe" ist; und nachdem er erneut betont hat, das die Vernichtung der menschlichen Person bei Eckhart nur eine der Wahrnehmung nach sein kann und keine hinsichtlich des Wesens, versucht Seuse zu zeigen, inwiefern die wahre Lehre des Meisters die „absolute Unterscheidung Gottes" bejaht.

Seine Strategie ist allerdings, wie man einräumen muß, nicht besonders klar und durchsichtig, ja vielleicht nicht einmal ganz unschuldig, denn sie beruht auf einer absichtlich beschnittenen Formulierung einer der berühmtesten und gefährlichsten Thesen Eckharts, der vom *unterschiedslosen Unterschied.* So verweist er auf den *Kommentar zum Buch der Weisheit,* ein scholastisches, also „lateinisches" Werk, um mit einer Formel zu arbeiten, die dort gar nicht ganz zu lesen steht, wohl aber und ausführlich in der *Predigt* 77: „Wie es nichts Innigeres gibt als Gott, so gibt es auch nichts Unterschiedeneres als ihn" (da Seuse den Hinweis auf die deutsche Predigt Eckharts unterdrückt hat und nur auf den lateinischen Kommentar verweist, wundert sich Seuses französische Übersetzerin natürlich darüber, daß er *indistinctius,* „Ungeschiedeneres", mit *innigers* übersetzt!). Seuse hat sicherlich recht, wenn er, sei es auch nur versteckt, auf diesen Passus anspielt. Unfair ist es jedenfalls nicht. Tatsächlich zeigt Eckhart dort, daß Gottes Immanenz in allen Dingen genau das ist, wodurch er alles transzendiert. Dadurch, daß Gott „ungeschieden ist von allen Dingen", ja „ihnen inniger ist, als sie sich selbst sind" (eine Verallgemeinerung von Augustins topischer Gottesdefinition, wonach Gott *interior intimo meo* ist, „mir innerlicher als ich selbst"), unterscheidet er sich von allen Dingen – jedes Ding nämlich ist, für sich genommen, von jedem anderen Ding unterschieden. Es gilt also: „Je ungeschiedener Gott von allem ist, desto unterschiedener ist er von allem", „denn unterschieden ist er gerade durch seine Ungeschiedenheit". Anders gesagt, Seuse betont, daß der Unterschied Gottes für Eckhart unauslöschlich ist. Genauer noch: Je mehr er ausgelöscht wird, desto stärker tritt er hervor. Wer sich auf die Ungeschiedenheit Gottes beruft, liefert gerade damit das Prinzip seiner Unterscheidung.

Diese einigermaßen subtile Antwort ist überdies absichtlich lückenhaft. Seuse vermeidet mit Bedacht jeden Hinweis darauf, daß Eckhart die *Abgeschiedenheit* als einen Zugang zur göttlichen Ungeschiedenheit betrachtet und die These vertritt, daß der sich selbst lassende Mensch „sich von sich selbst unterscheidet", mithin von dem, was ihn von allem unterscheidet, was darauf hinausläuft, daß er ungeschieden von allem und dadurch auch ungeschieden von Gott wird, der, wie er, ungeschieden von allem ist.

> Gott ist ungeschieden von allen Dingen, denn Gott ist *in* allen Dingen, da er ihnen inniger ist, als sie sich selbst sind. So also ist Gott ungeschieden von allen Dingen. So auch soll der Mensch ungeschieden sein von allen Dingen, das heißt: daß der Mensch in sich selbst nichts sei und sich seiner selbst völlig entäußert habe; so denn ist er ungeschieden von allen Dingen und *ist* alle Dinge. Denn, soweit du in dir selbst nichts bist, soweit bist du alle Dinge und ungeschieden von allen Dingen. Darum: Soweit du von allen Dingen ungeschieden bist, soweit bist du Gott und alle Dinge, denn Gottes Gottheit liegt darin, daß er ungeschieden ist von allen Dingen. Daher erfaßt der Mensch, der ungeschieden ist von allen Dingen, die Gottheit dort, wo Gott selbst seine Gottheit erfaßt.

Die Antwort ist, selbst wenn sie taktisch zurechtgebogen wurde, letztlich stichhaltig: Eckhart behauptet von der Abgeschiedenheit als Erfahrung des „unterschiedslosen Unterschieds" nicht, daß darin Mensch und Gott hinsichtlich des Seins ungeschieden werden, die Ungeschiedenheit betrifft nur die Wahrnehmung.

In der Folge des Dialogs werden einige Exzesse korrigiert, die das Paar Inkarnation-Einwohnung betreffen. Der Mensch ist dem Sohn nicht gleich, denn er ist nach dem Bilde der Heiligen Dreifaltigkeit geschaffen; alles, was dem Sohn wesensmäßig gegeben ist, wird uns, doch nicht auf gleiche Weise, in der gottförmigen Einigung gegeben; der Mensch muß zur Einigung in Christus kommen, sich eins mit ihm fühlen und nicht nur vereint mit ihm, doch bleibt er selbst dann von ihm unterschieden.

Hat Seuse, als er Eckhart gegen die intellektuelle Promiskuität der Sekte des Freien Geistes verteidigte, die Brüchigkeit der ganzen Position gespürt, in der die Ausgangsthese wie locker auch immer mit ihrer entgleisten späteren Form zusammenhängt? Jedenfalls hat er selbst in der Folge (was hier auch heißt: nach der Verurteilung von 1329) auf eine im strengen Sinn Eckhartsche Theologie der Einwohnung verzichtet und sich einer persönlicheren Form der Theologie der Passion verschrieben, indem er den unermeßlichen Adel irdischen Leidens pries und die Weisheit wie folgt sprechen ließ:

> Dies ist meine ewige Ordnung in der ganzen Natur, von der ich nicht abgehe; was edel und gut ist, muß sauer verdient werden; wer zurückbleibt, bleibe zurück; viele sind berufen, wenige sind auserwählt.

Indem Seuse Eckharts Dialektik des unterschiedslosen Unterschieds durch seine eigene Dialektik des Leidens ersetzte – verdichtet in dem berühmten Wort: *Liden tut dem liden liden ist, daz dem liden nit liden wirt* („Leiden bewirkt, daß dem, welchem leiden ein Leiden ist, leiden nicht mehr leiden bedeutet") –, hat er ein neues Zeitalter der Spiritualität begründet, das beherrscht wird von der Todesahnung.[21]

Eckharts Intellektualismus lebte dennoch nach seinem Tode weiter, um schließlich in der Theologie der *coincidentia oppositorum* zu kulminieren, mit der der getreue Leser von Raimundus Lullus, Kardinal Nikolaus von Kues, versucht hat, das Wesentliche von Eckharts Gedanken in einer neuen *Ars* logisch zu fixieren. Ausgestrahlt hat Eckharts Erfahrung des Denkens, diese Wüste der Passionen, im Lauf der Jahrhunderte dann aber vor allem auf die anonyme Masse der Laien, um unsere Welt schließlich mit einem Wort zu erreichen, in dem sich für uns die intellektuelle Vollendung des Mittelalters ausspricht: *Gelassenheit.*

Gelassenheit und gelâzenheit: *von Heidegger zu Silesius*

Wie wir sahen, haben die Magistri artium der Universität von Paris, die das Denken als „Beruf" betrieben, an der Wende vom 13. zum 14. Jahrhundert einen von Grund auf asketischen philosophischen Lebensstil definiert, der eine echte Alternative zur christlichen Askese bot: Gepriesen wurden ein Zölibat ohne Weihe, eine völlige Enthaltsamkeit ohne Keuschheitsgelübde, ein „tugendhafter Egoismus", der offen war für eine Gemeinschaft der Geister, eine *communicatio* – die *koinōnia* von Aristoteles –, in der sich ein Zusammenleben *(syzēn)* vollenden sollte, dessen sozialen und institutionellen Rahmen das universitäre Leben abgab.

In den Augen dieser „Artisten"-Philosophen *(artistae)* mußte der Mensch, um zur Vollkommenheit der „Autarkie", zur philosophischen Vollendung des individuellen Lebens zu gelangen, absolut er selber sein, das heißt, er mußte „leben nach Maßgabe des Besten in ihm" – und dies war das Denken *(intellectus),* eine Tätigkeit, die, gut Aristotelisch, eine intellektuelle Kommunikation voraussetzte, deren Stil und Bedingungen wir zu beschreiben versucht haben.

Die Novizen, die jungen Mönche, die dominikanischen Nonnen und die Beginen, mit denen es deutsche Prediger wie Meister Eckhart zu tun hatten, insbesondere im Rheintal, waren weder Philosophen noch Universitätsangehörige. Dennoch gab es auch bei ihnen ein spezifisches „Zusammenleben". Als ehemaliger *magister regens* von Paris hat Eckhart für sie die Bewegung umgekehrt, deren Zeuge er während seine eigenen Ausbildung gewesen war: Die Philosophen hatten die christliche Moral in die des Aristoteles eingegliedert; er hingegen hat gewisse Schlüsselbegriffe, die für die philosophische Vorstellung vom kontemplativen Leben bestimmend waren, zurückübersetzt in die Sprache von Mönchen, Nonnen und frommen Laien. In seinem gesamten Werk hat er das vom Intellekt geprägte Leben der Philosophen gepriesen, indem er es wiedereinschrieb in die christliche Perspektive dessen, was er selbst, Jahrhunderte vor Fichte, das „selige Leben" genannt hat.[22] Dann aber hat er all dies auch wieder hinter sich gelassen, in einer Bewegung, die der Ausdruck „Gelassenheit" in sich zusammenfaßt. Was genau ist mit diesem Begriff gemeint?

1955 hielt Martin Heidegger bei der Feier zum 175. Geburtstag des Komponisten Conradin Kreutzer seine Rede *Gelassenheit.* Er beschreibt die „Gelassenheit" wie folgt: „Ich möchte die Haltung des gleichzeitigen Ja und Nein zur technischen Welt mit einem alten Wort nennen: *die Gelassenheit.*" Diese „Gelassenheit zu den Dingen" bezeichnet ein Verhältnis zur technischen Welt, das „auf eine wundersame Weise einfach und ruhig [ist]. Wir lassen die technischen Gegenstände in unsere tägliche Welt herein und lassen sie zugleich draußen, das heißt auf sich selbst beruhen als Dinge, die nichts Absolutes sind, sondern selbst auf Höheres angewiesen bleiben". Diese Gelassenheit geht einher mit der „Offenheit für das Geheimnis", das heißt „für den in der technischen Welt verborgenen Sinn".[23] Heidegger verweist uns selbst auf Meister Eckhart als Quelle des Worts „Gelassenheit", doch setzt er sich von ihm ab, da Eckhart die Gelassenheit ihm zufolge „noch innerhalb des Willensbereiches" denkt und sie begreift als „Abwerfen der sündigen Eigensucht und das Fahrenlassen des Eigenwillens zugunsten des göttlichen Willens".

Wir brauchen hier nicht zu erörtern, was Eckhart von Heidegger trennt: Es genügt festzustellen, daß der Kern des Eckhartschen Denkens in dieser Theologie der *Gelassenheit,* verstanden als eine gewisse Form von Selbstaufgabe und Verzicht, erhalten bleibt. Eine Frage hingegen können wir nicht umgehen: Was mag – am Ende einer Untersuchung über das Denken im Mittelalter – das Angebot und die Formulierung einer solchen Theologie wohl bedeuten? Haben wir hier nicht die augenfälligste Bestätigung für die These von J. Le Goff, wonach die Eckhartsche Mystik den Niedergang des mittelalterlichen Rationalismus besiegelt?[24] Ohne genaueres Hinsehen könnte man es meinen. Wir hoffen gezeigt zu haben, daß dem nicht so ist.

Zunächst versteht es sich von selbst, daß die Gelassenheit im Rahmen einer rein philosophischen Begrifflichkeit als Eckhartsches Äquivalent dessen betrachtet werden kann, was für Aristoteles in der *Nikomachischen Ethik* „die Unabhängigkeit von Lust- und Schmerzempfindung" oder „die Stille der Seele" ist, also die Affektlosigkeit *(apatheia)* als Tugend.[25] Tiefer jedoch kündigt sich in der Gelassenheit das Ende einer instrumentalen Auffassung vom Denken an, die stets auf dieselbe Gleichung hinausläuft, wie sie in unserer Zeit von Lacan formuliert wurde, wonach die Behauptung, „der Mensch denkt mit seiner Seele, besagt, daß der Mensch mit dem Denken des Aristoteles denkt".[26] Eckharts Gelassenheit weist über Aristoteles hinaus, nicht weil sie eine Flucht ins Irrationale wäre, sondern weil sie wieder an die beständigste Inspiration des Neuplatonismus anknüpft. *Gelassenheit* ist der neue Name des Denkens *in actu,* eines Denkens, das nicht mehr mit irgend etwas denkt, sondern sich von allem zurückzieht, indem es alle Dinge, Gott inbegriffen, sein läßt. Das „Lassen" der Gelassenheit ist gleichermaßen ein Seinlassen, ein Loslassen, ein Zulassen und ein Verlassen; von daher ist es in der Tat ein „altes Wort", ein altes Plotinisches Losungswort – laß alles sein! gib alles auf! –, das, wie bei Plotin und Dionysius, eine Überschreitung des Aristotelischen geistigen Raums bezeichnet, und zwar zu einem Denken des Orts hin, an dem das *Subjekt sich durchstreicht,* mit Lacan gesprochen, oder – um es eher mit Eckhart zu sagen – *von sich abläßt, sich fallenläßt.*[27] Das Denken ist eine Sache der rechten Stelle, ist der Punkt, an dem der Ort, an dem man ist, eins wird mit dem, woher man kommt, und dem, wohin man geht. Die Gelassenheit fällt in sich selbst; das sagt auch Seuse: *Ein gelâzenheit ob aller gelâzenheit ist gelâzen sin in gelâzenheit* („Eine Gelassenheit über aller Gelassenheit ist gelassen sein in Gelassenheit") – ein schwer zu verstehender Aphorismus, wenn man nur die lateinische Fassung von Surius kennt, der alles in der Sprache der „Resignation und Verlassenheit" wiedergibt *(Nulla est perfectior et excellentior resignatio, quam in sui derelictione esse resignatum);* und doch ist es eine Formulierung, in der das Wesentliche dessen ausgesprochen wird, was man traditionell die „Ekstase" nennt: Das „Lassen" als „Ausgang aus sich" *(ussgehen)* ist das, was einen Ort freimacht für Gott, alles aus der Seele räumt, um Gott einen inneren Raum zu öffnen. Dies ist das Eckhartsche Gesetz des Denkens, ein Gesetz des Tausches, bei dem die Leere kompensiert wird *(ein gelich widergelt und gelicher kouf):* Wer alle Dinge, die in ihm sind, verläßt, wer sein Eigentum verläßt, aus sich herausgeht und sich selber läßt, der läßt Gott in sich ein, nicht mehr und nicht weniger.

Mit Eckhart vollendet sich der mittelalterliche Intellektualismus im Denken des Einen; der Mensch des Aristoteles, der Mensch des Intellekts, der edle Mensch – sie werden verwirklicht in einer Abscheidung oder Trennung, „einem reinen Frei- und Ledigsein, das nichts ergreift und sich nichts unterwirft". So gesehen ist Eckhart nicht so sehr ein Doppelgänger Dantes, sondern eine Alternative zu ihm. Dante bedurfte eines peripatetischen Kosmos, um überhaupt die Möglichkeit einer zweiten Inkarnation zu denken; beim *Lebemeister* aus Thürin-

gen ist es umgekehrt: letztlich bewahrt er nichts. Das aber heißt, daß das Weltbild selber zerbrochen werden muß, daß die Erfahrung des Denkens mit keinem
vorläufigen Intelligibilitätsmodell des Universums verbunden ist, das sie vielmehr
das Intelligible selber ist, die „Offenheit für das Geheimnis der Welt", wenn man
unter diesem Geheimnis versteht, daß die ganze Welt *ohne warum* ist.

Eckharts Mittelalter hat das Mittelalter überdauert: Von ihm wird im 17.
Jahrhundert Angelus Silesius zu seiner im *Cherubinischen Wandersmann* festge-
haltenen Vision inspiriert, etwa wenn er die unergründliche Einheit von Gelassenheit und Gemütsruhe denkt, indem er auf sein *Die Ros' ist ohn warumb* ein
Laß GOtt sorgen folgen läßt[28], oder wenn er ausruft:

> *Der todte Wille herscht.*
> Dafern mein Will' ist todt / so muß GOtt waß ich wil:
> Jch schreib Jhm selber für das Muster und das Zil.[29]

Eckhart und Silesius sind Zeitgenossen. Ihre gemeinsame Erfahrung liegt noch
vor uns.

SCHLUSSWORT

Zu Beginn ein *Drama* des Diskurses, ein Konflikt innerhalb der Institution, in der es sich abspielt, eine widersprüchliche *Aufbruchsbewegung* der Vernunft und des Glaubens, der Natur und des Gesetzes, des Wissens und der Leidenschaft; auf halbem Weg die *Verspießerung,* die egoistische Einkapselung, die triumphierende oder eher selbstgefällige *Mittelmäßigkeit;* am Ende eine Kaste berufsmäßiger Denker mit einem klar definierten Status, die einen adeligen *Lebensstil* pflegen, auf ihre Privilegien bedacht sind und vor allem auf ihr *Äußeres* achten: das ist das Katastrophenszenario, das Le Goff als soziologisch orientierter Historiker konstruiert, nachdem sein Blick auf den Intellektuellen des Mittelalters geruht hat. Uns schwebte ein anderer Weg vor. Hat er uns weiter geführt?

Wir wollten für eine intellektuelle Geschichte plädieren, eine andere, komplementäre Perspektive vorschlagen, die ihren Rhythmus, ihre Mittel und vielleicht auch ihre Legitimität aus dem Eigenwesen ihres Gegenstands schöpfen sollte: aus dem des Denkens. Die Intellektuellen, über die wir sprachen, waren zum Teil Berufsdenker, zum Teil Dilettanten – „spirituelle" Menschen, könnte man sagen – am Rande der Institutionen. Ungeachtet ihrer Unterschiede in Ton, Bildung und Absicht, ungeachtet ihrer verschiedenen Situationen, ungeachtet der Vielfalt ihrer Stile, ihrer Ausdrucksformen und sogar ihrer Sprachen bildeten diese Männer und Frauen eine lebendige Gemeinschaft, die man freilich keinem festen Ort zuweisen, nicht dingfest machen kann, weil sie quer durch alle Schichten ging und mehr und mehr zur Entprofessionalisierung neigte. Wir haben ihren *Diskurs* beschrieben, das komplexe Netz von Vorstellungen, Begriffen und Entscheidungen, die auf weite Distanz – sowohl in der Zeit wie im Raum – die Struktur ihrer Erfahrung sicherten, oder besser gesagt: deren *Richtung,* das heißt den Weg, die Spann- und Anziehungskraft eines Ideals – einer gewissen Idee vom Leben –, das in Griechenland entstanden und im Orient nach dem Zusammenstoß von Vernunftgründen und Offenbarungen wiederbelebt worden war. Wir haben das Thema sicherlich nicht erschöpfend behandelt.

Indem wir diejenigen „Intellektuelle" nannten, die sich im Mittelalter selbst als *Menschen des Intellekts* definiert haben, haben wir unser Gebiet zunächst auf einen Typ historisch scharf konturierter Individuen beschränkt: auf jene „Aristoteliker", die meist als „radikal", „heterodox" oder „fundamentalistisch" bezeichnet werden, die man aber auch einfach „Pariser" Aristoteliker nennen könnte; danach haben wir über diese Gruppe, die in einer Zeit der Hoffnung, aber auch einiger Verurteilungen lebte, hinausgeblickt, und ihre gesellschaftlichen Einflüsse untersucht, ihre erwartungsgemäßen Folgen (in Italien) und ihre unerwarteten Auswirkungen (in Deutschland), wobei wir uns auf die philosophisch-begriffliche Einheit ihrer Lebens- und Gedankenwelt stützten, um eine Vielzahl von Menschen und

Schicksalen, die von der Geschichtsschreibung meist getrennt behandelt werden, unter einem gemeinsamen Banner zu versammeln: Professoren, Studenten, Dichter, Mystiker, Häretiker – die einen geprägt von der Scholastik und vertraut mit den Übungen und Prüfungen der Schule, die anderen ohne schulmäßige Bildung, dafür aber reich an Erfahrung und bereit zu einer echten Disziplin des Denkens.

Obwohl wir Meister und Begine, Philosoph und Zensor, Namenlose und Starintellektuelle berücksichtigt haben, bleibt unsere Sicht des intellektuellen Mittelalters partiell, und man könnte nach Belieben eine Liste der Ausgeschlossenen, Fehlenden oder Vergessenen aufstellen.

Doch wir sollten uns richtig verstehen – wenistens zum Ende hin.

Wir wollten weder eine Gesamtschau des intellektuellen Lebens im 13. und 14. Jahrhundert bieten, noch die *conditio* des Intellektuellen an der Wende zwischen zwei berühmten Epochen der Historiographie beschreiben. Es gab andere Intellektuelle als solche vom Typ eines Siger, Dante oder Eckhart – gewiß –, doch uns ging es nicht darum, vom ersten Kongreß der mittelalterlichen Union der Vernunft- und Beweisarbeiter zu berichten, mit allen Haupt- und Randströmungen, mit allen offiziellen Verlautbarungen und geheimen Sitzungen: *Wir wollten den mittelalterlichen Intellektuellen dort zu fassen bekommen, wo sich ihm die intellektuelle Frage aufdrängte.* Das setzte eine Methode voraus – wir mußten die Sozialwissenschaft des Beobachteten zum Maßstab machen, nicht die des Beobachters; oder anders gesagt: wir mußten das, was die Akteure für ihre Aufgabe hielten, was sie von ihrer Rolle erwarteten, was sie über sich selbst dachten und sagten und von ihrer eigenen Existenz erhofften, als integrierenden Bestandteil des Untersuchungsfelds akzeptieren.

Man mag diesen Entschluß für falsch halten. Doch wir meinen auch gar nicht, daß man darauf verzichten sollte, das „Leben" zu beschreiben. Eine intellektuelle Geschichte kann sich die *Farbe* nicht ersparen – sei es die der Dinge, die der Ideen oder auch die von Gott selbst, um an ein Wort von Eckhart anzuknüpfen. Man wird einwenden, daß es hier wie auch sonst zunächst einmal auf die *Fakten* ankommt. Doch welche Tatsachen genau sollen berücksichtigt werden? Die *intellektuellen Tatsachen?* Die institutionellen, die politischen, die begrifflichen? Was ist das wirkliche Gebiet des philosophisch orientierten Historikers?

Es schien uns, daß die Antwort bereits in der Frage liege oder, besser, in der eigentümlichen Verdoppelung des Versuchs, die intellektuelle Geschichte der Geburt des Intellektuellen zu schreiben – die des Menschen und die des Phänomens.

Dieses Spiel von Spiegelungen veranlaßte uns dazu, uns der Sprache der Beteiligten zu bedienen, die Ausformulierung von *Themen* wie Askese, Adel, Abgeschiedenheit nachzuzeichnen, die für ein Leben bestimmend waren, das wie das unsere sicherlich nicht erreichte, was es von sich erwartete, das aber in dem Spielraum zwischen Projekt und Vollendung ein Verhaltensmodell begründete, von dem keine Institution, auch wenn sie sein Ursprungsort gewesen sein mochte, beanspruchen konnte, es ganz allein zu veranschaulichen: Wir hoffen gezeigt zu haben, daß es verfehlt wäre, die Verwirklichung des von der Universität entworfenen Menschentyps allein in der universitären Welt zu suchen. Diese These hat mehrere Konsequenzen.

Die erste ist die, daß man endlich unterscheiden sollte zwischen Geschichte und Dokumentarfilm. Wenn es um die „Geburt der Intellektuellen" geht, geht es nicht darum zu wissen, wie die Magister und Studenten der Freien Künste lebten, die ab 1260 auf dem Stroh der Schulen in der Rue du Fouarre die griechische Philosophie wieder zum Leben erwecken wollten. Es geht nicht darum zu entscheiden, ob es den Sektierern des Philosophenberufs je gelungen ist, Berufsphilosophen zu werden, noch – wenn es ihnen gelungen sein sollte – darum, ob sie der Philosophie besser oder schlechter gedient haben als die Theologen, die sie mit dem alles und nichts sagenden Schlagwort von der „Philosophie als Magd der Theologie" zu den bitteren Freuden dienender Liebe zurückführen wollten. Es kommt nicht darauf an zu entscheiden, ob die Intellektuellen unter den armen, zensierten „Artisten" zahlreicher waren oder unter den gut situierten, bannfreudigen Theologen, ob sie in der einen Gruppe ambitionierter, aufrichtiger und authentischer waren als in der anderen, wie es auch vergeblich wäre, sich zu fragen, wer sich der Vernunft am würdigsten erwiesen hat.

Die mittelalterliche Philosophie war nie im Alleinbesitz der Philosophen, das philosophische Denken breitete sich außerhalb der Philosophie aus, und nach Vernunftgründen wurde auch in den erwähnten ganz anderen Bereichen gesucht.

Kurz, man muß sich von einem gewissen Bild vom „Drama der Scholastik" verabschieden, wie es Durkheim in den folgenden Zeilen ausgemalt hat:

> [Die Scholastik] hat die Vernunft ins Dogma eingeführt, auch wenn sie sich weigerte, das Dogma zu leugnen. Sie hat versucht, zwischen diesen beiden Mächten das Gleichgewicht zu halten; dies war ihre Größe und ihr Elend. Es liegt wirklich etwas Ergreifendes und Dramatisches in dem Schauspiel, das uns diese aufgewühlte Epoche bietet, hin und her geworfen zwischen der Achtung der Tradition und dem Reiz der freien Forschung, zwischen dem Wunsch, der Kirche treu zu bleiben, und dem wachsenden Bedürfnis, zu begreifen. In diesen Jahrhunderten, die man zuweilen als solche der intellektuellen Verschlafenheit und Erstarrung geschildert hat, herrschte kein Frieden des Geistes. Sie waren vielmehr innerlich zerrissen, hin und her gezogen in entgegengesetzte Richtungen; es war einer der Augenblicke, in denen sich der menschliche Geist in höchster Unruhe befand, schwanger ging mit neuen Dingen. Die Früchte waren späteren Zeiten vorbehalten; doch damals wurde die Saat bestellt. Die Ernte wurde im hellen Sonnenlicht eingebracht, inmitten der Freude, im Glanz des 17. und 18. Jahrhunderts.

Das Mittelalter war keine Periode mühseliger „Saat", und es war auch nicht die einzige Epoche der Menschheitsgeschichte, in der die Geister „innerlich zerrissen" waren. Überhaupt, welches Jahrhundert könnte schon im Ernst behaupten, in ihm herrsche der „Frieden des Geistes"? Und selbst wenn man ihn für wünschenswert hielte, warum sollte die glanz- und freudvolle „Ernte" zwangsläufig die Norm eines erfüllten intellektuellen Lebens sein?

Die Wahrheit ist, daß die Intellektuellen des Mittelalters uns nicht ähnlich waren, auch wenn wir ihnen immer noch ähnlich sind. Das ist unser zweites Ergebnis.

In *Streifzüge durch die Umwelten von Tieren und Menschen* wird uns ein Zimmer gezeigt, wie es von einem Menschen, einem Hund und einer Fliege gesehen wird. Die wahrgenommenen Formen und das Spektrum der Farben sind unterschiedlich, man kann diese Welt*sichten* also vergleichen. Dennoch bleiben sie an und für sich inkommensurabel. Leben wir in derselben Welt wie die „Intellektuellen des 13. und 14. Jahrhunderts"? Wir meinen gezeigt zu haben, daß dem nicht so ist.

Wenn der Romanschriftsteller versucht, uns das Fremde nahezubringen, ist sein wichtigstes Mittel bekanntlich der Wortschatz: Er spricht von verschwundenen Werkzeugen, die mitsamt ihrem Namen in den Tiefen der Zeit versunken sind, oder solchen, die es noch heute gibt, deren Name sich aber geändert hat; er benutzt die Namen der Bäume, der Rosen, der Orte, der Sitten und Gebräuche; kurz, er arbeitet mit den Wörtern und den Dingen. Doch bei allen Überraschungen und glanzvollen Effekten, die dieser Griff in die Tiefen des Vokabulars mit sich bringt, tastet er nie die Fiktion einer phänomenalen Kontinuität der Welt an, ganz im Gegenteil.

Es gibt, so heißt es, eine Permanenz der Sinnesorgane und der Wahrnehmung, eine wesentliche Stabilität des Empfindens, die bewirkt, daß die ganze Kunst des Romanschriftstellers darin besteht, diesen ursprünglichen Satz zu variieren, der mit dem Menschen begann und mit ihm sein Ende finden wird: berühren, atmen, schmecken, sehen, hören. Hier haben wir die schlechthinnige Negation der Geschichte. Das Verhältnis zwischen dem Denken, der Sprache und der Wahrnehmung wird im Raum des historischen Romans nicht in Frage gestellt; wir gehen einfach davon aus, daß Abaelard oder Thomas von Aquin in derselben Welt lebten wie wir, da es uns evident zu sein scheint, daß sie die Welt so wahrnahmen, wie wir sie wahrnehmen. Die Kontinuität der Welt ist gleichwohl nicht mehr als eine Hypothese, und der Philosoph darf sich zu Recht fragen, ob die Menschen des Mittelalters die Dinge so *sahen*, wie wir sie sehen.

Es geht hier nicht um die diversen medialen Ersatzbildungen, mit denen die Technologie unaufhörlich das Niemandsland jenes Raums bevölkert, in dem die Gegenstände erscheinen und verschwinden. Es geht auch nicht um das von Novalis und Rilke besungene „Offene" oder die „Unverborgenheit" Heideggers: Man kann das Empirische hier so gut beiseite lassen wie das Transzendentale. Es geht darum, dasjenige zu denken und zu beschreiben, was für die Alten selbst die Realität des Sichtbaren ausmachte. Mit anderen Worten: In welcher Welt lebte eigentlich ein Philosoph, der behauptete, daß der Himmel beseelt ist; daß das Denken im Kosmos existiert, in jenen Intelligenzen und Seelen, die die Bewegung der Sphären lenken; daß der Stoff, aus dem alle Dinge bestehen, ob sichtbare oder unsichtbare, geistige oder körperliche, das seinerseits sichtbare oder unsichtbare, geistige oder körperliche Licht ist?

Früh sind wir dazu übergegangen, die Welten von einst als doppelte Welten zu betrachten: einerseits die Welt der Denker, die ganz auf Metaphern basiert; andererseits die Welt schlechthin, die, in der man tatsächlich geboren wird, lebt und stirbt – zwei Welten, so unterschieden und unabhängig voneinander wie sonst nur ein abstraktes theoretisches Modell und ein Bündel konkreter Wahrnehmungen. Damit postulieren wir bei unseren Altvordern eine notwendige Trennung zwischen Wahrnehmung und Diskurs, die auf harmonische Weise die Kontinuität der menschlichen Erfahrung garantieren soll. Das gleiche Postulat zugunsten des „Realen" veranlaßt uns zu der Frage, „ob die Griechen an ihre Götter glaubten", oder legt uns den Gedanken nahe, daß die antiken philosophischen Auffassungen über das Wesen der Seele nur mißglückte theoretische Annäherungen an unveränderliche Phänomene waren, denen wir ihre Geheimnisse heute besser zu entreißen wissen.

Was uns zu dieser Vereinheitlichung treibt, läßt sich leicht erklären. Die Wissenschaft dringt nicht vor bis zur sogenannten natürlichen Wahrnehmung, sie bleibt nutzlos für sie: Wir müssen nicht wissen, was das Blau des Himmels ist, um den blauen Himmel zu sehen. Doch die Welt, die sich dem Blick des Historikers darbietet, ist nicht die Welt der Wahrnehmung; die Untersuchung der Spuren, das Aufsuchen der Orte, kann die verlorenen Blicke nicht wieder herbeizaubern. Die Welt des Historikers ist eine historische Welt, eine Rekonstruktion des Augenscheins, nicht der Augenschein selbst: Es genügt nicht, das Mittelalter vom Ballast der „Theorien" zu befreien, um wieder einen unverfälschten Blick auf den identischen Lauf der Dinge zu bekommen. Letzten Endes gibt es keine Kontinuität der Wahrnehmungserfahrung.

Wir haben die „Intellektuellen" im wahrsten Sinne des Wortes ihrer Welt zurückgegeben, indem wir die zur ihr gehörige Theorie der Intelligenzen restituiert haben. Nur vor dem Hintergrund der pseudo-aristotelischen These vom Weltall wurde uns der Blick für die Verwandtschaft geöffnet, die die „Herabkunft der edlen Himmelskraft in die wohlbeschaffene Seele" im Sinne Dantes mit der Enthöhung Gottes verbindet, zu der ihn laut Eckhart sein natürlicher Ort zwingt, die Leere der vernichteten Seele. Und nur vor diesem Hintergrund waren wir ferner imstande, der neuen Idee des *Adels,* die den „Intellektuellen" des 13. und 14. Jahrhunderts gemeinsam ist, einen wirklichen Inhalt zu geben. Wenn die *magnanimitas,* die *nobiltade* und die *edelkeit* tatsächlich die Hauptrollen im wahren „Drama" der Spätscholastik spielen, muß die Geschichte außer der Soziologie auch die Physik und die Ethik hinzuziehen. Der Soziologe, angefangen mit Durckheim, geht ein für allemal vom „Konflikt zwischen Vernunft und Dogma" aus und schaut nicht mehr näher hin. Der philosophisch orientierte Historiker hingegen muß, wie P. Vignaux forderte, „die widerspenstige Vielfalt sichtbar machen", das heißt er muß die zahlreichen Formen des Konflikts berücksichtigen. Die Beziehungen zwischen Orient und Okzident, Askese und Libertinage, Bildung und Affekt, Philosophie und Theologie sind keine selbstverständliche Gegebenheit: Man muß die Texte lesen. Hat man damit einmal begonnen, ändern sich die Szenarien.

Mit Paulus wollte Heloise Abaelard von den Sorgen des Ehestands befreien, damit er ein philosophisches Leben führte und sich Gott widmete.

Mit Paulus wollte Heinrich Seuse den Beginen alle Gott geschuldeten Dienste auferlegen, damit sie ein christliches Leben führten.

Katrei, das namenlose Wilde sowie die Brüder und Schwestern vom Freien Geist wollten sich selbst noch von der bloßen Form der *Sorge* befreien. Sie sorgten sich weder um Gott noch um seine Kirche, sie sorgten sich um nichts, weder um *sich selbst* noch um den *anderen*. Das war ihre Selbstgenügsamkeit, das heißt ihre Autonomie. Sie waren zweifelsohne *tugendhafte Egoisten*.

So wie wir es sehen, ist das Mittelalter der „Intellektuellen" zugleich durch die Erfindung des Egoismus und die Auslöschung des *ego* gekennzeichnet. In dieser doppelten und scheinbar widersprüchlichen Bewegung liegt die wahrhaft soziale *und* philosophische Dimension des Phänomens der „mittelalterlichen Intellektuellen" beschlossen. Bindet man die Dinge jedoch wieder ein in die lange Dauer des Aristotelismus und die Geschichte der Ethik, zeigt sich, daß der Widerspruch wirklich nur Schein ist.

Die Goliarden waren Unruhestifter. Eckhart und Dante, die nie in Spelunken gezecht, Passanten belästigt oder gallige Verse geschmiedet haben, waren es ebenfalls. Sie haben in und für ihre eigene Welt eine neue Moral erfunden, sie haben, jeder auf seine Weise, die Frage nach dem beantwortet, was das Denken *verlangt* – und dies wollten wir durch unser Denken an das Denken im Mittelalter beschreiben: diese Form eines anonymen, kontemplativen, asketischen Lebens, das eine Zeitlang zugleich arm und edel, rebellisch und friedfertig, frei und gebunden war, mit einem Wort: *offen*. Möge dem Leser zum Schluß die Erinnerung an ein wenig Vergnügen bleiben, an ein paar angenehme oder auch unangenehme Überraschungen. Dem Autor bleibt vorerst die Melancholie der beendeten Arbeit.

ANMERKUNGEN

Einleitung

1 A.d.Ü.: *Penser au Moyen Age* läßt sich nicht nur mit „Denken *im* Mittelalter" übersetzen, sondern auch mit „Denken *ans* Mittelalter".

2 Vgl. Mt. Beonio Brocchieri Fumagalli, „Der Intellektuelle", in: J. Le Goff, Hrsg., *Der Mensch des Mittelalters,* Franfurt a. M.: Campus, 1989, S. 198.

3 J. Le Goff, *Die Intellektuellen im Mittelalter,* Stuttgart: Klett-Cotta, 1986.

4 Zu der Unterscheidung zwischen Intellektuellen im engen und im weiten Sinn vgl. Mt. Beonio Brocchieri Fumagalli, „Der Intellektuelle", a.a.O., S. 201: „Vielleicht ist es hilfreich, zwischen intellektuell in einem engen und einem weiten Sinn zu unterscheiden, wobei es zwischen diesen beiden Polen eine Vielzahl von Tätigkeiten gibt, die zu Recht intellektuell genannt werden. Als intellektuell im engeren Sinne wäre der zu bezeichnen, der nicht nur eine intellektuelle Tätigkeit ausübt, sondern auch damit befaßt ist, seine Fähigkeit zur Forschung mit Hilfe der dazu benötigten Instrumente für eine bestimmte Zeit und mit klar umrissenen Zielen zu vermitteln; er ist in erster Linie Lehrer, ein *magister* an einer der damaligen Schulen. Intellektuelle im weiten Sinne dagegen bedienen sich zwar der Intelligenz und des Wortes, wechseln jedoch häufig ihre Tätigkeit und zeigen gegenüber dem Ziel der eigenen Arbeit eine gewisse Gleichgültigkeit."

5 Vgl. *Die Intellektuellen im Mittelalter,* S. 175: „Die mittelalterlichen Intellektuellen weichen nicht ab vom Schema Gramscis, das zwar wirklich sehr allgemein, aber dennoch operationell ist. In einer ideologisch von der Kirche sehr streng überwachten Gesellschaft, die politisch mehr und mehr von einer Doppelbürokratie aus Laien und Kirchenleuten kontrolliert wird [...], sind die Intellektuellen des Mittelalters vor allem ‚organische' Intellektuelle, treue Diener der Kirche und des Staates. Die Universitäten werden mehr und mehr zu Pflanzstätten für ‚hohe Beamte'. Doch viele von ihnen sind, weil die Rolle des Intellektuellen, die universitäre ‚Freiheit', sie trotz ihrer Eingrenzungen dazu drängen, mehr oder weniger ‚kritische' Intellektuelle bis an die Schwelle der Ketzerei." Jenen Intellektuellen, die „die Vielfalt der ‚kritischen' Haltungen in der mittelalterlichen Hochschulwelt veranschaulichen: Abaelard, Thomas von Aquin, Siger von Brabant und Wyclif", gilt die besondere Liebe des Historikers. Ohne die Realität dieser Differenz zu verkennen, plädieren wir hier für eine andere Sicht des mittelalterlichen Intellektuellen, jenseits des Gegensatzes von „organisch" und „kritisch", der noch eine allzugroße Nähe zu Legenden und Hagiographien aufweist, ob im positiven oder negativen Sinne. So denken wir etwa nicht, daß Siger von Brabant ein besonders *kritischer* Intellektueller war, und ebensowenig, daß sich die Geschichte intellektuellen Verhaltens, und sei es auch nur in „sehr allgemeiner" Hinsicht, innerhalb eines *ideologischen* Spielraums aufklären läßt, der durch den Konflikt der *Bürokratien* abgesteckt wird. Der *Streit der Fakultäten* scheint uns wichtiger zu sein, vor allem wenn er nicht im Lichte einer manichäischen Spannung zwischen dem Fortschritt (den „Freien Künsten") und der Reaktion (der „Theologie") neuinterpretiert wird, die sich, offen oder versteckt, den erbaulichen Mythologien der neoscholastischen Geschichte verdankt. Deshalb werden wir hier versuchen, die Zensur als einen wichtigen historischen Faktor

zu rehabilitieren, und deshalb auch werden wir unsere Aufmerksamkeit auf *Vermittler* wie Dante oder Eckhart richten, auf welche die Zweiteilung zwischen einem *starken* Denken, dem der Magister, und einem *schwachen* Denken, dem der „Vulgarisierer, Kompilatoren und Enzyklopädisten" *(Die Intellektuellen im Mittelalter,* S. 176), auf die sich die Sozialgeschichte unserer Ansicht nach zu Unrecht versteift, nicht zutrifft.

6 Die Arbeit von Le Goff und die historische Soziologie des westlichen Intellektuellen bilden heute den unumgänglichen Bezugsrahmen für jedes Nachdenken über das „intellektuelle" Phänomen des 12., 13. und 14. Jahrhunderts. Die „Arbeitsteilung", die „Stadt", die „Entwicklung neuer Institutionen" – insbesondere natürlich der Universität –, die Entstehung eines „gemeinsamen kulturellen Raums" für ganz Europa, diese „wesentlichen Züge der neuen geistigen Landschaft der abendländischen Christenheit an der Wende des 12. zum 13. Jahrhundert", haben sich als leistungsfähige Analysewerkzeuge erwiesen, deren breit gestreute und fruchtbare Anwendung es erlaubt hat, die meisten Schlußfolgerungen jenes Werks, das sie populär gemacht hat, zu verifizieren. Wir haben dagegen keine Einwände zu erheben noch Korrekturen vorzuschlagen – was auch gar nicht in unseren Kompetenzbereich fällt. Unser Gegenstand ist ein anderer und mit dem historisch-soziologischen Vorgehen durchaus vereinbar: es ist die Art und Weise, wie die Intellektuellen und ihre Gegner das *intellektuelle Projekt* als solches erlebt und gedanklich verarbeitet haben, das heißt, es geht uns in gewisser Hinsicht um eine Geschichte des intellektuellen Bewußtseins an der Wende des 13. zum 14. Jahrhundert.

7 *Die Intellektuellen im Mittelalter,* S. 112.

8 Ebd., S. 113.

9 Ebd., S. 123.

10 A.d.Ü.: Anspielung auf das Kinderbuch der Comtesse de Ségur, *Les malheurs de Sophie.*

11 J. Le Goff, „Der Mensch des Mittelalters", in: *Der Mensch des Mittelalters,* a.a.O., S. 28.

12 *Die Intellektuellen im Mittelalter,* S. 178.

13 „Der Mensch des Mittelalters", a.a.O., S. 28.

1. Philosophie und Geschichte

1 *Le Nouvel Observateur,* 1.-7. März 1990, S. 121.

2 Vgl. *Intelligence de l'Europe. Appel d'offre du ministère de la Recherche et de la Technologie. Textes de la réunion 1989,* S. 8.

3 A.d.Ü.: Stéphane Mallarmée, *Sämtliche Gedichte,* dt. von C. Fischer, Heidelberg: Lambert Schneider, 1974, S. 273.

4 Vgl. den geschichtlichen Abriß von E. Poulat, „L'institution des *sciences religieuses",* in: *Cent Ans de sciences religieuses en France à l'École pratique des hautes études,* Paris: Cerf, 1987, S. 49-78.

5 Vgl. A. C. Pegis, „Gilson and Thomism", *Thought, Fordham University Quaterly,* 21 (82), 1946, S. 438 f.: „... he has finally translated [his] experience of philosophy in history into an explicit philosophical attitude. In other words, Gilson the historian has become, through history, a philosophical purist and dogmatist."

6 Vgl. *Lettres de M. Étienne Gilson adressées au P. Henri de Lubac et commentées par celui-ci,* Paris: Cerf, 1986, S. 86f.

7 Vgl. E. Gilson, „La possibilité philosophique de la philosophie chrétienne", *Revue des sciences religieuses,* 32 (1958), S. 192, Anm. 14.

8 Vgl. É. Gilson, *Le Philosophe et la Théologie,* Paris: Vrin, 1960, S. 254.

9 Die Jesuitenschule „von Lyon-Fourvière" erlebt im selben Moment einen Entwicklungsschub wie die Dominikanerschule „Le Saulchoir". Ihr Spiritus rector ist Pater Fontoynont, der zu Beginn des Wintersemesters 1932 als Studienpräfekt in Fourvière eintrifft: er ist es, der eine Generation herausragender Studenten unterweist und prägt – Jean Daniélou, Claude Mondésert, Henri Bouillard, Hans Urs von Balthasar. Ohne zum Lehrkörper zu gehören, befindet sich seit 1934 auch Pater Henri de Lubac in Fourvière. An diesem Institut wird nicht nur die monumentale Reihe der „Sources chrétiennes" ins Leben gerufen, sondern auch die Reihe „Théologie" und die Zeitschrift *Cahiers du Témoignage chrétien*. Über die großen jesuitischen Theologen der Vorkriegszeit – Henri de Lubac, Gaston Fessard, Yves de Montcheuil, Jean Daniélou – und ihre Vorgänger – Auguste Valensin, Joseph Huby, Victor Fontoynont – gibt es beeindruckend viel Literatur. Die Memoiren des Kardinals Daniélou, *Et qui est mon prochain?*, Paris: Stock, 1974, und die gemeinsame Arbeit von Hans Urs von Balthasar und G. Chantraine, *Le Cardinal Henri de Lubac. L'homme et son œuvre*, Paris, Lethielleux-Namur: Culture et vérité („Le Sycomore"), 1983, bieten einen exzellenten Orientierungsrahmen. Zur Geschichte von *Témoignage chrétien* liefert die Arbeit von R. Bédarida, *Les Armes de l'esprit. Témoignage chrétien (1941-44)*, Paris: Les Éditions ouvrières, 1977, alle nur wünschenswerten Einzelheiten.

10 Zur Affäre von 1942 vgl. M.-D. Chenu, *Une école de théologie. Le Saulchoir*, Le Saulchoir, Kain-les-Tournai (Belgien)-Étiolles (Frankreich) 1937. 1985 hat der Cerf-Verlag diesen Text neu aufgelegt, ergänzt durch Studien von G. Alberigo, F. Fouilloux, J.-P. Jossua und J. Ladrière. Dort (S. 37) kann man auch (auf lateinisch) die Liste der zehn beanstandeten Sätze lesen, die Pater Chenu 1938 in Rom vorgelegt wurde. Es war der von Pater Garrigou-Lagrange, dem apostolischen Visitator der französischen Dominikanerprovinzen (der freilich 1920, gleich nach Erscheinen von *De contemplatione*, M.-D. Chenu noch zu seinem „Assistenten" machen wollte!), entsandte Pater Thomas Philippe, der am 6. und 12. Juni 1942 vor der Gemeinschaft der Brüder die „Gründe" für die Verurteilung darlegte, bevor er Pater Chenu als Studienleiter absetzte. Pater Louis Charlier, O.P., Professor am Studium des Dominikanerordens in Louvain, wurde zur gleichen Zeit wie Pater Chenu verurteilt, für sein Buch *Essai sur le problème théologique*, Thuillies: Ramgal, 1938. Auch dem Abbé René Draguet, der die Arbeit von Charlier in einer Rezension lebhaft begrüßt hatte, wurde im Juli 1942 die Lehrbefugnis entzogen. Über die Ereignisse von 1942 wie auch über die von 1950 vgl. R. Guelly, „Les antécédents de l'encyclique *Humani generis* dans les sanctions romaines de 1942: Chenu, Charlier, Draguet", *Revue d'histoire ecclésiastique*, LXXXI (1986), S. 420-497. Zu der Verurteilung von 1954 vgl. M.-D. Chenu, „Le sacerdoce des prêtres-ouvriers", *Vie intellectuelle*, Februar 1954, S. 175-181, wiederabgedruckt in *La Parole de Dieu*, Bd. 2, Paris: Cerf, 1964, S. 275-281, mit einem Postskriptum, das man ungekürzt zitieren muß: „Dieser Text rief seinerzeit lebhaften Protest hervor. Man warf ihm vor, hier würde – gegen die traditionelle Theologie – eine priesterliche Funktion der bloßen Präsenz vom Priesteramt des Sakraments unterschieden, ja von ihm getrennt. Damit unterstellte man dem Autor eine erstaunliche Naivität, sowohl in apostolischer wie theologischer Hinsicht. Nachdem der Sturm sich gelegt hatte, wurde vielen klar, daß diese Bemerkung, die nur eine organische Unterscheidung der priesterlichen Aufgaben wiedergibt, alles in allem recht banal ist, und daß ihre Insistenz auf den theoretischen und praktischen Erfordernissen der allerersten Evangelisierung heute ein Gemeinplatz der Missionstheologie ist." Zu den Arbeiter-Priestern und den Dominikanern vgl. F. Leprieur, *Quand Rome condamne*, Paris: Plon/Cerf, 1989.

11 Vgl. „De la contemplation à l'engagement", *La Vie spirituelle*, 68 (1988), S. 99f. Die „spirituelle" Perspektive Chenus tritt deutlich hervor in seinem Buch *Saint Thomas*

d'Aquin et la Théologie, Paris: Seuil („Maîtres spirituels"), 1957, dt. *Thomas von Aquin,* Reinbek bei Hamburg: Rowohlt („Bildmonographien"), 1960.

12 A.d.Ü.: *Introduction à l'étude de saint Thomas d'Aquin,* Paris [2]1954, dt. von Otto M. Pesch, *Das Werk des heiligen Thomas von Aquin,* Heidelberg, Graz 1960 (Deutsche Thomas-Ausgabe, Erg.-Bd. 2).

13 Vgl. *La Théologie comme science au XIIIᵉ siècle,* Paris: Vrin („Bibliothèque thomiste", XXXIII), [3]1969. Dem Text der zweiten Auflage (1942) wurde ein Vorwort vorange-stellt, in dem die Revisionen erläutert wurden, die der Autor dem ursprünglichen Text hat angedeihen lassen, einem inhaltsreichen Aufsatz, der erschienen war in den *Archives d'histoire doctrinale et littéraire du Moyen Age,* 2 (1937), S. 31-71.

14 Vgl. P. Vignaux, *Philosophie au Moyen Age, précédé d'une Introduction nouvelle et suivi de Lire Duns Scotus aujourd'hui,* Albeuve: Castella, 1987, „Introduction", S. 21.

15 *Bulletin de la société française de philosophie,* Sitzung vom 24. März 1928, Paris: Ar-mand Colin, S. 64.

16 *Philosophie au Moyen Age,* a.a.O., „Introduction", S. 21.

17 Vgl. ebd., S. 64: „Bei einem Historiker mit philosophischer Ausbildung besteht die Gefahr, daß er zu sehr vereinheitlicht, zu sehr systematisiert; es ist nötig, daß er die re-bellische Vielfalt sichtbar macht. Alsdann muß er sich im Verlauf seiner Darlegungen davor hüten, daß er nicht den trügerischen Eindruck erweckt, über eine lückenlose Gewißheit zu verfügen: deshalb haben wir soweit wie möglich versucht, unserer Dar-stellung den Charakter eines Forschungsbericht zu lassen, in dem sich gewagte Thesen mit Skrupeln mischen, die mitunter beide übertrieben anmuten mögen."

18 Vgl. *Sur la place du Moyen Age en histoire de la philosophie* (Sitzung vom 24. November 1973), in: *Bulletin de la Société française de Philosophie,* 68. Jahrgang (1974), Paris: Ar-mand Colin, S. 1-29. Nur der Ankündigungstext dieses Vortrags ist abgedruckt in *De saint Anselme à Luther,* Paris: Vrin, 1976, S. 53f.

2. Wozu Mediävisten?

1 B. Hauréau, der eine dieser Sammlungen von Fragen beschrieb, die am Ende des 13. Jahrhunderts an der Pariser Universität disputiert wurden, meinte (im Jahr 1896), daß er *den Titel* von einigen „nicht einmal auf lateinisch" angeben könnte – und P. Duhem fügte hinzu: „Dabei gibt der Titel der Quästio oftmals kaum einen Vorgeschmack von der groben Obzönität, mit der sie diskutiert wird" *(Le Système du monde* [1. Aufl., 1913], Paris: Hermann, 1973, Bd. VI, S. 540). Man sollte trotzdem nicht alles in ei-nen Topf werfen. Die Frage nach den Grenzen der göttlichen Allwissenheit *(kann Gott mehr wissen, als er weiß?)* ist eine Frage der spekulativen Theologie, die auf die *Senten-zen* des Petrus Lombardus zurückgeht, der eine gewisse Anzahl philosophischer Aussa-gen über das Unendliche, über den Unterschied zwischen Wissen und Erkennen sowie den epistemologischen Status des Vorherwissens anführt – alles Fragen, denen allein schon die Antworten eines Ockham *(Ordinatio,* distinctio 39) eine konzeptuelle Le-gitimität verleihen. Was Duhem als „Schweinephilosophie" bezeichnet, deckt dagegen einen anderen Typ von Fragen ab: jene *quaestiones quodlibetales,* die „medizinischen" Themen gewidmet waren (und in der Hauptsache auf Aristoteles' Schriften *Über die Tiere* zurückgingen) – ein anderes Gebiet mit einer anderen Legitimität. Ein Beispiel bietet das Ms. Paris, Nat. lat. 16089, von dem Hauréau spricht, ein anderes das Ms. Todi, Biblioteca communale 54: Trotz aller Freiheiten, die zum *quodlibet*-Typus ge-hörten (heute würde man von Fragen über „beliebige" Gegenstände reden), hatten die-se Quästionen ihre eigene Logik. Das in Todi aufbewahrte Manuskript etwa enthält (f°

57va-b) zwei Reihen von Problemen: Die erste (A) betrifft den Komplex *Woher kommen die Haare und wie wachsen sie?*, die zweite (B) den Komplex *Warum haben die Frauen keinen Bart?* Diese Logik des Haars (der wir vielleicht den Ausdruck „Haarspalterei" verdanken) ist eine Logik des Lebendigen, die sich an ein strikt naturalistisches und aristotelisches Programm hält: (A) Warum sind die Haare rund? Warum wachsen sie immer weiter? Warum wachsen sie gerade? Warum haben sie verschiedene Farben? Warum wird man kahl und warum eher am Vorderteil des Kopfes? Warum haben einige schon in jungen Jahren graue Schläfen? Was bedeutet die Quantität und Qualität der Haare, aus denen die Augenbrauen bestehen? (B) Warum ist die sexuelle Begierde der Frauen nach einer Mutterschaft größer als vorher? Warum haben sie eine Mensis und die Männer nicht? Womit ernähren sie die Kinder, die sie in ihrer Gebärmutter tragen? Welche Verhütungsmittel gibt es? Gibt es viele? Warum steckt sich ein Mann, der mit einer Leprakranken schläft, an, eine Frau bei einem Leprakranken aber nicht? Warum ist ein Kind, das im achten Monat geboren wird, nicht lebensfähig, wohl aber ein Kind, das im siebten oder neunten Monat geboren wird? Durch welche Öffnung fließt das Menstrualblut? ... Auf das gleiche Interesse für die Sexualität der Familienmütter und für die Sexualität überhaupt stößt man in dem Pariser Ms. 16089: Ist jedes Sperma weiß? Kann eine Hure Mutter werden? Sind rothaarige Menschen treu? Sind weiße Haare ein Zeichen von Unkeuschheit? Kann man im Schlaf ejakulieren? Ist es zulässig, daß ein Schwachsinniger sich eine Frau nimmt? Kann ein Mann mit gespaltenem Geschlechtsteil zeugen? Empfindet eine Schwangere beim Beischlaf Lust? Ist die Scham eine unverzichtbare Voraussetzung der Reproduktion? ... Schließlich kommt die entscheidende Frage, die auch dem *Namen der Rose* zur Zierde gereicht hätte und dieses ganze Kuriositätenkabinett ins hellste Licht taucht: Sollen Weise mehr lachen als Idioten? Zu den im Mittelalter disputierten Quästionen vgl. P. Glorieux, *La Littérature quodlibétique,* Paris: Vrin, 1925-1935; B. Bazán, „La quaestio disputata", in: *Les Genres littéraires dans les sources théologiques et philosophiques médiévales,* Louvain-La-Neuve 1982, S. 31-49, und, vom selben Autor, „Les questions disputées, principalement dans les facultés de théologie", in: *Les Questions disputées et les Questions quodlibétiques dans les facultés de théologie, de droit et de médecine,* Turnhout: Brepols („Typologie des sources du Moyen Age occidental", 44-45), 1985. Zum Ms. Nat. lat. 16089 vgl. E. Randi, „*Philosophie de pourceaux* e re taumaturghi. Nota su un manoscritto parigino", *Quaderni medievali,* 22 (1986), S. 129-137.

2 A.d.Ü.: François Rabelais, *Gargantua und Pantagruel,* Drittes Buch, 35. Kapitel, hier zitiert nach der Übersetzung von Gottlob Regis.

3 Zu diesem Thema vgl. H. Hubien, „Logiciens médiévaux et logiques d'aujourd'hui", *Revue philosophique de Louvain,* 75 (1977), S. 219-237; A. de Libera, „Bulletin d'histoire de la logique médiévale", *Revue des sciences philosophiques et théologiques,* 69 (1985), S. 273-309, und 71 (1987), S. 590-634. Zur epistemischen Logik: N. Kretzmann, „*Sensus compositus, Sensus divisus,* and Propositional Attitudes", *Medioevo,* 7 (1981), S. 195-229; I. Boh, „Elements of Epistemic Logic in Later Middle Ages", in: Chr. Wenin (Hrsg.), *L'Homme et son univers au Moyen Age,* Löwen („Philosophes médiévaux", 27), 1986, S. 530-543. Zur deontischen Logik: S. Knuuttila, „The Emergence of Deontic Logic in the Fourteenth Century", in: R. Hilpinen (Hrsg.): *New Studies in Deontic Logic,* Dordrecht: Reidel, 1981, S. 225-248. Das Manifest der angelsächsischen Mediävistik ist die 1982 unter der Leitung von A. Kenny, N. Kretzmann und J. Pinborg erschienene *Cambridge History of Later Medieval Philosophy,* Cambridge: Cambridge University Press.

4 Vgl. die Arbeiten, die seit 1977 von K. Flasch und anderen im Rahmen des Editionsprojekts eines *Corpus philosophorum Teutonicorum Medii Aevi* (Hamburg: Meiner)

durchgeführt wurden. Die *philosophische* Neuinterpretation der *Deutschen Mystik* der Germanisten des 19. Jahrhunderts wurde eingeleitet durch die bahnbrechenden Aufsätze von K. Flasch: „Kennt die mittelalterliche Philosophie die konstitutive Funktion des menschlichen Denkens? Eine Untersuchung zu Dietrich von Freiberg", *Kant-Studien,* 63 (1972), S. 182-206; „Die Intention Meister Eckharts", in: *Festschrift für B. Liebrucks,* Meisenheim, 1972, S. 292-318; „Zum Ursprung der neuzeitlichen Philosophie im späten Mittelalter", *Philosophisches Jahrbuch,* 85 (1978), S. 1-18.

5 Außer dem englischen Klassiker von É. Gilson, *A History of Christian Philosophy in the Middle Ages,* London: Sheed and Ward, 1955 (ein Buch, das seine *Philosophie au Moyen Age. Des origines patristiques à la fin du XIV*ᵉ *siècle* definitiv ersetzt hat), seien erwähnt: J. Marenbon, *Early Medieval Philosophy (480-1150). An Introduction,* London: Routledge and Kegan Paul, 1983, und, vom selben Autor, *Later Medieval Philosophy (1150-1350). An Introduction,* London: Routledge and Kegan Paul, 1987; L.M. De Rijk, *La Philosophie au Moyen Age,* Leiden: Brill, 1985; K. Flasch, *Das philosophische Denken im Mittelalter. Von Augustin zu Machiavelli,* Stuttgart: Reclam, 1986; Mt. Beonio Brocchieri Fumagalli und M. Parodi, *Storia della filosofia medievale. Da Boezio a Wyclif,* Rom-Bari: Laterza, 1989. Die theoretischen und methodologischen Fragen werden behandelt von L.M. De Rijk (Kap. I, „Le Moyen Age: période typiquement médiévale?", und II, „Périodisation, critique des sciences et philosophie de l'histoire") sowie von K. Flasch, „Wozu erforschen wir die Philosophie des Mittelalters?", in: W. Vossenkuhl und R. Schönberger (Hrsg.), *Die Gegenwart Ockhams,* Weinheim: VCH, 1990, S. 393-409.

6 Zu diesen sowohl literarischen wie pädagogischen Gattungen vgl. für die *sophismata:* N. Kretzmann, „*Syncategoremata, Exponibilia, Sophismata*", in: *The Cambridge History ...,* a.a.O., S. 211-245; A. de Libera, „La problématique de l'"instant du changement" au XIIIᵉ siècle: contribution à l'histoire du sophismata physicalia", in: S. Caroti (Hrsg.), *Studies in Medieval Natural Philosophy,* Florenz: Leo S. Olschki („Biblioteca di Nuncius. Studi e Testi", I), 1989, S. 43-93; für die *obligationes:* E. Stump, „Obligations: from the Beginnings to the Early Fourteenth Century", in: *The Cambridge History ...,* a.a.O., S. 315-334; P. V. Spade, „Obligations: Developments in the Fourteenth Century", ebd., S. 335-341; „Three Theories of *Obligationes:* Burley, Kilvington and Swyneshed on Counterfactual Reasoning", *History and Philosophy of Logic,* 3 (1982), S. 1-32. Eine *obligatio* ist eine *Dramatisierungsmethode* dessen, was R. Barthes unter Bezug auf „die *machē* der Griechen" jene „Art von Konfliktsensibilität" nennt, „die jede Art von Widerspruch des Subjekts mit sich selbst für den Griechen (später den Abendländer) unerträglich macht" *(Das semiologische Abenteuer,* Frankfurt a. M.: Suhrkamp, 1988). Diese Dramatisierung nimmt die Form eines geschickt codifizierten und zeitlich begrenzten Spiels an: Man spricht von der Zeit der *obligatio,* die abgelaufen ist, wenn das schicksalhafte und rituelle *Cedat tempus obligationis!* erschallt. Zwei Spieler treten gegeneinander an, denen jeweils eine besondere Rolle zufällt: Der eine ist der *respondens,* der sich – deshalb die Rede von *obligatio* – dazu „verpflichtet", im Laufe des Disputs eine bestimmte Ansicht oder Einstellung zu vertreten; der andere ist der *opponens,* der sich bemüht, ihn zur *redargutio* zu zwingen, das heißt zum Widerspruch. Der *respondens* hat verloren, wenn er im Disput das Gegenteil der von ihm anfänglich vertretenen Aussage konzediert oder, einfacher, wenn ihn sein Gegner dazu zwingt, eine andere Aussage sowohl zuzugeben als auch abzulehnen. Jeder Typ von *obligatio* hat seine eigenen Regeln. Für die am häufigsten praktizierte Form der *obligatio,* die *positio,* besagen die allgemeinen Regeln, daß jede sachhaltige Aussage, die logisch aus einer zuvor gebilligten Aussage oder dem Gegenteil einer zuvor abgelehnten Aussage folgt, gebilligt werden muß; daß jede sachhaltige Aussage, die nicht logisch folgt, abgelehnt werden muß; daß jede nicht sachhaltige Aussage nach ihrer jeweiligen epistemischen

Modalität gebilligt, abgelehnt oder zweifelnd in der Schwebe gelassen werden kann. Zum Spiel gehören also drei Akte – *billigen, ablehnen, zweifeln* – und zwei propositionale Haltungen – *wissen, nicht wissen* –, die sich aus einsichtigen Gründen auf Aussagen beziehen, die im allgemeinen den Tatsachen entgegengesetzt oder von der natürlichen Intuition so weit wie möglich entfernt sind. Die Regeln der *positio* wurden logisch formalisiert von S. Knuuttila und M. Yrjönsuuri, „Norms and Action in Obligational Dispute", in: *Die Philosophie im 14. und 15. Jahrhundert. In memoriam Konstanty Michalski (1879-1947),* Amsterdam: Grüner („Bochumer Studien zur Philosophie", 10), 1988, S. 191-202. Für weitere Einzelheiten vgl. A. de Libera, „La logique de la discussion dans l'université médiévale", in: M. Meyer und A. Lempereur (Hrsg.), *Figures et Conflits rhétoriques,* Brüssel: Éditions de l'université de Bruxelles, 1990, S. 59-81.

7 Das Beispiel des „gegenwärtigen Königs von Frankreich" wurde von Russell im Rahmen seiner Theorie der „definiten Beschreibungen" eingeführt – also etwa „der Autor von *Les Misérables*" (im Gegensatz zum Eigennamen „Victor Hugo") –, um einen Fall zu veranschaulichen, wo die Beschreibung eines Individuums offenkundig nicht seine Existenz „konnotiert" (weil nichts Seiendes der Beschreibung „der gegenwärtige König von Frankreich" entspricht). Seit „On Denoting" (1905) haben die meisten angelsächsischen Philosophen Semantikprobleme auf der Grundlage dieses Typs von Aussagen diskutiert, die im Mittelalter weit verbreitet waren. Ein bemerkenswerter Unterschied zwischen den modernen und den mittelalterlichen Denkern ist, daß die Logiker des 13. und 14. Jahrhunderts Eigennamen (im grammatischen Sinn des Wortes) als Beschreibungen benutzten: so wurde der Name *Cäsar* als etwas betrachtet, daß ein *Individuum* bezeichnet, *das in dem Moment, wo ich rede, nicht mehr existiert,* und *Antichrist* als ein Wort, das auf *ein Individuum* verweist, *das in dem Moment, wo ich rede, noch nicht existiert* (dessen künftige Existenz aber epistemisch feststeht, da sie in der Offenbarung angekündigt wurde). Zur mittelalterlichen Theorie der Referenz, zu ihren Techniken, Entwicklungen, Voraussetzungen und Zielen vgl. J. Pinborg, „Bezeichnung in der Logik des XIII. Jahrhunderts", *Miscellanea mediaevalia,* 8 (1971), S. 238-281 (wiederabgedruckt in *Mediaeval Semantics. Selected Studies in Mediaeval Logic and Grammar,* hrsg. von S. Ebbesen, London: Variorum Reprints, 1984); S. Ebbesen, „The Chimaera's Diary", in: S. Knuuttila und J. Hintikka (Hrsg.), *The Logic of Being,* Dordrecht: Reidel, 1986, S. 115-143.

8 Auch die Intellektuellen und die Universitätseinrichtungen selber waren vor Antisemitismus nicht geschützt. Muß man an den Mantel des Schweigens erinnern, den die Historiographie über die Rolle geworfen hat, die Albert der Große – an der Seite des Kardinallegaten Odon, des Bischofs von Tusculum – in dem gespielt hat, was man mal „die Verurteilung des Talmuds" nennt, mal „die Pariser Ereignisse vom 15. Mai 1248" (warum nicht einfach die „Maiereignisse"?) oder auch einfach „die Talmudaffäre"? Muß man daran erinnern, daß die Quästio 15 im vierzehnten *Quodlibet* Heinrichs von Gent (disputiert im Jahre 1290) dem Problem gewidmet ist, „ob ein Jude, der eine geweihte Hostie geschändet hat, dann aber, als er das Blut hat fließen sehen, konvertiert ist und sich hat taufen lassen, für dieses Verbrechen bestraft werden muß oder nicht"? Offenbar war der Antisemitismus damals bei den *magistri* nicht schwächer als in der übrigen Gesellschaft: Damit ist aber *de jure* nichts gegen das universitäre Ideal und die Idee der Universität gesagt; das ganze Problem besteht darin, diese Idee ins Faktische und Wirkliche zu überführen, das heißt darin, ihre Universalität zu bewahren und zu verteidigen.

9 Zur Einführung eines wirklichen Unterrichts der Religionsgeschichte an den staatlichen Gesamtschulen und Gymnasien, zu dem „schmalen" Konsens, auf den sie sich

stützen kann, und zu den administrativen, bürokratischen und ideologischen Hindernissen, auf die sie stößt, vgl. J. Bauberot, *Vers un nouveau pacte laïque?*, Paris: Seuil, 1990. Siehe auch das Gespräch von J. Le Goff mit L. Verschave, „Incontournable histoire", in: *L'Actualité religieuse dans le monde,* Nr. 82, 15. Oktober 1990, S. 10-12. Daß wir die Konklusion des Gesprächs voll und ganz unterschreiben, versteht sich von selbst: „Auch wenn die Geschichte kein Monopol auf die religiöse Kultur hat, wird man ohne sie nicht auskommen. Sie wirft Licht auf die Philosophie wie auf die Literatur. Zwischen Platon und Montaigne gibt es Platz für einen heiligen Thomas von Aquin, aber man muß Thomas erst einmal situieren!" Desgleichen freilich muß zwischen Aristoteles und Descartes jetzt noch Platz geschaffen werden für ein Mittelalter *ohne Leitsterne* (Thomas von Aquin ist nicht das ganze Mittelalter); es muß Platz geschaffen werden für die Philosophie zwischen der Geschichte, den Wissenschaften und der Literatur, und für die Religionsgeschichte im Unterricht überhaupt, was ein Mindestmaß an Interdisziplinarität voraussetzt und ... eine geeignete Ausbildung der Lehrer.

3. Das „christliche Abendland"

1 Vgl. Thomas von Cantimpré, *De naturis rerum* (III): *De monstruosis hominibus orientis,* hrsg. von J. B. Friedman, Montréal/Paris: Bellarmin-Vrin („Cahiers d'études médiévales", 2), 1974. Im Aufsatz von B. Roy, „En marge du monde connu: les races de monstres", in: *Aspects de la marginalité au Moyen Age,* Montréal: Éd. de l'Aurore, 1975, S. 70-81, findet man die grundlegende Bibliographie. Die Phantasie von den Mißgeburten wirkt sich selbst in Reiseberichten aus, wo sowohl Hundemenschen vorkommen als auch die Pygmäen Chinas – die „Däumlinge" oder *biduini,* die laut Oderich von Pordenone († 1331) in der Stadt Chaam am Fluß Calay (Yang-tse-kiang) wohnen. „Diese Däumlinge", schreibt er, „sind kleine Leute, nur drei Spannen lang [eine Spanne entspricht dem Abstand zwischen dem Ende des Daumens und dem des kleinen Fingers, wenn sie am weitesten auseinandergespannt sind]. Sie sind für ihre Größe schön und wohlgestaltet. Alle, Männer und Frauen, heiraten sechs Monate nach ihrer Geburt und bekommen Kinder; sie werden höchstens sechs Jahre alt. Wenn große Leute, die mit ihnen zusammenleben, in diesem Land Kinder bekommen, so werden ihre Kinder in allem diesen so kleinen Däumlingen gleich. Und darum gibt es hier diese Däumlinge in so großer Zahl und Menge, daß es an ein Wunder grenzt." Dieser körperlichen Differenz, die folgenlos bleibt („sie haben eine vernünftige Seele, ganz wie wir"), steht die schrecklichere soziale Differenz gegenüber – wie die Beschreibung der Bewohner der Insel Lamory (Lambri, eines der Königreiche von Sumatra) zeigt, wo sich Nacktheit, Urkommunismus und Anthropophagie verbinden: „Auf dieser Insel war es so warm, daß alle, Männer und Frauen, nackt waren und sich nicht bedeckt hatten. Sie verspotteten mich und sagten: ‚Gott hat Adam nackt erschaffen und du, wider Gottes Ordnung, bekleidest dich!' In diesem Land sind alle Frauen so gemeinsam, daß niemand sagen kann: ‚Diese Frau ist mein.' Wenn aber eine Frau niedergekommen ist, so gibt sie das Kind unter den Männern, mit denen sie geschlafen hat, dem, der es haben will, und dieser wird Vater dieses Kindes genannt. In diesem Land ist alles so gemeinsam, daß niemand sagen kann: ‚Dieses Land oder dieses Haus ist mein.' Sie haben nur wenig Eigentum. Das Land selbst ist sehr gut, denn sie haben viel Wild, Weizen, Gewürznelken und alle anderen edlen Dinge. Die Leute dort sind sehr schlecht und sehr grausam: sie essen Menschenfleisch. Händler aus fremden Landen bringen Kinder dorthin, um sie zu verkaufen. Und wenn die Leute dort sie gekauft haben, töten und

essen sie sie." Vgl. hierzu Oderich von Pordenone, *Le livre de sa pérégrination de Padoue à Pékin au Moyen Age,* hrsg., übersetzt und kommentiert von M. Alby, Paris: Éd. Hots, 1982, S. 54f. und S. 39; dt. *Konrad Steckels deutsche Übertragung der Reise nach China des Odorico de Pordenone,* hrsg. von G. Strasmann, Berlin: Erich Schmidt Verlag, 1968, S. 95 und S. 63.

2 Serge Raffy, *Le Nouvel Observateur,* Nr. 1316, S. 6.

3 Beim Ausdruck „neues Rittertum" kann man sich natürlich auf den heiligen Bernhard berufen. Es ist jedenfalls eines der möglichen Äquivalente für seinen *Liber ad milites templi, De laude novae militiae* – einfach von „neuer Miliz" zu sprechen wäre allzu weihelos. Vgl. hierzu Bernhard von Clairvaux, *Lobrede auf das neue Rittertum,* in *Sämtliche Werke,* Bd. 1, Innsbruck: Tyrolia, 1990, woraus wir folgende Zeilen zitieren wollen (a.a.O., S. 277): „Die Ritter Christi aber kämpfen mit gutem Gewissen die Kämpfe des Herrn und fürchten niemals weder eine Sünde, weil sie Feinde erschlagen, noch die eigene Todesgefahr. Denn der Tod, den man für Christus erleidet oder verursacht, trägt keine Schuld an sich und verdient größten Ruhm. Hier nämlich wird für Christus, dort Christus selbst erworben. Er nimmt wahrlich den Tod des Feindes als Sühne gern an und bietet sich noch lieber seinem Streiter als Tröster dar. Ein Ritter Christi, sage ich, tötet mit gutem Gewissen, noch ruhiger stirbt er. Wenn er stirbt, nützt er sich selber; wenn er tötet, nützt er Christus."

4. Das vergessene Erbe

1 Vgl. I. Madkour, *L'Organon d'Aristote dans le monde arabe,* Paris: Vrin („Études musulmanes", X), [2]1969, S. 27.

2 Abū l-Walīd Muḥammad ibn Aḥmad ibn Rušd al-Hafid wurde 1126 in Cordoba geboren und entstammte einem berühmten Geschlecht von geistlichen Richtern (sein Vater war, wie auch sein Großvater, Quāḍi und Imām der großen Moschee). Ibn Ṭufayl führte ihn am Hof des Almohadenfürsten Abū Ya'kūb Yūsuf ein. Unter dessen Protektion, dann unter der seines Sohnes Abū Yūsuf Ya'kūb al-Manṣūr (der ihn seinerseits zum Quāḍi von Cordoba ernannte), hat er im Laufe von zehn Jahren (von 1182-1193) die *Großen Kommentare* zu Aristoteles verfaßt (zu den *Zweiten Analytiken,* zur *Physik,* zu *De caelo, De anima* und zur *Metaphysik)* sowie den Großteil eines wissenschaftlichen Werks (Astronomie, Medizin), dem das lateinische Abendland damals nichts entgegenzusetzen hatte. 1195 in Ungnade gefallen und verbannt, wurde Ibn Rušd erst wieder nach Marrakesch gerufen, um dort am 10. Dezember 1198 zu sterben.

3 Zu Al-' Āmirī vgl. E. K. Rowson, *A Muslim Philosopher on the Soul and its Fate: Al-' Āmirī's Kitāb al-Amad 'alā l-abad,* New Haven, Conneticut („American Oriental Series", 70), 1988. Zu 'Abd al-Laṭīf al Baghdādī vgl. R. C. Taylor, „The *Kalām fī mahḍ al khair (Liber de causis)* in the Islamic Philosophical Milieu", in: *Pseudo-Aristotle in the Middle Ages. The Theology and Other Texts,* London: The Warburg Inst.-Univ. of London („Warburg Institute Surveys and Texts", XI), 1986, S. 37-52.

4 Man kann den Roman von Ibn Ṭufayl lesen in L. Gauthier, *Hayy ibn Yaqdhān, roman philosophique d'Ibn Thofaîl,* arabischer Text und fr. Übers., Algier 1900 ([2]1936); eine dt. Übers. von Otto F. Best erschien unter dem Titel *Der Ur-Robinson,* München: Matthes & Seitz, 1987. Der Text ist seit dem Mittelalter kommentiert worden, insbesondere von dem jüdischen Averroisten Moses ben Joshua ben Mar David von Narbonne, genannt Moses Narboni. Vgl. hierzu M.-R. Hayoun, „Le commentaire de Moïse de Narbonne (1300-1362) sur le *Ḥayy Ibn Yaqzān* d'Ibn Ṭufayl (mort en 1185)", *Archives d'histoire doctrinale et littéraire du Moyen Age,* 55 (1989), S. 23-98.

5 Seinen Ruf, irreligiös, ja atheistisch zu sein, verdankt Averroes offensichtlich der drastischen Kritik, die er in seiner Untersuchung des Religionsfriedens an der muslimischen Theologie übt. Doch ist er wirklich ein Vorkämpfer des Laizismus? Die Frage ist letztlich bedeutungslos, wichtig ist, daß er als Philosoph argumentiert, ein Vorgehen, das gerade heute wieder nötig zu sein scheint. Der Ausgangspunkt der theologischen Politik des Averroes ist einfach: er wendet ein Argumentationsmodell auf die soziale und religiöse Tatsache an. Es gibt drei Klassen von Argumenten (rhetorische, dialektische, demonstrative oder wissenschaftliche) und dementsprechend drei Klassen von Menschen, „die sich in bezug auf das religiöse Gesetz unterscheiden". Dies die Sicht eines Logikers, die sich unmittelbar in Kritik verwandelt. Die Menschen, die nur rhetorischen Argumenten zugänglich sind, die Massen, kennen nur Bilder und Symbole; für sie ist die buchstäbliche Interpretation des Korans gerade richtig, ja notwendig. Die Menschen des demonstrativen Syllogismus sind die Philosophen; sie sind in der Lage, die offenkundigen Widersprüche des Textes durch rationale Exegese aufzulösen und so seinen verborgenen Sinn zu entdecken. Zwischen denen nun, die glauben müssen, ohne zu begreifen, und denen, die, um zu begreifen, des Glaubens nicht bedürfen, siedelt Averroes die Theologen an: in einem Raum, den man ein überflüssiges Zwischenreich nennen kann. Da sie die buchstäbliche Exegese zunichte machen, aber unfähig sind, sie durch die Gewißheit der Wissenschaft zu ersetzen, versinken die Theologen in ein haltloses *Allegorisieren,* das um so geschwätziger ist, als es auf seinem eigenen Terrain nicht widerlegt werden kann. Eben dadurch aber sind die Theologen für alle Übel der Gesellschaft verantwortlich: für Intoleranz, Krieg und Fanatismus. Im dritten Kapitel der *Entscheidenden Abhandlung (Kitāb faṣl al-maqāl)* kritisiert Averroes in dieser Hinsicht die beiden großen Strömungen der alten muslimischen Theologie: die Muʿtaziliten und die Ašʿarīten. Hören wir uns seine Klage über die Sekten an – sie hat nichts von ihrer Aktualität verloren: „Infolge der allegorischen Auslegungen – insbesondere der falschen – und der Meinung, daß diese Schriftexegesen allen vermittelt werden müssen, entstanden im Islam die Parteiungen, die so weit gingen, daß eine die andere für ketzerisch oder ungläubig erklärte. So haben die Muʿtaziliten viele Verse des Korans und viele Worte des Propheten allegorisch interpretiert und diese Interpretationen der großen Masse mitgeteilt. Ebenso taten die Ašʿarīten, obwohl in geringerem Maße, und stürzten dadurch die Leute in Feindseligkeit und gegenseitige Gehässigkeit und Kriege; sie zerrissen so die Religion und trennten die Menschen absolut. Dazu kommt noch, daß ihre Methoden, welche sie zur Aufstellung ihrer Interpretationen angewendet haben, weder für die große Menge noch auch für die Auserwählten gelten, weil sie, wenn man sie genau betrachtet, den Bedingungen der Demonstration nicht ensprechen. Wer die Syllogistik kennt, sieht dies bei der geringsten Erwägung ein. Ja, ein großer Teil der Prinzipien, worauf die Ašʿarīten ihre Theologie bauten, ist rein sophistisch. Denn sie leugnen viele notwendige Dinge; so das Bestehen der Akzidentien, den Einfluß der Dinge aufeinander, die Existenz notwendiger Ursachen für die bewirkten Dinge, die substantiellen Formen und die Zweitursachen. Wirklich haben ihre Gelehrten gegen die Muslime eine Ungerechtigkeit begangen, da ein Teil der Ašʿarīten all die, welche die Existenz des Schöpfers nicht nach den Methoden erkennen, die sie [die Mitglieder dieser Sekte] in ihren Büchern aufgestellt haben, des Unglaubens bezichtigt, während doch sie in Wirklichkeit die Ungläubigen und Irrenden sind! Von hier ab kommt es zur völligen Entzweiung: die einen behaupten, das erste Notwendige sei die Spekulation, die anderen, der Glaube. Dies aber alles nur, weil sie die für alle gemeinschaftlichen Methoden nicht kennen, die Wege, die das Gesetz allen [Gläubigen] vorschreibt, und weil sie meinen, daß es nur eine einzige Methode gibt. Auf diese Weise verfehlen sie die Absicht des Gesetzgebers und irren und führen die anderen ir-

re." [A.d.Ü.: Eine deutsche Übersetzung der *Entscheidenden Abhandlung über das Zusammenstimmen von Religion und Philosophie* findet man unter dem Titel *Harmonie der Religion und Philosophie* in *Philosophie und Theologie von Averroes,* aus dem Arabischen von Marcus Joseph Müller, o.O. 1875, Neudruck Osnabrück: Biblio, 1974, hier: S. 23.]

6 Übersetzt wurde das Werk vom jüdischen Wissenschaftler und Gelehrten Kalonymos ben Kalonymos, und zwar auf ausdrücklichen Wunsch von Robert dem Weisen (Robert von Anjou), der 1309 bis 1343 König von Neapel war. Laut dem *explicit* des Ms. Vat. lat. 2484 wurde die Übersetzung im April 1327 abgeschlossen. Keiner der großen „Scholastiker" des 13. Jahrhunderts konnte den Text des Averroes also kennen. Auch im 14. Jahrhundert scheint die Übersetzung von Kalonymos ben Kalonymos nicht im Umlauf gewesen zu sein. Zum Averroesübersetzer vgl. M. Steinschneider, *Gesammelte Schriften,* I, Berlin 1925, S. 196-215. Alles in allem war Robert der Weise im angevinischen Königreich von Sizilien das, was Friedrich II. zur Zeit der Stauferherrschaft gewesen war. Zu den an seinem Hof entstandenen Übersetzungen vgl. R. Weiss, „The Translators from the Greek of the Angevin Court of Naples", *Rinascimento,* 1 (1950), S. 195-226.

7 *Die Intellektuellen im Mittelalter,* S. 24.

8 Vgl. *Liber de Quaestione valde alta et profunda,* in: *Raimundi Lulli Opera Latina,* Turnhout: Brepols („Corpus Christianorum. Continuatio mediaevalis", Bd. XXXIV), 1980, S. 181. In seiner *Vita coetanea,* einer Art Autobiographie, hat Lullus die Episoden, die wir hier wiedergeben, im wesentlichen selbst geschildert. Der vollständige Text wurde übersetzt und kommentiert von Ch. Lohr und R. Sugranyes de Franch in R. Imbach und M.-H. Méléard (Hrsg.), *Philosophes médiévaux. Anthologie de textes philosophiques (XIIIe-XIVe siècles),* Paris: UGE, 1986, S. 207-247; dt. in E. W. Platzeck, *Das Leben des seligen R. Lull,* Düsseldorf 1964.

9 *Die Intellektuellen im Mittelalter,* S. 116.

10 Boethius von Dacien, ein Zeitgenosse des Siger von Brabant, war Magister der Freien Künste an der Universität von Paris und hat uns ein wichtiges Werk zur Grammatik hinterlassen *(De modis significandi).* Man verdankt ihm auch ein philosophisches Manifest, das *De summo bono* (abgefaßt um 1270), und den Traktat *De aeternitate mundi,* auf den sich alle Kontroversen über den lateinischen Averroismus in den letzten hundert Jahren gestützt haben. Einen Versuch, sein Denken konzis darzustellen bietet J. Pinborg, „Zur Philosophie des Boethius de Dacia. Ein Überblick", *Studia mediewistyczne,* 15 (1974), S. 165-185.

11 É. Gilson, „Boèce de Dacie et la double vérité", *Archives d'histoire doctrinale et littéraire du Moyen Age,* 22 (1956), S. 84.

12 Vgl. *Géza Sajó, Un traité récemment découvert de Boèce de Dacie: De aeternitate mundi.* Unveröffentlichter Text mit einer kritischen Einführung. Im Anhang ein unveröffentlichter Text von Siger von Brabant, *Super VIe Metaphysicae,* Budapest 1954, S. 71

13 Im *Führer der Unschlüssigen,* I, 71, erweitert Maimonides die Kritik an der „sektiererischen Methode", die Averroes gegen die Muʿtaziliten und die Ašʿarīten gerichtet hatte, auf den Kreis aller Theologen des Buches. Wir zitieren nach der Übersetzung von S. Munk (Paris 1866, Neuauflage 1970, S. 175-177, dt. Übers. von A. Weiss, Leipzig: Meiner, 1923, S. 284-288), die wir durch einige Hinweise in Klammern ergänzen: „Wisse jedoch, daß alles, was die Araber, und zwar die Mutaziliten und Aschariten, in betreff dieser [theologischen] Fragen gesagt haben, Ansichten sind, die auf Behauptungen und Heischesätzen beruhen, die den Schriften der Griechen und der Syrer entnommen sind, die eifrig gegen die Meinungen der Philosophen ankämpfen und deren Aussprüche zu widerlegen trachten. Dies hat seinen Grund darin, daß nach der Ver-

breitung des Christentums unter diesen Völkern, in denen die Ansichten der Philosophen in allgemeinem Ansehen standen – denn von diesen ist ja die Philosophie ausge-
gangen –, und der Geltendmachung seiner bekannten Lehren infolge des Auftretens
glaubenstreuer Herrscher die dem Christentum ergebenen Lehrer jener Zeitalter unter
den Griechen und Syrern einsahen, daß diese Lehren von den Lehrmeinungen der
Philosophen vollständig und klar widerlegt werden könnten, und deshalb diese Wissenschaft des Kalâm erfanden [Maimonides, der auf arabisch schreibt, gebraucht das
Wort *kalâm* – Theologie – für sämtliche Theologien, auch nichtmuslimische] und es
versuchten, solche Lehrsätze aufzustellen, die ihren Glauben stützen und diese den
Grundsätzen ihrer Religion widerstreitenden Ansichten entkräften könnten. Als nun
nach dem Auftreten des Islams die Schriften der Philosophen ins Arabische übertragen
wurden, wurden auch diese Entgegnungen übersetzt, die gegen die Schriften der Philosophen gerichtet waren, und man fand, daß über diese Dinge bereits der Grammatiker
Johannes [Johannes Philoponos = der Eifrige, christlicher Philosoph aus Alexandria,
gest. 566. Als ehemaliger Schüler des Ammonios hatte er 529 die Schließung der Philosophenschule von Alexandria verhindert, indem er *Gegen Proklos über die Ewigkeit
der Welt* schrieb. Sein theologisches Werk wurde 680 verdammt], Ibn Adi [der christliche Philosoph Yaḥyā ibn 'Adī, gest. 974, war unter der Herrschaft der 'Abbāsiden
Mitglied der Schule der „Übersetzer von Bagdad"] und andere geschrieben hatten. An
diesen hielten sie fest in der Meinung, damit einen wichtigen Fund gemacht zu haben.
Auch sie wählten von den Ansichten der älteren Philosophien dasjenige, was die, die es
wählten, als nützlich für sich erachteten, obgleich die neueren Philosophen dessen Un-
richtigkeit bereits erwiesen hatten, wie z. B. die Lehre von den Atomen und vom leeren
Raume. Bald aber sahen sie ein, daß diese Fragen allen Relgionen, die sich auf eine
Offenbarung stützten, gemeinsam seien und daß diese alle dieser Lehrsätzen bedurften.
Daraufhin ging der Kalâm in der Sache noch weiter und schlug noch einen anderen eigentümlichen Weg ein, mit dem die griechischen und die anderen Mutakallimûn, weil
sie den Philosophen näher standen, nichts gemein hatten. Noch später kamen bei den
Mohammedanern neue Glaubenslehren auf, die nur ihre Religion allein betrafen, die
aufrechtzuhalten sie nicht umhin konnten. Da sie aber selbst über diese Dinge uneinig
waren, hielt jede ihrer Sekten an denjenigen Lehren fest, die der Aufrechterhaltung ihrer Ansichten am dienlichsten waren [...]. Mit einem Worte, die älteren zum Christentum übergetretenen griechischen und die mohammedanischen Mutakallimûn ließen sich in ihren Behauptungen schlechterdings nicht davon leiten, was von dem Zustande des Seienden auf den ersten Blick ersichtlich ist, sondern sie erwogen, wie das
Seiende beschaffen sein müßte, um als Argument für die Wahrheit ihrer Ansichten zu
dienen oder ihr wenigstens nicht zu widersprechen, und wenn es ihnen schien, daß dieser Einbildung etwas Wahres zugrunde liege, dann stellten sie die positive Behauptung
auf, das Seiende müsse so und so beschaffen sein. Sie gelangten also dahin, Beweis-
gründe herbeizuschaffen, mittelst welcher jene Behauptungen bestätigt werden sollten,
aus denen die Lehrsätze zu gewinnen waren, vermöge welcher diese Ansichten bekräftigt oder mindestens nicht widerlegt würden."

14 Vgl. Übers. Munk, a.a.O., S. 177-279, dt. Übers. Weiss, S. 288-290.

15 Im Grunde vertrat Boethius die These, daß die Philosophie und der Glaube auch dort,
   wo sie sich widersprechende Aussagen zu machen scheinen, nicht im Gegensatz zueinander stehen, weil es sich bei dem Widerspruch dieser Aussagen eben nur um einen
   scheinbaren handelt. Diese Analyse beruhte auf einem Grundprinzip der Aristotelischen Logik *(Sophistische Widerlegungen,* 25), wonach sich unmöglich ein Widerspruch
   ergibt, wenn man einer absolut *(simpliciter)* genommenen Aussage dieselbe, aber relativ
   (secundum quid) genommene Aussage entgegensetzt; daraus konstruierte er das folgen-

de, letzten Endes recht *unschuldige* Argument: „Wie wir wissen, fällen der, der behauptet, daß Sokrates weiß ist, und der, der dies in einer bestimmten Hinsicht verneint, beide ein wahres Urteil. Desgleichen sagt der Christ die Wahrheit, wenn er behauptet, daß die Welt und die erste Bewegung erschaffen sind, daß es einen ersten Menschen gegeben hat, daß jeder Mensch numerisch identisch wiederauferstehen wird und daß ein erzeugbares Wesen ins Dasein treten kann, ohne erzeugt worden zu sein, so man nur zugibt, daß dies durch eine Ursache möglich ist, deren Macht größer ist als die einer natürlichen Ursache. Doch auch der sagt die Wahrheit, der behauptet, daß dies nicht durch natürliche Ursachen und Prinzipien möglich ist. Tatsächlich setzt der Physiker immer, wenn er etwas annimmt oder leugnet, natürliche Prinzipien und natürliche Ursachen voraus, ebenso wie der Grammatiker, wenn er als ein solcher spricht, alles nur aus grammatischen Prinzipien und Ursachen herleitet" (zit. nach É. Gilson, „Boèce de Dacie et la double vérité", a.a.O., S. 90f.). Anders gesagt, zwischen der Behauptung des Christen – *die Welt ist erschaffen* – und der des Philosophen – *gemäß der Ordnung der natürlichen Ursachen und Prinzipien ist die Welt nicht erschaffen* – existiert ebensowenig ein Widerspruch wie zwischen *Sokrates ist weiß* und *in gewisser Hinsicht ist Sokrates nicht weiß*. Daraus einen Widerspruch zu machen hieße für einen ordentlichen Aristoteliker sogar, sich einen Paralogismus zuschulden kommen lassen, der im Mittelalter unter dem Namen *fallacia secundum quid et simpliciter* bekannt war. Es liegt auf der Hand, daß das „Genie" Tempiers und seiner Theologenkommission darin bestand, diesen prophylaktischen Text in einem relativistischen Sinn aufzufassen; man mußte nur eine kleine „Umstellung" vornehmen und lesen: „Wie wir wissen, fällen der, der behauptet, daß Sokrates weiß ist, und der, der dies verneint, *beide in einer bestimmten Hinsicht ein wahres Urteil*", um zwei konträre Wahrheiten zu erhalten, wo es für Boethius zwei Wahrheiten gab, die sich nicht widersprachen. Der Text von Maimonides dagegen ließ sich nicht so leicht manipulieren.

16 *Chartularium Universitatis Parisiensis,* I, Nr. 441, hrsg. von Denifle-Chatelain, S. 499f.

17 Raimundus Lullus, *Liber disputationis Petri et Raimundi sive Phantasticus,* in: *Raimundi Lulli Opera Latina,* a.a.O., Bd. LXXVIII, 1988, S. 190. Zum Sinn und zur sozialen Bedeutung der Auseinandersetzung Lulls mit den „Averroisten" wird man mit Gewinn das grundlegende Buch von R. Imbach lesen, dem wir selbst viel verdanken: *Laien in der Philosophie des Mittelalters. Hinweise und Anregungen zu einem vernachlässigten Thema,* Amsterdam: Grüner („Bochumer Studien zur Philosophie", 14), 1989, S. 102-131.

18 Vgl. J. Jolivet, „Émergences de la philosophie au Moyen Age", *Revue de synthèse,* IV/3-4 (1987), S. 414.

5. Philosophen und Intellektuelle

1 Diese Diagnose stammt von J. Verger, „Condition de l'intellectuel aux XIIIe et XIVe siècles", in: *Philosophes médiévaux ...",* a.a.O., S. 47f. Den Ausdruck „städtische Baustelle", den Verger auf S. 40 zitiert, hat Le Goff geprägt, *Die Intellektuellen im Mittelalter,* S. 63, der „die neue intellektuelle Arbeit als Verbindung von Forschung und Lehre im städtischen und nicht mehr klösterlichen Raum" (S. 176) definiert.

2 Zu Aubry von Reims und seinen „philosophischen Enthusiasmus" vgl. R.-A. Gauthier, „Notes sur Siger de Brabant. II. Siger en 1272-1275. Aubry de Reims et la scission des Normands", *Revue des sciences philosophiques et théologiques,* 68 (1984), S. 3-49.

3 Das Plädoyer Jakobs von Douai, das man in seinem Prolog zu den *Quästionen über die Meteorologica* (Ms. Paris, Nat. lat. 14698, f° 62ra) findet, ist abgedruckt in R.-A. Gaut-

hier, *Magnanimité. L'idéal de la grandeur dans la philosophie païenne et dans la théologie chrétienne,* Paris: Vrin, 1951, S. 468f (in der Anm.).

4 Besonders kennzeichnend für die philosophische Pädagogik in Oxford sind die Übungsdisputationen, im Unterschied zu den in Paris praktizierten Lehrdisputationen unter Anleitung eines Magisters. Bei dieser originellen Form von *training,* der sogenannten *disputatio in parviso,* traten noch ungeschulte Baccalaurii völlig ungezwungen gegeneinander an, sieht man von gewissen Argumentationsvorschriften ab. Bemerkenswert ist, daß dieser „Besuch des Vorhofs" (wahrscheinlich der Vorhalle einer Kirche in der Nähe der „Schulen") ab 1409 notwendige Voraussetzung war, um sich zur Magisterprüfung anzumelden. Zweifellos hat sich aus dieser Übung, die wesensmäßig von jedem Interpretationszwang und jeder institutionellen Zensur frei war, gleichsam von selbst die Methode des imaginären Vernunftschlusses, des Schließens *secundum imaginationem* entwickelt, welcher sich der Aufschwung der englischen Physik verdankt wie auch die typisch Oxforder Praxis des „Kalküls". Man kann sich ausmalen, daß der Gegensatz zwischen Identifikation und Spiel nicht folgenlos geblieben ist für die recht unterschiedlichen Ansichten, die die englischen und die kontinentalen Philosophen später von der Praxis der Philosophie haben sollten. Zur *disputatio in parviso* vgl. J. M. Fletcher, „Some problems of Collecting Terms Used in Medieval Academic Life as Illustrated by the Evidence for Certain Exercises in the Faculty of Arts at Oxford in the Later Middle Ages", in: O. Weijers (Hrsg.), *CIVICMA. Actes du „Workshop" Terminologie de la vie intellectuelle au Moyen Age. Leiden-Den Haag, 20.-21. septembre 1985,* Den Haag 1986, S. 43f.; vom selben Autor, „The teaching of Arts at Oxford, 1400-1520", *Paedagogica historica,* 7/1 (1967), S. 431-434. Zur Beziehung zwischen den *calculatores* und den Besonderheiten des Oxforder Unterrichts vgl. E. Sylla, „The Oxford Calculators", in: *The Cambridge History ...,* a.a.O., S. 540-563, und „The Fate of the Oxford Calculatory Tradition", in: *L'homme et son univers ...,* a.a.O., S. 692-698. Zur Organisation und Typologie der Disputation in Paris vgl. P. Glorieux, „L'enseignement au Moyen Age. Techniques et méthodes en usage à la faculté de théologie de l'université de Paris, au XIIIE siècle", *Archives d'histoire doctrinale et littéraire du Moyen Age,* 35 (1968), S. 65-186.

5 „Condition de l'intellectuel ...", S. 48.

6 Die Version des Petrus von Limoges, enthalten im Ms. Paris, Nat. lat. 15971, f° 198rb, wird analysiert von L.-J. Bataillon, „Les conditions de travail des maîtres de l'université de Paris au XIIE siècle", *Revue des sciences philosophiques et théologiques,* 67 (1983), S. 417-433. Die verschiedenen anderen Fassungen und die Anekdoten über Simon von Tournai werden behandelt in J. Warichez, *Les Disputations de Simon de Tournai,* Löwen 1932, S. XX-XXIII.

7 Siehe *Die Blumen des Bösen,* XVI, „Die Züchtigung der Hoffart" (dt. von C. Fischer, Darmstadt u. a.: Luchterhand, 1958, S. 55):

> In wunderbarer Zeit, da noch die Hochgelehrten
> Die Gotteswissenschaft mit Fleiß und Kunst vermehrten,
> War ein Magister, heißt es, von erlauchtem Rang:
> [...]
> – Da rief er wie ein Mann, der sich zu hoch verstiegen,
> Um Satans Hoffart ganz und gar noch zu erliegen:
> „O Jesus, du bist klein! Ich hab dich groß gemacht!
> Doch hätte ich indes der Schwächen auch gedacht,
> Wo du verwundbar bist, dein Ruhm wär deine Schande,
> Du gältest überall als Spottgeburt im Lande!"
> Da büßte er miteins der Sinne Klarheit ein.

Ein finstrer Schleier barg den klaren Sonnenschein;
Durch seinen Geist begann das Chaos sich zu regen,
Des Lebens Tempel, reich an Ordnung und an Segen,
Sein stolzes Dach zerbarst mitsamt der ganzen Pracht.
Und heimisch ward in ihm das Schweigen und die Nacht
Gleichwie in einem Haus, des Schlüssel man verloren.

8 Die These taucht zum ersten Mal in der brabantischen Fortsetzung der Chronik von Matthäus dem Polen auf *(Monumenta Germaniae Historica,* Bd. XXIV, S. 259-263). Um 1320 also wird Siger offiziell zu einem von Albert widerlegten und aus Paris gejagten Gotteslästerer, der dann an der Kurie von seinem rachsüchtigen Sekretär in einem Anfall von Wahnsinn getötet wird. Die Geschichtsschreibung ist dem Chronisten auf dem Fuße gefolgt, und der Meister aus Brabant wurde von nun an unter den „Triumphen" Alberts und dann vor allem Thomas' verbucht.

9 Vgl. *Averroès et l'Averroïsme. Essai historique* (Paris 1852), in: *Oeuvres complètes,* III, Paris: Calmann-Lévy, 1949, S. 217.

10 Zu diesem Text vgl. die Bemerkungen Renans, a.a.O., S. 229. Betont werden muß, daß die Wörter „Schwätzer" und „Schönredner" das lateinische Wort *loquentes* wiedergeben, das die Übersetzer von Ibn Rušd ihrerseits benutzt hatten, um *mutakallimun* zu übersetzen, oder anders gesagt ... „Theologen"! Da also, wo sich Ibn Rušd auf ganz bestimmte muʿtazilitische und ašʿarītische spekulative Theologen bezog, lasen lateinische Theologen in ihrem *Averroes Latinus* eine Schmähung des ganzes Berufsstandes. Eine kleine Ursache mit großer Wirkung!

11 Vgl. Voltaire, *Épitre CIV,* in: *Oeuvres complètes,* hrsg. von L. Moland, Bd. X, S. 402f. Ein Nachdruck einer der zahlreichen Pariser Ausgaben des *Traité des trois imposteurs* (1777) wurde mit einem Vorwort von P. Retat veröffentlicht in der Reihe „Images et témoins de l'âge classique", 3, Saint-Étienne: Centre interuniversitaire d'éditions et de rééditions, 1973 (A.d.Ü.: Mittlerweile liegt eine kritische französisch-deutsche Ausgabe des Textes vor, herausgegeben, übersetzt und kommentiert von W. Schröder: *Traktat über die drei Betrüger,* Hamburg: Meiner, 1992.)

12 Vgl. Al-Fārābī, *Traité des opinions des habitants de la cité idéale [Traktat über die Ansichten der Bürger vom Idealstaat],* Kap. XXVII, Paris: Vrin („Études musulmanes", XXXI), 1990, S. 106-108.

13 Vgl. hierzu Ruedi Imbach, *Laien in der Philosophie des Mittelalters ...,* a.a.O., S. 83-86 (über Friedrich II.) und S. 92f. (über Manfred).

14 Zu Ibn Sabʿīn vgl. A. Foure, *Encyclopaedia of Islam,* Bd. 4, Leiden ²1973. Zum Briefwechsel mit Friedrich, bekannt unter dem Namen *Sizilianische Fragen* oder *Briefe,* vgl. das Vorwort von Henry Corbin zu *Al-Kalām ʿalā al-masāʾil al-siqilīyah (Correspondance philosophique avec l'Empereur Frédéric II de Hohenstaufen),* hrsg. von S. Yaltkaya, Paris 1941. Lesenwert sind auch noch die älteren Beiträge von M. Amari, „Questions scientifiques adressées aux savants musulmans par l'empereur Frédéric II", *Journal asiatique,* 5/I (1853), S. 240-274, und von A. F. Mehren, „Correspondance du philosophe soufi Ibn Sab'in Abd-oul-Haqq", *Journal asiatique,* 7/XIV (1853), S. 341-354. (A.d.Ü.: Eine deutsche Fassung der *Sizilianischen Fragen* findet sich in *Kaiser Friedrich II. in Briefen und Berichten seiner Zeit,* hrsg. und übers. von Klaus J. Heinisch, Darmstadt 1968.)

15 Der Brief Friedrichs II. an Michael Scotus ist im Original veröffentlicht worden in Ch. H. Haskins, *Studies in the History of Mediaeval Science,* New York ³1960, S. 292f. Analysiert wird er von R. Imbach, *Laien in der Philosophie des Mittelalters ...,* a.a.O., S. 85.

16 Vgl. hierzu R.-A. Gauthier, „Notes sur les débuts (1225-1240) du premier ‚averroïsme'", *Revue des sciences philosophiques et théologiques,* 66 (1982), S. 322-330. Der

Aufsatz von Gauthier, in dem der Brief Manfreds abgedruckt ist, enthält auch die Varianten des unechten Friedrichbriefs.

17 Dieselbe Definition, angereichert freilich um die Gabe der Prophetie, findet man bereits im Porträt des Führes des Idealstaats, wie es Al-Fārābī in seinem *Traktat über die Ansichten der Bürger vom Idealstaat* zeichnet (in der angeführten fr. Übers. auf S. 108): „Der Mensch wird so durch das, was sich in seinen geduldigen Verstand ergießt, ein weiser Philosoph von vollkommener Intelligenz; und durch das, was sich in sein Imaginationsvermögen ergießt, wird er ein Prophet, der verkündet, was geschehen wird, und über die derzeitigen Ereignisse im einzelnen Bescheid weiß. Sein Verstand rührt ans Göttliche. Dieses Wesen hat die höchste Stufe der Menschheit und den höchsten Grad der Glückseligkeit erreicht. Seine Seele ist vollkommen, eins mit dem tätigen Intellekt [...]. Diesem Wesen ist jede Handlung bekannt, durch die man die Glückseligkeit erlangt, und dies ist die Grundbedingung der Führerschaft."

6. Gechlecht und Muße

1 Zur patristischen Kritik an der Ehe und ihrem mittelalterlichen Fortleben vgl. Ph. Delhaye, „Le dossier anti-matrimonial de l'*Adversus Jovinianum* et son influence sur quelques écrits latins du XIIe siècle", *Mediaeval Studies,* 13 (1951), S. 65-86. Erinnern wir daran, daß Augustinus in den *Soliloquien,* I, IX, schrieb: „Ich habe mich entschlossen, nichts so sehr zu fliehen, wie die Bettgemeinschaft mit einer Frau. Ich fühle, es gibt nichts, das den Geist des Mannes so sehr von seiner sicheren Höhe stürzt wie die Schmeicheleien einer Frau und jene körperliche Berührung, ohne die man eine Frau nicht haben kann".

2 Was Augustinus in Erinnerung an eine bevorstehende Eheschließung „das Reich der Gattin" bzw. „das Reich des ehelich Fordernden" *(regnum uxorium)* nannte. Vgl. *Bekenntnisse,* VI, XVI: „Ich aber, ich Unseliger [...], fand den Aufschub, daß ich erst nach zwei Jahren die erhalten sollte, um die ich warb, unerträglich und verschaffte mir, weil ich ja nicht Freund der Ehe war, sondern Sklave der Lust, eine andere Genossin, natürlich nicht Gattin, so als ginge es darum, die Sucht meiner kranken Seele im Verlaß auf die Dienste eingefleischter Gewohnheit bei Kraft zu erhalten und unversehrt, ja noch üppiger, hinüberzuschleppen *ins Reich des ehelich Fordernden."*

3 *Die Intellektuellen im Mittelalter,* S. 46.

4 Zu Heloise und Marie de Champagne vgl. Mariateresa Fumagalli Beonio Brocchieri, „Il gentile uomo innamorato: note sul *De amore",* in *La storia della filosofia come sapere critico. Studi offerti a Mario Dal Pra,* Mailand: Franco Angeli Editore, 1984, S. 36-51.

5 Der Text der Verurteilungen wurde herausgegeben und kommentiert von R. Hissette, *Enquête sur les 219 articles condamnés à Paris le 7 mars 1277,* Löwen-Paris: Publications Universitaires-Vander-Oyez („Philosophes médiévaux", XXII), 1977. Auf diese grundlegende Arbeit stützen wir uns hier, ohne jedoch ihre allgemeine Richtung zu teilen und ihre, wir wir meinen, zu moderne Vorstellung von „Orthodoxie". Die überreiche Literatur, die sich mit den Pariser Verurteilungen von 1277 auseinandergesetzt hat, ist jetzt durch die Arbeiten der Mailänder Schule obsolet geworden; vgl. insbesondere: L. Bianchi, *Il vescovo e i filosofi. La condanna parigina del 1277 e l'evoluzione dell'aristotelismo scolastico,* Bergamo: Lubrina, („Quodlibet", 6), 1990; und L. Bianchi und E. Randi, *Le verità dissonanti,* Rom-Bari: Laterza, 1990. Das Buch von L. Bianchi enthält eine fast vollständige Bibliographie (S. 210-254), auf die wir hier verweisen. Auch das Buch von K. Flasch, *Aufklärung im Mittelalter? Die Verurteilung von 1277,* Mainz: Dieterich („Excerpta classica", VI), bietet viele neue Perspektiven, die wir wei-

testgehend berücksichtigt haben. (A.d.Ü.: K. Flasch bietet neben einer Einführung und einem Kommentar auch eine Übersetzung sämtlicher 219 Thesen, die, von geringfügigen Modifikationen abgesehen, im folgenden übernommen worden ist.)

6 Das *De amore* wurde auch nach der Verurteilung von 1277 weiterhin abgeschrieben und gelesen. 1290 wurde es sogar von einem gewissen Drouart la Vache (sic!) ins Französische übersetzt, der das *incipit* und das *explicit*, die im Syllabus erwähnt wurden, wegließ, damit man den Text nicht so leicht identifizieren und aus dem Verkehr ziehen konnte. Desgleichen hat sich auch der Geomantietraktat *Estimaverunt Indi* bis in unsere Zeit erhalten, und einen Auszug daraus findet man in P. Tannery, *Mémoires scientifiques. IV. Sciences exactes chez les Byzantins*, Toulouse 1920, S. 403-409.

7 Vgl. zu all dem J. Verger, „Des écoles à l'université: la mutation institutionnelle", in *La France de Philippe Auguste. Le temps des mutations*, Paris: Éd. du CNRS, 1982, S. 824f.; B. Nardi, *S. Tommaso d'Aquino. Trattato sull'unità dell'intelletto contro gli averroisti* (Übers., Kommentar und Einleitung), Florenz: Sansoni, 1938, S. 96; R. Hissette, „Étienne Tempier et les menaces contre l'éthique chrétienne", *Bulletin de philosophie médiévale*, 21 (1979), S. 68-72.

8 Zitiert nach J. B. Schneyer, *Die Sittenkritik in den Predigten Philipps des Kanzlers*, Münster: Aschendorff, 1963, S. 59.

9 *Die Intellektuellen im Mittelalter*, S. 123. Die Großmut, die als erster R.-A. Gauthier analysiert hat, ist in der Tat das große Wort der Intellektuellen an der Universität. Gemeinsam mit ihrem Gegensatz, der Demut, ist es auch das große Wort der nichtuniversitären Intellektuellen: Für die Predigten Meister Eckharts etwa bilden *magnanimitas* und *humilitas* in neuartiger Verbundenheit den begrifflichen Horizont, wenn er zu Beginn des 14. Jahrhunderts zu den Nonnen und Beginen der Teutonia über Adel, Armut und Abgeschiedenheit spricht. Die Problematik von Großmut und Demut ist also einer der entscheidenden Faktoren bei der Ausweitung des universitären Ideals und der Deprofessionalisierung des philosophischen Lebens, wie wir sie hier untersuchen.

10 Das Paar, das von den Thesen 174 und 175 gebildet wird, hat ein Gegenstück in einem anderen Paar, den Nummern 152 und 153: *Quod sermones theologi fundati sunt in fabulis* („Die Reden des Theologen sind in Fabeln begründet"), *Quod nihil plus scitur propter scire theologiam* („Das theologische Wissen bringt keinen Erkenntnisgewinn"). Daß diese Aussagen averroistisch geprägt sind, läßt sich nicht leugnen, doch kann man nicht sagen, daß sie speziell gegen die *lex christiana* gerichtet sind.

11 Vgl. hierzu *Die Intellektuellen im Mittelalter*, S. 89f.

12 Was Tempier hier verurteilt, ist selbstverständlich die Vorstellung von einem *natürlichen* Ende der Welt, nicht ihre Zerstörung durchs Feuer als solche. Alle Theologen des 13. Jahrhunderts akzeptierten *aus ihrer Sicht* den Gedanken eines Weltbrands und folglich die Ausführungen des Aristoteles über die zerstörerische Macht des Feuers (*Meteorologica*, IV, 379a14-16). Ein anonymer Magister der Freien Künste ging um 1245-1250 sogar so weit zu schreiben, daß „sich Aristoteles als guter Christ erwiesen habe *(unde ibi fuit bonus cristianus)*, als er behauptete, daß am Ende alles zu Feuer werde". Vgl. R.-A. Gauthier (Hrsg.), *Anonymi, Magistri artium Lectura in librum De anima a quodam discipulo reportata*, Grottaferrata: Editiones Collegii S. Bonaventurae Ad Claras Aquas, („Spicilegium Bonaventurianum", XXIV), 1985, S. 240, 63-65.

13 *Die Intellektuellen im Mittelalter*, S. 113ff.

14 Vgl. Thomas von Aquin, *Summa theologiae*, II^a-II^{ae}, quaestio 154, articulus 1, respondeo.

15 *Summa theologiae*, II^a-II^{ae}, q. 154, a. 6, ad primum: „Wenn auch die Jungfrau frei ist vom Band der Ehe, so ist sie doch nicht frei von der väterlichen Gewalt *(potestas)*. Das

jungfräuliche Siegel, das nur in der Ehe beseitigt werden darf, bildet auch ein besonderes Hindernis für den unkeuschen Beischlaf. Darum ist die Entjungferung (oder Schändung: *stuprum*) keine einfache Unzucht wie der Verkehr mit Dirnen, das heißt bereits entjungferten Frauen *(mulieribus iam corruptis)*". Anders gesagt: Nur die Jungfrau ist *ganz*, die Prostituierte ist das Beispiel der *unganzen*, nicht integren, das heißt nicht mehr vollständigen Frau, da ihr das natürliche Siegel *(signum virginitatis)* fehlt, das bestätigt, daß sie keinen Geschlechtsverkehr hatte. Das Problem der Unzucht wird philosophisch behandelt in einer *Quaestio* Jakobs von Douai, Ms. Paris, Nat. lat. 14698, f° 154va-vb. Bei Jakob von Vitry wird die Unzucht als etwas dargestellt, was gleichermaßen vom „Klerus" wie vom übrigen Volk gebilligt wird. Vgl. hierzu J. B. Schneyer, *Die Sittenkritik ...*, a.a.O., S. 59, Anm. 65. Zum Geschlechtsleben außerhalb der Ehe vgl. J. F. Dedek, „Premarital Sex: the Theological Argument from Peter Lombard to Durand", *Theological Studies,* 41 (1980), S. 643-667.

16 *Quaestiones disputatae De Malo,* q. 15, a. 3.

17 Bemerkenswert ist, daß das Paar „Bestimmbares-Bestimmung" ab dem 12. Jahrhundert das Schlüsselwort der spekulativen Grammatik ist, weil dieses Begriffspaar es erlaubt, den Kern der syntaktischen Beziehungen als Abhängigkeitsbeziehungen zwischen zwei Satzteilen oder Konstruktibilien zu denken, von denen eines, das *dependens,* darauf wartet, bestimmt zu werden, während das andere, das *terminans,* es „vollendet", determiniert, also bestimmt. Ganz so wie es eine grammatische Rektion oder Regentschaft gibt, gibt es also auch eine sexuelle. Über die *determinatio* in der Grammatik und die Gleichsetzung der Rektion mit einer Bestimmungsrelation vgl. M. A. Covington, *Syntactic Theory in the High Middle Ages. Modistic Models of Sentence Structure,* Cambridge: Cambridge University Press, 1984, und die Bemerkungen dazu von I. Rosier, „La syntaxe des modistes. A propos d'un ouvrage récent", *Le Moyen Age,* 3-4 (1987), S. 461-468.

18 *Summa theologiae,* II^a-II^{ae}, q. 154, a. 11.

19 Die Aristotelische Sicht der Abnormität wird dargelegt in der *Nikomachischen Ethik,* VII, 6, 1148b 15ff. (zitiert nach der Übersetzung von F. Dierlmeier, Stuttgart: Reclam, 1969).

20 Wie wir noch sehen werden, hat die Frage des Spermas den Kölner Lehrer von Thomas, Albert den Großen, stark beschäftigt. Insbesondere in seinen *Quaestiones de animalibus,* X, q. 1 und 2, hatte Albert die Frage erörtert, „ob die Zurückhaltung des Spermas für einen Mann schädlicher sei als diejenige der Menstruation bei einer Frau" und „ob der Samenerguß den Mann mehr ermüde als die Frau", wobei er nebenbei auf ein Argument aus dem *Kanon* des Avicenna einging, das die Ermüdung mit der Lust verknüpft („Wer beim Beischlaf die meiste Lust empfindet, ermüdet am meisten [...] Nun empfindet aber die Frau die meiste Lust, also ermüdet sie am meisten"). Alberts eigene These war die folgende: „Die Antwort ist, daß die Lust bei den Frauen quantitativ größer ist, aber qualitativ größer beim Mann, denn die Lust des Mannes ist geordneter als die der Frau." Vgl. *Quaestiones super De animalibus,* in: E. Filthaut, Hrsg., *Alberti Magni Opera omnia,* Münster: Aschendorff 1955, S. 214f. Zu den Sexualtheorien Alberts des Großen vgl. die Arbeiten von D. Jacquart und C. Thomasset, „Albert le Grand et les problèmes de la sexualité", *History and Philosophy of the Life Sciences,* 3 (1981), S. 73-93, und *Sexualité et Savoir médical au Moyen Age,* Paris: PUF, 1985.

21 Vgl. *Summa theologiae,* II^a-II^{ae}, q. 155, a. 1. Zur Beherrschtheit in der aristotelischen Tradition siehe L. V. Berman, „*Sōphrosynē* and *enkrateia* in Arabic, Latin and Hebrew: the Case of the Nicomachean Ethics of Aristotle and its Middle Commentary by Averroes", in: A. Zimmermann, Hrsg., *Orientalische Kultur und europäisches Mittelalter,* Berlin-New York: De Gruyter („Miscellanea Mediaevalia", 17), 1985, S. 274-287.

22 *Summa theologiae,* II^a^-II^ae^, q. 155, a. 4.

23 In klaren Worten vorgebracht wurde das Argument von Albert dem Großen. In seinen
Quaestiones super De animalibus, V, q. 3 (a.a.O., S. 154f.) hatte er mit dieser Unter-
scheidung auf folgenden Einwand geantwortet: „Da die Lust so groß ist wie die beteiligten Sinne, steht die Nahrungsaufnahme notwendigerweise über dem Beischlaf, denn
bei ihr sind zwei Sinne im Spiel, der Tast- und der Geschmackssinn, während es beim
Beischlaf nur einer ist: die Berührung von Phallus und Vulva". Worauf er erwiderte:
„Die Natur ist eine doppelte: universell und partikulär. Die Absicht der partikulären
Natur ist es, das Individuum zu retten, die der universellen Natur ist es, die Art zu retten. *Folglich gibt es mehr Lust in dem Tun, durch das die Art gerettet wird, als in dem,*
welches das Individuum rettet." Für den heiligen Augustinus dagegen war die Herrschaft über Eß- und Trinkgelüste schwieriger zu verwirklichen als die sexuelle Askese,
denn die Verlockungen der Tafelfreuden kehren mit einer solchen Regelmäßigkeit
wieder, daß selbst noch so große sexuelle Reize damit nicht gleichziehen können. Vgl.
Bekenntnisse, X, XXXI: „Ich führe einen *täglichen* Kampf wider das Gelüst nach Essen
und Trinken; denn hier geht es nicht, durch Willensentschluß auf einmal abzubrechen
und nicht mehr darauf zurückzukommen, wie ich es beim geschlechtlichen Umgang
vermochte."

24 *Die Intellektuellen im Mittelalter,* S. 113.

25 Vgl. Aristoteles, *Nikomachische Ethik,* II, 2, 1104a 20-25.

26 Ebd. II, 7, 1107 b9.

27 Ebd. III, 14, 1119 a6; siehe hierzu die Kommentare von R.-A. Gauthier und J.-Y. Jolif,
in *Aristote. L'Éthique à Nicomaque, II, Commentaire, Première partie, Livres I-V,* Löwen-Paris: Nauwelaerts et Béatrice-Nauwelaerts, 1970, S. 245f.

28 *Die Intellektuellen im Mittelalter,* S. 113.

29 Vgl. Aristoteles, *Politik,* VII, 16. Zu diesem Text siehe R.-A. Gauthier und J.-Y. Jolif,
Commentaire ..., a.a.O. (zur *Nik. Eth.,* 119a 16-18), S. 246f.: „Aus Gesundheitsgrün-
den scheint Aristoteles den jungen Männern jeden Geschlechtsverkehr vor der Heirat
zu verbieten; da er das Heiratsalter für sie jedoch auf 37 Jahre festsetzt, darf man den
Text vielleicht nicht allzu wörtlich nehmen; man weiß, daß die öffentliche Meinung
bei Beziehungen junger Leute zu Hetären beide Augen zudrückte; Aristoteles hielt es
nicht für nötig, in diesem Punkt deutlich Position zu beziehen, sowenig wie beim Problem der Masturbation, ein gleichwohl, wie es scheint, in Athen weitverbreitetes Laster, wenn man bedenkt, wie häuft Aristophanes darauf anspielt [...]. Platon hat es verurteilt, der Kyniker Diogenes aber hat es angeblich verteidigt, worin ihm Zenon und
Chrysipp beigestimmt haben sollen." Man weiß im übrigen, daß Aristoteles die Fort-
pflanzungsdauer auf eine Zeitspanne von achtzehn Jahren beschränken wollte („von 37
bis 55 Jahren für den Mann, von 18 bis 36 Jahren für die Frau" – eine merkwürdige
Komplementarität!), daß er zur „Aussetzung verwachsener Kinder" riet, daß er „die
Abtreibung aus demographischen Gründen vorschrieb" und offenbar „einen das Kind
ausschließenden Gebrauch der Ehe für legitim hielt, *wenn die Gesundheit es erforderte".*
Zu den Belegstellen siehe R.-A. Gauthier und J.-Y. Jolif, a.a.O., S. 247.

30 Vgl. Bonaventura, *Collationes in Hexaemeron,* V, 5 (Quaracchi, S. 355). „*Quod autem*
dicunt, quod nimis pauperes non tenent medium, simile est illi quod dicebat quidam
medicus Frederici, qui dicebat, quod ille qui abstinebat ab omni muliere, non erat virtuosus
nec tenebat medium. Et ad hoc sequitur, quod si omnem mulierem cognoscere et nullam
mulierem cognoscere extrema sunt: ergo medietatem omnium mulierum cognoscere medium
est."

31 Vgl. Siger von Brabant, *Quaestiones morales,* q. 4, in: Siger von Brabant, *Écrits de logi-*
que, de morale et de physique, hrsg. von B. Bazán, Löwen-Paris („Philosophes médié-

vaux", XIV), 1974, S. 102f. Zur Interpretation dieses Textes vgl. L. Bianchi, *Il vescovo e i filosofi ...*, a.a.O., S. 154. Zu den Nachwirkungen der Antwort Sigers bei Johannes Buridanus und Nicolaus Oresme vgl. ebd., S. 181, Anm. 32.

32 Sigers ganze These ist eine Kopie der Ausführungen von Thomas über die Jungfräulichkeit, *Summa theologiae*, II^a-II^{ae}, q. 152, a. 2.

33 Vgl. *Summa theologiae*, II^a-II^{ae}, q. 152, a. 2, ad primum: „Deshalb ist für die Gesamtheit ausreichend gesorgt, wenn sich eine gewisse Anzahl der körperlichen Zeugungsaufgabe hingibt, andere wiederum dies unterlassen und sich der Betrachtung der göttlichen Dinge widmen zur Auferbauung und zum Wohl des ganzen Menschengeschlechtes. So ist es auch in einem Heer, wo einige das Lager bewachen, andere die Standarten tragen, andere mit dem Schwert kämpfen: all dies obliegt der Gesamtheit als solcher, doch kann es nicht von einem jeden einzelnen ausgeführt werden."

34 Die Aristotelische Theorie des Egoismus, die wir hier resümieren, wird dargelegt in der *Nikomachischen Ethik*, IX, 8.

35 Vgl. ebd., IX, 8, 1169a 22-24, mit den Kommentaren von R.-A. Gauthier und J.-Y. Jolif, in: *Aristote. L'Éthique à Nicomaque, II, Commentaire, Deuxième partie, Livres VI-X,* Löwen-Paris: Nauwelaerts et Béatrice-Nauwelaerts, 1970, S. 750f.

36 Vgl. Siger von Brabant, *Quaestiones morales,* q. 5, in *Écrits ...,* a.a.O., S. 103-105.

37 Wir zitieren nach der französischen Übersetzung von M. de Gandillac, *Éthique ou Connais-toi toi-même,* in: *Œuvres choisies d'Abélard,* Paris: Aubier-Montaigne („Bibliothèque philosophique"), 1945, S. 131-209. Das 3. Kapitel „Was Laster des Geistes ist und was eigentlich Sünde heißt" findet sich dort auf den S. 133-153 (dt. Teilübersetzung von K. Flasch in *Geschichte der Philosophie in Text und Darstellung,* Bd. 2, *Mittelalter,* hrsg. von K. Flasch, S. 272-278). Der lateinische Text der *Ethik* wurde ediert von D. E. Luscombe in *Abelard's Ethics,* unter dem Titel *Ethica or Scito te ipsum,* Oxford: Oxford University Press („Oxford Medieval Texts"), 1971.

38 Dazu, daß das Schema eines „populären Averroismus", wie es P. Mandonnet benutzt hat in *Siger de Brabant et l'Averroïsme latin au XIIIe siècle,* Löwen: Publications de l'Institut supérieur de philosophie („Les Philosophes belges", VI-VII), 1908-1911, Bd. 1, S. 104, die Sache nicht trifft, vgl. R. Hisette, „Étienne Tempier   ", a.a.O., S. 71f.

39 Zum *hetairos* und zur *hetairikē philia* vgl. die grundlegenden Ausführungen von R.-A. Gauthier und J.-Y. Jolif, *Commentaire ...,* a.a.O., (zur *Nik. Eth.,* 1157b 23), S. 687f.: „Die *hetairoi* sind die, die uns lieb sind, ohne mit uns verwandt zu sein, also eben die, die wir heute unsere *Freunde* nennen, allerdings oft mit dem Beiklang *Kindheitsfreunde.* Durch das Wort *Kamerad* wird *hetairos* nur sehr ungenügend wiedergegeben: Die Kameradschaft ist für uns viel weniger als die Freundschaft, während die *hetairikē philia* für Aristoteles fast schon die typische Freundschaft ist. – Interessant ist der Umstand, daß die Griechen mit dem Wort „Freundin", *hetaira,* die Kurtisane bezeichneten; denn diese war für sie nicht notwendigerweise eine bloße „Haut", *scortum,* wie es bei den Römern heißen wird; die Mätresse eines Mannes konnte seine Freundin sein, wie es Aspasia für Perikles war, während seine Frau ihm nur *eigen* oder „lieb" *(philē)* sein konnte. Mit anderen Worten, man konnte seine Mätresse als eine ebenbürtige Partnerin betrachten und sie in der Freundschaft wie seinesgleichen behandeln (auch wenn das, was derart unter Gleichen ausgetauscht wurde, nur die Lust war), was nicht möglich war, wenn es sich um die rechtmäßige Gattin handelte; die *Freundschaft* konnte hier nur noch eine unter Ungleichen sein, wo der eine Schutz gewährt, während der andere Achtung und Gehorsam erweist."

40 *Le Nouvel observateur,* 1.-7. März 1990, S. 122.

41 Es sei denn, es handelt sich bei dem, wovon Kristeva uns erzählt, ganz einfach um ein Scheitern, wie es schon Augustinus und seinen Freunden mit ihren Projekten eines

gemeinsamen Lebens widerfahren ist – und wovon er in den *Bekenntnissen,* VI, XIV, be-richtet: „Dieses ungestörte Leben gedachten wir uns in der Weise zu verschaffen, daß wir alles, was jeder eben hätte oder bekäme, zusammenlegten und daraus ein einziges Vermögen machten. So sollte auf dem Grunde lauterer Freundschaft nicht das eine dem, das andere dem gehören, sondern aus allem sollte Eines werden und dieser Ge-meinschaftsbesitz jedem einzelnen gehören und alles allen. Wir sahen, es könnten dann wohl unser zehn in solcher Gemeinschaft sein, worunter sich einige sehr reiche Freun-de befänden, vor allem Romanianus, unser Mitbürger, mir seit früher Jugend in enger Freundschaft verbunden, den eben damals wichtige und schwierige Geschäfte an den Hof gerufen hatten. [...] Wir hatten ausgemacht, daß je zwei in jährlichem Wechsel als Verwalter alles Nötige zu besorgen hätten, so daß die übrigen sich um nichts zu küm-mern brauchten. Doch als wir uns nun fragten, ob auch das liebe Weibervolk sich dazu verstünde – einige von uns hatten schon ihre Frauen, und wir andern wollten eine ha-ben –, da zerfuhr uns der ganze, so trefflich ausgedachte Plan unter den Händen, es ging zuschanden und war abgetan." Was man heute fast wörtlich übernehmen könnte, um etwa das Ende der Beatles zu beschreiben ...

7. Der Philosoph und die Sterne

1 M. Heidegger, „Wissenschaft und Besinnung", in: *Vorträge und Aufsätze,* Pfullingen: Neske, 1954, S. 41.
2 Vgl. M. Heidegger, „Die Frage nach der Technik", a.a.O., S. 19f. [A.d.Ü.: Heideggers *Ge-stell* wird im Französischen durch *arraisonnement* wiedergegeben, was soviel wie „Überprüfung", „Kontrolle" besagt, worin aber vor allem *raison* steckt, die „Ver-nunft".]
3 *Le Nouvel Observateur,* Nr. 1349, S. 103.
4 Zur Spatulamantie vgl. Ch. S. F. Burnett, „Arabic Divinatory Texts and Celtic Folk-lore. A Comment on the Theory and Practice of Scapulimancy in Western Europe", *Cambridge Medieval Celtic Studies,* S. 31-42. Zur Namenmantik (eine Weissa-gungsmethode, die mit dem Zahlenwert der Namen arbeitet) vgl. Ch. S. F. Burnett, „The Eadwine Psalter and the Western Tradition of the Onomancy in Pseudo-Aristotle's *Secret of Secrets",* *Archives d'histoire doctrinale et littéraire du Moyen Age,* 55 (1989), S. 143-167.
5 Roger Bacon, *Brief an Clemens IV.,* fr. Übers. von J.-M. Meilland, in: *Philosophes médiévaux ...,* a.a.O., S. 145f.
6 Die mechanischen Künste wurden von den Philosophen sehr niedrig eingestuft. Hugo von Sankt Viktor unterschied im 12. Jahrhundert sieben dieser Künste – die Webkunst *(lanificium),* das Waffenhandwerk *(armatura),* die Schiffahrtskunde *(navigatio),* die Lehre vom Ackerbau *(agricultura),* die Kunst der Jagd und des Fischens *(venatio),* die Heilkunst *(medicina)* und die Schaustellerkunst *(theatrica scientia)* – und nannte die Mechanik *adulterina* (ehebrecherisch, unebenbürtig) – das griechische Verb *mēcha-naomai* (Maschinen bauen, künstlerisch verfertigen) wurde im Lateinischen fatalerwei-se durch *moechari* (Ehebruch treiben) wiedergegeben –, im Gegensatz zu den freien Künsten des *trivium* (Grammatik, Logik, Rhetorik) und des *quadrivium* (Arithmetik, Geometrie, Astronomie, Musik), die „freie" hießen, weil sie den Menschen aus der Knechtschaft der Materie und der Alltagssorgen *befreiten* bzw. weil sie ursprünglich von freien Menschen *(liberi)* ausgeübt wurden und nur an ihre Nachkommen weiter-gegeben wurden. Im 13. Jahrhundert wurde das Theater, die siebte und letzte der me-chanischen Künste, generell von der Alchimie verdrängt (wie bei Vincenz von Beau-

vais) oder aber durch die „Wahrsagekunst" wie in der *Divisio scientiarum* des Arnoul de Provence, Magister artium in Paris um 1250. Vgl. zu all dem Cl. Lafleur, *Quatre Introductions à la philosophie au XIII⁰ siècle. Textes critiques et étude historique,* Montréal, Universität Montréal-Paris: Vrin, 1988 („Publications de l'Institut d'études médiévales", XXIII); S. 317-321. Zu den mechanischen Künsten siehe den Sammelband *Les Arts mécaniques au Moyen Age,* Montréal-Paris: Bellarmin-Vrin („Cahiers d'études médiévales", 7), 1982.

7 Vgl. die Arbeiten von A.-J. Festugière, besonders „L'expérience religieuse du médecin Thessalos", in: *Hermétisme et Mystique païenne,* Paris: Aubier-Montaigne, 1967, S. 141-180.

8 Vgl. A.-J. Festugière, „L'Hermétisme", a.a.O., S. 71.

9 Über den *Liber de causis* und seine Zuschreibung an Aristoteles vgl. A. de Libera, „Albert le Grand et Thomas d'Aquin interprètes du *Liber de causis",* Revue des sciences philosophiques et théologiques, 74 (1990), S. 347-378. Die lateinische Version dieses Traktats – dessen arabisches Original, eine Kompilation aus den *Elementen der Theologie* des Proklos und diversen Fragmenten des *Plotinus Arabus,* im Bagdad des 9. Jahrhunderts verfaßt wurde – wurde herausgegeben von A. Pattin, „Le *Liber de causis*. Édition établie à l'aide de 90 manuscrits avec introduction et notes", *Tijdschrift voor Filosofie,* 28 (1966), S. 1-115; siehe dazu auch die Korrekturen von R. C. Taylor, „Remarks on the Latin Text and the Translator of the *Kalām fī maḥd al-khair/Liber de causis",* Bulletin de philosophie médiévale, 31 (1989), S. 75-102. Eine französische Übersetzung findet sich in *La Demeure de l'être. Autour d'un anoyme,* von P. Magnard, J.-L. Solère, O. Boulnois et B. Pinchard, Paris: Vrin, 1991. [Eine lat.-dt. Ausgabe bieten Alexander Fidora und Andreas Niederberger, *Von Bagdad nach Toledo. Das „Buch der Ursachen" und seine Rezeption im Mittelalter,* Mainz: Dieterich, 2001.]

10 Vgl. Olivier Le Breton, *Philosophia,* Ms. Oxford, *C.C.C.* 283, f⁰ 152ra, zitiert nach Cl. Lafleur, *Quatre Introductions ...,* a.a.O., S. 152.

11 Vgl. Aristoteles, *Meteorologica,* I, 2, 339a22-24, fr. Übers. von P. Louis, Paris: Les Belles Lettres, 1982, S. 3f.

12 Vgl. *Claudii Ptolemaei mathematici operis libri quatuor, in quibus de iudiciis disseritur, ad Syrum, Ioachimo Camerario interprete,* I, Kap. 1, Basilae MDLI, S. 379.

13 Kindīs Lehre ist dargelegt in *De radiis stellatis* oder *De radiis stellicis,* Ms. Paris, Nat. lat. nouv. acq. 616. Zu diesem Text vgl. M.-T. d'Alverny und F. Hudry, „*De radiis",* Archives d'histoire doctrinale et littéraire du Moyen Age, 41 (1974), S. 139-260; G. Federici Vescovini, *Studi sulla prospettiva medievale,* Turin: Giappichelli, 1965. Abū Yūsuf Ya'kūb ibn Isḥāq al-Kindī (gest. 866), „der Philosoph der Araber", war der erste der großen irakischen Philosophen der 'Abbāssidenzeit: Aus seinem Umkreis dürfte der *Kalām fī maḥd al-khair (Liber de causis)* stammen, den die Tradition Aristoteles zuschrieb. Die Lateiner kannten nur einen winzigen Teil seines Werks.

14 Vgl. zu diesem Themenkomplex vor allem Avicenna, *De anima* IV, 2, hrsg. von S. Van Riet, Löwen-Leiden 1972, S. 28f.; Ghazālī, *Metaphysica* II, V, 5, in J. T. Muckle (Hrsg.), *Algazel's Metaphysics. A Mediaeval Translation,* Toronto („St. Michael's Mediaeval Studies") 1933, S. 189.

15 Vgl. Albert der Große, *De somno et vigilia,* III, II, 16, ed. Borgnet, S. 203a.

16 Vgl. *Picatrix,* Ms. Florenz, Magl. XX, 20, f⁰ 29v. Die „geometrische" Darstellung der Natur, für die sich einige lateinische Autoren des 13. Jahrhunderts aussprachen, ist also insofern *mathematisch,* als sie eng verbunden ist mit der Optik und der Theorie der *multiplicatio* des Lichts, das heißt mit einer *astrologischen Weltsicht.* In diesem Sinne, dem des „astrologischen Einflusses", hat man das „geometrische" Glaubensbekenntnis eines Roger Bacon zu verstehen, wie schon der Text selbst bezeugt, in dem er – wahr-

scheinlich im Anschluß an eine von Robert Grosseteste stammende Formulierung – die „mathematische" Darstellung der Welt feiert: „Es ist dieselbe von der Sonne ausgehende Kraft, die sich in den Sternen, im Gefühlssinn, im Schlamm und im Wachs vervielfältigt; doch sie schmilzt das Wachs, trocknet den Schlamm, läßt den Gefühlssinn die Hitze spüren und die Sterne hell leuchten. Hier gibt es keine Verschiedenheit auf seiten der (in den Dingen) wirkenden Sonne, sondern auf seiten der sie empfangenden Materie. Und da alles in dieser Welt durch solche Kräfte erneuert wird, sowohl in den höheren wie in den niederen Dingen, kann man nichts erkennen, solange man nicht diesen Einfluß und diese Wirkung erkennt. Diese Dinge aber kann man nur erkennen, wenn sie unserem Sinnesvermögen durch Linien, Winkel und Figuren repräsentiert werden. Und deshalb mache ich alle Prinzipien, die diese *multiplicatio* und diese Wirkung betreffen, zu Axiomen ...". Vgl. Roger Bacon, *Brief an Clemens IV.*, in: *Philosophes médiévaux*, a.a.O., S. 144f.

17 Al-Kindī, *De radiis stellatis*, Ms. Paris, Nat. lat. nouv. acq. 616, f's 1v, 2v, 5v. Vgl. zu diesem Text G. Federici Vescovini, *„Arti" e filosofia nel secolo XIV. Studi sulla tradizione aristotelica e i „moderni"*, Florenz: Enrico Vallecchi, 1983, S. 184.

18 Zur astrologischen Deutung der Eucharistie als einer Beschwörungspraxis vgl. insbesondere Petrus von Abano, *Conciliator differentiarum*, Venedig 1476, S. 156. Zu diesem Text vgl. D.-P. Walker, *La Magie spirituelle et angélique. De Ficin à Campanella*, Paris: Albin Michel („Bibliothèque de l'hermétisme"), 1988, S. 41 und 197 (Anm. 21), und G. Federici Vescovini, *„Arti" e filosofia ...*, a.a.O., S. 186f. Zur sprachlogischen These und zur Analyse der pragmatischen Aspekte der Konsekrationsformeln vgl. den grundlegenden Aufsatz von I. Rosier, „Signes et sacrements. Thomas d'Aquin et la grammaire spéculative", *Revue des sciences philosophiques et théologiques,* 74 (1990), S. 392-436.

19 Vgl. Blasius von Parma, *Quaestiones physicorum,* I, Ms. Vat. Chig. O IV, 41 und *Conciliator de generatione*, Ms. Padua, Univ. 1743: „Gott ist die Natur *[Deus est natura]*. Die Natur ist eine doppelte: es gibt die unabhängige Natur, nämlich Gott, und die abhängige Natur, also die Natur der Dinge dieser Welt hienieden"; „Die das gesamte Universum regierende Materie *[Materia regitiva totius universi]*, welche Gott ist". Analysiert werden diese Texte in G. Federici Vescovini, *„Arti" e filosofia ...*, a.a.O., S. 192. Die Unterscheidung zwischen unabhängiger und abhängiger Natur ist eine astrologische Version der Unterscheidung zwischen *natura naturans* und *natura naturata*, wie man sie bei den Magistri artium des 13. Jahrhunderts findet. Vgl. etwa Arnoul de Provence, *Divisio scientiarum*, hrsg. von Cl. Lafleur, *Quatre Introductions ...*, a.a.O., S. 322: „In einem sehr weiten Sinne verstanden, gehört zur Philosophie der Natur jede Wissenschaft von den Dingen, die die *natura naturans* zum Prinzip haben, das heißt die Erstursache, und die *natura naturata,* das heißt die geistigen und körperlichen, höheren und niederen Substanzen, nicht zu vergessen die Quantitäten, von denen die Mathematik handelt". Zu Blasius von Parma, dem *doctor diabolicus,* vgl. G. Federici Vescovini, *Astrologia e scienza. La crisi dell'aristotelismo sul cadere del Trecento e Biagio Pelacani da Parma,* Florenz: Enrico Vallecchi, 1979.

20 Zur intellektuellen Glückseligkeit vgl. M. Corti, *La felicità mentale. Nuove prospettive per Cavalcanti e Dante,* Turin: Einaudi, 1983. Ganz neue Perspektiven auf den geistigen Aristokratismus der Magister des 13. Jahrhunderts eröffnet L. Bianchi in „La felicità intellettuale come professione nella Parigi del Duecento", *Rivista di filosofia,* 78 (1987), S. 181-199, und vor allem in „Virtù, felicità e filosofia", in: *Il vescovo e i filosofi ...",* a.a.O., S. 149-195. Die grundlegenden Arbeiten zu Dante sind immer noch die von B. Nardi, insbesondere die in *Saggi di filosofia dantesca,* Florenz [2]1967, gesammelten Monographien. Eine Bibliographie der Schriften B. Nardis verdanken wir T.

Gregory und P. Mazzantini, „Gli scritti di Bruno Nardi", *L'Alighieri. Rassegna filosofica dantesca,* 9/2 (1968), S. 39-58.

21 Wie L. Bianchi, *Il vescovo e i filosofi ...",* a.a.O., S. 158, formuliert, im Anschluß an die Thesen von J. Le Goff, „Quelle conscience l'université médiévale a-t-elle eue d'elle-même?", *Miscellanea Mediaevalia,* 3 (1964), S. 24-26.

22 Vgl. Mt. Beonio Brocchieri Fumagalli und M. Parodi, *Storia della filosofia medievale,* a.a.O., S. 416.

23 Als Beleg können hier die diversen Formeln bei Jakob von Douai und Aegidius von Orléans über den höheren Rang des Philosophen gegenüber Königen und Fürsten dienen, auf die R.-A. Gauthier hingewiesen hat und die analysiert wurden von L. Bianchi, *Il vescovo e i filosofi ...",* a.a.O., S. 158f. und 183f. Aufgebracht wurde das Argument übrigens von Albert dem Großen, *Super Ethica,* X, 13, allerdings ohne „berufsständische" Hintergedanken.

24 Dante, *Gastmahl,* IV, XX, 10, dt. von C. Sauter, München: Winkler, 1965, S. 234. Für den Originaltext vgl. die *edizione ricciardiana* mit den Kommentaren von C. Vasoli in: „La letteratura italiana. Storia e testi", Bd. V, 1-2, Mailand-Neapel: Riccardo Ricciardi Editore, 1988.

25 Dante, *Gastmahl,* IV, XXI, 1, a.a.O., S. 234.

26 Dantes zentrale These kommt mit dem Problem der *doppelten Wahrheit* gar nicht in Berührung, da sie sich bewußt an der *doppelten Natur des Menschen* – vergänglich und unvergänglich – orientiert, die ihn zum *Horizont des Universums* macht, „der die Mitte einnimmt zwischen zwei Hemisphären" (der oberen und unteren Welt) – eine einzigartige Situation, die zwei Lebensweisen verlangt, zwei Arten der Tugendhaftigkeit. Vgl. *Monarchia,* III, XV, 5-8 (a.a.O., S. 243ff.): „Wenn also der Mensch eine gewisse Mitte zwischen Vergänglichem und Unvergänglichem einnimmt und jede Mitte an der Natur der Extreme teilhat, ist es notwendig, daß der Mensch beide Naturen besitzt. Und da jede Natur auf ein gewisses Ziel ausgerichtet ist, folgt, daß für den Menschen ein zweifaches Ziel existiert: So wie er als einziges von allen Seienden an der Vergänglichkeit und der Unvergänglichkeit teilhat, ebenso ist er als einziges von allen Seienden auf zwei Ziele hingeordnet. Das eine ist sein Ziel, insofern er vergänglich ist; das andere, insofern er unvergänglich ist. Die unaussprechliche Vorsehung hat also für den Menschen zwei anzustrebende Ziele vorgesehen, nämlich die Glückseligkeit dieses Lebens, die in der Verwirklichung der eigenen Fähigkeit besteht und durch das irdische Paradies versinnbildlicht wird; und die Glückseligkeit des ewigen Lebens, die im Genuß des göttlichen Anblickes besteht und zu der die eigene Fähigkeit nicht aufzusteigen vermag, wenn sie nicht vom göttlichen Licht unterstützt wird [das heißt vom *lumen gloriae,* gemäß der Theorie des Thomas von Aquin, an die Dante hier anknüpft]. Sie wird durch das himmlische Paradies versinnbildlicht." Die Gleichsetzung des Menschen mit dem *Horizont,* die das traditionelle Thema vom Menschen als Mikrokosmos oder *nexus mundi* von Grund auf neufaßt, ist das Ergebnis einer erstaunlich kühnen Textverdrehung, denn die Wendung entstammt der Definition des Status der „edlen Seele" im *Liber de causis,* II, 22, dt. in: *Von Bagdad nach Toledo,* a.a.O., S. 41: *Esse vero quod est post aeternitatem et supra tempus est anima, quoniam est in horizonte aeterntatis inferius et supra tempus* („Das Sein, das nach der Ewigkeit und über der Zeit ist, ist die Seele, da sie am Horizont ist, unter der Ewigkeit und über der Zeit"). Die edle Seele des *Liber de causis* ist jedoch nicht die menschliche Seele, sondern ein kosmologisches Prinzip, das bei der „Steuerung" der Himmel eine genau bestimmte Rolle spielt. Indem Dante die Prädikate der *edlen Seele* mit denen der menschlichen Seele als *methorios* der intelligiblen und sinnlichen Welt vereinte – ein Thema, das auf den heiligen Gregor von Nyssa und auf Nemesios von Emesa zurückgeht und das er sicher durch Thomas von Aquin

kannte *(Summa contra Gentiles,* II, 68 und IV, 55, wo übrigens unterschiedslos die Ausdrücke *horizon* und *confinium* verwendet werden) –, konnte er ein astrologisches Schicksal der menschlichen Seele ins Auge fassen, das ihn zu dem revolutionären Gedanken einer „zweiten Inkarnation" führte (vgl. weiter unten, „Der edle Mensch oder das inkarnierte Denken"), der zusammen mit Eckharts Theorie der „göttlichen Enthöhung" (vgl. weiter unten, Kap. 8, „Die innere Einwohnung") den Theoriegipfel bildet, der von den Denkern des 14. Jahrhundert auf dem Feld der *Adelung des Menschen* erreicht wurde. Es ist diese philosophische Theologie der Adelung, die von der soziologischen Lektüre des „Geistesadels" der *magistri artium* völlig übersehen wird: Beraubt man den mittelalterlichen Intellektuellen aber seiner philosophischen Anschauungen, seines Weltbilds und der Vorstellungen, die er sich von der Natur und den Verbindungen zwischen Himmel und Erde macht, kurz, abstrahiert man von allem, womit er sich seine Erfahrungen intelligibel macht, so bleibt nicht viel Mittelalterliches an ihm übrig. Eine Beschreibung des Intellektuellen, die das immer reger werdende Stadtleben nicht berücksichtigt, ist sicher eine Abstraktion; eine Beschreibung, die das Universum, in dem er zu leben meinte, nicht berücksichtig, eine andere. Indem sich die Soziologie des Intellektuellen ausschließlich auf die Universität als Institution konzentriert, auf ihre Funktionsweise, ihre Rituale und Routinen, sowie auf den Platz des *magister* in der Gesellschaft, liefert sie nur einen Teil dessen, was zu einer Geschichte der mittelalterlichen Intellektuellen gehört: sie ist fixiert auf das, was vom Mittelalter geblieben ist, auf seine heutige Fortdauer, das Phänomen und den Typ des *Professors;* weitgehend unberücksichtigt läßt sie, was aus diesem Menschen *innerlich einen Menschen des Mittelalters* machte, seine Weltanschauung, seine Interpretation des *Wirklichen;* kurz, ihre wissenschaftliche Aufarbeitung gilt mehr dem Beobachter als dem Beobachteten. Zur Theorie des *confinium* vgl. J. Daniélou, „La notion de confins *(methorios)* chez Grégoire de Nysse", *Recherches de science religieuse,* 49 (1961), S. 161-187, und *L'Être et le Temps chez Grégoire de Nysse,* Leiden: Brill, S. 116-132.

27 *Gastmahl,* IV, XXII, 14, dt. Übers. von Sauter, S. 243.

28 Ebd., IV, XX, 9, S. 233.

29 Ebd., IV, IV, 1, S. 173.

30 Für alles Folgende vgl. ebd., IV, XXI, S. 234-239.

31 Ebd., IV, XX, 5, S. 232.

32 Die Künstlernatur des Samens wird von Aristoteles durchgehend bekräftigt, so auch in *Metaphysik,* VII, 9, 1034a 33-34 (dt. Übers. von Bonitz): „Auf ähnliche Weise verhält es sich auch mit dem durch die Natur Entstehenden. Denn der Same bringt etwas in der Weise hervor wie der Künstler das Kunstwerk. Er hat nämlich die Form dem Vermögen nach in sich". Der Ausdruck *to sperma poiētikon* kommt beim Stagiriten des öfteren vor.

33 Vgl. hierzu Ch. Touati, „Les problèmes de la génération et le rôle de l'intellect agent chez Averroès", in: *Prophètes, Talmudistes, Philosophes,* Paris: Éd. du Cerf („Patrimoine-Judaïsme"), 1990, S. 233-241.

34 Zur theoretischen Grundlage der Lehren Dantes vgl. B. Nardi, „L'origine dell'anima umana secondo Dante", *Giornale critico della filosofia italiana,* 12 (1931), S. 433-456, und 13 (1932), S. 45-56 und 81-102; „Sull'origine dell'anima umana", *Giornale dantesco,* 39 (1938), S. 15-28 (wiederabgedruckt in *Dante e la cultura medievale,* Rom-Bari: Laterza, 1985, S. 207-224). Der Dantische Begriff der „Formkraft" des Spermas stammt offensichtlich von Albert dem Großen. Die Frage nach der Entwicklung des menschlichen Embryos beantwortete Albert auf originelle Weise. Drei Theorien waren möglich: 1. die Vernunftseele wird bereits im ersten Moment der Empfängnis geschaffen; 2. die drei Seelen (vegetative, sensitive und intellektuelle) folgen im Embryo zeit-

lich aufeinander; 3. die intellektuelle Seele wird dem Embryo eingegossen, nachdem er sich zuvor *ohne jede Seele* entwickelt hat. Da sich Albert für die dritte Theorie aussprach (im Gegensatz zu Thomas von Aquin, der die zweite, und zur Kirche, die die erste wählte), mußte er in seinem Kommentar zu *De animalibus* (I, 16) und in seiner *Summa de creaturis* (q. 17, a. 13, ad 9^m und ad 10^m) zwei radikale Thesen vertreten: Die im Sperma des Mannes, das „den weiblichen Samen prägt und nährt", enthaltene *virtus formativa* „wirkt, um den menschlichen Körper zu formen, und sie wirkt nur zu diesem Zweck"; die Vernunftseele, das heißt *die menschliche Seele* (denn der Mensch hat im strengen Sinne nur *eine einzige Seele* und nicht nacheinander deren drei), wird erst dann eingegossen, wenn die Körperteile „einen gewissen Entwicklungsgrad erreicht haben – anders gesagt, wenn sie *geformt* sind". Während der ersten fünf Monate ist daher allein die *virtus formativa* für die Entwicklung des Embryos zuständig. Wie Nardi schön gezeigt hat, ist es die in *De natura et origine animae*, I, 5, präsentierte Version dieser Theorie, die Dante übernimmt. Der Ausdruck *incontanente* („sogleich", „kaum daß") im *Gastmahl*, IV, XXI, 5 – *Kaum* ist die Seele vorhanden, so erhält sie von der Kraft des Himmelsbewegers den möglichen Verstand" – bezieht sich auf Alberts Theorie von der Einheit der Seele. Wie A. Delorme 1931 schrieb: „Beim Menschen gibt es weder eine vegetative noch eine sensitive Seele: Wenn der Körper durch die Wirkung der *virtus [formativa]* einen gewissen Entwicklungsgrad erreicht hat, wird durch den Schöpfer die Vernunftseele eingegossen, und sie, die vollkommen eine ist, ist das Subjekt der sensitiven und vegetativen Vermögen" (vgl. „La morphogenèse d'Albert le Grand dans l'embryologie scolastique", in: *Maître Albert, Revue thomiste*, S. 131), nicht ohne hinzuzufügen, daß diese Art von Theorie „sehr wichtig war wegen ihrer philosophischen, theologischen und moralischen Konsequenzen", insbesondere bei „der moralischen Bewertung der Abtreibung" (S. 130). Hinsichtlich der „medizinischen" Ursprünge des Begriffs „Formkraft" oder „plastische Kraft" erwähnt B. Nardi 'Alī ibn al-'Abbās, *Pantegni*, IV, 2, und Avicenna, *Kanon*, I, 1, 6, Kap. 2. Der Einfluß von Averroes scheint uns ebenfalls unbestreitbar.

35 Im *Gastmahl*, II, XIV, 5 (dt. Übers., S. 86f.), unterscheidet Dante zwischen drei philosophischen Ansichten über den Einfluß der Sterne bei der Zeugung: „Was die [...] Erzeugung betrifft, so stimmen alle Philosophen in der Annahme überein, daß die Himmel sie bewirken, wenn sie auch diese Wirkung verschieden darstellen. Die einen machen hierfür die Beweger verantwortlich, wie Plato, Avicenna und Algazel, andere die Sterne selbst, besonders für die menschlichen Seelen, wie Sokrates und auch Plato und Dionysius der Akademiker, andere endlich eine himmlische Kraft, die in der natürlichen Wärme des Samens liegt, wie Aristoteles und die anderen Peripatetiker." Wie Albert der Große wählt Dante ein Mixtum aus der ersten und der dritten Theorie, verbindet also die des Aristoteles mit der ... des Averroes. Halten wir fest, daß dieser Text des *Gastmahls* ausdrücklich die Gleichsetzung der himmlischen Kraft mit der „Kraft des Himmelsbewegers" ausschließt, wie sie gegen Nardi vertreten wurde von P. Busnelli in seinem thomistischen Kommentar zum *Gastmahl (Il Convivio ridotto a miglior lezione e commentato*, II, S. 395 und 398) – ein Kommentar, über den Gilson übrigens schrieb: „Solche historischen Attentate sollten durch ein Gesetz verboten werden" *(Giornale storico della letteratura italiana*, 138 [1961], S. 572). Zum Problem der Rolle des Intellekts bei der Zeugung vgl. die Analysen des jüdischen Philosophen Gersonides (Leon von Bagnols, 1288-1344), *Die Kriege des Herrn*, I, 6, in: *Philosophes médiévaux ...*, a.a.O., S. 323f.: „Der Same reicht nicht aus, um zu beseelen, denn seine Teile sind nicht differenziert und er ist nicht Teil eines mit einer Seele begabten Wesens, so daß man sagen könnte, er habe eine potentielle Seele [...]. Es ist unmöglich, daß in der Wärme [des Samens] das Vermögen liegt, die Form der Organe zu bilden und sie mit dieser wunderbaren Weisheit zu erschaffen, die

wahrhaft zu begreifen die menschlichen Wissenschaften zu schwach sind, denn diese Wärme kann die Form der Organe nicht ausbilden, ohne daß eine göttliche Kraft hinzukommt, die der Intellekt ist, wie der Philosoph sagt, jedenfalls in den Schriften, die von den Christen übersetzt worden sind."

36 Vgl. B. Nardi, „Sull'origine dell'anima humana", a.a.O., S. 212f.

37 *Gastmahl,* IV, XXI, 7, a.a.O., S. 236f. Die sonst recht zuverlässige französische Übersetzung von M. Pézard (S. 506) liest hier statt *la disposizione del seminante* merkwürdigerweise *la disposizione del seminando* (Pézard vermerkt bizarrerweise sogar, das solch ein substantiviertes passives Partizip des Futurs „bei Dante nicht belegt ist") und gibt deshalb die doch völlig eindeutige Stelle fälschlich wieder durch „Verfassung des zu besäenden Feldes".

38 Erinnern wir daran, daß die theologische Fakultät von Paris 1398 erneut die „magische" These als häretisch einstufte, der zufolge „die himmelbewegende Intelligenz die vernunftbegabte Seele so beeinflußt, wie der Himmelskörper den menschlichen Körper" *(Cartulaire de l'université de Paris,* III, hrsg. von Denifle-Chatelain, S. 35, Artikel 26), eine These, die in Artikel 74 des Syllabus von Tempier verurteilt worden war. Schon allein in diesem Punkt war Dantes These heterodox und wurde mehr als ein Jahrhundert lang von der universitären Autorität verurteilt. Es ist folglich nicht bedeutungslos, wenn man, wir wir im 8. Kapitel darlegen werden, deren Spur bei Eckhart wiederentdeckt: Der Terminus *influentia* ist ein wesentlicher Bestandteil der *Popularisierung des philosophischen Ideals,* ihr wichtigstes begriffliches Werkzeug, der Schlüssel für das Eindringen dieses Ideals in außeruniversitäre Milieus, das Vehikel der Generalisierung des Modells oder Begriffs des *Intellektuellen.* Was unserer Ansicht nach bedeutet, daß Eckhart und Dante über den „Arabismus" Albert des Großen miteinander in Verbindung standen.

39 *Gastmahl,* III, XIV, 2, a.a.O., S. 151.

40 Avicenna, *Metaphysica,* IX, 7. Hier wiedergegeben nach der lateinischen Fassung der Ausgabe Van Riet, S. 510, 72-511, 83.

41 Albert der Große, *De somno et vigilia,* III, 1, 6: „Im Hinblick auf das Denken *(quoad intellectum)* gleicht er einem inkarnierten Gott, dessen Vollkommenheit ihm erlaubt, alles aus sich selbst heraus zu erkennen."

42 Die „Hoffnung des Philosophen": der Ausdruck stammt von Averroes, *De anima,* III, comm.

36 (Ausgabe Crawford, S. 502, 661-664), der ihn seinerseits Fārābī verdankt. Was der Philosoph *hienieden* erhofft und erwartet, ist die Vereinigung mit dem getrennten tätigen Intellekt, eine natürliche und kosmische Ekstase. Philosophische Hoffnung und geistige Glückseligkeit sind die beiden Grundlagen einer Konzeption des philosophischen Lebens, deren unmittelbare Quelle Averroes ist, die sich aber dem gesamten Arabismus verdankt. Wie wir an anderer Stelle gezeigt haben, war es Albert der Große, der bei den Lateinern diese rein philosophische Konzeption des kontemplativen Lebens eingeführt hat, die dann für Denker wie Johannes von Jandun, Dietrich von Freiberg, Dante und Eckhart maßgeblich werden sollte. Vgl. A. de Libera, *Albert le Grand et la Philosphie,* Paris: Vrin („A la recherche de la vérité"), 1990, S. 242-253 und 268-286.

43 Text aus einem anonymen Kommentar der *Nikomachischen Ethik,* zitiert bei R.-A. Gauthier, „Trois commentaires ‚averroïstes' sur l'*Éthique à Nicomaque",* *Archives d'histoire doctrinale et littéraire du Moyen Age,* 16 (1948), S. 290. In *Il vescovo e i filosofi ...,* a.a.O., S. 182f. (Anm. 46), weist L. Bianchi auf entsprechende Text hin bei Boethius von Dacien, Aegidius von Orléans, Jakob von Douai, Siger von Brabant, Peter von Auvergne, Johannes von Dacien und einer gewissen Anzahl anonymer Aristoteleskommentatoren. Dieselbe Lehre findet man auch im *Gastmahl,* III, XIII, 7, dt.

Übers., S. 149, sowie in den *Quästionen zur Metaphysik* des führenden Kopfs des Pariser Averroismus zu Beginn des 14. Jahrhunderts, Johannes von Jandun: „Die Glückseligkeit besteht in der Erkenntnis der ersten und getrennten Ursachen, hauptsächlich in der Gottes. Dies ist es, was man Weisheit nennt" *(Quaestiones in XII libros Metaphysicae,* I, q. 1, Venedig 1533, f° 1va).

44 Vgl. zu diesem Text und zu allem Folgenden T. Gregory, „I sogni e gli astri", in T. Gregory (Hrsg.), *I sogni nel medioevo. Seminario internazionale, Roma, 2-4 ottobre 1983,* Rom: Edizioni dell'Ateneo, S. 111-148.

45 *Die Intellektuellen im Mittelalter,* S. 139.

46 Ebd., S. 135f.

47 Ebd. S. 145, 147.

8. Die Erfahrung des Denkens

1 Zu all dem vgl. J. Vanneste, S.J., *Le Mystère de Dieu. Essai sur la structure rationelle de la doctrine mystique du Pseudo-Denys l'Aréopagite,* Paris: Desclée de Brouwer („Museum Lessianum. Section philosophique"), 1959.

2 Zu Hadewijch und den „Mystikerinnen" vgl. G. Épiney-Burgard und E. Zum Brunn, *Femmes troubadours de Dieu,* Turnhout: Brepols, 1988.

3 Einen Überblick über die neuere Literatur zu Eckhart bietet F. Brunner, „Maître Eckhart et la mystique allemande", in: *Contemporary Philosophy. A New Survey,* 6/1 (1990), S. 399-420. Für die hier behandelten Probleme sind vor allem zwei Publikationen einschlägig: W. Trusen, *Der Prozeß gegen Meister Eckhart. Vorgeschichte, Verlauf und Folgen,* Paderborn-München-Wien-Zürich: Schöningh, 1988; L. Sturlese, „Die Kölner Eckhartisten. Das Studium generale der deutschen Dominikaner und die Verurteilung der Thesen Meister Eckharts", in: A. Zimmermann, Hrsg., *Die Kölner Universität im Mittelalter,* Berlin-New York: De Gruyter („Miscellanea Mediaevalia", 20), 1989, S. 192-211. Gesamtinterpretationen des Eckhartschen Denkens bieten B. Mojsisch, *Meister Eckhart. Analogie, Univozität und Einheit,* Hamburg: Meiner, 1983; A. de Libera, *Introduction à la mystique rhénane. D'Albert le Grand à Maître Eckhart,* Paris: OEIL, 1984; A. de Libera und E. Zum Brunn, *Maître Eckhart. Métaphysique du Verbe et théologie négative,* Paris: Beauchesne („Bibliothèque des Archives de philosophie", 42), 1984; K. Ruh, *Meister Eckhart. Theologe, Prediger, Mystiker,* München: Beck, 1985.

4 Hinsichtlich Eckharts Beziehungen zu den weiblichen spirituellen Bewegungen vgl. O. Langer, *Mystische Erfahrung und spirituelle Theologie. Zu Meister Eckharts Auseinandersetzung mit der Frauenfrömmigkeit seiner Zeit,* München 1987.

5 R. W. Southern, *Kirche und Gesellschaft im Abendland des Mittelalters,* Berlin-New York: De Gruyter, 1976, S. 331.

6 Zum Text vgl. F.-J. Schweitzer, *Der Freiheitsbegriff der deutschen Mystik. Seine Beziehung zur Ketzerei der „Brüder und Schwestern vom Freien Geist",* mit besonderer Rücksicht auf den pseudoeckhartischen Traktat „Schwester Katrei",* Frankfurt-Bern: P. Lang („Arbeiten zur mittleren deutschen Literatur und Sprache", 10), an den wir uns hier halten. Eine französische Übersetzung des ganzen Traktats – nach der unkritischen Ausgabe von F. Pfeiffer, *Daz ist swester katrei, Meister Ekehartes Tohter von Strasburg,* in *Deutsche Mystiker des 14. Jahrhunderts,* Bd. II, *Meister Eckhart,* Leipzig 1857 (Nachdruck Aalen: Scientia Verlag, 1962), S. 448-475 – bietet *Maître Eckhart. Telle était Soeur Katrei. Traités et sermons,* übers. von A. Mayrisch Saint-Hubert, Paris: Éd. des Cahiers du Sud („Documents spirituels", 9), 1954. Zur Sekte vom Freien Geist vgl. H. Grundmann, *Religiöse Bewegungen im Mittelalter,* Darmstadt: Wissenschaftliche Buchgesellschaft,

1961; ferner, sehr wichtig, R. Guarnieri, *Il movimento del libero spirito. Testi e documenti,* Rom: Edizioni di Storia e Letteratura ("Archivio italiano per la storia della Pietà", 4), 1965; und schließlich R. E. Lerner, *The Heresy of the Free Spirit in the Later Middle Ages,* Berkeley: University of California Press, 1972.

7 Lady Julian of Norwich [Juliana von Norwich], *Offenbarungen von göttlicher Liebe,* eingel. und übers. von F. Strakosch, Einsiedeln: Johannes Verlag, 1960, S. 32f.

8 So wie Katrei sie definiert, entspricht die "Bewährung" der Struktur und Wirkung nach dem "Lassen" oder der "Gelassenheit", auf die wir später noch einmal zu sprechen kommen werden. Hingewiesen sei bei dieser Gelegenheit auf die Definition, die H. Seuse im *Büchlein der Wahrheit,* VII, gibt: "Eines wirklich gelassenen Menschen Tun ist sein Lassen, sein Werk, sein Müßigbleiben; denn in seiner Tätigkeit bewahrt er die Ruhe und während seines Wirkens seine Muße", zitiert nach G. Hofmann, Hrsg., *Heinrich Seuse. Deutsche mystische Schriften,* Zürich-Düsseldorf: Benziger, 1999, S. 361.

9 Vgl. F. Pfeiffer, *Deutsche Mystiker ...,* a.a.O., S. 536f.; Übertragung aus dem Mittelhochdeutschen von G. Landauer, *Meister Eckhart. Mystische Schriften,* Frankfurt am Main: Insel, 1991 [EA Berlin 1903], S. 158f.

10 Erinnern wir daran, daß Stephan Tempier die philosophische These verurteilt hat, die die Demut der Großherzigkeit *(magnanimitas)* unterordnete. Vgl. oben, Kap. 6. Zu dieser Frage vgl. L. Bianchi, *Il vescovo e i filosofi ...",* a.a.O., S. 163f. und 187 (dort Hinweise zu den Quellen – wichtig ist vor allem die erste *Quaestio moralis* Sigers von Brabant – und eine Bibliographie).

11 Zur gleichen Zeit verteidigte Dante eine philosophische Konzeption der Demut mit dem Hinweis darauf, daß das Wort *Philosoph* "alle Anmaßung fernhalten will und demütig auftritt", da es nicht "Weiser", sondern "Liebhaber der Weisheit" bedeutet. Vgl. *Gastmahl,* III, XI, 5-6, a.a.O., S. 141.

12 Zitiert wird Eckhart, wenn nicht anders angegeben, nach der Übersetzung von J. Quint in: Meister Eckhart, *Die deutschen Werke,* Stuttgart: Kohlhammer, 1936-1976.

13 Vgl. hierzu R. Brague, "Le géocentrisme comme humiliation de l'homme", in: *Herméneutique et Ontologie. Hommage à Pierre Aubenque,* Paris: PUF, 1990, S. 203-223. Vgl. auch *Eckhart. Sur l'humilité,* fr. Übers. und Nachwort von A. de Libera, Paris: Arfuyen, 1988.

14 Da schon die Theorie des *fluxus,* also die peripatetische Version des "Einflusses der Gestirne", wie wir ihr bei Dante begegneten, heterodox war, begeht Eckhart hier also einen doppelten Fehltritt.

15 Vgl. Meister Eckhart, *Mystische Schriften,* a.a.O., S. 138.

16 Zu diesem Text vgl. A. Elamrani-Jamal, "De la multiplicité des modes de la prophétie chez Ibn Sīnā", in: J. Jolivet und R. Rashed, Hrsg., *Études sur Avicenne,* Paris: Les Belles Lettres, 1984, S. 137f.

17 Eckhart geht hier von einer Unterscheidung aus, die Albert der Große machte zwischen der getrennten "Intelligenz" (dem universell tätigen Intellekt) und dem Intellekt des Menschen, der die Form eines Körpers ist und insofern "kein wesensmäßiger, sondern ein erworbener Intellekt" ist, erworben durch "Kontinuation" mit dem getrennten *intellectus agens (De causis et processu universitatis,* II, 2, 26; Ausgabe Borgnet, S. 518a). Doch diesen Ausgangspunkt macht er sich nur zu eigen, um ihn zu unterwandern: Der edle Mensch, *der getrennte Mensch,* der sich über die Natur erhebt, hört auf, "erworbener Intellekt" zu sein, um in der Gnade sogar noch über die wesensmäßigen Intellekte hinauszugelangen. Er stößt vor bis zum einzigen Einen "auf dem Grund der Seele, wo der Grund Gottes und der Grund der Seele nur ein einziger Grund sind". Diese "Apotheose", diese Gottwerdung, ist in keiner Weise mehr Aristotelisch: es ist die höchste Theophanie, von der Johannes Scotus Eriugena spricht, wenn er in *De di-*

visione naturae, I, 9 *(PL,* 122, 449B) schreibt: *Ex ipsa sapientiae Dei condescensione ad humanam naturam per gratiam et exaltatione eiusdem naturae ad ipsam sapientiam per dilectionem fit theophania* („Wenn die Weisheit Gottes durch Gnade hinabsteigt zur menschlichen Natur und diese selbe Natur sich durch Liebe emporhebt zur göttlichen Weisheit, kommt es zur Theophanie"). *Inquantum homines per caritatem deiformes efficiuntur, sic sunt supra homines* („Sofern Menschen durch die Liebe göttliche Form annehmen, erheben sie sich über andere Menschen") sagt Thomas in den *Quaestiones disputatae De caritate* (q. 1, a. 7): Eckhart scheint diese Erhebung auf die intellektuelle Natur im ganzen auszuweiten.

18 Gemeint sind hier die Engel der Offenbarung, die zur Ordnung der *Providentia voluntaria* gehören.

19 Hier geht es um die Engel der Philosophen, die zur Ordnung der *Providentia naturalis* gehören, also um die Intelligenzen. Zum Unterschied zwischen *Providentia naturalis* und *Providentia voluntaria* vgl. A. de Libera, „Philosophie et théologie chez Albert le Grand et dans l'école dominicaine allemande", in: *Die Kölner Universität im Mittelalter,* a.a.O., S. 49-67.

20 Vgl. Meister Eckhart, *Predigt* 15, a.a.O., S. 490.

21 Zu Eckhart und Seuse vgl. R. Imbach, „Die deutsche Dominikanerschule: Drei Modelle einer Theologia mystica", in: M. Schmidt und D. R. Bauer, Hrsg., *Grundfragen christlicher Mystik. Wissenschaftliche Studientagung ‚Theologia mystica' in Weingarten vom 7.-10. November 1985,* Stuttgart-Bad Cannstatt („Mystik in Geschichte und Gegenwart", I/5), 1987, S. 157-172. Zu Tauler und der Zeit nach Eckhart vgl. L. Sturlese, „*Homo divinus.* Der Proskloskommentar Bertholds von Moosburg und die Probleme der nacheckhartschen Zeit", in: K. Ruh, Hrsg., *Abendländische Mystik im Mittelalter. Symposion Kloster Engelberg 1984,* Stuttgart („Germanistische Symposien", 7), 1986, S. 145-161; „Tauler im Kontext. Die philosophischen Voraussetzungen des *Seelengrundes* in der Lehre des deutschen Neuplatonikers Berthold von Moosburg", *Beiträge z. Gesch. d. deutschen Sprache u. Literatur,* Bd. 109, Heft 3, Tübingen 1987, S. 390-426.

22 Eckharts Haltung gegenüber seinen „Töchtern" war nicht die eines Taulers, der in der Predigt *Repleti sunt omnes Spiritu Sancto* ausruft: *„[...] so süllet ir reden von Gotte und von tugentlichem leben und nit disputieren von der Gotheit in ander wise nach der vernunft: das get uch nit an".* Diese Reserviertheit erinnert an die oben zitierten Ausführungen, mit denen auf dem Konzil von Vienne die Verurteilung der Beginen begründet wurde. Tauler folgt der Linie des Konzils, Eckhart nicht.

23 M. Heidegger, *Gelassenheit,* Pfullingen: Neske, 1959, S. 23f. Heideggers Erläuterung des üblichen Sinns von „Gelassenheit" (der nicht seiner eigenen Auffassung entspricht) knüpft an die biblische Tradition der *aequinimitas* an – der Ausdruck „geduldig, gleichmütig gegenüber den Dingen", *aequo animo esse,* wird etwa in Jakobus, 5,7 benutzt. Die „Gelassenheit" kann jedoch auf zwei Weisen verstanden werden: aktiv, wenn man leidenschaftslos das Widrige akzeptiert (die Dinge „nimmt", wie sie sind); oder kontemplativ, wenn man die Dinge „sein läßt", wie sie sind. Einige Formulierungen bei Meister Eckhart, wonach sich die Demut „auf das Nichts gründet und das Allerhöchste ist", „das Nichts zum Gegenstand hat" und „ihr Sein aus dem Nichts empfängt, das sie zum Gegenstand hat, wenn sie nichts weiß, nichts will und nichts hat", könnten Heidegger zum Trotz für eine Nähe zwischen Heideggerscher Gelassenheit und Eckhartscher Abgeschiedenheit sprechen. Denn die Gelassenheit ist für Heidegger auf einer bestimmten Ebene (die „noch nicht die Wahrheit ihres Wesens erreicht"), „das Sichloslassen aus dem transzendentalen Vorstellen und so ein Absehen vom Wollen des Horizontes". Gleichwohl „kommt dieses Absehen nicht aus einem Wollen", ja nicht einmal aus einem Nicht-Wollen im Sinne eines durch ein Nein bestimmten

Wollens. Wenn Heidegger sich von Eckhart absetzt, scheint es ihm vor allem darum zu gehen, eine Verwechslung der Gelassenheit mit der Schopenhauerschen Lehre der „Verneinung des Willens zum Leben" auszuschließen (S. 57f.). Darum definiert er schließlich das „Verweilen der weilenden Weite", das „Gegnen der Gegnet", in Anlehnung an einen Begriff aus *Sein und Zeit* als eine „Entschlossenheit", die jetzt interpretiert wird „als das eigens übernommene Sichöffnen des Daseins für das Offene" (S. 59). Einigen Interpreten zufolge findet man beide Etappen der „Absetzung" (anders gesagt: die beiden Bedeutungen des Nicht-Wollens) allerdings auch bei Eckhart, wo sie einmünden in die *pura passio,* „die Vollendung der völligen Gelassenheit" (vgl. A. Charles-Saget, „*Aphairesis* und ‚Gelassenheit', Heidegger und Plotin", in: *Herméneutique et Ontologie ...,* a.a.O., S. 337f.) Wie stichhaltig auch immer solche Vergleiche sein mögen, betont werden muß, daß die „Gelassenheit" bei Eckhart nicht einfach Weltentsagung oder Weltüberwindung ist. Sie ist die Offenheit der Welt für Gott – auf dem Grund der Seele; und in ihr zeigt sich, daß die Welt *bereits* offen ist für Gott: nämlich *dort, wo der Mensch nicht mehr er selber ist.*

24 *Die Intellektuellen im Mittelalter,* S. 147.

25 Vgl. *Nikomachische Ethik,* II, 2, 1104b24, was an Demokrit (bei Diogenes Laertios, IX, 45) erinnert, für den „die Gemütsheiterkeit [...] da ist, wenn die Seele sich gelassen und wohlgefestigt verhält und nicht durch Furcht, Aberglauben oder einen anderen Affekt erschüttert wird".

26 J. Lacan, *Séminaire XX, Encore,* Paris: Seuil, 1975, S. 100.

27 Vgl. A. Charles-Saget, a.a.O., S. 339. Dem Autor zufolge kann die Eckhartsche Sprache des Ledigseins und der Gelassenheit verglichen werden mit der Plotinschen *aphairesis,* dem „Gib alles auf!" *(Aphele panta!)* der *Enneaden* – eine Forderung, Ballast abzuwerfen, die noch in Heideggers *Lichtung* fortlebt und auch hinter dem „Scheidet, scheidet ab gar!" einer unbekannten Begine steht, die damit Meister Eckharts Absicht in eine volkstümliche Form goß.

28 Vgl. Angelus Silesius, *Cherubinischer Wandersmann,* Reclam: Stuttgart, 1984, I, 289 und 290, S. 69: „*Ohne warumb.* Die Ros' ist ohn warumb / sie blühet weil sie blühet / Sie achtt nicht jhrer selbst / fragt nicht ob man sie sihet"; „*Laß GOtt sorgen.* Wer schmückt die Lilien? Wer speiset die Narcissen? Was bist dann du mein Christ auf dich so sehr beflissen?"

29 Ebd., I, 98, S. 41.

GLOSSAR

AGONISTISCH: Das, was den Charakter eines Regeln gehorchenden Wettstreits hat. Im Mittelalter gleichen die Logikübungen *(disputationes)* mehr und mehr spielerischen Wettkämpfen, die gleichzeitig das Wissen und das Geschick der Studienanfänger *(sophistae)* mehren.

AKT *(actus, entelecheia):* Das, was verwirklicht oder vollendet ist, im Gegensatz zum Möglichen bzw. zur Potenz. In diesem Sinn ist ein Einzelding ein *ens in actu,* die unbestimmte Materie ein *ens in potentia.* Der mittelalterliche Ausdruck „Aktualität" *(actualitas)* bezeichnet den Zustand dessen, was *in actu* ist. Für die aristotelischen Philosophen ist die „Form" *(forma)* das, was dem zusammengesetzten Seienden die Aktualität verleiht. Vgl. „hylemorphisch".

AKZIDENS *(accidens):* Alles, was nicht zu dem von der Definition angezeigten Wesen eines Gegenstands gehört.

APOPHATISCH: „Ab-sprechend", negativ, die Negation verwendend. Die „apophatische" oder „negative Theologie" des Pseudo-Dionysios erhebt sich durch eine Folge von „Apophasen" oder Negationen zur Schau Gottes im „Nichtwissen", einem Zustand, den die menschliche Seele erreicht, sobald sie alle mentalen oder sprachlichen Repräsentationen Gottes „überwunden" hat.

ARTES (Künste): Jene Fächer, in denen das profane Wissen der Spätantike tradiert wird. Man unterscheidet zwischen Freien und Mechanischen Künsten und in den Freien Künsten *(artes liberales)* zwischen dem *trivium* (Grammatik, Logik, Rhetorik) und dem *quadrivium* (Arithmetik, Geometrie, Astronomie, Musik). Das *trivium* ist die Grundlage der universitären Ausbildung und der gemeinsame Stamm aller Wissenszweige.

ARTISTEN *(artistae):* Lehrer und Studenten an der Fakultät der Freien Künste, der Artistenfakultät. In seiner *Bataille des sept arts* gab der mittelalterliche Dichter Henri d'Andelis *artistae* mit dem Wort „artien" wieder, das heute verschwunden ist.

CAUSA PRIMA (Erstursache): Gott, gemäß den arabischen Peripatetikern und dem *Liber de causis.*

DEONTISCHE LOGIK: Logik der Normen. Allgemeiner: die logische Behandlung der Pflicht, des Verbots und der Erlaubnis im Medium ihrer modalen Analoga „Notwendigkeit", „Unmöglichkeit" und „Möglichkeit". Zwar wurde der Ausdruck „deontische Logik" zum ersten Mal von G. H. von Wright benutzt *(Deontic logic,* 1951), doch die von ihm abgedeckte Problematik war den mittelalterlichen Autoren wohlvertraut.

EMANATION *(emanatio):* Überfließen oder Ausströmen einer Potenz oder Ursache in ihre Wirkung. Auch wenn der Emanationsbegriff in der Theologie seine höchste Ausprägung erreicht (mit der Idee einer Emanation des Universums aus einem göttlichen Prinzip), ist er nicht spezifisch theologisch: er ist von maßgeblicher Bedeutung für die antiken Theorien des Sehens (die „Emanationen" der Gegenstände dringen körperlich in die Kanäle des Sehapparats ein) und das ganze Begriffsfeld, das den astrologischen Gedanken eines „Einflusses der Sterne" argumentativ stützt – bei den mittelalterlichen Theologen deckt der Terminus „Emanation", der durch Avicenna auf sie gekommen ist, das gleiche semantische Feld ab wie die Ausdrücke „Einfluß" *(influentia),* „Einfließen" *(influxus),* „Hervorgang" *(processio)* und „Ausfluß" *(fluxus).*

ERISTIK: Vom griechischen *eris,* „Streit". Von Aristoteles als „unredliche Art zu wetteifern" definiert, bezeichnet das Wort Eristik jene Argumentationsweisen, auf die ein Sophist zurückgreift, um seine Ansicht in einer Diskussion durchzusetzen.

GETRENNTE SUBSTANZEN: Der tätige Intellekt und die Intelligenzen, die die intellektuellen Hierarchien bilden. Bewegungsseelen der Sphären. Engel.

GLÜCKSELIGKEIT *(beatitudo):* In der christlichen Theologie der Zustand der Gerechten, denen im Himmlischen Jerusalem die *unio* oder *visio beatifica* vergönnt ist. Die Quelle der Glückseligkeit ist Gott selbst, sofern er gleichzeitig unübertrefflich gut und glücklich ist. Bei den von den Arabern beeinflußten Philosophen ist der Begriff *beatitudo* ein Synonym für *felicitas,* einen Zustand kontemplativen Glücks, der schon in diesem Leben durch Denken und Erkenntnis erreicht wird. Vgl. „Verbindung" und „Intellectus adeptus".

HETERONOM: Verhalten oder Tätigkeit, die einem Gesetz gehorchen, das von außen herangetragen wird. Gegensatz zu autonom.

HIERARCHIE: Eine durch die Autorität eines Führers oder Prinzips geordnete und vereinheitlichte Vielheit. Gemäß der theologischen Tradition des Mittelalters ist die hierarchische Struktur mit ihren Abhängigkeits- und Herrschaftsbeziehungen für das gesamte Weltall prägend, nicht nur für die im engeren Sinne menschlichen Institutionen – in diesem Sinne kann man also von einer „himmlischen Hierarchie" (den „Ordnungen" oder Arten der Engeln) sprechen, die sich oberhalb der „kirchlichen Hierarchie" befindet und die Kontinuität zwischen dem Menschen und der „Thearchie" (dem dreifaltigen Gott) gewährleistet. Der arabische peripatetische Ausdruck „Herrschaft" *(regimen)* ist das Äquivalent zum gräko-lateinischen Wort „Hierarchie" *(hierarchia).*

HYLEMORPHISCH: Attribut, das das Wesen aller aus Materie und Form zusammengesetzten Dinge definiert.

HYPOSTASE: In der neuplatonischen Philosophie eine aus einer vorgängigen höheren Substanz emanierte intelligible Substanz, die ihrerseits eine niedere Substanz emaniert. Vom Einen als der ersten Hypostase wird gewöhnlich gesagt, es sei „jenseits des Seins". Bei Proklos sind die „Selbsteinheiten" Hypostasen, die ihre Grundlage in sich selbst haben. Die „Intelligenzen" oder kosmischen Prinzipien des *Liber de causis* sind „intellektuelle Hypostasen".

IDEE: Bei Platon die intelligible Form oder das Urbild der Sinnendinge. In der lateinischen Theologie Grund, Exemplar oder Prototyp des Geschaffenen in Gott.

INTELLECTUS ADEPTUS (erworbener Intellekt): Ausdruck, mit dem die arabischen Peripatetiker das Ergebnis der Vereinigung von menschlicher Seele und getrenntem tätigen Intellekt bezeichnen. Als endliches Wesen hat der Mensch keinen wesenseigenen Intellekt, sondern kann nur durch „Verbindung" oder „Kontinuation" am transzendenten Denken „teilhaben" (vgl. dieses Stichwort). Indem er sich mit dem tätigen Intellekt vereint, erwirbt er jedoch das, was aus ihm einen Menschen macht: das Denken.

INTELLECTUS AGENS (tätiger Intellekt): Aktives Prinzip der intellektuellen Erkenntnis, das das potentiell in der menschlichen Seele enthaltene Intelligible aktualisiert. In der gräko-arabischen philosophischen Tradition wird der tätige Intellekt als eine getrennte Substanz aufgefaßt, als eine Intelligenz des Kosmos *(intelligentia agens)*, die für alle Menschen ein und dieselbe ist. In der lateinischen Tradition dagegen wird der tätige Intellekt als ein Teil der Seele betrachtet.

INTELLECTUS POSSIBILIS ODER PASSIBILIS (möglicher oder leidender Intellekt): Rezeptivitätsorgan im endlichen menschlichen Denken. In der lateinischen Tradition wird der mögliche Intellekt im allgemeinen als „Ort" der intelligiblen Formen aufgefaßt, die potentiell in der menschlichen Seele enthalten sind und die das Licht des tätigen Intellekts aktualisiert wie das Licht der Sonne die Farbe. Bei Averroes ist der mögliche Intellekt ebenso wie der tätige Intellekt *real vom Menschen getrennt.*

KALKULATOREN *(calculatores):* Englische Theologen des 14. Jahrhunderts, die die Mathematik *(calculus)* auf die verschiedenen Bewegungstypen anwandten, die in der Physik des Aristoteles unterschieden werden – Ortsbewegung (Fall der Körper), qualitative Veränderung (Wechsel der Farbe), quantitative Veränderung (Größenänderung). Außer einer Mathematisierung der Qualitäten, die auf dem Begriff der intensiven Größe (Intension und Remission der Formen) und einer formalen Gradeinteilung (formale Breite und Länge) gründet und technisch umgesetzt wird durch eine graphische Darstellung der beschriebenen Phänomene (die „Konfiguration" der Qualitäten und Bewegungen), verdankt man ihnen eine gewisse Anzahl theoretischer Resultate wie die Unterscheidung zwischen dynamisch und kinematisch oder die Aufstellung des sogenannten Theorems der „Durchschnittsgeschwindigkeit" bei der gleichmäßig beschleunigten Bewegung. Die wichtigsten *calculatores* waren Thomas Bradwardine *(De porportionibus velocitatum)* und Richard Swineshead oder Suisseth *(Liber calculationum).*

KLERIKER *(clericus):* Mit dem Siegeszug des Mönchtums entwickelt sich im Frühmittelalter eine Einteilung der christlichen Gesellschaft in drei hierarchisch abgestufte Stände oder Ordnungen: Laien, Kleriker und Mönche. Dennoch bleibt die Definition des Klerikers schwammig. Zwar ist der Klerus normalerweise vom Laienstand unterschieden, doch der Unterschied zwischen Kleriker und Gelehrtem ist nicht immer ganz deutlich. Bereits im 13. Jahrhundert – wahrscheinlich weil man gelehrt sein mußte, um Kleriker zu werden, und weil die *scolares,* die am Ende des 12. Jahrhunderts jene Schulen besuchten, die zu Universitäten werden sollten, fast ausschließlich Kleriker waren, die allein der kirchlichen Rechtsprechung unterstanden – gibt es eine gewisse Tendenz, den Gelehrten *(litteratus)* oder überhaupt Menschen, die eine intellektuelle Bildung genossen haben, „Kleriker" zu nennen – wie es wohl auch bei jenem „Sekretär" *(clericus)* der Fall war, der Siger von Brabant ermordete. Auf der Zweideutigkeit des mittelalterlichen Begriffs *clericus* basiert die der modernen Vorstellung vom Intellektuellen: er ist weltlich, ein „Laie", aber doch einer Moral verpflichtet, in der die mitunter unversöhnlichen Ideale des *clericus* und des *litteratus* aufeinanderprallen (man denke an Julien Bendas *La trahision des clercs,* dt. *Der Verrat der Intellektuellen).*

KONSTANTINISCHE SCHENKUNG *(constitutum Constantini):* Ein im 8. oder 9. Jahrhundert verfaßtes apokryphes Dokument, dem zufolge Kaiser Konstantin dem Papst die volle Oberherrschaft über Rom und Italien verliehen haben soll. Im 14. Jahrhundert waren kaiserlich gesinnte Theologen wie Dante bemüht, das Prinzip und die Legalität eines solchen Herrschaftsverzichtes zu widerlegen. Erst in dem Pamphlet *De falso credita et ementita Constantini donatione libellus* (1440) von Lorenzo Valla (1407-1457) wurde nachgewiesen, daß es sich um eine Fälschung handelt.

LAIE/LAIZIST: So wie wir das Wort hier gebrauchen, nämlich im mittelalterlichen Sinn, ist der Laie dem Kleriker *(clericus)* entgegengesetzt, und in diesem Sinn sind etwa die Schwestern vom Freien Geist (vgl. Kap. 8) Laien, da sie nicht zum Klerus gehören. Das moderne Wort Laizist dagegen bezeichnet jemanden, der für die Trennung von Kirche und Staat eintritt und insbesondere für die weltanschauliche Neutralität republikanischer Schulen.

NOETIK: Philosophische Psychologie, Theorie des Intellekts.

POTENTIA ABSOLUTA: Handlungsvermögen Gottes, das keine andere Grenze duldet als das logisch Unmögliche. Für die Theologen des 14. Jahrhunderts kann Gott durch *potentia absoluta* alles tun, was keinen Widerspruch impliziert. Da das Wirkliche und die Sphäre der wirklichen Möglichkeiten nur eine Untermenge des logisch Möglichen sind, kann der Naturphilosoph also mit Hilfe seiner Phantasie über logisch mögliche physikalische Situationen nachdenken, die in dieser Welt nicht realisiert sind, wohl aber in anderen realisierbar. Das absolute Vermögen ist unterschieden vom „geordneten Vermögen" *(potentia ordinata),* durch das Gott den gewöhnlichen Lauf der Natur festlegt, reguliert und erhält.

PROPOSITIONALE EINSTELLUNG: Eine besondere Art von Modalität, die durch Verben wie „denken", „wissen", „glauben" ausgedrückt wird (etwa in einem Satz wie „Epikur glaubt, daß das Universum aus Atomen zusammengesetzt ist"). Die propositionalen Einstellungen werden von der sogenannten „epistemischen" Logik untersucht.

QUIDDITÄT *(quidditas):* Wesen oder Natur einer Sache („das, was etwas ist"), im Gegensatz zum Sein oder zur Quoddität (der Tatsache, „daß etwas ist").

SENTENZEN *(Sententiae),* SENTENTIAR *(sententiarius):* Eine literarische Gattung, die im 12. Jahrhundert mit den in vier Büchern unterteilten *Sentenzen* des Theologen Petrus Lombardus entstand. Als Summe der patristischen Bildung, die nach Fragen gegliedert war und Texte der Kirchenväter für oder gegen eine bestimmte theologische These anführte, wurden die *Sentenzen* zum Basishandbuch des universitären Theologieunterrichts. Jeder, der Magister in Theologie werden wollte, mußte als *sententiarius* das Handbuch des Lombarden kommentiert haben, ehe er die letzten Riten auf dem Weg zur Meisterschaft (für gewöhnlich Disputationen) absolvieren durfte, mit denen sein fünfzehnjähriges Theologiestudium abgeschlossen wurden. Nur ein sehr geringer Teil der von F. Stegmüller in seinem *Repertorium commentariorum in Sententias Petri Lombardi* aufgeführten 1400 Kommentare ist bislang näher untersucht worden.

SOPHISMATA: Logische Rätsel oder Aussagen, die eine bestimmte Schwierigkeit im Gebiet der propositionalen Semantik oder Syntax illustrieren. Die *sophistmata* waren Gegenstand spezifischer Erörterungen *(disputationes de sophismatibus),* wurden aber auch rein literarisch in theoretischen Werken analysiert *(Regulae solvendi sophismata, Distinctiones sophismatum, Abstractiones).* Die meisten Neuerungen der mittelalterlichen Logik hängen mit der pädagogischen Praxis des *sophisma* zusammen, das man nicht mit dem „Sophismus" verwechseln darf, bei dem es sich um einen Paralogismus (lateinisch *fallacia)* handelt, einen formal oder inhaltlich falschen oder trügerischen Schluß.

SUBSTANZ *(substantia):* Nach Aristoteles das ontologische „Subjekt" *(subiectum, suppositum)* und die erste der Kategorien, mit dem Gegenbegriff Akzidens. Man unterscheidet zwischen der „ersten Substanz", dem Einzelding, dem individuellen und numerisch einen Gegenstand *(dieser* Mensch), und der „zweiten Substanz", der Gattung oder Art *(die* Menschheit), das heißt dem Allgemeinbegriff, an dem die Individuen teilhaben.

SUPPOSITION *(suppositio):* In der mittelalterlichen Logik eine semantische Beziehung zwischen einem Terminus und einem oder mehreren Referenten, also den Gegenständen, auf die er sich bezieht. Die verschiedenen Typen der „Supposition" eines Terminus entsprechen den verschiedenen Arten, auf die er in einem Satz oder einer Proposition die Dinge „vertritt": eine „materielle" Supposition liegt vor, wenn ein Ausdruck sich selbst bezeichnet (wie in dem Satz „*Wort* ist ein Wort" oder „*Mensch* ist ein einsilbiges Wort"); eine „einfache" Supposition liegt vor, wenn er sein Signifikat bezeichnet (wie in „*Mensch* ist eine Art" oder „*Lebe-wesen* ist eine Gattung"; um eine „persönliche" Supposition handelt es sich, wenn er das Ganze oder einen Teil seiner Referenten bezeichnet (wie in „Alle *Menschen* sind sterblich" oder „Sokrates ist ein *Mensch*").

SYLLABUS: Auch wenn der Ausdruck heute vor allem die Sammlung der achtzig Sätze bezeichnet, die 1864 von Pius IX. verurteilt worden sind *(Syllabus complectens praecipuos nostrae aetatis errores: Sammlung der Hauptirrtümer unserer Zeit)*, gebrauchen wir hier das Wort in seinem üblichen Sinn eines „Verzeichnisses von Fragen, die durch kirchliche Autorität entschieden wurden", um es auf die Liste der 219 Sätze anzuwenden, die 1277 durch Stephan Tempier verurteilt wurden. Der Gebrauch dieses Ausdrucks soll also nicht eine Parallele zur Verurteilung des Naturalismus, des absoluten Rationalismus, des religiösen Liberalismus und der Priesterehe nahelegen, wie Pius IX. sie vornahm, selbst wenn uns, alles in allem genommen, die Analyse der Zensur von 1277 eine Art Archäologie der Maß-nahme von 1864 liefert.

TAXONOMIE: Wissenschaft der Klassifizierung der Tierarten. Im weiteren Sinn: jedes wissenschaftliche Fach oder Vorgehen, dem es allein um Klassifizierung zu tun ist.

TEILHABE *(participatio)*, TEILHABEN *(participare):* Ein ursprünglich Platonischer Begriff, der eine vertikale ontologische Abhängigkeitsbeziehung zwischen einer Wirkung und ihrer Ursache bezeichnet. Teilhabe gibt es zwischen dem Sinnli-chen und dem Intelligiblen, zwischen dem vergänglichen und dem unvergängli-chen Sein, zwischen der empirischen Welt der Dinge und der Welt der Ideen oder „Urbilder".

THEOPHANIE: Sinnliche Offenbarung Gottes (etwa der brennende Dornbusch aus Exodus 3,1-6, in dem Jahwe Moses erscheint). In der mittelalterlichen Theologie wird Christus als die höchste Theophanie betrachtet. Für bestimmte mittelalterliche Theologen jedoch ist auch das Universum eine Theophanie, im Sinne einer Selbstoffenbarung Gottes in seiner Schöpfung.

THEORIE, THEORETISCH: Ein auf Aristoteles zurückgehender Ausdruck, der die „interesselose Spekulation" bezeichnet und allgemeiner jede Wissenschaft kon-templativen Typs, die auf der „Schau" der Wahrheit basiert – Mathematik, Phy-sik, Metaphysik. Bei den mittelalterlichen Philosophen bezeichnet der sogenannte „theoretische Intellekt" *(intellectus speculativus)* jenen Zustand des Denkens, der dem intuitiven Erfassen der reinen Intelligibilien oder der ersten Prinzipien der Erkenntnis des Seins und der Substanz entspricht. Das Theoretische ist dem Praktischen (dem Handeln) und dem Poietischen (dem Herstellen) entgegenge-setzt.

THEURGIE: Die Theurgie, ein Grundelement der spätantiken Religionen, ist die Kunst, „die Götter hinabsteigen zu lassen" in die menschliche Seele, in ein mate-rielles Medium oder eine sinnlich wahrnehmbare Gestalt; sie ist „ein religiöses System, das uns mit den Göttern *in Kontakt bringt,* und eben nicht nur durch die reine Erhebung unseres Intellekts hin zum göttlichen *Nous,* sondern durch konkrete Riten und materielle Gegenstände" (A.-J. Festugière). Bei den Neuplatonikern, bei denen die Theurgie definiert wird als „eine spezielle Methode oder heilige Kunst der *Rückkehr* zu den Göttern", steht die sogenannte *ekstatische* Divination (bei der „sich die Seele des Visionärs nach Verlassen des Körpers zum Himmel erhoben *fühlt,* wo sie die Gottheit schaut") tendenziell höher als die sogenannte Divination durch *direkte Autophanie* des Gottes in Traum oder Wachen und natürlich auch höher als die *magische* Divination – wo der Gott sich indirekt offenbart, indem er in stofflicher Verkörperung erscheint (in der Flamme einer Fackel, dem Wasser eines Beckens) oder aber durch Trance oder „Besessenheit" ein *Medium* „beseelt" – und die *goetische* Divination, wo er bloß einen Gegenstand beseelt, den er entweder bewegt oder verformt. Als ein Komplex von Reinigungsriten und verwandter Praktiken, die sich eher an den *spirituellen* Teil in uns richten, der die Bilder der Sinnendinge erfaßt, als an den *intellektuellen* Teil, „der die Wahrheit der intelligiblen Wirklichkeiten ohne jede Ähnlichkeit mit den Körpern begreift", zielt die Theurgie vor allem auf die *Verbindung (systasis)* mit dem Gott. Bei Pseudo-Dionysius ist das hierarchische Universum (himmlische und kirchliche Hierarchie) der Rahmen für die Verwirklichung dieser *theurgischen* Vereinigung durch Mittelglieder, während allein die *Theologie,* insbesondere die mystische Theologie, eine innerliche und direkte Vereinigung bewirkt, und zwar auf dem Gipfel der *intellektuellen* Entäußerung. Desgleichen ist das im Grunde fälschlich „spirituell" genannte Element der griechisch-arabischen Philosophie, nämlich die Verbindung der Seele mit dem getrennten Intellekt, die Frucht einer rein intellektuellen Askese. Die Unterscheidung zwischen Theurgie und Theologie ist der Schlüssel zur Überwindung des modernen Gegensatzes zwischen Spiritualität und Intellektualität, an der diesem Buch, das den mittelalterlichen „Intellektuellen" gewidmet ist, so sehr gelegen ist.

VERÄNDERUNG *(alteratio):* Bei Aristoteles die qualitative Bewegung. Die Veränderung ist ein kontinuierlicher physikalischer Prozeß, der zwischen Gegensätzen stattfindet (etwa zwischen Weiß und Schwarz, wenn sich die Farbe eines Körpers ändert).

VERBINDUNG *(coniunctio, continuatio, connexio, copulatio):* In der arabischen Philosophie der Zustand der Vereinigung der menschlichen Seele mit den getrennten Intelligenzen oder sogar mit Gott selbst, der „Erstursache" des Universums. Die Verbindung (der Ibn Bajja und Averroes diverse Opuscula gewidmet haben wie die *Epistola de continuatione intellectus cum homine,* die *Epistola de connexione intellectus abstracti cum homine* oder den *Tractatus de beatitudine animae)* wurde als Ziel einer spezifisch philosophischen Hoffnung betrachtet. Al-Farabi paraphrasierend schrieb Averroes in diesem Sinn: „Die vertrauensvolle Hoffnung des Philosophen *[fiducia philosophantis]* liegt in der Möglichkeit einer wesenhaften Vereinigung mit dem getrennten Intellekt." Vgl. „Theurgie".

VEREINIGUNG *(unitio, unitas):* Transzendente Weise der Gotteserkenntnis bei Dionysius.

WERDEN ODER ZEUGUNG *(genesis, generatio):* Im biologischen Sinn die Zeugung eines neuen Lebewesens. In der Physik, das heißt in der Aristotelischen Theorie der Bewegung, wird das Werden, eine die Substanz betreffende Veränderung, unterschieden von den akzidentellen Bewegungen, die den Ort, die Qualität und die Quantität betreffen (Ortsbewegung, Umwandlung, Wachsen und Schwinden). Im theologischen Sinn die Beziehung des zeugenden Vaters zum gezeugten Sohn, der zweiten Person der Trinität. Bei Meister Eckhart bezeichnet die *generatio* auch die „Geburt des Sohnes in der Seele".

REGISTER